O QUE TEM NA GELADEIRA?

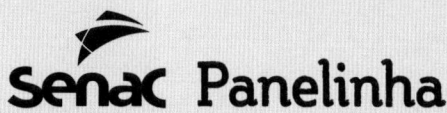

Copyright © by Rita Lobo, 2016

Grafia atualizada segundo o Acordo Ortográfico da Língua Portuguesa de 1990, que entrou em vigor no Brasil em 2009.

EDITORA PANELINHA

PUBLISHER
Rita Lobo

DIRETOR
Ilan Kow

COORDENADORA
Victoria Bessell de Jorge

EQUIPE ONLINE
Heloisa Lupinacci, Natália Mazzoni, Camilla Demario

EQUIPE DE COZINHA
Carolina Stamillo, Gabriela Funatsu, Ana Paula Almagro

PRODUÇÃO DE ARTE
Priscila Mendes (coordenação), Amanda Fiorentino

ASSISTENTES ADMINISTRATIVOS
Elaine Ferreira de Almeida, Luana Cafarro Sutto

COORDENAÇÃO EDITORIAL E PREPARAÇÃO
Andressa Veronesi

CAPA
Tereza Bettinardi

PROJETO GRÁFICO
Raul Loureiro

EDIÇÃO DE TEXTO
Nina Loscalzo, Milene Chaves

REVISÃO
Isabel Jorge Cury, Carla Fortino

ÍNDICE REMISSIVO
Maria Claudia Carvalho Mattos

FOTOS
Editora Panelinha/ Gilberto Oliveira Jr., Ricardo Toscani, Roberto Seba

TRATAMENTO DE IMAGEM
Gilberto Oliveira Jr.

ADMINISTRAÇÃO REGIONAL DO SENAC NO ESTADO DE SÃO PAULO

PRESIDENTE DO CONSELHO REGIONAL
Abram Szajman

DIRETOR DO DEPARTAMENTO REGIONAL
Luiz Francisco de A. Salgado

SUPERINTENDENTE UNIVERSITÁRIO E DE DESENVOLVIMENTO
Luiz Carlos Dourado

EDITORA SENAC SÃO PAULO

CONSELHO EDITORIAL
Luiz Francisco de A. Salgado,
Luiz Carlos Dourado,
Darcio Sayad Maia,
Lucila Mara Sbrana Sciotti,
Luís Américo Tousi Botelho

GERENTE/PUBLISHER
Luís Américo Tousi Botelho

COORDENAÇÃO EDITORIAL
Verônica Pirani de Oliveira

PROSPECÇÃO
Dolores Crisci Manzano

ADMINISTRATIVO
Marina P. Alves

COMERCIAL
Aldair Novais Pereira

IMPRESSÃO E ACABAMENTO
Maistype

Todos os direitos reservados à Editora Panelinha.
Al. Lorena, 1304 cj. 1112 CEP 01424-000
São Paulo — SP
TEL. + 55 11 3062-7358
www.panelinha.com.br
editor@panelinha.com.br

Proibida a reprodução sem autorização expressa
Todos os direitos desta edição licenciados
à Editora Senac São Paulo
Av. Engenheiro Eusébio Stevaux, 823 – Prédio Editora
Jurubatuba – CEP 04696-000 – São Paulo – SP
Tel. (11) 2187-4450
editora@sp.senac.br
https://www.editorasenacsp.com.br

À Dora e ao Gabriel,
à Dani e à Gabi.
E ao Ilan <3

O QUE TEM NESTE LIVRO?

A base de uma alimentação saudável é a comida de verdade, feita em casa com ingredientes que vêm da natureza. *Mas como é que eu transformo a compra da feira em refeições variadas e saborosas todo santo dia?*

    Neste livro, vou ensinar a minha fórmula de criar receitas. Ela é baseada em três variáveis: cortes, métodos de cozimento e combinações de sabor. O segredo é cruzar esses três aspectos em cada alimento. As possibilidades são infinitas. Até o maior desafio, que é transformar legumes, raízes e hortaliças em pratos variados, vai ficar fácil.

    Mais do que receitas, você vai aprender a criar refeições. E não pense que vou dizer que basta usar a criatividade… Não é nada disso. Está tudo esquematizado e ilustrado com (muitas!) receitas. São mais de 200, divididas em 30 capítulos, cada um deles dedicado a um alimento que você encontra na feira ou, se bobear, na geladeira da sua casa. Com este livro, você vai descobrir que preparar comida de verdade todos os dias é muito mais simples do que parece.

COMIDA DE VERDADE

Em mais de vinte anos trabalhando com comida, já vi diversas teorias sobre alimentação, muitas dietas, muito modismo. Mas, no fim de 2014, encontrei uma definição simples e, ao mesmo tempo, transformadora. Foi no *Guia Alimentar para a População Brasileira*, um documento do Ministério da Saúde coordenado pelo prof. Carlos A. Monteiro. A chave da alimentação saudável está em comer *comida de verdade*.

Você não precisa saber o índice glicêmico dos alimentos nem contar calorias, muito menos comprar ingredientes como goji berry, quinoa, chia ou amaranto. Uma alimentação saudável, de verdade, é algo bem mais simples, que passa pela cozinha de casa e usa ingredientes acessíveis, alimentos que vêm da natureza, tanto de fonte animal como vegetal. Em outras palavras: é comer comida variada, sem se preocupar com os nutrientes nem se submeter a dietas da moda, muito menos cair nas pegadinhas da indústria e comprar produtos só porque na embalagem está escrito "caseiro" ou "orgânico". Aliás, muito cuidado com o consumo de alimentos light, diet, sem glúten e sem lactose — e sem precisar! Alimentação saudável não é dieta.

Comer frango grelhado com salada de alface todos os dias não é a melhor opção. Pelo contrário: a variação é fundamental. Mas isso é bem diferente de se alimentar com comida feita na fábrica, cheia de aditivos químicos — leia os ingredientes do rótulo que, rapidinho, você descobre o que é comida de verdade e o que é imitação de comida, ou *alimento ultraprocessado*.

Por trás desse conceito aparentemente simples da *comida de verdade* há trinta anos de estudos científicos. Foi o Núcleo de Pesquisas Epidemiológicas em Nutrição e Saúde, da Faculdade de Saúde Pública da Universidade de São Paulo–USP, coordenado pelo prof. Monteiro, que classificou os alimentos em quatro categorias: 1) *in natura* ou minimamente processados, 2) ingredientes culinários, 3) processados e 4) ultraprocessados. Essa classificação revolucionária apresentada no *Guia* trouxe a confirmação científica do que muita gente já intuía: o segredo da alimentação saudável é comer comida de verdade.

CONHEÇA OS QUATRO GRUPOS:

1) ALIMENTOS *IN NATURA* OU MINIMAMENTE PROCESSADOS, como frutas, legumes e verduras, carnes (de gado, porco, frango ou peixe), arroz, feijão e outras leguminosas, castanhas, ervas e especiarias, farinhas de mandioca, de milho, de trigo, leite (seja pasteurizado ou em pó, desde que sem adição de açúcar), ovos, chá, café, entre outros. Os alimentos *in natura* são aqueles obtidos diretamente de plantas ou animais, sem qualquer alteração após deixar a natureza. Já os minimamente processados foram submetidos a algum processo de fracionamento, moagem, secagem, fermentação, pasteurização, refrigeração ou congelamento que não envolva adição de sal, açúcar, gorduras ou outras substâncias.

2) INGREDIENTES CULINÁRIOS, como azeite, óleos e outras gorduras, inclusive manteiga, banha de porco, gordura de coco e ainda sal e açúcar. Esses são produtos extraídos de alimentos *in natura*, usados nas cozinhas de casa (de refeitórios e de restaurantes) para temperar e preparar alimentos.

3) ALIMENTOS PROCESSADOS, como carnes-secas, sardinha, aliche e atum enlatados, frutas em calda, conservas de pepino, palmito, cenoura, desde que preservados em salmoura com ou sem vinagre, queijos e pães, de preferência caseiros ou comprados a granel. São alimentos fabricados pela indústria com adição de ingredientes culinários, mas sem aditivos químicos.

4) ALIMENTOS ULTRAPROCESSADOS, como biscoitos, sorvetes, balas que contenham corantes, aromatizantes e outros aditivos químicos, cereais matinais açucarados, pães de fôrma e outros produtos panificados que incluam substâncias como gordura vegetal hidrogenada, açúcar, soro de leite e emulsificantes, misturas prontas para pães e bolos, macarrão instantâneo, caldos, molhos e temperos prontos, refrigerantes e refrescos, produtos congelados prontos para aquecimento, como pizzas, pratos de massas, hambúrgueres, empanados de peixe ou frango, entre outros. São formulações industriais, feitas com substâncias extraídas de alimentos, muitas vezes sintetizadas em laboratório com base em matérias orgânicas, como petróleo e carvão (corantes, aromatizantes, realçadores de sabor etc.).

OS MELHORES ALIMENTOS NÃO PRECISAM DE RÓTULO

Agora que você já sabe quais são os grupos, fica mais fácil fazer as melhores escolhas: consuma prioritariamente o grupo 1, prepare esses alimentos com os itens do grupo 2, consuma com moderação o grupo 3, e risque do cardápio o grupo 4. Exatamente: tire os ultraprocessados da lista de compras, da despensa, da geladeira, do fogão, do forno e das panelas. Comida de verdade é preparada em casa, não na fábrica.

Arroz e feijão, por exemplo, são minimamente processados: eles foram secos e embalados, sem adição de nenhum outro produto à composição. Por isso, nem precisam de lista de ingredientes no rótulo. O leite, que foi pasteurizado, também é um alimento minimamente processado. Já uma bebida láctea, com aromatizantes e conservantes, é um alimento ultraprocessado (o rótulo entrega tudo!). A transformação no jeito de pensar a lista de compras é rapidíssima: logo você sabe o que pode e deve entrar em casa — e vai descobrir bons truques, como trocar o molho de tomate comprado pronto (ultraprocessado) por uma lata de tomate pelado (minimamente processado). Ah, sim, a indústria também nos oferece bons atalhos na cozinha.

Entender a teoria não é difícil, mas colocá-la em prática... são outros quinhentos. Este, aliás, é o segredo: uma alimentação saudável depende de saber cozinhar. Principalmente, de saber transformar os legumes, raízes e hortaliças que você compra na feira, no hortifrúti do bairro ou mesmo no supermercado, em refeições variadas e saborosas todos os dias.

Aqui no Panelinha, site que criei no ano 2000 e que hoje é também editora de livros, produtora de TV e canal no YouTube, nós lidamos todos os dias com as dúvidas do público e ensinamos receitas, técnicas e truques até para quem não sabe ferver água para o café. Nós entendemos de alimentação saudável na prática!

E AS RECEITAS?

Este livro é dividido em 30 capítulos. Cada um é dedicado a um alimento, como cenoura, cebola, tomate, berinjela, abobrinha, escarola, mandioca, entre outros. E eles são transformados em mais de 200 receitas, bem variadas. (Tem até doces, como bolo de cenoura, de mandioca, de pamonha; e algumas sobremesas, como doce de abóbora, curau e um incrível sorvete de cenoura indiano – o kulfi.) São preparações pensadas e testadas para facilitar a sua vida no dia a dia, com sabores que surpreendem, apresentam ideias, podem fazer viajar no espaço (vamos ao Marrocos?) e no tempo (humm, aquele bolo que leva à infância).

Há ainda uma segunda camada de informação: você vai entender a lógica do ingrediente, ficar íntimo dele, até o ponto de começar a criar as suas próprias receitas.

Não canso de dizer que cozinhar é como ler e escrever: todo mundo deveria saber. Mas ninguém nasce sabendo. Primeiro a gente aprende as letras, depois as sílabas, faz bastante ditado, mas dali a um tempo já está escrevendo as próprias redações, não é? Cozinhar é assim também, e este livro vai dar uma mãozinha nesse processo de aprendizagem.

APRENDA A CRIAR RECEITAS

De tanto testar receitas, eu acabei elaborando uma fórmula. Mesmo que pareça um dom, algo instintivo, notei que, quando uma pessoa prepara uma comida sem receita, significa que ela já tem pelo menos três tipos de conhecimento: os cortes, os métodos de cozimento e a combinação de sabores. A cada capítulo deste livro, um ingrediente é esmiuçado, com receitas, claro, mas também com estas informações: quais as formas mais práticas de cortá-lo, como cada método de cozimento o transforma, com o que ele combina. E olha que curioso, quanto mais você cozinha — e varia as receitas — mais referências tem. Com essas ferramentas, você passa a ter autonomia na cozinha. E pode abrir a geladeira no meio da semana, na hora de preparar o jantar, e pá-pum, resolver a refeição com o que tem ali. É uma fórmula de criar receitas!

Os principais cortes e métodos de cozimento estão destacados na abertura de cada capítulo. Já as combinações de sabores são tão amplas que estão espalhadas pelo livro todo, nas receitas, nos textinhos de apresentação de cada prato. Você vai começar a prestar mais atenção nisso, seja num restaurante, na casa de amigos, numa viagem. Vai notar combinações de sabores diferentes das que você conhece, e isso vira repertório para você criar outras receitas — além das que proponho aqui. Minha sugestão: anote tudo. E pode ser nas páginas do livro, agora ele é seu!

APROVEITE AS COMBINAÇÕES DE SABORES

Aí na foto você vê um canapé de abobrinha, fatiada crua, servida no lugar do pão, com ricota, nozes e hortelã. Essa receita não está no livro, porque quero que você preste atenção em outra coisa, na combinação de sabores. Abobrinha combina superbem com ricota, nozes e hortelã. Ponto. O próximo passo é se perguntar: como posso aproveitar essa combinação em outras preparações?

    A abobrinha cortada ao meio, no sentido do comprimento, vira uma canoa que pode ser recheada e assada com ricota e nozes. Para finalizar, adivinhe: folhas de hortelã. Está pronta mais uma receita.

    Cortada em meia-lua e grelhada, a abobrinha pode ser misturada num belo risoto ou numa massa. No macarrão, a hortelã e as nozes se unem num pesto refrescante, que tempera o prato. Ah, sim, olha a ricota aí no meio, dando um toque de cremosidade! Já no risoto, ela é incorporada ao arroz, junto com a abobrinha, a hortelã e as nozes. Legal, né? Quatro ingredientes, quatro preparos diferentes.

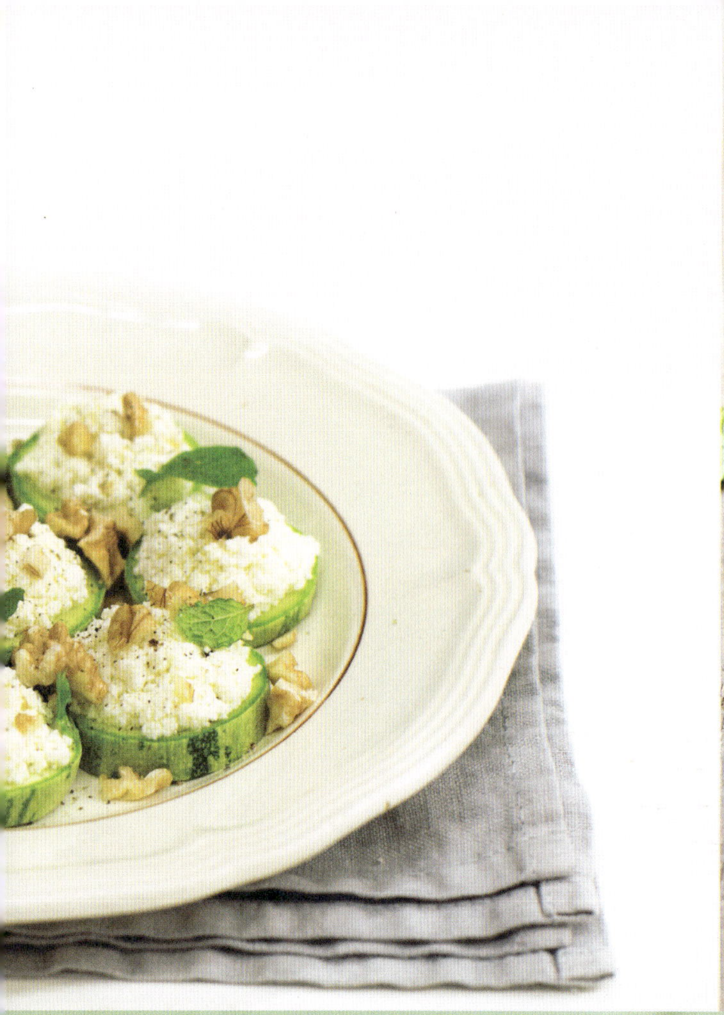

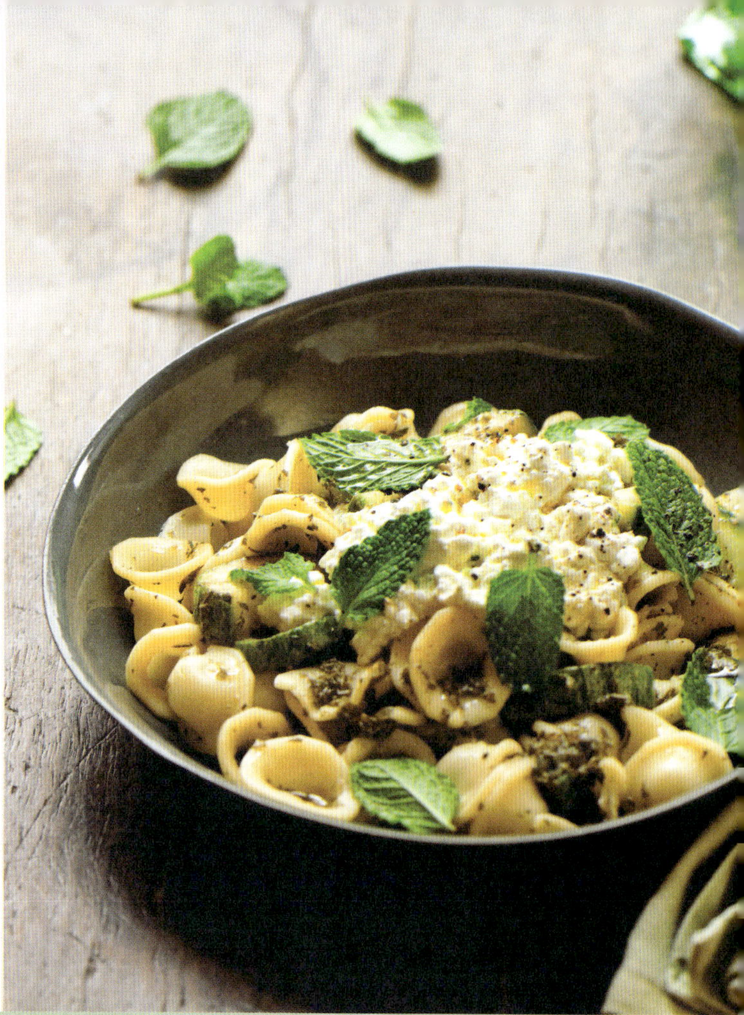

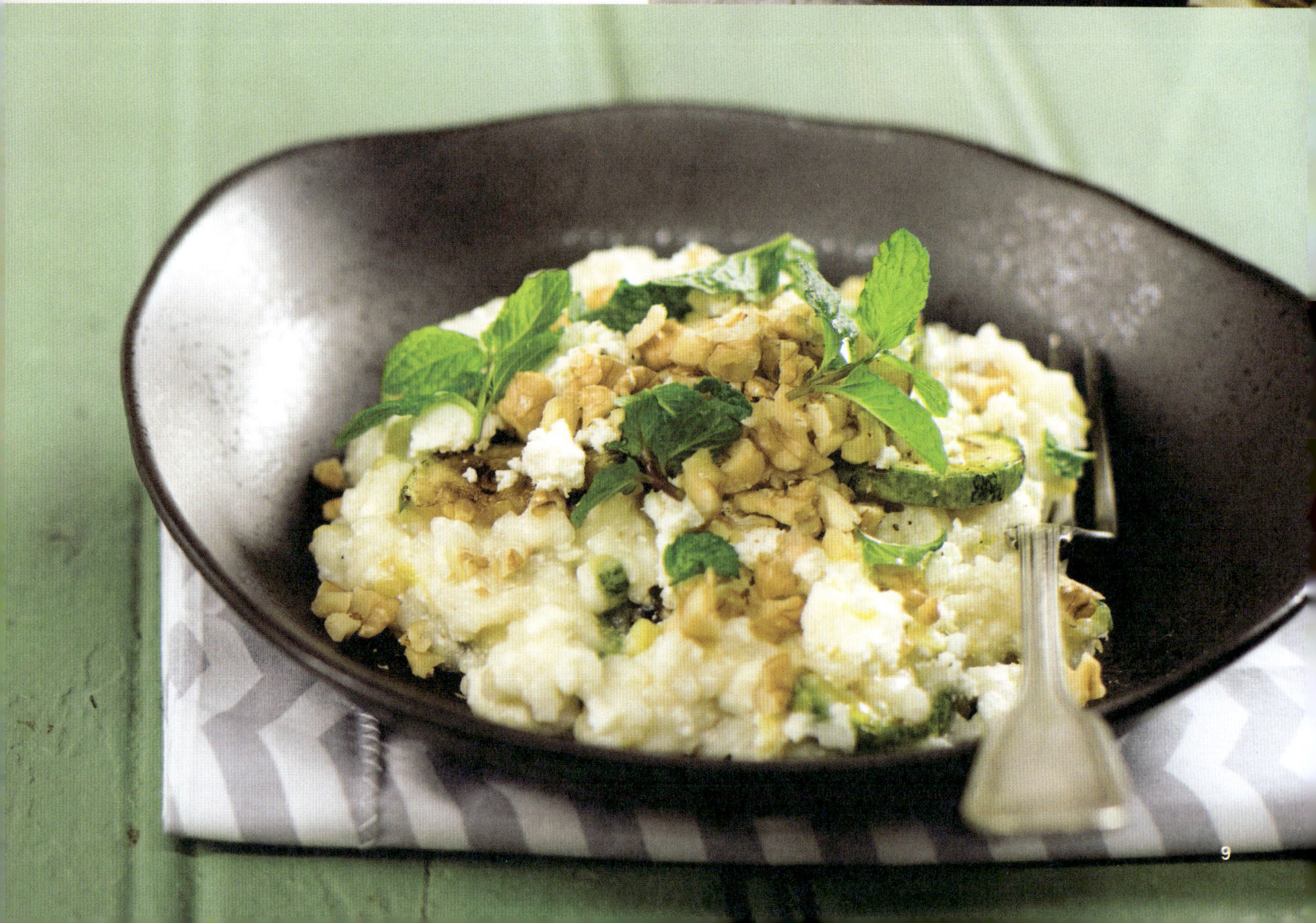

E AÍ, O QUE MAIS VOCÊ PREPARARIA COM CADA UMA DELAS?

OUTRAS COMBINAÇÕES QUE VOCÊ VAI ENCONTRAR EM RECEITAS ESPALHADAS PELO LIVRO:

RABANETE + BALSÂMICO + NOZES
BRÓCOLIS + SHOYU + LIMÃO
QUIABO + COMINHO + FRANGO
REPOLHO + MAÇÃ + VINAGRE

ACELGA + CARNE + AMENDOIM

ABÓBORA + TAHINE + ALHO

ESCAROLA + ALHO + ALICHE

MANDIOQUINHA + PARMESÃO + SÁLVIA

Sirvo com o quê, hein? De olho nas receitas extras
Em várias preparações deste livro, hortaliças, raízes e legumes ganham status de prato principal: tem batata assada recheada com cogumelo, fritata de batata com aspargos, salada de couve com frango e molho de amendoim, ragu de cenoura, polenta mole com espinafre e gorgonzola, torta integral de frango com espinafre, berinjela grelhada com molho mediterrâneo, salada de pimentão grelhado com grão-de-bico e erva-doce, rolinho de acelga e carne com molho de amendoim, espaguete de pupunha com tomate e nozes, torta de palmito, nhoque de mandioquinha... (vou parar, porque isto aqui não é o sumário).

Mas acompanhamentos não faltam. A não ser que você seja vegetariano, hortaliças, raízes e legumes costumam ser servidos junto com uma carne, um frango, um peixe. É por isso que, em cada capítulo, você vai encontrar pelo menos uma receita extra, de carne, que vale como sugestão de prato principal. No capítulo do milho, a receita extra é o bife rolê com recheio de ameixa. Ele aparece na foto acompanhado do viradinho de milho. Mas a ideia é que você brinque de variar não só as preparações, mas também o cardápio. Não se prenda. Essa carne também combina com o creme de milho e o milho refogado picante, do mesmo capítulo, e com várias outras preparações de outros capítulos, como o purê de batata com alho-poró, o cuscuz de couve-flor, o suflê de cenoura...

Ih, dá para se divertir bastante, viu? Tem filé de pescada frita, tagine de peixe, coxa de frango assada, peito de frango grelhado, bisteca grelhada, lombo de porco, costelinha, kafta de carne, bife de contrafilé e muito mais. E acompanhamento para eles, como você já sabe, é o que não falta.

BERINJELA + TOMATE + PÁPRICA

PALMITO + NOZES + MANJERICÃO

CEBOLA + VINHO + TOMILHO

PIMENTÃO + TOMATE + PIMENTA CALABRESA

BATATA-DOCE + MEL + ALECRIM

COUVE + LINGUIÇA + CEBOLA

ESPINAFRE + PARMESÃO + NOZES

BETERRABA + ENDRO + SARDINHA

MANUAL DE INSTRUÇÕES

1. **Antes de ler as receitas,** leia a apresentação deste livro.

2. **Antes de cozinhar,** leia a receita.

3. **A cada receita que preparar,** preste atenção no método de cozimento e na combinação de sabores — em pouco tempo, você vai notar que criar pratos com o que você tem na geladeira ficou mais fácil.

4. **Sal:** para a água do macarrão, molhos e sopas, em que o sal vai dissolver num líquido, uso sal marinho; para finalizar preparações, ou mesmo para grelhar ou assar alimentos, prefiro a flor do sal, que além de salgar dá textura às preparações. Um truque para deixar a comida mais saborosa: tempere com sal à medida que vai cozinhando, pois ele não serve apenas para salgar, mas também para unir e potencializar os sabores dos alimentos. Deixar para colocar sal no fim estraga o sabor da comida.

5. **Optei por criar receitas com as variedades** mais comuns de cada alimento. Por exemplo, os tomates usados são o débora, que é também mais versátil, pois se dá bem tanto em saladas como em molhos. Você pode e deve experimentar as outras variedades.

6. **Ervas frescas:** para não errar, use salsinha, coentro, cebolinha, endro e manjericão no fim do preparo. Já alecrim, tomilho e sálvia ficam melhores quando passam por algum tipo de cozimento, seja refogar, assar, grelhar. Mas toda regra tem sua exceção.

7. **Hortaliças servidas cruas:** além de lavar sob água corrente, deixe de molho numa tigela com água e um bactericida da sua preferência. Para cada litro de água, misture 1 colher (sopa) de água sanitária ou 20 gotas de Hidrosteril. Depois de 10 minutos, em vez de simplesmente escorrer a água, retire as folhas — assim, as eventuais sujeirinhas ficam no fundo da tigela. No caso da água sanitária, lave novamente as folhas. No caso dos alimentos que passam por qualquer tipo de cozimento, essa higienização completa não é necessária.

8. **Açúcar:** na lista de ingredientes, é sempre o refinado, a não ser que a receita indique outro tipo, como mascavo, demerara, cristal, de confeiteiro.

9. **Panelas:** as que usamos para testar as receitas no Estúdio Panelinha são de aço inox, com fundo triplo, mesmo as com camada antiaderente. Em outros tipos de panela, o tempo de cozimento dos alimentos pode variar.

10. **Forno:** testamos as receitas em dois fornos diferentes e sempre há uma pequena variação de tempo entre cada um deles. Por isso, considere o tempo de forno uma indicação média. Mas preste atenção nas características do alimento. É ele que diz quando está pronto.

AS MEDIDAS-PADRÃO

XÍCARA = **240 ml**
COLHER (SOPA) = **15 ml**
COLHER (CHÁ) = **5 ml**

O que você precisa ter?
Um jogo de xícaras medidoras ou um medidor que marque pelo menos as seguintes medidas fracionadas: ¼, ⅓, ½.

Um jogo de colheres medidoras que tenha:
1 COLHER (SOPA),
½ COLHER (SOPA),
1 COLHER (CHÁ),
½ COLHER (CHÁ).

A IMPORTÂNCIA DAS MEDIDAS-PADRÃO

As receitas deste livro, assim como as do site Panelinha e dos meus outros livros, foram testadas com medidores-padrão — que são utensílios próprios para medição. É diferente de usar uma xícara de tomar chá, que não necessariamente vai comportar exatamente os 240 ml da xícara-medidora. O mesmo vale para o jogo de colheres. O material e o formato não importam. Tenho jogos que simulam xícaras antigas de porcelana, outros, ovais de aço inox…

Esses medidores-padrão garantem que a proporção entre os ingredientes de cada receita seja exatamente a mesma na minha cozinha de testes e na sua casa. Para isso, outro ponto importante é nivelar os ingredientes secos: nada de colher rasa ou cheia, é sempre nivelada.

Quase todos os legumes são indicados em unidades: 1 cebola, 3 pimentões, 2 cenouras, 5 dentes de alho. Isso porque a variação de tamanho é pequena, não atrapalha a receita. Já no caso da mandioca, a variação é tão grande que decidi indicar o peso: 500 g, 1 kg. No caso da abóbora japonesa, como sei que muita gente prefere comprar já descascada, as medidas aparecem tanto em unidade, ½ abóbora, como em gramas. Ervilha, cogumelo e quiabo, você não vai ficar contando um por um, certo? Também indico a medida em gramas. Já o milho pode ser usado em espigas ou grãos congelados, por isso as medidas aparecem em unidades e xícaras. Salsão é um caso à parte, ele sempre sobra na geladeira. A primeira dica do capítulo dedicado a ele é picar e congelar — antes de amarelar! Por isso, às vezes é listado em xícaras, quando pode ser o alimento congelado, e outras vezes em talos.

Líquidos em maiores quantidades, seja água ou caldo, em vez de indicar 6 xícaras, vamos logo para 1,5 litro. A medida da manteiga aparece em peso, a partir de 25 g, pois é fácil de fracionar da embalagem. Mas, para preparar o molho branco, engrossado com roux, o melhor é medir com a colher, pois a farinha tem que ter a mesma medida. E se a receita pede somente 1 colher, não indico o peso.

O caldo extraído do limão ou da laranja pode ser listado em unidade ou em medida-padrão, dependendo da relevância dele na preparação.

Para testar as receitas, sempre usamos unidades médias, ou seja, nem a menor nem a maior berinjela. Mas, quando a receita foi feita com um alimento grande ou pequeno, está indicado.

SUMÁRIO

ABÓBORA, 16
SOPA DE ABÓBORA, 18
PURÊ RÚSTICO DE ABÓBORA, 19
RAGU DE CARNE, 20
DIP DE ABÓBORA COM TAHINE, 22
SALADA DE ABÓBORA ASSADA COM AGRIÃO E LASCAS DE PARMESÃO, 23
ABÓBORA GRELHADA COM CASTANHA-DE-CAJU E PIMENTA BIQUINHO, 24
DOCE DE ABÓBORA EM PASTA, 25

ABOBRINHA, 26
SALADA DE ABOBRINHA COM SALSINHA E LASCAS DE PARMESÃO, 28
ABOBRINHA ASSADA COM ALECRIM, CEBOLA E PIMENTA DEDO-DE-MOÇA, 29
ABOBRINHA GRELHADA COM ALHO E MOLHO DE AZEITONAS VERDES, 30
PEITO DE FRANGO GRELHADO, 31
CUSCUZ MARROQUINO COM CASTANHA-DE-CAJU E SALSINHA, 32
ABOBRINHA COZIDA NO MOLHO DE TOMATE COM TOMILHO, 33
ABOBRINHA RECHEADA COM CARNE, 34
CLAFOUTIS DE ABOBRINHA COM TOMATE E QUEIJO MINAS, 36

ACELGA, 38
SALADA PICANTE DE ACELGA, 40
ACELGA MARINADA COM SHOYU E GENGIBRE, 41
ROLINHO DE ACELGA E CARNE COM MOLHO DE AMENDOIM, 42
ACELGA REFOGADA COM LARANJA E CASTANHA-DE-CAJU, 44
SALMÃO EM CROSTA DE ERVAS, 45
ACELGA GRATINADA COM MOLHO CAESAR, 46
FRANGO ORIENTAL COM ACELGA E BROTO DE FEIJÃO, 47

ALHO-PORÓ, 48
SALADA MORNA DE ALHO-PORÓ, 50
SALADA CRUA DE ALHO-PORÓ COM PEPINO E TOMATE, 51
ALMÔNDEGA AO MOLHO DE LIMÃO, 52
PURÊ DE BATATA E ALHO-PORÓ, 54
ENROLADINHO DE PEIXE BRANCO COM MOLHO DE ALHO-PORÓ E LIMÃO, 56
RISOTO DE QUEIJO COM ALHO-PORÓ GRELHADO, 58

BATATA, 60
BATATA ASSADA NO MICRO-ONDAS RECHEADA COM COGUMELO, 62
BRANDADE DE SARDINHA, 63
BATATA HASSELBACK, 64
MEDALHÃO COM MOLHO PICANTE DE ERVAS, 65
BATATA ROSTI COM SALADA DE AGRIÃO, 66
BATATA FRITA, 67
SALADA DE BATATA ASSADA COM MAIONESE CASEIRA, 68
BATATAS AO MURRO, 69
FRITATA DE BATATA COM ASPARGOS, 71
GRATINADO DE BATATA COM FRANGO, 73

BATATA-DOCE, 74
BATATA-DOCE ASSADA COM ALHO E PÁPRICA, 76
CHIPS DE CASCA DE BATATA-DOCE, 77
HAMBÚRGUER E MAIONESE CASEIRA, 78
COZIDO DE BATATA-DOCE COM COUVE, 80
PURÊ DE BATATA-DOCE, 81
BATATA-DOCE EM CALDA COM MERENGUE, 82
LOMBO COM BATATA-DOCE E MOLHO DE LARANJA EM UMA PANELA SÓ, 84

BERINJELA, 86
BERINJELA ASSADA, 88
SALADA DE BERINJELA COM CASTANHA-DO-PARÁ, UVA-PASSA E HORTELÃ, 89
ROLINHO DE BERINJELA COM RECHEIO DE RICOTA E MOLHO DE MANJERICÃO, 90
SOPA DE BERINJELA ASSADA, 91
SALADA DE BERINJELA FRITA COM PIMENTÃO E CEBOLA ROXA, 92
BABAGANOUCH, 93
BERINJELA GRELHADA COM MOLHO MEDITERRÂNEO, 94

BETERRABA, 96
PICLES DE BETERRABA, 98
CHIPS DE BETERRABA, 99
RISOTO DE BETERRABA COM FIGO E PRESUNTO CRU, 100
PATÊ DE BETERRABA COM SARDINHA, 102
SALADA DE BETERRABA COM LARANJA, ALCAPARRAS E HORTELÃ, 103
TARTE TATIN SALGADA DE BETERRABA, 104
SALADA MORNA DE BETERRABA COM PIMENTÃO E NOZES, 107

BRÓCOLIS, 108
BRÓCOLIS COM PIMENTA E CASTANHA-DE-CAJU, 110
MACARRÃO AO ALHO E BRÓCOLIS, 112
BRÓCOLIS NO VAPOR COM MOLHO DE SHOYU, 114
ARROZ DE BRÓCOLIS COM ALHO DOURADO, 115
BRÓCOLIS ASSADOS COM BACON E FEIJÃO-BRANCO, 116
SALADA DE GRÃOS COM LEGUMES ASSADOS E MOLHO DE TAHINE, 117

CEBOLA, 118
SALADA DE CEBOLA COM PEPINO E MOLHO DE COENTRO, 120
CEBOLA ASSADA COM MANTEIGA E ALECRIM, 121
COSTELINHA DE PORCO COM MOLHO MEDITERRÂNEO, 122
PASTA DE CEBOLA CARAMELIZADA COM CERVEJA, 124
SOPA DE CEBOLA, 125
CEBOLA CARAMELIZADA SOBRE CARNE COM HOMUS (HUMMUS MA LAHMA), 126
SALADA DE CEBOLA E TOMATE GRELHADOS, 128
MACARRÃO COM MOLHO DE CEBOLA EM UMA PANELA SÓ, 129

CENOURA, 130
SOPA DE CENOURA COM CURRY E LEITE DE COCO, 132
SALADA DE CENOURA COM VINAGRE BALSÂMICO E CASTANHA-DE-CAJU, 133
CENOURA ASSADA COM MOLHO PESTO, 134
BIFES DE CONTRAFILÉ, 135
RAGU DE CENOURA, 136
POLENTA CLÁSSICA, 137
BOLO DE CENOURA COM COBERTURA DE CHOCOLATE, 138
KULFI DE CENOURA, 139

CHUCHU, 140
VINAGRETE DE CHUCHU, 142
PESCADA-BRANCA FRITA, 143
PICLES DE CHUCHU, 144
CHUCHU REFOGADO COM ORÉGANO, 145
CHUCHU ASSADO COM COMINHO, 146
CURRY DE CHUCHU COM MAÇÃ, 147
SUFLÊ DE CHUCHU, 149
ENSOPADINHO DE CAMARÃO COM CHUCHU, 150
ACAÇÁ DE ARROZ, 151

COGUMELO, 152
COGUMELO À PROVENÇAL SERVIDO COM QUIRERA GRELHADA, 154
COGUMELO ASSADO COM SHOYU E GENGIBRE, 156
CREME DE COGUMELO, 157
SALADA DE COGUMELOS FRESCOS COM ERVA-DOCE E PARMESÃO, 158
COCOTTE DE COGUMELO, 159
PICADINHO ORIENTAL, 160

COUVE, 162
SALADA DE COUVE COM VINAGRETE DE LARANJA, 164
MACARRÃO COM COUVE E PIMENTA DEDO-DE-MOÇA, 165
BISTECA GRELHADA, 166
COUVE REFOGADA COM BACON E UVA-PASSA, 167
SALADA DE COUVE COM FRANGO E MOLHO DE AMENDOIM, 169
CHIPS DE COUVE ASSADA, 170
CHARUTINHO DE COUVE, 171
ARROZ DE COUVE COM LINGUIÇA, 172

COUVE-FLOR, 174
BIFE DE COUVE-FLOR COM VINAGRETE, 176
COUVE-FLOR GRATINADA, 177
COXAS DE FRANGO ASSADAS, 178
CUSCUZ DE COUVE-FLOR, 179
TAGINE DE PEIXE, 180
PURÊ DE COUVE-FLOR, 181
COUVE-FLOR ASSADA COM PÁPRICA, 182
ENSOPADO VEGETARIANO, 183
SOPA DE COUVE-FLOR COM FAROFINHA
 DE PÃO, 184

ERVA-DOCE, 186
ERVA-DOCE ASSADA COM PARMESÃO, 188
SALADA DE ERVA-DOCE COM LARANJA, 189
ERVA-DOCE SALTEADA COM PIMENTÃO, 190
KAFTA, 191
ERVA-DOCE GRELHADA COM MOLHO
 DE IOGURTE, 192
PAILLARD DE FRANGO, 193

ERVILHA, 194
PURÊ DE ERVILHA, 196
FILÉ DE PEIXE FRITO COM SALADINHA
 DE ERVAS FRESCAS, 197
BARQUINHA DE ALFACE ROMANA COM
 ATUM E MOLHO DE MOSTARDA, 198
PANQUEQUINHA DE ERVILHA
 COM RICOTA TEMPERADA, 199
ERVILHA ASSADA COM ESPECIARIAS, 200
PASTA DE ERVILHA COM AVOCADO, 201
MACARRÃO PRIMAVERA EM UMA
 PANELA SÓ, 202

ESCAROLA, 204
SALADA DE ESCAROLA COM PERA
 E MOLHO DE QUEIJO AZUL, 206
ESCAROLA ASSADA COM QUEIJO
 MEIA CURA, 207
ESCAROLA ESCABECHE COM ALICHE, 208
ESCAROLA REFOGADA COM UVA-PASSA,
 LIMÃO E PIMENTA SÍRIA, 209
PASTEL DE ESCAROLA COM UVA-PASSA, 210
SOPA DE FEIJÃO-BRANCO COM
 ESCAROLA, 211
MACARRÃO COM ESCAROLA, 212

ESPINAFRE, 214
SALADA DE CANJICA COM PESTO
 DE ESPINAFRE, 216
POLENTA MOLE COM ESPINAFRE
 E GORGONZOLA, 218
CREME DE ESPINAFRE COM PARMESÃO, 219
LENTILHA COM ESPINAFRE, 220
PEIXE EM ROSETA E FOLHAS
 DE COENTRO, 221
OVO MEXIDO COM TALOS DE ESPINAFRE, 223
TORTA INTEGRAL DE FRANGO COM
 ESPINAFRE, 224

INHAME, 226
PURÊ CROCANTE DE INHAME, 228
CARNE-SECA ACEBOLADA, 229
INHAME AO MURRO, 230
CHIPS DE INHAME, 231
INHAME PERFUMADO COM AZEITE
 E PIMENTA, 232
PÃO DE INHAME, 233

MANDIOCA, 234
MANDIOCA COZIDA COM MANTEIGA
 DE MEL E CASTANHA-DE-CAJU, 237
AREPAS DE MANDIOCA COM SALADA
 DE AVOCADO, 238
COZIDO DE MANDIOCA COM BACON
 E TOMATE, 239
CREME DE MANDIOCA, 240
BOLO DE MANDIOCA CREMOSO
 COM COCO, 241
ESCONDIDINHO DE COSTELA, 242

MANDIOQUINHA, 244
PURÊ DE MANDIOQUINHA COM
 REQUEIJÃO TIPO CATUPIRY, 246
SALADA DE MANDIOQUINHA COM
 VAGEM GRELHADA E MOLHO
 DE ALCAPARRAS, 247
MANDIOQUINHA ASSADA COM MOLHO
 DE MELADO, 248
MANDIOQUINHA SAUTÉE, 249
FRITATA DE MANDIOQUINHA COM
 CEBOLA, 250
NHOQUE DE MANDIOQUINHA COM
 MOLHO DE MANTEIGA E SÁLVIA, 252

MILHO, 254
ESPIGA DE MILHO-VERDE COZIDA, 256
MILHO-VERDE GRELHADO
 COM MANTEIGA DE ERVAS, 257
VIRADINHO DE MILHO-VERDE, 258
BIFE ROLÊ RECHEADO COM
 AMEIXA, 260
CREME DE MILHO, 262
MILHO REFOGADO PICANTE, 263
SALADA MEXICANA COM MÚSCULO, 264
PANQUECA DE MILHO, 265
CURAU, 266
BOLO DE PAMONHA, 267

PALMITO PUPUNHA, 268
CARPACCIO DE PALMITO COM
 MOLHO DE COENTRO, 270
PALMITO PUPUNHA GRATINADO
 COM PARMESÃO, 271
ESPAGUETE DE PUPUNHA COM
 TOMATE E NOZES, 272
SALADA DE PUPUNHA GRELHADO
 COM MOLHO PESTO GENOVÊS, 273
TORTA DE PALMITO, 274

PIMENTÃO, 276
SOPA FRIA DE PIMENTÃO AMARELO
 COM IOGURTE, 278
MOLHO LAMBÃO, 279
SALADA DE PIMENTÃO GRELHADO COM
 GRÃO-DE-BICO E ERVA-DOCE, 280
SHAKSHUKA, 281
PIMENTÕES RECHEADOS, 283
PASTA DE PIMENTÃO VERMELHO, 284
TARTINE DE RICOTA COM PIMENTÃO
 E NOZES, 285

QUIABO, 286
QUIABO COZIDO NO MOLHO
 DE TOMATE, 288
FAROFA DE QUIABO COM OVOS
 COZIDOS, 289
SALADA DE FEIJÃO-FRADINHO
 COM QUIABO, 290
QUIABO ASSADO CROCANTE, 291
QUIABO GRELHADO COM MOLHO
 TERIAKI, 292
FRANGO COM QUIABO, 295

RABANETE, 296
SUNOMONO DE RABANETE 298
RABANETE ASSADO COM MOLHO
 DE MOSTARDA, 299
SALADA DE RABANETE COM AVOCADO,
 ALFACE E MOLHO DE LIMÃO, 300
RABANETE COZIDO COM BALSÂMICO
 E NOZES, 301
CUSCUZ MARROQUINO COM
 RABANETE E HORTELÃ, 302
ORECCHIETTE COM RABANETE,
 LIMÃO E PARMESÃO, 303

REPOLHO, 304
SALADA DE REPOLHO ORIENTAL, 306
REPOLHO ASSADO COM BACON, 307
REPOLHO GRELHADO COM MOLHO
 PICANTE, 308
REPOLHO ROXO COM MAÇÃ, 310
LOMBO DE PORCO, 311
SOPA DE REPOLHO COM MÚSCULO
 E ARROZ, 313
SALADA PICADINHA, 314
SALADA DE FRANGO COM REPOLHO
 E ABACAXI, 315

SALSÃO, 316
SALADA DE BATATA COM SALSÃO, 318
SALSÃO ASSADO COM QUEIJO
 BRANCO, 319
CRUDITÉS DE SALSÃO COM DIP
 DE GORGONZOLA, 320
SOBRECOXA DE FRANGO COM MEL, 322
SALSÃO REFOGADO COM PERA, 323
CALDO DE CARNE A JATO, 324
SOPA DE SALSÃO, 325

TOMATE, 326
SALADA DE TOMATE COM
 CEBOLA ROXA, 328
PAN COM TOMATE, 329
GAZPACHO, 330
MACARRÃO COM MOLHO RÚSTICO
 DE TOMATE PICADO, 331
TOMATE RECHEADO COM FAROFA
 DE PARMESÃO, 332
RODELA DE TOMATE ASSADA
 COM PARMESÃO E AZEITONA
 PRETA, 333
PANZANELLA (SALADA DE PÃO), 334
MOLHO DE TOMATE RAPIDÃO, 335
ARANCINI, 336
GELEIA DE TOMATE COM PIMENTA, 337

Casca dura, coração mole

Cortar abóbora japonesa crua requer um pouco de habilidade, eu sei. Mas você não precisa ser ninja na cozinha. Um pouco de paciência basta — e uma boa faca também ajuda. É por isso que na feira e no mercado ela costuma ser vendida já descascada, muitas vezes cortada em cubos. Apesar da casca grossa, a abóbora por dentro é, assim... uma manteiga: desmancha rapidinho na panela — e ainda por cima é adocicada. Por isso mesmo combina tão bem com sabores fortes, como o do curry, o da sálvia e do alecrim — harmonizar por contraste é sempre uma boa ideia. Mas a abóbora também brilha quando compõe com sabores semelhantes, mais adocicados. (O clássico doce de abóbora é prova disso!) Para sobremesa, porém, o melhor é contar com os excelentes serviços da abóbora de pescoço. Ela é ideal para o preparo do doce, que não poderia faltar no capítulo dedicado a esse alimento tão saboroso e versátil.

RECEITAS
SOPA DE ABÓBORA
PURÊ RÚSTICO DE ABÓBORA
RAGU DE CARNE COM PURÊ RÚSTICO DE ABÓBORA
DIP DE ABÓBORA COM TAHINE
SALADA DE ABÓBORA ASSADA COM AGRIÃO
   E LASCAS DE PARMESÃO
ABÓBORA GRELHADA COM CASTANHA-DE-CAJU
   E PIMENTA BIQUINHO
DOCE DE ABÓBORA EM PASTA

MÉTODOS DE COZIMENTO

Abóbora a gente não costuma comer crua. Até pode, mas tem que ser fatiada bem fininha, como se fosse carpaccio. Mas ela fica boa mesmo quando passa por algum tipo de cozimento.

ASSADA, a abóbora japonesa cria uma casquinha tostada e crocante e mantém o interior macio, macio. Dá até para assar com a casca! Cortada em cubos, vira petisco, acompanhamento ou entra em receitas como saladas, risotos ou tortas.

COZIDA com açúcar, bem lentamente, a abóbora de pescoço vira doce. Nesse processo, ela solta seus líquidos, que se misturam com o açúcar e formam uma calda.

COZIDA, na versão salgada, a abóbora fica tão macia que se desmancha, vira purê! E também fica suculenta.

GRELHADA em formato de meia-lua, impressiona que é uma maravilha! Mas, além do visual lindo, ganha um sabor tostado especial e mantém sua estrutura, sem desmanchar.

REFOGADA, absorve os sabores do alho, do azeite e da cebola enquanto cozinha. É um método que também deixa a abóbora macia e úmida.

CORTES

O corte em **MEIA-LUA** é lindo e ideal para grelhar e também para assar. **CUBOS** pequenos ou médios podem ser assados ou refogados. Vai preparar um purê? Pode cortar em **PEDAÇOS** grandes, pois eles desmancham rapidinho. **PROCESSADA,** vira sopa!

cap. 1 **ABÓBORA**

SOPA DE ABÓBORA

SERVE
4 pessoas
TEMPO DE PREPARO
40 minutos

A SOPA DE ABÓBORA JAPONESA É NATURALMENTE CREMOSA — ATÉ AVELUDADA. E É BABA DE PREPARAR! DÁ ATÉ TEMPO DE FAZER FIRULA: AS FOLHAS DE SÁLVIA FRITAS EM AZEITE FAZEM A MAIOR FIGURA NA APRESENTAÇÃO, MAS TAMBÉM CUMPREM NOBRE PAPEL: DÃO UM SABOR ESPECIAL AO PRATO.

½ abóbora japonesa (500 g se for comprar já descascada)
1 cebola
1 cenoura
1 talo de salsão sem as folhas
1 dente de alho
1 litro de água (ou caldo caseiro)
1 colher (sopa) de manteiga
1 colher (sopa) de azeite
1 folha de louro
2 cravos-da-índia
6 folhas de sálvia
sementes de abóbora torradas a gosto para servir
sal e pimenta-do-reino moída na hora a gosto

1. Faça o pré-preparo: descasque, descarte as sementes e corte a abóbora em pedaços grandes; descasque e rale a cenoura; corte o salsão em 3 pedaços; corte ao meio e descasque a cebola; numa das metades prenda a folha de louro espetando com os cravos, pique fino a outra metade; descasque e pique fino o alho.

2. Coloque a manteiga numa panela média e leve ao fogo médio. Quando derreter, acrescente a cebola picada e a cenoura ralada. Tempere com uma pitada de sal e pimenta-do-reino e refogue até murchar. Junte o alho e misture bem. Acrescente a abóbora, a cebola cravejada e os pedaços de salsão. Regue com a água e, quando ferver, diminua o fogo e deixe cozinhar com a tampa semiaberta por mais 15 minutos.

3. Enquanto isso, leve uma frigideira com o azeite ao fogo médio. Quando aquecer, com uma escumadeira coloque as folhas de sálvia por alguns segundos, até ficar crocante. Transfira para um prato com papel toalha e reserve.

4. Desligue o fogo e, com uma pinça, retire e descarte os pedaços de salsão e a cebola cravejada. Transfira o caldo com os pedaços de abóbora para o liquidificador e bata até ficar liso. Atenção: segure a tampa do liquidificador com um pano de prato para evitar que o vapor empurre e abra a tampa. Sirva a sopa com as folhas de sálvia crocantes e sementes de abóbora torradas.

PURÊ RÚSTICO DE ABÓBORA

SERVE
3 pessoas

TEMPO DE PREPARO
40 minutos

ABÓBORA COZINHA RAPIDINHO. OS CUBOS ENTRAM NA PANELA COM AZEITE E, À MEDIDA QUE VÃO COZINHANDO, A GENTE VAI AMASSANDO COM A COLHER. EM QUESTÃO DE MINUTOS, A ABÓBORA VIRA UM PURÊ RÚSTICO! VAI MUITO BEM COM CARNES ESCURAS.

½ abóbora japonesa (500 g se for comprar já descascada)
3 colheres (sopa) de azeite
2 ½ colheres (sopa) de manteiga (25 g)
sal e pimenta-do-reino moída na hora a gosto

1. Descasque, descarte as sementes e corte a abóbora em cubos médios de 3 cm.

2. Leve uma panela média ao fogo médio. Quando aquecer, regue com o azeite, junte a abóbora e tempere com o sal. Deixe a abóbora cozinhar com a panela tampada por cerca de 20 minutos, mexendo de vez em quando. À medida que a abóbora for cozinhando, amasse os cubos com a espátula, até formar um purê rústico.

3. Desligue o fogo, adicione a manteiga e misture até incorporar. Prove e ajuste o sal e a pimenta-do-reino. Transfira para uma tigela, regue com um fio de azeite e sirva a seguir.

RAGU DE CARNE

RECEITA EXTRA

SERVE
6 pessoas

TEMPO DE PREPARO
30 minutos + 50 minutos na pressão

RAGU É DAQUELAS RECEITAS QUE NÃO PODEM FALTAR NO CONGELADOR. É UM CURINGÃO! COMBINA COM POLENTA, COM MACARRÃO, MAS QUE TAL SERVIR COM PURÊ DE ABÓBORA? FAÇA NO FIM DE SEMANA, CONGELE EM PORÇÕES E TRANSFORME EM JANTARES RAPIDÍSSIMOS PARA O DIA A DIA — SE BEM QUE NÃO FAZ FEIO NO ALMOÇO ENTRE AMIGOS...

1,5 kg de peito bovino, em peça, sem osso
1 cebola
1 cenoura
2 talos de salsão
3 dentes de alho
70 g de bacon em cubinhos
1 lata de tomate pelado em cubos (com o líquido)
1 colher (sopa) de extrato de tomate
⅓ de xícara (chá) de azeitona preta sem caroço
1 xícara (chá) de vinho tinto
1 litro de água
1 folha de louro
1 colher (chá) de orégano seco
2 colheres (sopa) de azeite
sal e pimenta-do-reino moída na hora a gosto

1. Corte e descarte o excesso de gordura da peça de carne — mantenha a gordura entremeada, pois ela agrega sabor ao ragu. Corte a carne em cubos grandes de cerca de 5 cm. Transfira para uma tigela e mantenha em temperatura ambiente — a carne não pode estar gelada na hora de dourar. Enquanto isso, prepare os outros ingredientes.

2. Descasque e pique fino a cebola e os dentes de alho; lave, descasque e corte a cenoura em cubinhos; lave, descarte as folhas e corte os talos de salsão em cubinhos. Corte as azeitonas em 4 partes e reserve.

3. Leve a panela de pressão ao fogo médio. Quando aquecer, regue com ½ colher (sopa) de azeite e doure os cubos de carne aos poucos — se colocar todos ao mesmo tempo, vão soltar o próprio líquido e cozinhar no vapor em vez de selar e dourar. Tempere com sal e pimenta-do-reino a gosto e vire com uma pinça para dourar todos os lados por igual. Transfira para uma tigela e doure o restante, regando a panela com azeite a cada nova leva.

4. Depois de dourar toda a carne, mantenha a panela em fogo médio e adicione o bacon. Mexa por 1 minuto, até começar a dourar — cuidado para não queimar —, junte a cebola e refogue, raspando bem o fundo da panela, até murchar — os queimadinhos da carne são essenciais para dar sabor ao preparo.

5. Acrescente a cenoura, o salsão e o louro. Refogue por cerca de 5 minutos, mexendo de vez em quando, até os legumes ficarem macios. Tempere com sal e pimenta-do-reino a gosto.

6. Adicione o extrato de tomate, o alho e o orégano. Mexa por apenas 1 minuto. Junte o tomate pelado (com o líquido) e misture bem. Regue com a água e o vinho, misture e aumente o fogo.

7. Assim que começar a ferver, volte os cubos de carne dourados para a panela, tampe e deixe cozinhar em fogo médio. Quando apitar, diminua o fogo e cozinhe por mais 50 minutos.

8. Desligue o fogo e espere toda a pressão sair antes de abrir a panela. Transfira a carne para uma tábua e desfie com 2 garfos. Volte a carne desfiada para a panela, misture as azeitonas e acerte o sal e a pimenta-do-reino. Sirva a seguir.

DIP DE ABÓBORA COM TAHINE

SERVE
6 pessoas
TEMPO DE PREPARO
30 minutos

TEM TAHINE NA COZINHA? MISTURE ESTA PASTINHA ÁRABE DE GERGELIM COM ABÓBORA COZIDA. COMO FICA? UMA VERSÃO MAIS SUAVE DE HOMUS. É APERITIVO SAUDÁVEL E NADA COMUM. PERFEITO PARA QUEM TEM FESTA MARCADA EM CASA E QUER FAZER BONITO.

½ abóbora japonesa em cubos
   (500 g se for comprar já descascada)
1 dente de alho
1 ½ colher (sopa) de tahine
caldo de ½ limão
1 colher (chá) de sal
água filtrada a gosto

1. Numa panela média, coloque os cubos de abóbora e cubra com água. Leve ao fogo médio e, assim que começar a ferver, diminua o fogo e deixe cozinhar por cerca de 10 minutos, com a tampa fechada, até os cubos ficarem macios.

2. Enquanto isso, descasque e pique grosseiramente o dente de alho. Assim que a abóbora estiver cozida, escorra e reserve a água do cozimento.

3. Transfira os cubos para o liquidificador (ou processador de alimentos) e junte o dente de alho, o tahine, o caldo de limão e o sal. Bata no modo pulsar até formar uma pastinha. Regue com a água do cozimento aos poucos, até dar o ponto desejado — quando esfriar completamente vai ficar mais firme. Transfira para uma tigela e sirva a seguir com torradas.

SALADA DE ABÓBORA ASSADA COM AGRIÃO E LASCAS DE PARMESÃO

SERVE
4 pessoas
TEMPO DE PREPARO
40 minutos

QUEM GOSTA DE SALADA-REFEIÇÃO VAI ADORAR ESTA RECEITA. COMBINADA COM MINIAGRIÃO, AZEITE, SALSINHA E QUEIJO PARMESÃO EM LASCAS, A ABÓBORA FICA MAIS QUE IRRESISTÍVEL. FESTIVA, COLORIDA, ANIMA QUALQUER MESA!

½ abóbora japonesa
    (500 g se for comprar já descascada)
1 maço de miniagrião
½ maço de salsinha
1 colher (sopa) de vinagre de vinho tinto
3 colheres (sopa) de azeite
lascas de parmesão a gosto
sal e pimenta-do-reino moída na hora
    a gosto

1. Preaqueça o forno a 240 °C (temperatura alta).

2. Descasque, descarte as sementes e corte a abóbora em cubos médios de 3 cm. Espalhe os cubos numa assadeira — quanto mais espaço entre eles, mais crocantes ficam. Regue com 2 colheres (sopa) de azeite e tempere com sal e pimenta-do-reino a gosto. Misture com as mãos para untar bem cada pedaço.

3. Leve ao forno para assar por aproximadamente 25 minutos, até dourar — na metade do tempo vire os cubos com uma espátula para dourar por igual.

4. Enquanto isso, lave as folhas sob água corrente, transfira para uma tigela com 1 litro de água e um bactericida da sua escolha. Deixe de molho por 15 minutos. Retire as folhas da água em vez de escorrer — assim as sujeirinhas ficam no fundo da tigela. Enxague sob água corrente e deixe escorrer bem.

5. Retire as abóboras do forno. Numa tigela, misture as folhas de agrião e a salsinha, tempere com 1 colher (sopa) de azeite, vinagre, sal e pimenta-do-reino a gosto. Misture os cubos de abóbora assados, cubra com lascas de parmesão a gosto e sirva a seguir. Se quiser servir a salada fria, deixe os cubos amornarem antes de levar à geladeira.

ABÓBORA GRELHADA COM CASTANHA-DE-CAJU E PIMENTA BIQUINHO

SERVE
4 pessoas

TEMPO DE PREPARO
25 minutos

O CORTE EM MEIA-LUA É LINDO E IDEAL PARA GRELHAR, MAS A FRIGIDEIRA TEM QUE ESTAR BEM QUENTE, HEIN? SE VOCÊ TIVER UMA BISTEQUEIRA, USE, POIS AS FATIAS FICAM MAIS CHARMOSAS QUANDO MARCADAS PELAS LISTRAS. CASTANHA-DE-CAJU PICADA E PIMENTA BIQUINHO ADICIONAM SABOR E TEXTURA AO ACOMPANHAMENTO.

½ abóbora japonesa cortada na vertical
⅓ de xícara (chá) de castanha-de-caju picada grosseiramente
pimenta biquinho a gosto
azeite a gosto
sal e pimenta-do-reino moída na hora a gosto

1. Com uma escovinha para legumes, lave bem a casca da abóbora sob água corrente. Com uma colher, raspe e descarte as sementes. Apoie a parte plana da abóbora na tábua e corte em fatias de 1 cm, formando meias-luas.

2. Leve uma bistequeira (ou frigideira antiaderente) ao fogo médio. Quando estiver bem quente, regue com 1 colher (chá) de azeite e coloque as fatias de abóbora, uma ao lado da outra. Tempere com sal e pimenta-do-reino e deixe dourar por cerca de 2 minutos de cada lado, até ficar macia e tostada.

3. Transfira para uma travessa e regue com mais um fio de azeite. Decore com a castanha-de-caju picada e as pimentas biquinho. Sirva a seguir.

DOCE DE ABÓBORA EM PASTA

SERVE
6 pessoas

TEMPO DE PREPARO
10 minutos
+ 1 hora e 10 minutos para cozinhar

A ABÓBORA DE PESCOÇO É A IDEAL PARA FAZER O DELICIOSO, TRADICIONAL, INIGUALÁVEL, DOCE DE ABÓBORA EM PASTA. O PREPARO NÃO PODERIA SER MAIS SIMPLES: ABÓBORA, CRAVO, CANELA E AÇÚCAR VÃO JUNTOS PARA A PANELA. O AÇÚCAR DEMERARA DÁ UM BRILHO ESPECIAL E TAMBÉM UM SABOR MAIS ELEGANTE. NÃO TEM? VAI DE AÇÚCAR REFINADO, MESMO. NA GELADEIRA, DURA ATÉ 20 DIAS. (MAS DU-VI-DE-O-DÓ QUE O DOCE QUE FIQUE ESSE TEMPO TODO POR LÁ.)

1 kg de abóbora de pescoço descascada e cortada em cubos
2 xícaras (chá) de açúcar demerara
5 cravos-da-índia
1 canela em rama

1. Leve uma panela grande ao fogo baixo com os cubos de abóbora, o açúcar, os cravos e a canela em rama. Misture, tampe e deixe cozinhar por 30 minutos, até que a abóbora fique macia e solte água para formar uma calda. Mexa de vez em quando com uma espátula para não grudar no fundo.

2. Após os 30 minutos iniciais, abra a panela e mantenha em fogo baixo. Deixe cozinhar por mais 40 minutos, mexendo de vez em quando e pressionando os cubos com a espátula, até formar uma pasta. Atenção: no fim do cozimento o doce ainda deve estar bem úmido — ao esfriar, ele absorve a calda e fica mais firme.

3. Transfira o doce para um pote de vidro (ou compoteira) e deixe amornar. Conserve em geladeira. Sirva puro ou acompanhado de queijo branco.

DICA: Conserve na geladeira por até 20 dias, num pote com fechamento hermético.

Tá com pressa? Come crua!

cap. 2 **ABOBRINHA**

É, nem todo mundo sabe, mas até crua a abobrinha é um sucesso. Cortada em fatias bem finas, com um descascador ou mandolin (fatiador de legumes), vira salada caprichada — você já vai ver. Com uns minutinhos a mais, ela vai para a frigideira e está pronto o acompanhamento para o grelhado de frango (o peixe frito, a bisteca grelhada, o bife bem ou malpassado). Tem mais tempo? Ah, então vamos viajar pelos sabores do Oriente Médio com a abobrinha recheada com carne moída. Ela combina com diferentes tipos de cozinhas e temperos, aceita vários métodos de cozimento e vai do petisco ao prato principal. Que generosa é a abobrinha!

MÉTODOS DE COZIMENTO

CRUA, ela funciona não apenas para salada: em rodelas, vira base de um canapé saudável e delicioso, substituindo o pão. O que mais?

GRELHADA, pode ser em meia-lua, em rodelas e até mesmo em metades, como se fosse um bifão de abobrinha. A vantagem da meia-lua é que é mais rápida!

REFOGADA, fica melhor em cubos, meias-luas e até ralada. Doure bem a cebola antes, depois junte a abobrinha. O segredo para essa técnica é escolher tipos de corte pequenos.

ASSADA, ganha um sabor adocicado, típico do método de cozimento. Quanto menores os pedaços, menos tempo levam para assar. O segredo para que fiquem crocantes é deixar que haja espaço entre cada pedaço, para o ar circular e besuntar com azeite. Recheada (e assada) vira prato principal. Aqui você vai ver a versão com carne, mas com ricota também vai muito bem.

COZIDA num molho de tomate, faz as vezes de carne. O truque é não cozinhar demais para que fique crocante.

FRITA, em rodelinhas finas, fica bom demais!

CORTES

Em **LÂMINAS FINAS** vira salada, em **LÂMINAS GROSSAS** pode ser grelhada e usada para fazer rolinhos recheados; faz ótimas **RODELAS**: **FINAS** para fritar, **MÉDIAS** para grelhar, **GROSSAS** para assar; em **TOLETES**, fica no tamanho certo para cozinhar no molho; **MEIAS-LUAS** grelhadas arrasam como acompanhamento; **RALADA,** pode virar salada ou um refogado, por exemplo; em **CUBOS** pode? Pode. Mas fica menos saborosa porque os centrais ficam sem a casca; em **METADES** pode ser recheada e assada e também grelhada sem recheio, como se fosse um bifão.

RECEITAS

SALADA DE ABOBRINHA COM SALSINHA E LASCAS DE PARMESÃO
ABOBRINHA ASSADA COM ALECRIM, CEBOLA E PIMENTA DEDO-DE-MOÇA
ABOBRINHA GRELHADA COM ALHO E MOLHO DE AZEITONAS VERDES
PEITO DE FRANGO GRELHADO
CUSCUZ MARROQUINO COM CASTANHA-DE-CAJU E SALSINHA
ABOBRINHA COZIDA NO MOLHO DE TOMATE COM TOMILHO
ABOBRINHA RECHEADA COM CARNE
CLAFOUTIS DE ABOBRINHA COM TOMATE E QUEIJO MINAS

SALADA DE ABOBRINHA COM SALSINHA E LASCAS DE PARMESÃO

SERVE
4 pessoas
TEMPO DE PREPARO
5 minutos

A JATO, CONTEMPORÂNEA, SABOROSA. TÁ BOM, NÉ? EM VEZ DE SALSINHA, USE MANJERICÃO. GOSTA DE COENTRO, DE HORTELÃ? TAMBÉM PODE USAR. SE VOCÊ TEM UMA HORTINHA EM CASA, PODE COLOCAR TODAS ESSAS ERVAS!

2 abobrinhas italianas
caldo de 1 limão
3 colheres (sopa) de azeite
folhas de salsinha a gosto
sal e pimenta-do-reino moída na hora a gosto
lascas de parmesão para servir

1. Lave e seque a abobrinha e as folhas de salsinha. Com um descascador de legumes, corte a abobrinha em fatias finas no sentido do comprimento sobre uma travessa. Tem um mandolin? Pode usar, mas cuidado com os dedos.

2. Na hora de servir, regue com o azeite e o caldo de limão. Tempere com sal, pimenta-do-reino moída na hora e decore com as folhas de salsinha. Sirva a seguir com lascas de parmesão.

ABOBRINHA ASSADA COM ALECRIM, CEBOLA E PIMENTA DEDO-DE-MOÇA

SERVE
4 pessoas

TEMPO DE PREPARO
30 minutos

SE VOCÊ TEM OUTROS PRATOS PARA PREPARAR NO FORNO, APROVEITE PARA LEVAR A ABOBRINHA. INTELIGÊNCIA DOMÉSTICA, BEM! E JÁ QUE VAI ASSAR A ABOBRINHA, COLOQUE UMA CEBOLA TAMBÉM. PARA TEMPERAR, ALÉM DE SAL E PIMENTA-DO-REINO, VAI ALECRIM. TEM SÁLVIA? PODE JUNTAR. AH, LEMBRE-SE DE UNTAR BEM AS FOLHAS DAS ERVAS COM AZEITE PARA NÃO QUEIMAR. QUER DAR UMA SACUDIDA NESTE PRATO? COLOQUE PIMENTA DEDO-DE-MOÇA FATIADA BEM FININHO. ACOMPANHAMENTO PERFEITO PARA UMA CARNE!

2 abobrinhas
1 cebola
1 pimenta dedo-de-moça (opcional)
1 ramo de alecrim
3 colheres (sopa) de azeite
sal e pimenta-do-reino moída na hora a gosto

1. Preaqueça o forno a 200 ºC (temperatura média). Lave e seque as abobrinhas, a pimenta e o alecrim.

2. Corte as abobrinhas em rodelas grossas, de cerca de 1 cm de espessura (se quiser, descarte as pontas). Corte a cebola em quartos, passando a faca pela raiz; descasque os gomos, mas sem tirar a raiz — assim todas as camadas ficam juntinhas.

3. Unte o fundo de uma assadeira grande com 1 colher (sopa) de azeite. Disponha as fatias de abobrinha e os gomos de cebola. Debulhe o ramo de alecrim sobre os legumes. Regue com o azeite restante e tempere com sal e pimenta-do-reino moída na hora a gosto. Misture bem com as mãos.

4. Leve ao forno para assar por 25 minutos ou até dourar — na metade do tempo, vire os legumes com uma espátula. Retire do forno e transfira as abobrinhas para uma travessa. Fatie a pimenta em rodelas fininhas (lave bem as mãos!) e espalhe pela abobrinha. Sirva a seguir.

ABOBRINHA GRELHADA COM ALHO E MOLHO DE AZEITONAS VERDES

SERVE
2 pessoas
TEMPO DE PREPARO
20 minutos

GRELHA DE UM LADO, GRELHA DE OUTRO. PRONTO: AS MEIAS-LUAS DOURADAS NA FRIGIDEIRA GANHAM UM SABOR DIFERENTE DA ABOBRINHA REFOGADA DE SEMPRE — AQUELE MÉTODO EM QUE A GENTE NÃO PARA DE MEXER. O SEGREDO É DEIXAR UM ESPACINHO ENTRE OS PEDAÇOS. E NÃO SOBREPOR SOB NENHUMA CIRCUNSTÂNCIA. FRIGIDEIRA PEQUENA? FAÇA EM ETAPAS. E PODE USAR UM DENTE DE ALHO AMASSADO PARA PERFUMAR. UM MOLHO PARA O ACOMPANHAMENTO? SIM, SUGESTÃO: DE AZEITONA. PODERIA TAMBÉM SER DE QUEIJO AZUL, DE MOSTARDA DE DIJON, UM VINAGRETE... É LIVRE! DETALHE: SE NÃO FOR SERVIR COM MOLHO, TEMPERE COM SAL.

1 abobrinha
1 dente de alho
azeite a gosto
pimenta-do-reino moída na hora a gosto

1. Lave, seque e corte a abobrinha ao meio, no sentido do comprimento. Fatie cada metade em meias-luas grossas e descarte as pontas. Sobre a tábua, amasse o dente de alho com a lateral da lâmina da faca.

2. Leve uma frigideira média ao fogo médio. Quando aquecer, regue com um fio de azeite e junte o dente de alho, apenas para perfumar. Coloque as rodelas, sem sobrepor — se não couberem de uma vez, prepare em levas. Deixe dourar por cerca de 2 minutos e vire com uma pinça para dourar o outro lado. Transfira para uma travessa e sirva a seguir.

PARA O MOLHO DE AZEITONA
¼ de xícara (chá) de azeitonas verdes sem caroço (cerca de 40 g)
¼ de xícara (chá) de azeite
caldo de 2 limões
5 folhas de manjericão

Numa tábua, pique grosseiramente as azeitonas. Junte as folhas de manjericão lavadas e pique mais um pouco. Transfira para uma tigela ou molheira, regue com o azeite e o caldo de limão. Misture bem e sirva.

PEITO DE FRANGO GRELHADO
RECEITA EXTRA

SERVE
2 pessoas
TEMPO DE PREPARO
20 minutos para marinar
+ 10 minutos para grelhar

VOCÊ PODE INCLUIR NESTE PREPARO AS ESPECIARIAS DE QUE MAIS GOSTA, COMO PÁPRICA, CÚRCUMA, COMINHO, CANELA. OU ATÉ UMA MISTURA DELAS. UM DETALHE: SE FOR USAR BIFINHO DE PEITO, QUE É MAIS FINO, O TEMPO DE COZIMENTO SERÁ MENOR. E ELE TAMBÉM FICA MENOS SABOROSO E MAIS RESSECADO. USA O FILÉ, VAI?

2 filés de peito de frango
2 colheres (sopa) de sal
2 colheres (chá) de açúcar mascavo
1 dente de alho amassado
2 colheres (sopa) de azeite
1 folha de louro
pimenta-do-reino moída na hora a gosto

1. Numa tigela, misture os temperos (menos o azeite) e esfregue nos filés de frango. Cubra os filés com água e junte a folha de louro. Tampe e deixe descansar por cerca de 20 minutos na geladeira, enquanto prepara o acompanhamento.

2. Retire o frango da salmoura, lave em água corrente e seque bem os filés com um papel toalha ou pano de prato limpo.

3. Aqueça uma frigideira grande em fogo médio. Regue com o azeite e coloque os filés com o lado mais enrugadinho para cima, assim o frango não sai da frigideira com um aspecto achatado. Se a frigideira for pequena, doure um filé de cada vez — e use metade do azeite para cada. Deixe dourar por cerca de 1 minuto de cada lado — esse processo vai selar a carne e manter o filé suculento.

4. Abaixe o fogo e deixe cozinhar por 5 minutos de cada lado — o fogo tem que estar baixo; do contrário, os filés queimam por fora e ficam crus por dentro. Antes de virar, tempere com pimenta-do-reino moída na hora a gosto.

5. Desligue o fogo e transfira os filés para uma tábua. Corte cada um em fatias grossas, na diagonal, e sirva com a abobrinha grelhada.

CUSCUZ MARROQUINO COM CASTANHA-DE-CAJU E SALSINHA

RECEITA EXTRA

SERVE
4 pessoas

TEMPO DE PREPARO
15 minutos

ESTOU IMAGINANDO QUE VOCÊ ESTEJA COM PRESSA E QUEIRA RESOLVER RAPIDINHO O JANTAR. ENTÃO, O MELHOR ACOMPANHAMENTO É O CUSCUZ MARROQUINO, QUE FICA PRONTO NUM PALITO. MAS, SE ESSE NÃO É BEM O CASO, E VOCÊ TEM TEMPO, PODE OPTAR POR OUTRAS PREPARAÇÕES, COMO UM PURÊ DE BATATA COM ALHO-PORÓ OU MESMO UM ARROZ DE BRÓCOLIS SOLTINHO, FEITO NA HORA. ELE TAMBÉM NÃO DÁ TRABALHO E É RÁPIDO. JÁ ESTE CUSCUZ TEM AINDA UNS COMPLEMENTOS PARA GANHAR MAIS TEXTURA E CAMADAS DE SABOR: AS CASTANHAS E A SALSINHA.

2 xícaras (chá) de cuscuz marroquino
2 xícaras (chá) de água
2 colheres (sopa) de azeite
½ xícara (chá) de castanha-de-caju
½ xícara (chá) de folhas de salsinha
1 colher (chá) de sal

1. Numa tigela, tempere o cuscuz com sal. Leve a água ao fogo alto e, assim que ferver, regue o cuscuz. Junte o azeite e misture com uma colher. Tampe com um prato e abafe por apenas 5 minutos.

2. Enquanto o cuscuz hidrata, lave, seque e pique fino as folhas de salsinha. Pique grosseiramente a castanha-de-caju.

3. Após os 5 minutos, solte o cuscuz com um garfo — mesmo que você não vá servir a seguir, solte os grãos, caso contrário o cuscuz vai ficar grudado. Junte a salsinha e a castanha-de-caju picadas e misture bem. Sirva quente ou em temperatura ambiente.

ABOBRINHA COZIDA NO MOLHO DE TOMATE COM TOMILHO

SERVE
4 pessoas

TEMPO DE PREPARO
40 minutos

POR QUE ENSOPADO TEM QUE SER DE CARNE, PEIXE OU FRANGO? EITA, ZÉ! ABOBRINHA COZIDA NO MOLHO DE TOMATE RENDE UM JANTAR RÁPIDO, LEVE E NUTRITIVO. PARA ACELERAR, USE TOMATE PELADO EM LATA — QUE É BEM DIFERENTE DO MOLHO COMPRADO PRONTO. ALGUÉM VAI PERGUNTAR: "MAS NÃO SERIA MELHOR USAR O TOMATE FRESCO?" SIM E NÃO. SIM, PORQUE ELE É MAIS NATURAL QUE O ENLATADO. MAS, NESSE CASO, VOCÊ VAI GASTAR UNS BONS 15 MINUTOS A MAIS PARA AFERVENTAR E PELAR OS TOMATES — E TALVEZ DESISTA DE PREPARAR ESTA RECEITA NUM DIA CORRIDO. E TAMBÉM VAI PRECISAR COMPRAR TOMATES BEM MADURINHOS PARA O MOLHO NÃO FICAR SEM SABOR. FICA A SEU CRITÉRIO. E, DIFERENTE DO MOLHO COMPRADO PRONTO, O TOMATE PELADO ENLATADO NÃO É UM ALIMENTO ULTRAPROCESSADO — ELE NÃO TEM ADITIVOS QUÍMICOS.

2 abobrinhas
2 latas de tomate pelado
2 dentes de alho
4 ramos de tomilho
2 colheres (sopa) de azeite
sal e pimenta-do-reino moída na hora a gosto

1. No liquidificador, bata o tomate pelado com o líquido da lata.

2. Leve uma panela média ao fogo médio. Quando aquecer, regue com o azeite e refogue o alho por um minuto. Junte o tomate batido, os ramos de tomilho e tempere com sal e pimenta-do-reino moída na hora a gosto. Deixe o molho cozinhar em fogo médio até começar a ferver.

3. Lave e seque as abobrinhas. Corte e descarte as pontas e, em seguida, corte cada uma em quatro pedaços, formando oito toletes.

4. Assim que o molho começar a ferver, diminua o fogo e coloque os toletes em pé, um ao lado do outro. Deixe cozinhar por 25 minutos em fogo baixo, com a tampa semiaberta, até as abobrinhas ficarem macias e o molho, encorpado. Desligue o fogo, transfira as abobrinhas com o molho para uma travessa e sirva a seguir.

ABOBRINHA RECHEADA COM CARNE

SERVE
4 pessoas

TEMPO DE PREPARO
35 minutos
+ 30 minutos para assar

QUANDO A GENTE CORTA A ABOBRINHA NA METADE, NO SENTIDO DO COMPRIMENTO, E RETIRA AS SEMENTES COM UMA COLHER, ELA SE TORNA UMA CANOA. MAS ESSA CANOA NÃO EMBARCA SOZINHA NA ASSADEIRA, NÃO! RECHEADA COM CARNE MOÍDA, VIRA UM PRATO PRINCIPAL COM JEITÃO DE CASA DE MÃE. É FÁCIL, FÁCIL DE PREPARAR. MAS TEM UM SEGREDINHO: A CARNE É TEMPERADA COM PÁPRICA, PIMENTA SÍRIA E CANELA.

2 abobrinhas grandes
500 g de patinho moído
1 cebola
2 dentes de alho
1 colher (sopa) de farinha de trigo
¼ de xícara (chá) de água
azeite a gosto
½ colher (chá) de páprica doce
½ colher (chá) de pimenta síria
1 pitada de canela em pó
sal e pimenta-do-reino moída na hora a gosto
2 colheres (sopa) de farinha de rosca
2 colheres (sopa) de queijo parmesão ralado fino

1. Preaqueça o forno a 180 °C (temperatura média). Retire a carne da geladeira e deixe em temperatura ambiente enquanto prepara os outros ingredientes.

2. Com uma escovinha para legumes lave bem as abobrinhas sob água corrente. Seque e corte cada uma ao meio no sentido do comprimento. Com uma colher de sobremesa, retire o miolo das abobrinhas, deixando uma borda de cerca de 0,5 cm da casca — assim as abobrinhas ficam no formato de uma canoa para rechear.

3. Transfira as abobrinhas para uma assadeira, com a cavidade voltada para cima. Sobre a tábua, pique fino o miolo das abobrinhas — será usado no recheio. Descasque e pique fino a cebola e o alho.

4. Leve uma panela média ao fogo médio. Quando aquecer regue com 3 colheres (sopa) de azeite, junte a carne moída e polvilhe com a farinha de trigo. Misture e deixe dourar por cerca de 10 minutos, mexendo de vez em quando para soltar e dourar a carne por igual.

5. Transfira a carne dourada para uma tigela e mantenha a panela em fogo médio. Regue com mais 1 colher (sopa) de azeite, junte a cebola e o miolo da abobrinha picados. Tempere com uma pitada de sal e refogue por cerca de 2 minutos, até murchar. Junte o alho, a canela, a páprica e a pimenta síria e misture bem por 1 minuto.

6. Regue com a água e misture, raspando bem o fundo da panela para dissolver os queimadinhos — eles dão sabor ao recheio. Volte a carne para a panela e misture bem — o recheio deve ficar ainda úmido. Desligue o fogo, prove e ajuste o sal e a pimenta-do-reino.

7. Tempere o interior das abobrinhas com sal e pimenta-do-reino moída na hora a gosto. Com uma colher, distribua o recheio de carne nas cavidades de cada abobrinha e regue com um fio de azeite.

8. Numa tigela pequena, misture a farinha de rosca com o queijo ralado. Polvilhe sobre cada abobrinha e leve a assadeira ao forno preaquecido. Deixe assar por cerca de 30 minutos, até dourar. Retire do forno e sirva a seguir com salada de folhas verdes.

CLAFOUTIS DE ABOBRINHA COM TOMATE E QUEIJO MINAS

SERVE
6 pessoas

TEMPO DE PREPARO
20 minutos
+ 30 minutos para assar

A CLÁSSICA SOBREMESA FRANCESA GANHOU VERSÃO SALGADA E UM VERNIZ DE BRASILIDADE COM O QUEIJO MINAS. VAI DO FORNO À MESA NUM PASSE DE MÁGICA — O QUE FAZ DELA UMA CAMPEÃ DE AUDIÊNCIA PARA OS JANTARES CORRIDOS DURANTE A SEMANA. PARA DAR AQUELE TOQUE DE MIDAS, ACRESCENTE O MOLHINHO DE AZEITONA DA PÁGINA 30.

2 abobrinhas pequenas
200 g de queijo minas (frescal) em peça
1 ½ xícara (chá) de tomates cereja (cerca de 200 g)
4 ovos
1 xícara (chá) de leite
¾ de xícara (chá) de farinha de trigo
1 colher (chá) de azeite
1 ½ colher (chá) de sal
noz-moscada ralada na hora a gosto
pimenta-do-reino moída na hora a gosto

1. Preaqueça forno a 180 °C (temperatura média). Escolha um refratário redondo de cerca de 30 cm de diâmetro.

2. Lave e seque os tomates cereja e as abobrinhas. Descarte as extremidades e corte as abobrinhas em meias-luas. Com a ponta de uma faquinha para legumes, corte um X na base de cada tomate. Esprema delicadamente cada um para extrair o líquido e as sementes.

3. Corte o queijo minas em cubinhos de cerca de 1 cm. Reserve.

4. Leve ao fogo médio uma frigideira, de preferência antiaderente, para aquecer. Regue com ½ colher (chá) de azeite e acrescente metade das abobrinhas. Tempere com sal e pimenta-do-reino moída na hora a gosto e deixe dourar por cerca de 2 minutos de cada lado. Transfira as abobrinhas douradas para um prato, regue a frigideira com o restante do azeite e repita com a outra metade.

5. Numa tigela, quebre um ovo de cada vez e transfira para outra tigela maior — se um estiver estragado, você não perde toda a receita. Acrescente a farinha aos poucos, misturando com o batedor de arame para não empelotar. Misture o leite e tempere com sal, pimenta-do-reino moída na hora e noz-moscada.

6. Distribua os tomates cereja, as fatias de abobrinha e os cubos de queijo no fundo do refratário. Cubra delicadamente com a mistura de ovos. Leve ao forno para assar até estufar e dourar, por cerca de 30 minutos. Retire do forno e sirva a seguir.

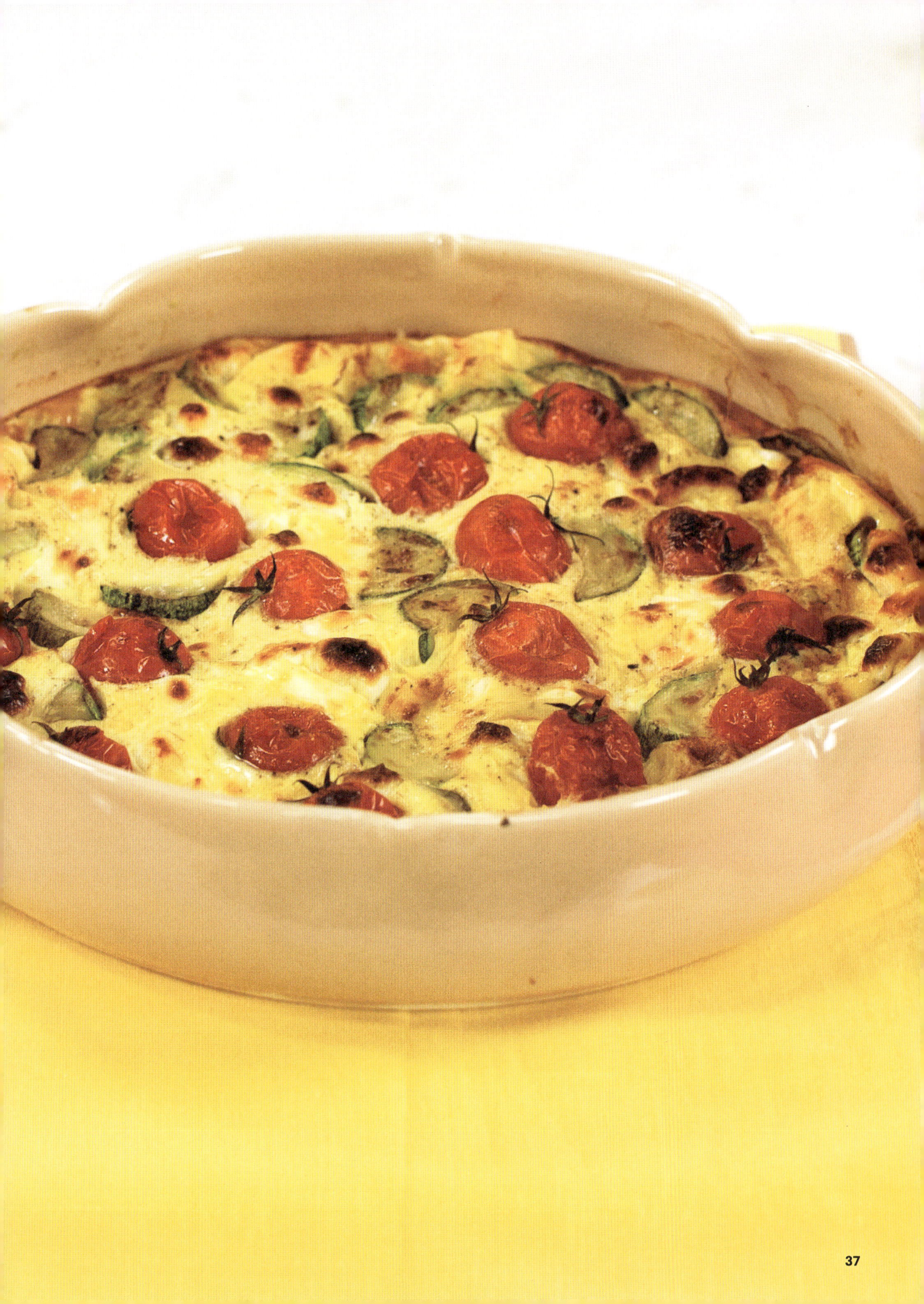

MÉTODOS DE COZIMENTO

Crua, fica mais amarga; cozida, ganha doçura. Veja as melhores formas de preparar:

CRUA, fica bem crocante e rende as mais diversas saladas — com ou sem a companhia de outras folhas.
MARINADA, dá uma murchadinha, perde o sabor aguado e ganha uma acidez que equilibra o amargor.
SALTEADA com outros ingredientes, como carnes, dá frescor aos pratos e equilibra sabores mais gordurosos de outros alimentos.
BRANQUEADA, fica mais maleável, porém ainda com a textura crocante. Ideal para ser usada em rolinhos ou trouxinhas.
REFOGADA com alho e cebola — ou só com alho —, fica perfeita para entrar no recheio de tortas e empanadas. Também funciona como um acompanhamento leve para os grelhados do dia a dia.
COZIDA em sopas, ensopados e caldos, fica bem macia.
ASSADA, fica bem macia e pode ser a cama para um peixe na assadeira ou até entrar no forno na forma de suflê.
GRATINADA, com molho de salada Caesar, se torna um acompanhamento absolutamente surpreendente.

CORTES

Não faltam opções para preparar a acelga. Em **METADES** ou **QUARTOS,** vai ao forno — e sai dele lindona! As folhas podem ser usadas em **FATIAS FINAS,** ideais para saladas; já **MÉDIAS** ou **GROSSAS,** ficam melhores para usar em algum método de cozimento. Ela ainda pode ser **CORTADA EM QUADRADOS.**

Rende que é uma beleza!

Você usa, usa, e o maço está lá na geladeira, bonitão. É, acelga ganhou o troféu no campeonato de economia doméstica da gaveta de legumes, sabia? Ela rende — e dura. De sabor mais amarguinho, combina com tanta coisa! De uva-passa a vinagre, shoyu a castanhas, queijos a carnes. Tem mais: vai à mesa preparada de maneiras totalmente diferentes. Você está a uma página de redescobrir essa hortaliça superversátil.

RECEITAS
SALADA PICANTE DE ACELGA
ACELGA MARINADA COM SHOYU E GENGIBRE
ROLINHO DE ACELGA E CARNE COM MOLHO DE AMENDOIM
ACELGA REFOGADA COM LARANJA E CASTANHA-DE-CAJU
SALMÃO EM CROSTA DE ERVAS
ACELGA GRATINADA COM MOLHO CAESAR
FRANGO ORIENTAL COM ACELGA E BROTO DE FEIJÃO

SALADA PICANTE DE ACELGA

SERVE
6 pessoas

TEMPO DE PREPARO
20 minutos

A PIMENTA DEDO-DE-MOÇA DÁ UMA CHACOALHADA NA ACELGA FATIADA BEM FININHO. AÍ VEM A MAÇÃ RALADA E LEVANTA O ASTRAL DE TODO MUNDO. A CEBOLINHA FAZ UM PASSE PARA O COENTRO E: GOL! ESTÁ PRECISANDO IMPRESSIONAR? ESTA SALADA LEVANTA A ARQUIBANCADA!

1 maço de acelga
2 maçãs
1 pimenta dedo-de-moça
caldo de 2 limões
5 talos de cebolinha
5 ramos de coentro
¼ de xícara (chá) de azeite
sal a gosto

1. Corte, descarte a base e fatie fino o maço de acelga. Transfira para uma tigela com 1 litro de água e 1 colher (sopa) do bactericida da sua escolha. Deixe de molho por 15 minutos. Enquanto isso prepare os outros ingredientes.

2. Lave e seque a maçã, a cebolinha, o coentro e a pimenta dedo-de-moça. Pique a cebolinha em fatias finas na diagonal. Pique fino as folhas de coentro e a pimenta dedo-de-moça.

3. Corte as maçãs em quartos, retire os cabinhos e as sementes. Rale na parte grossa do ralador, utilizando o lado da casca para proteger os dedos. Transfira a maçã ralada, a cebolinha, o coentro e a pimenta para uma tigela grande.

4. Retire a acelga da água em vez de escorrer — assim as sujeirinhas ficam no fundo da tigela. Transfira para um escorredor, enxágue e deixe escorrer bem. Junte aos outros ingredientes e regue com o azeite e o caldo dos limões. Tempere com sal a gosto e sirva a seguir.

ACELGA MARINADA COM SHOYU E GENGIBRE

SERVE
4 pessoas

TEMPO DE PREPARO
25 minutos + 30 minutos para marinar

ACELGA EM CONSERVA É RECEITA BEM NIPÔNICA. O SEGREDO É A TÉCNICA DE COZIMENTO DAS FOLHAS, QUE SÃO BRANQUEADAS — UM SUSTO NA ÁGUA QUENTE, E PRONTO. RESULTADO: TEXTURA FIRME GARANTIDA. COMO TODA BOA CONSERVA, FICA MELHOR DEPOIS DE UM OU DOIS DIAS NA GELADEIRA.

1 maço de acelga
¼ de xícara (chá) de shoyu
1 colher (chá) de gengibre ralado (um pedaço de 2 cm)
2 colheres (sopa) de vinagre de arroz
1 colher (sopa) de açúcar
óleo de gergelim a gosto
gergelim preto torrado a gosto

1. Solte as folhas de acelga e lave sob água corrente. Coloque água numa panela média e leve ao fogo alto. Assim que ferver, mergulhe as folhas e deixe cozinhar por apenas 2 minutos.

2. Transfira as folhas de acelga para uma peneira e passe na água fria para interromper o cozimento — assim elas ficam macias, mas ainda crocantes. Aperte com uma colher para escorrer bem o excesso de água e transfira para uma tigela.

3. Numa tigela pequena, misture o gengibre ralado, o vinagre, o açúcar e o shoyu e mexa até que forme um molho liso. Regue a acelga com o molho, cubra com filme e deixe marinar por ao menos 30 minutos na geladeira.

4. Finalize com gotinhas de óleo de gergelim e gergelim preto torrado a gosto. Sirva a seguir.

ROLINHO DE ACELGA E CARNE COM MOLHO DE AMENDOIM

SERVE
1 pessoa

TEMPO DE PREPARO
35 minutos

A FOLHA DE ACELGA, GENEROSA, EMBALA UMA REFEIÇÃO COMPLETA A CADA ROLINHO: TEM CARNE, CENOURA, PEPINO E UMAS FOLHINHAS DE HORTELÃ QUE DEIXAM O PREPARO FRESCO, FRESCO. LEVE, SAUDÁVEL E EXCELENTE IDEIA PARA LEVAR NA MARMITA.

PARA OS ROLINHOS
4 folhas de acelga
1 bife de miolo de alcatra (cerca de 100 g)
½ cenoura
½ pepino japonês
8 folhas de hortelã
1 colher (chá) de azeite
sal e pimenta-do-reino moída na hora a gosto

1. Corte o bife em tiras de 5 cm × 2 cm.

2. Leve uma frigideira ao fogo médio. Quando aquecer, regue com o azeite e coloque as tiras de carne. Vire com uma pinça para dourar por igual e tempere com sal e pimenta-do-reino a gosto. Transfira para um prato e deixe esfriar — a carne não pode estar quente na hora de montar os rolinhos.

3. Lave as folhas de acelga. Leve uma frigideira (com bordas altas) com água ao fogo alto. Assim que a água ferver, mergulhe as folhas e deixe cozinhar por 2 minutos, até amolecerem.

4. Passe as folhas de acelga por água fria ou coloque numa tigela com água gelada para interromper o cozimento — assim, ficam macias para enrolar, mas ainda crocantes. Coloque as folhas num escorredor.

5. Enquanto isso, prepare os legumes: lave e seque a cenoura, o pepino e as folhas de hortelã; descasque a cenoura e corte em tiras finas com 5 cm de comprimento; mantenha a casca e corte tiras finas do pepino, até chegar à semente.

6. Sobre uma tábua, coloque uma folha de acelga bem aberta. Corte e descarte o talo próximo da base da folha. Coloque uma porção de carne, cenoura e pepino, deixando cerca de 2 cm da base da folha livre para enrolar. Acrescente duas folhas de hortelã. Enrole a ponta da folha de acelga sobre o recheio, dobre as laterais da folha para dentro e continue enrolando até o final.

7. Repita com as outras folhas. Sirva os rolinhos com o molho de amendoim. Se preferir, prepare com antecedência e deixe na geladeira até a hora de servir.

PARA O MOLHO
2 colheres (sopa) de pasta de amendoim sem açúcar
2 colheres (sopa) de caldo de limão-taiti
2 colheres (sopa) de shoyu

Numa tigela, junte a pasta de amendoim, o caldo de limão e o molho shoyu. Misture bem com um batedor de arame pequeno ou com um garfo, até ficar liso.

43

ACELGA REFOGADA COM LARANJA E CASTANHA-DE-CAJU

SERVE
2 pessoas

TEMPO DE PREPARO
20 minutos

ESQUEÇA TUDO O QUE VOCÊ CONHECE SOBRE ACELGA REFOGADA. NESTA VERSÃO, A LARANJA-BAÍA — DOCE, CÍTRICA E PERFUMADA — TRANSFORMA O PREPARO, QUE AINDA GANHA NOVA TEXTURA COM A CASTANHA-DE-CAJU.

½ maço de acelga
caldo de 1 laranja-baía
¼ de xícara (chá) de castanha-de-caju
1 dente de alho
1 colher (chá) de amido de milho
1 colher (sopa) de azeite
sal e pimenta-do-reino moída na hora a gosto

1. Faça o pré-preparo: separe as folhas de acelga e lave sob água corrente; numa tábua, coloque as folhas uma sobre a outra e corte em quadrados de 3 cm; descasque e pique fino o alho; pique grosseiramente as castanhas-de-caju.

2. Numa tigela pequena, misture bem o amido de milho no caldo de laranja, até dissolver.

3. Leve uma frigideira grande ao fogo médio. Quando aquecer, regue com o azeite e acrescente o alho — mexa por apenas 1 minuto para perfumar. Junte a acelga fatiada, tempere com sal e pimenta-do-reino a gosto e misture. Regue com a mistura de amido de milho com caldo de laranja e deixe cozinhar por mais 5 minutos, mexendo de vez em quando, até a acelga murchar e o caldo engrossar. Desligue o fogo, misture a castanha-de-caju picada e sirva a seguir.

SALMÃO EM CROSTA DE ERVAS

RECEITA EXTRA

SERVE
2 pessoas

TEMPO DE PREPARO
15 minutos

A TRANCHE DE SALMÃO, INGREDIENTE PRINCIPAL DESTA RECEITA, É UM PEDAÇO GENEROSO DO PESCADO, SEM PELE NEM ESPINHOS. UMA MISTURA ACERTADA DE ERVAS E ESPECIARIAS TURBINA O SABOR DO PREPARO (QUE VAI BEM, MUITO BEM, COM A ACELGA REFOGADA COM LARANJA E CASTANHA-DE-CAJU).

2 tranches de salmão (sem pele e sem espinhos)
½ colher (sopa) de tomilho seco
½ colher (sopa) de alecrim seco
½ colher (sopa) de orégano seco
½ colher (chá) de alho desidratado
½ colher (chá) de sementes de cominho
½ colher (sopa) de páprica
½ colher (chá) de sal
2 colheres (sopa) de azeite

1. Numa tábua, pique fino o tomilho, o alecrim, o orégano, o alho e as sementes de cominho. Misture com a páprica e o sal (se preferir, bata todos os ingredientes num miniprocessador).

2. Num prato, coloque a mistura de temperos e empane as tranches de salmão dos dois lados (não é necessário cobrir as laterais).

3. Leve uma frigideira ao fogo médio. Quando aquecer, regue com o azeite e coloque as tranches de salmão. Deixe dourar, sem mexer, por 2 minutos. Vire os filés delicadamente e deixe cozinhar por mais 2 minutos. Se os filés forem finos, diminua o tempo de cocção — a ideia é deixá-los crus por dentro e com uma casquinha crocante por fora. Sirva a seguir com a acelga refogada.

ACELGA GRATINADA COM MOLHO CAESAR

SERVE
4 pessoas

TEMPO DE PREPARO
30 minutos

MOLHO CAESAR — UMA VARIAÇÃO MAIS ELABORADA DA MAIONESE — É SUCESSO DE PÚBLICO E CRÍTICA, NÉ? FEITO EM CASA COM INGREDIENTES FRESQUINHOS, ENTÃO... AQUI, ELE VAI GRATINAR NO FORNO. VOCÊ NÃO TEM IDEIA DE COMO FICA GOSTOSO!

1 maço de acelga pequeno
1 gema de ovo
1 colher (sopa) de mostarda de Dijon
1 filé de anchova
caldo de ½ limão
½ xícara (chá) de óleo de milho
queijo parmesão ralado na hora a gosto
sal e pimenta-do-reino moída na hora a gosto

1. Preaqueça o forno a 240 ºC (temperatura alta).

2. Corte o maço de acelga em quartos no comprimento — mantenha a base para as folhas permanecerem unidas. Lave sob água corrente e deixe escorrer. Enquanto isso, prepare o molho.

3. Pique fino o filé de anchova e transfira para uma tigela. Junte a gema, a mostarda, o caldo de limão, 2 colheres (sopa) de parmesão ralado e misture bem com um batedor de arame — coloque um pano de prato sob a tigela para que ela não fique mexendo na hora de misturar. Regue com o óleo em fio, sem parar de mexer, até formar um molho grosso. Prove e tempere com sal e pimenta-do-reino a gosto.

4. Numa assadeira grande, coloque os quartos de acelga com a parte cortada para cima. Espalhe o molho sobre cada pedaço e polvilhe com queijo parmesão ralado a gosto. Leve ao forno para gratinar por 15 minutos. Sirva a seguir.

FRANGO ORIENTAL COM ACELGA E BROTO DE FEIJÃO

SERVE
4 pessoas
TEMPO DE PREPARO
30 minutos

FILÉ DE FRANGO EM VERSÃO ORIENTAL, PARA TIRAR DO SÉRIO AQUELA REFEIÇÃO DO MEIO DA SEMANA, TOPA? SAI RAPIDINHO E EM UMA PANELA SÓ: É FRANGO EM TIRAS MARINADO NO SHOYU, MAIS CEBOLA, ACELGA E BROTO DE FEIJÃO BREVEMENTE REFOGADOS. A TEXTURA FAZ CROC (E ISSO TAMBÉM CONTA PONTO).

2 filés de peito de frango (cerca de 400 g)
½ maço de acelga
125 g de broto de feijão (moyashi)
1 colher (sopa) de amido de milho
¼ de xícara (chá) de shoyu
½ cebola
2 colheres (sopa) de óleo
sal e pimenta-do-reino moída na hora a gosto

1. Corte os filés de frango em tirinhas de 3 cm × 1 cm, transfira para uma tigela e misture com o amido de milho e 2 colheres (sopa) de shoyu. Deixe marinar por 20 minutos. Enquanto isso, prepare os outros ingredientes.

2. Coloque o broto de feijão em um escorredor, lave sob água corrente e deixe escorrer. Solte as folhas da acelga e lave sob água corrente. Numa tábua, empilhe as folhas e corte em tiras de 3 cm de largura. Descasque e corte a cebola em cubos médios.

3. Leve uma frigideira grande ou uma panela wok ao fogo alto. Quando aquecer, regue com 1 colher (sopa) de óleo, junte o frango e, mexendo de vez em quando, deixe dourar por 3 minutos.

4. Afaste o frango para as laterais da frigideira e regue o centro com o restante do óleo. Acrescente a cebola e refogue por 1 minuto. Junte o broto de feijão e a acelga e misture com o frango. Regue com o restante do shoyu e deixe cozinhar por mais 1 minuto, mexendo bem. Desligue o fogo, prove e acerte o sal e a pimenta-do-reino e sirva imediatamente.

O primo fino

Alho-poró é parente do alho e da cebola, mas não é alho nem cebola. O sabor é mais delicado, quase adocicado, e, por isso, deixa as preparações mais elegantes. As folhas são ótimas para perfumar caldos caseiros — mas depois são descartadas. Já o talo pode entrar sem cerimônia em sopas, recheios de tortas, risotos e até saladas. Ele fica ótimo com sabores fortes, como o da mostarda, o do gorgonzola e do aliche, mas também se integra bem com queijos brancos, batata e ovos. Uma das minhas combinações favoritas é a de alho-poró com peixe — ele tempera sem roubar todas as atenções. Vamos ver mais possibilidades?

RECEITAS
SALADA MORNA DE ALHO-PORÓ
SALADA CRUA DE ALHO-PORÓ COM PEPINO E TOMATE
ALMÔNDEGA AO MOLHO DE LIMÃO
PURÊ DE BATATA E ALHO-PORÓ
ENROLADINHO DE PEIXE BRANCO COM MOLHO DE
  ALHO-PORÓ E LIMÃO
RISOTO DE QUEIJO COM ALHO-PORÓ GRELHADO

MÉTODOS DE COZIMENTO

O talo pode ser grelhado, refogado, frito em imersão ou até usado cru. Já as folhas são usadas cozidas, em caldos e ensopados, apenas para perfumar, e depois são descartadas.

CRU, apenas marinado, pode participar das mais variadas saladas como ator principal ou coadjuvante.
GRELHADO, o alho-poró fica quase caramelado e perfeito para ser servido como acompanhamento de carnes ou para estrelar uma salada morna.
REFOGADO, faz as vezes do alho e da cebola, só que com um sabor mais delicado.
COZIDO, entra na panela no preparo de peixes, carnes e aves.
FRITO, fica crocante, perfeito para finalizar os mais variados pratos — truque de restaurante, sabe?
ASSADO junto com outros vegetais, é ratatouille, mas também pode entrar na assadeira como recheio de tortas e quiches ou junto com carnes.

CORTES

Ele pode ser fatiado em **RODELAS** finas, médias ou grossas. Também pode ser cortado em **TIRAS** no sentido do comprimento ou em **TOLETES**, o formato ideal para preparar na grelha. Se cortado em **MEIAS-LUAS**, vira fios.

SALADA MORNA DE ALHO-PORÓ

SERVE
2 pessoas

TEMPO DE PREPARO
20 minutos

ESTA SALADA MORNA FOGE DO ÓBVIO E É ÓTIMA PARA UM JANTAR ESPECIAL. DEPOIS DE COZIDO, O ALHO-PORÓ GANHA UM SABOR ADOCICADO QUE CONTRASTA BEM COM O MOLHO RÁPIDO DE MOSTARDA, VINAGRE, SAL E PIMENTA-DO-REINO. NO FINAL, NOZES PICADAS DÃO AINDA MAIS CLASSE À RECEITA.

2 talos de alho-poró
1 colher (sopa) de azeite
1 xícara (chá) de água
2 colheres (sopa) de vinagre de vinho tinto
1 colher (sopa) de mostarda
¼ de xícara (chá) de nozes picadas
sal e pimenta-do-reino moída na hora a gosto

1. Corte e descarte a ponta com a raiz dos alhos-porós. Corte a parte clara dos talos em 3 pedaços na diagonal e reserve as folhas para outra receita — caldos, ensopados ou até para perfumar o feijão. Lave bem sob água corrente.

2. Leve uma frigideira média com borda alta ao fogo médio. Quando aquecer, regue com o azeite e doure os pedaços de alho-poró por cerca de 5 minutos, virando de vez em quando. Tempere com sal e pimenta-do-reino moída na hora, regue com a água e deixe cozinhar por cerca de 10 minutos, até a água secar.

3. Enquanto isso, numa tigela pequena, misture o vinagre com a mostarda.

4. Assim que a água secar, transfira o alho-poró para uma travessa, regue com o molho de mostarda, polvilhe com as nozes e sirva a seguir.

SALADA CRUA DE ALHO-PORÓ COM PEPINO E TOMATE

SERVE
4 pessoas
TEMPO DE PREPARO
20 minutos

CORTADO EM TIRAS FINAS NO SENTIDO DO COMPRIMENTO, O ALHO-PORÓ CRU FICA PERFEITO PARA COMPOR SALADAS ESTILOSAS. PARA DAR UMA QUEBRADA NO ARDIDO, ELE PRECISA MARINAR EM AZEITE E LIMÃO, ANTES DE SE JUNTAR AO PEPINO E AO TOMATE. E QUEM GOSTA DE COENTRO PODE FINALIZAR A RECEITA COM FOLHINHAS FRESCAS.

2 talos de alho-poró
½ xícara (chá) de tomate cereja (ou sweet grape)
1 pepino
3 ramos de coentro
caldo de 1 limão
3 colheres (sopa) de azeite
sal e pimenta-do-reino moída na hora a gosto

1. Lave e seque bem os alhos-porós. Corte e descarte a ponta com a raiz e reserve as folhas para outra receita. Corte os talos ao meio, no sentido do comprimento, e cada metade em fatias finas, também no comprimento. Transfira para uma tigela média e regue com o caldo do limão e o azeite. Tempere com sal e pimenta-do-reino e misture bem. Deixe o alho-poró marinando. Enquanto isso, prepare os outros ingredientes.

2. Lave e seque o pepino, os tomates e as folhas de coentro. Corte o pepino ao meio no sentido do comprimento, retire o miolo com uma colher e corte as metades em meias-luas finas. Corte os tomates ao meio, no sentido do comprimento.

3. Misture os legumes picados com o alho-poró e as folhas de coentro e sirva a seguir.

ALMÔNDEGA AO MOLHO DE LIMÃO

RECEITA EXTRA

SERVE
4 pessoas

TEMPO DE PREPARO
1 hora

DIFERENTE DAS ALMÔNDEGAS TRADICIONAIS, SERVIDAS COM MOLHO DE TOMATE, ESTA VERSÃO TEM O TOQUE REFRESCANTE DO LIMÃO E DAS ERVAS FRESCAS — A HORTELÃ E A SALSINHA. E MAIS: TEM UM FUNDINHO ADOCICADO DA CARNE DE PORCO, MISTURADA À CARNE BOVINA. COMBINA MUITO BEM COM INÚMERAS PREPARAÇÕES DESTE LIVRO.

PARA AS ALMÔNDEGAS
400 g de patinho moído
200 g de pernil suíno moído
1 ovo
¼ de xícara (chá) de farinha de rosca
1 cebola
2 ramos de salsinha
2 ramos de hortelã
½ colher (sopa) de cominho
1 colher (chá) de sal

1. Descasque e pique fino a cebola. Lave, seque e pique fino as folhas de salsinha e de hortelã.

2. Numa tigela grande, quebre o ovo e misture com as carnes moídas. Acrescente a farinha de rosca, a cebola, a salsinha, a hortelã, o cominho, o sal e misture bem.

3. Forme uma bolota de carne e arremesse contra a tigela algumas vezes — esse choque ativa o colágeno da carne e evita que as almôndegas desmanchem na hora de dourar.

4. Para modelar as almôndegas, unte as mãos com azeite, faça bolinhas pequenas e reserve.

PARA O MOLHO
1 cebola
2 dentes de alho
½ xícara (chá) de água
caldo de 1 limão
2 colheres (sopa) de azeite
2 colheres (sopa) de manteiga
folhas de hortelã picadas a gosto
salsinha picada a gosto

1. Descasque e pique fino a cebola. Com a lateral da lâmina da faca, amasse os dentes de alho e descarte as cascas.

2. Leve uma frigideira média com borda alta ao fogo médio. Quando aquecer, regue com 1 colher (sopa) de azeite e doure metade das almôndegas por 5 minutos, mexendo de vez em quando com a espátula para dourar todos os lados por igual. Transfira as almôndegas douradas para uma travessa e repita com o restante, regando a frigideira com mais azeite.

3. Mantenha a frigideira em fogo médio. Acrescente a cebola picada, os dentes de alho e refogue por 3 minutos, até murchar. Regue com a água e o caldo de limão. Misture raspando bem o fundo para dissolver os queimadinhos — são eles que dão sabor ao molho. Volte as almôndegas para a frigideira e deixe cozinhar por mais 10 minutos.

4. Desligue o fogo e junte a manteiga. Faça movimentos circulares com a frigideira para a manteiga derreter e engrossar o molho. Misture a salsinha e a hortelã picadas e sirva a seguir com o purê.

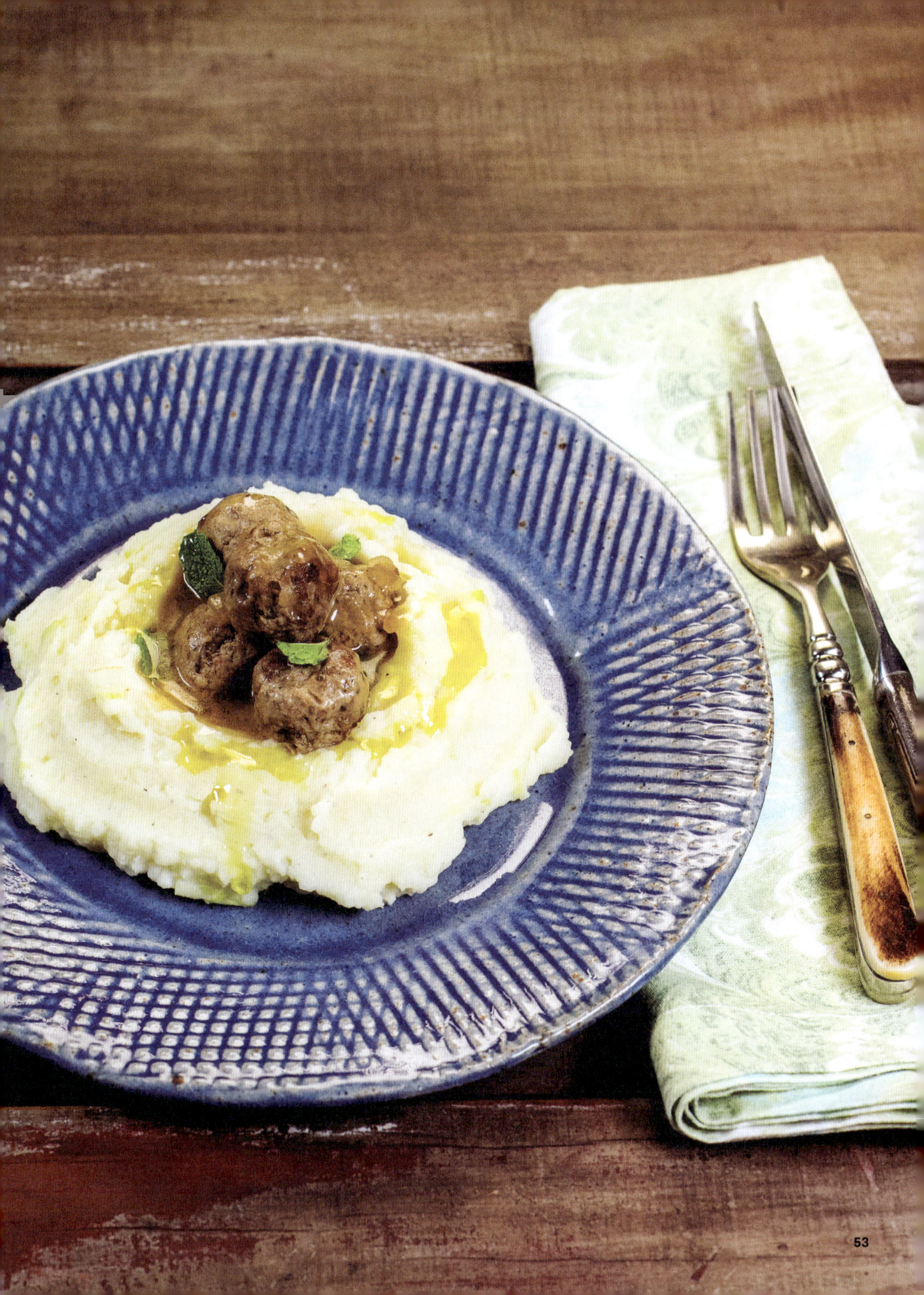

PURÊ DE BATATA E ALHO-PORÓ

SERVE
4 pessoas

TEMPO DE PREPARO
30 minutos

NO DIA A DIA, PARECE QUE A GENTE ESQUECE QUE PURÊ DE BATATA PODE GANHAR ACOMPANHAMENTOS. CEBOLA CARAMELADA, SALSINHA PICADA, QUEIJO GORGONZOLA... MAS COM ALHO-PORÓ REFOGADO FICA IMBATÍVEL: É COMIDA-CONFORTO E ELEGANTE AO MESMO TEMPO.

4 batatas
1 talo de alho-poró
1 xícara (chá) de leite
2 colheres (sopa) de manteiga
noz-moscada ralada na hora a gosto
sal e pimenta-do-reino moída na hora a gosto

1. Descasque e corte as batatas em pedaços médios. Transfira para uma panela média, cubra com água e misture ½ colher (chá) de sal. Leve para ao fogo alto e, assim que começar a ferver, abaixe o fogo e deixe cozinhar por 20 minutos, ou até ficarem macias — espete com um garfo para verificar. Enquanto isso prepare o alho-poró.

2. Lave e seque o alho-poró. Corte e descarte as pontas com a raiz e reserve as folhas para preparar caldos. Corte a parte clara do talo em fatias finas. Leve uma frigideira com 1 colher (sopa) de manteiga ao fogo médio. Quando derreter, junte o alho-poró fatiado, tempere com uma pitada de sal e refogue por cerca de 2 minutos, até murchar. Reserve.

3. Desligue o fogo e escorra bem a água das batatas. Coloque o leite numa panela pequena e leve ao fogo baixo para aquecer — não é preciso ferver. Este é um dos segredos para o purê não empelotar: o leite deve estar na mesma temperatura que a batata.

4. Passe as batatas ainda quentes pelo espremedor sobre a mesma panela. Leve ao fogo médio e acrescente o leite quente, mexendo com um batedor de arame para incorporar. Desligue o fogo, junte 1 colher (sopa) de manteiga e misture bem.

5. Tempere com sal, pimenta-do-reino, noz-moscada. Misture o alho-poró refogado, transfira para uma tigela e sirva a seguir.

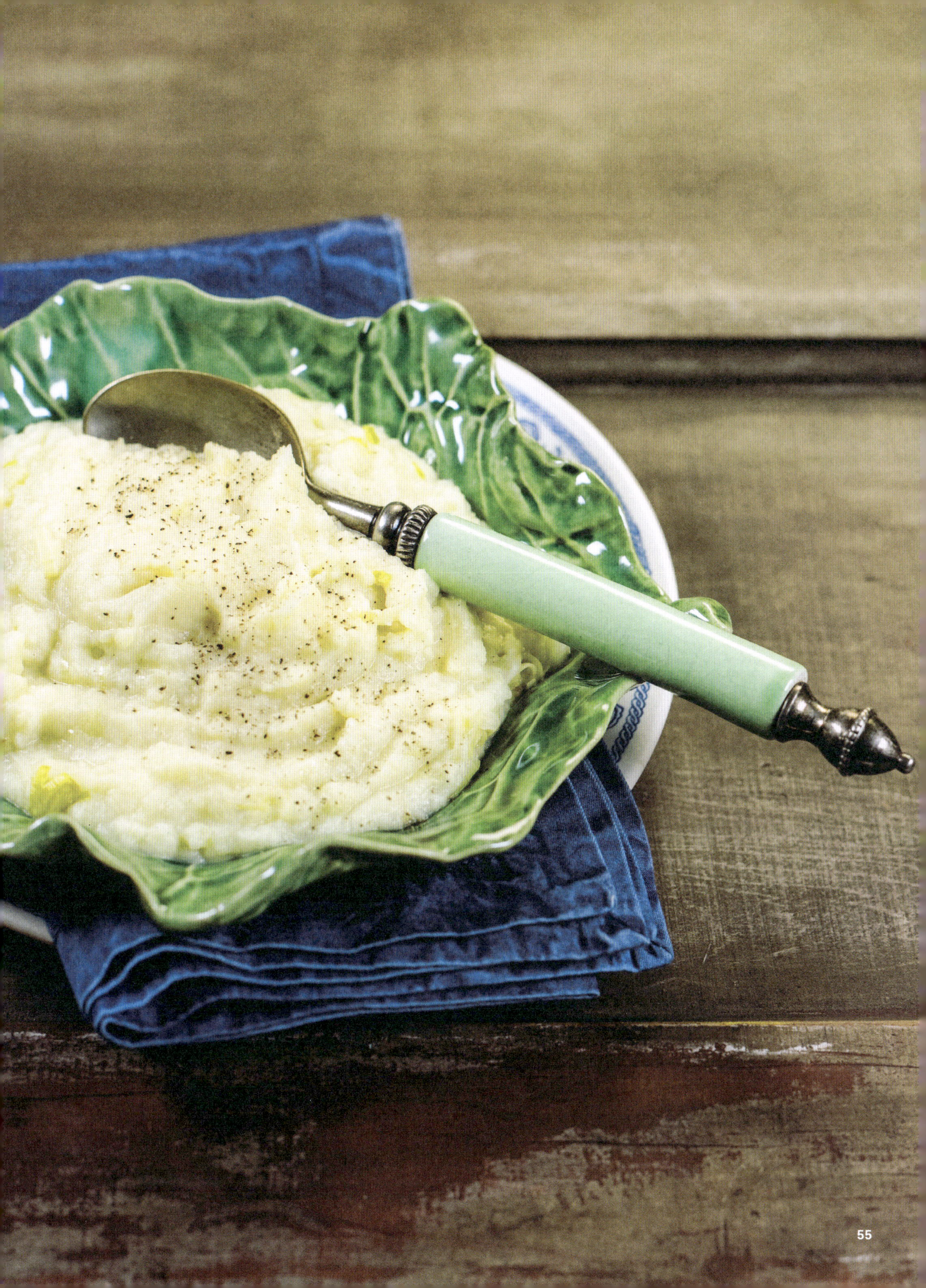

ENROLADINHO DE PEIXE BRANCO COM MOLHO DE ALHO-PORÓ E LIMÃO

SERVE
2 pessoas
TEMPO DE PREPARO
25 minutos

PRÁTICA, ESTA RECEITA FOI PENSADA PARA CASAIS SEM MUITO TEMPO PARA COZINHAR MAS QUE NÃO ABREM MÃO DE UMA REFEIÇÃO SABOROSA. A APRESENTAÇÃO DO PEIXE ENROLADINHO FICA UMA GRAÇA, E O MOLHO DE ALHO-PORÓ COM LIMÃO É SUPERELEGANTE. PARA COMPLETAR, SIRVA COM UM CUSCUZ MARROQUINO COM LARANJA, BEM AROMÁTICO. EM MEIA HORA, O JANTAR ESTÁ PRONTO!

4 filés de pescada-branca (cerca de 350 g)
2 talos de alho-poró
2 dentes de alho
½ xícara (chá) de vinho branco
1 colher (sopa) de manteiga
azeite a gosto
sal e pimenta-do-reino moída na hora a gosto
palitos de dente para prender os enroladinhos

1. Lave e seque bem os alhos-porós. Corte os talos em rodelas médias, descarte as pontas com a raíz e reserve as folhas para outra receita. Com a lateral da lâmina da faca, amasse os dentes de alho e descarte as cascas. Reserve.

2. Tempere os filés de peixe com uma pitada de sal. Na tábua, enrole cada filé no sentido do comprimento para formar um rolinho e prenda com dois palitos de dente.

3. Leve uma frigideira média com bordas altas ao fogo médio. Quando aquecer, derreta a manteiga, junte o alho-poró e os dentes de alho e refogue por cerca de 2 minutos — o alho-poró deve murchar e o alho perfumar o preparo. Tempere com sal e pimenta-do-reino a gosto. Junte o vinho e deixe ferver por 1 minuto para o álcool evaporar (se preferir, cozinhe o peixe apenas em água e caldo de limão).

4. Acrescente os rolinhos e complete com água, até cobrir a metade dos peixes [cerca de 1 xícara (chá)]. Regue cada rolinho com um fio de azeite para não ressecar e aumente o fogo.

5. Quando ferver, abaixe o fogo, tampe e deixe cozinhar por 10 minutos, até que os peixes estejam cozidos, mas ainda firmes — não deixe muito tempo no fogo para o peixe não desmanchar. Enquanto isso, prepare o cuscuz marroquino.

PARA O CUSCUZ MARROQUINO COM LARANJA
1 xícara (chá) de cuscuz marroquino
1 xícara (chá) de caldo de laranja
   (cerca de 2 laranjas-baía)
1 colher (sopa) de azeite
1 colher (chá) de sal
amêndoas laminadas

1. Numa tigela média, coloque o cuscuz marroquino e tempere com o azeite e o sal.

2. Esprema e coe o caldo de laranja. Leve ao micro-ondas para aquecer por cerca de 1 minuto — não deixe ferver para não amargar. Regue o cuscuz com o caldo, misture e tampe com um prato. Deixe hidratar por 5 minutos. Imediatamente depois, solte os grãos com um garfo. Finalize com amêndoas laminadas e sirva a seguir.

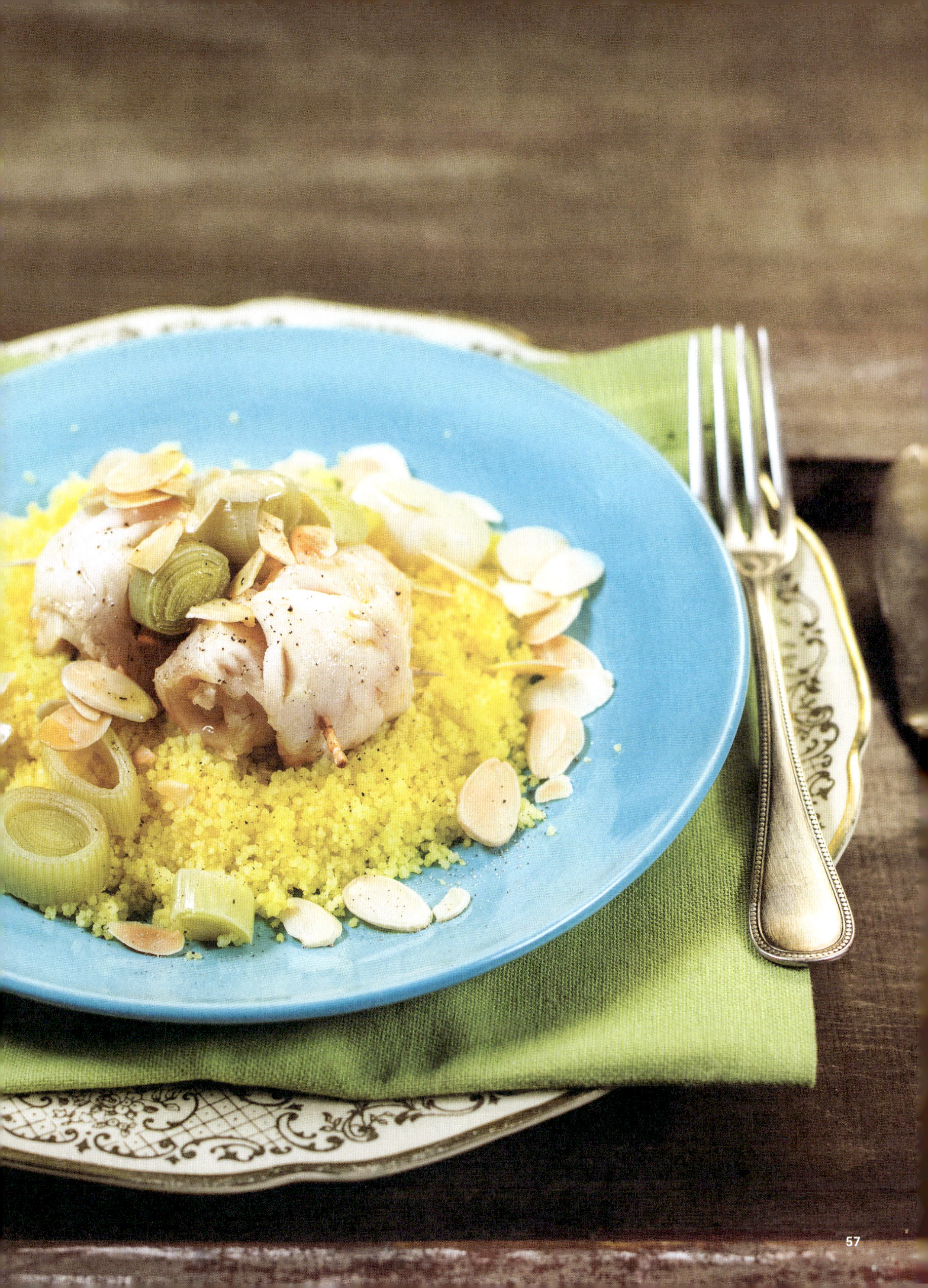

RISOTO DE QUEIJO COM ALHO-PORÓ GRELHADO

SERVE
4 pessoas

TEMPO DE PREPARO
15 minutos
+ 10 minutos para grelhar os legumes
+ 3 minutos na pressão

ESTA RECEITA É UM BOM MOTIVO PARA VOCÊ PERDER O MEDO DA PANELA DE PRESSÃO. EM 3 MINUTOS O COZIMENTO ESTÁ PRONTO. E FAÇO UMA APOSTA AQUI: NINGUÉM PERCEBE A DIFERENÇA! PARA O DIA A DIA, NÃO TEM MÉTODO MAIS PRÁTICO.

PARA A COBERTURA
4 minialhos-porós
1 cebola roxa
1 xícara (chá) de tomates sweet grape
azeite a gosto
sal e pimenta-do-reino moída na hora a gosto

1. Lave e seque bem os tomates e alhos-porós. Descarte as folhas e corte cada talo do alho-poró ao meio no sentido do comprimento. Corte os tomates ao meio. Sem descartar a raiz, descasque e corte a cebola ao meio e cada metade em 3 gomos.

2. Leve ao fogo médio uma bistequeira ou frigideira grande, de preferência antiaderente. Quando aquecer, regue com um fio de azeite e coloque as cebolas para dourar por 3 minutos de cada lado. Em seguida, doure os talos de alho-poró. Por último, doure os tomates, que levam menos tempo.

3. Transfira para uma travessa, tempere com sal e pimenta-do-reino a gosto. Repita com o restante.

PARA O RISOTO
2 xícaras (chá) de arroz arbóreo
1 alho-poró
1 cebola
1 cenoura
½ xícara (chá) de caldo de laranja
1 litro de água
1 folha de louro
2 cravos-da-índia
1 colher (sopa) de azeite
½ xícara (chá) de queijo parmesão ralado na hora
2 colheres (sopa) de manteiga
sal a gosto

1. Lave bem o alho-poró sob água corrente, fatie fino o talo e reserve as folhas. Descasque e corte a cebola ao meio, mantendo a raiz. Numa das metades, prenda a folha de louro, espetando com os cravos. Pique fino a outra metade. Lave, descasque e passe a cenoura na parte fina do ralador.

2. Leve ao fogo médio uma panela de pressão. Quando aquecer, regue com o azeite e refogue a cebola picada com uma pitada de sal, até murchar. Junte a cenoura e o alho-poró e refogue por mais 2 minutos.

3. Adicione o arroz e misture bem para envolver todos os grãos com o azeite. Regue com ½ xícara (chá) da água e o caldo de laranja — coloque primeiro a água para não amargar o caldo de laranja. Mexa até secar.

4. Junte o restante da água, as folhas do alho-poró e a cebola cravejada. Tampe a panela e aumente o fogo para alto. Assim que começar a sair vapor pela válvula, conte 3 minutos. Desligue o fogo e, com cuidado, leve a panela para esfriar sob água corrente até parar de sair vapor pela válvula. Atenção: a água não deve entrar em contato com nenhuma das válvulas, apenas com a superfície lisa da tampa.

5. Depois que todo o vapor sair, abra a tampa da panela. Descarte as folhas de alho-poró e a cebola cravejada. Volte a panela ao fogo médio e mexa por cerca de 5 minutos, até o risoto ficar cremoso e *al dente*.

6. Acrescente a manteiga e o queijo ralado. Tempere com sal e misture bem. Sirva a seguir com os legumes grelhados.

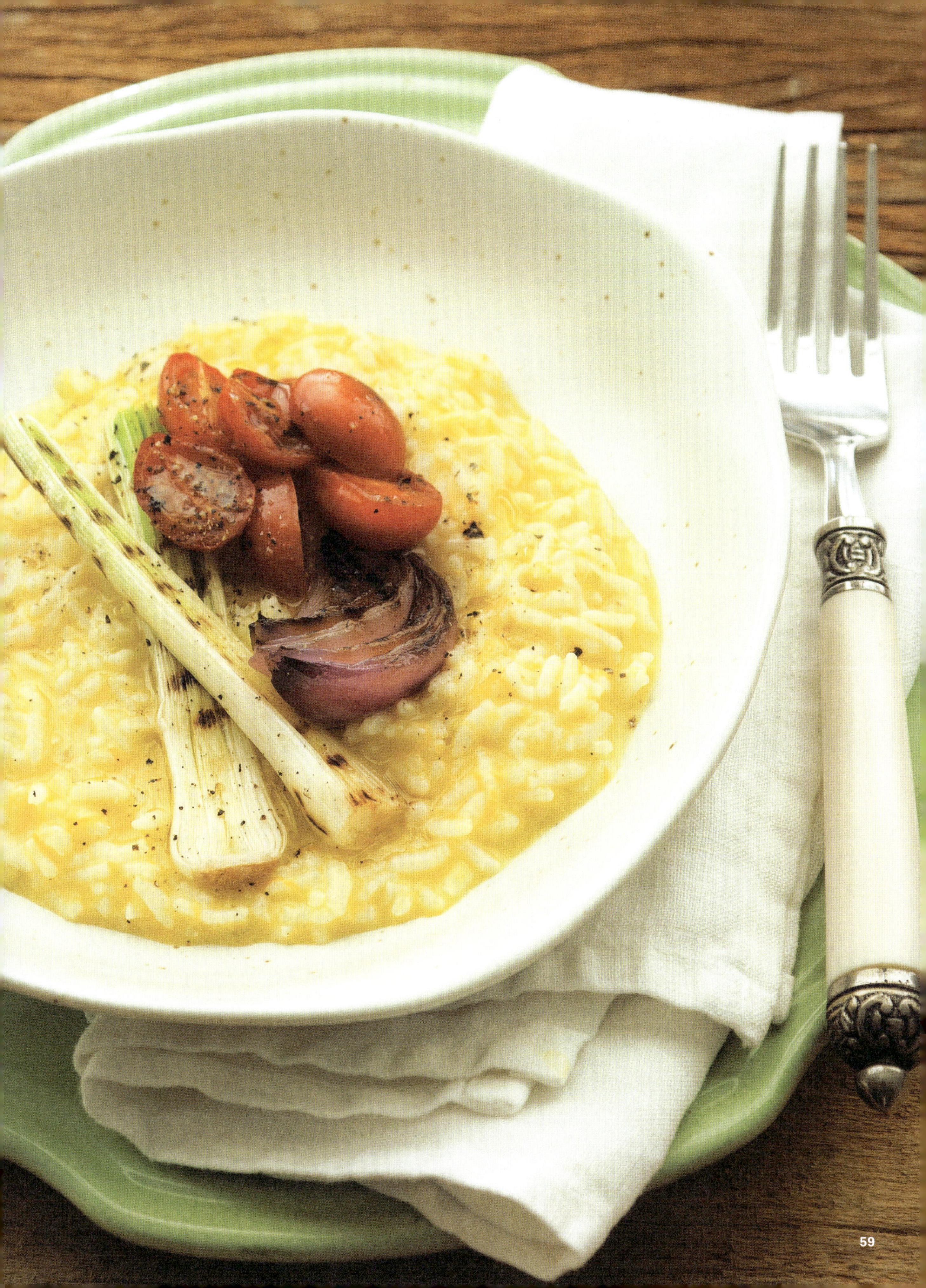

RECEITAS
BATATA ASSADA NO MICRO-ONDAS RECHEADA COM COGUMELO
BRANDADE DE SARDINHA
BATATA HASSELBACK
MEDALHÃO COM MOLHO PICANTE DE ERVAS
BATATA ROSTI COM SALADA DE AGRIÃO
BATATA FRITA
SALADA DE BATATA ASSADA COM MAIONESE CASEIRA
BATATAS AO MURRO
FRITATA DE BATATA COM ASPARGOS
GRATINADO DE BATATA COM FRANGO

cap. 5 **BATATA**

É pau pra toda obra

Ela está sempre pronta para ajudar. A batata é tão parceira que combina com tudo quanto é sabor. Peixe, carne, frango, porco, ovo, cogumelo, salsinha, cebolinha, endro, manjericão. E tem mais: pode ser assada, cozida, salteada, frita, vira nhoque, bolinho... Mas nem pense em comer batata crua. Fora isso, vale tudo.

MÉTODOS DE COZIMENTO

Não sendo crua, vale tudo para a nossa amiga batata brilhar na mesa.

Batata pode ser **ASSADA** no forno de micro-ondas bem rapidinho. No forno convencional, dá para fazer batatas rústicas ou ao murro e ainda **GRATINAR**. **COZIDA**, vira purê, que vira bolinho, torta madalena e nhoque. E também pode ser **SALTEADA** em seguida.
Pode ser frita em métodos diferentes: na **FRITURA RASA**, como a rosti, ou em imersão, como a clássica batata **FRITA**.

CORTES

FATIADA feito sanfona, sem cortar até o fim, vira a batata Hasselback. **RALADA**, serve de base para a batata rosti. O corte em **PALITOS** é marca registrada da batata frita, mas ela também pode ser feita em **GOMOS**. Já as **RODELAS** se transformam na fritata. Se não quiser se dar nem ao trabalho de cortar, coloque inteira no micro-ondas. Corte em **CUBOS** pequenos, médios ou grandes, depende do gosto do freguês e da cara que você quer dar para as receitas — vai ser salada de batata?

BATATA ASSADA NO MICRO-ONDAS RECHEADA COM COGUMELO

SERVE
1 pessoa

TEMPO DE PREPARO
20 minutos

NEM COM PRESSA A GENTE PODE COMER BATATA CRUA? É, NEM COM PRESSA. MAS ESTA BATATA RECHEADA FICA PRONTA RAPIDINHO. CONVOQUE O MICRO-ONDAS PORQUE, MEU BEM, A BATATA VAI ASSAR! E VAI INTEIRA MESMO. DEPOIS, ELA GANHA UMA DOSE EXTRA DE SABOR COM O RECHEIO DE COGUMELOS-DE-PARIS.

1 batata
¼ de xícara (chá) de cogumelos-de-paris frescos
2 colheres (sopa) de cream cheese
2 ramos de salsinha
azeite a gosto
sal e pimenta-do-reino moída na hora a gosto

1. Com uma escovinha para legumes, lave bem a casca da batata sob água corrente. Com um garfo, espete toda a superfície da batata — esses furos evitam que a batata rache ao assar no micro-ondas.

2. Coloque a batata numa tigela pequena de vidro (ou prato) e leve para rodar no micro-ondas, em potência alta, por 5 minutos. Caso ainda não esteja cozida, deixe rodar mais 1 minuto.

3. Enquanto a batata cozinha, prepare os outros ingredientes: com um pano úmido, limpe os cogumelos e corte cada um em 3 fatias. Lave, seque e pique fino a salsinha.

4. Leve uma frigideira pequena ao fogo médio. Quando aquecer, regue com ½ colher (sopa) de azeite e junte os cogumelos. Tempere com uma pitada de sal e refogue por cerca de 2 minutos, até dourar. Desligue o fogo e reserve.

5. Transfira a batata para um prato. Com cuidado para não se queimar, segure com um pano. Faça um corte ao longo do comprimento e aperte delicadamente as pontas da batata — fica mais fácil de rechear.

6. Regue a cavidade que se formou com um fio de azeite e tempere com sal e pimenta-do-reino moída na hora. Recheie com o cream cheese e em seguida cubra com os cogumelos refogados. Polvilhe com a salsinha picada e sirva a seguir.

BRANDADE DE SARDINHA

SERVE
4 pessoas
TEMPO DE PREPARO
35 minutos

TRADICIONALMENTE, A BRANDADE É FEITA COM BACALHAU. MAS POR QUE NÃO TESTAR COM SARDINHA? FICA DELICIOSA! NUM DIA PREGUIÇOSO, VALE ATÉ COMO JANTAR, SERVIDA COM OVO COZIDO. MAS AÍ MUDA DE NOME: VIRA ATASCABURRAS, QUE TAMBÉM É GUARNECIDA COM NOZES. COMO APERITIVO, ACOMPANHADA DE UM VINHO BRANCO OU UMA CERVEJINHA GELADA, A BRANDADE DE SARDINHA FICA GLORIOSA.

2 batatas grandes
2 dentes de alho
1 lata de sardinha em água (125 g)
½ colher (chá) de pimenta-de-caiena
½ colher (chá) de páprica doce
raspas de 1 limão
1 colher (sopa) de azeite
folhas de salsinha a gosto
sal a gosto

1. Lave, descasque e corte as batatas em pedaços médios. Transfira para uma panela e cubra com água. Descasque os dentes de alho e junte às batatas. Acrescente 1 colher (chá) de sal e misture.

2. Leve a panela ao fogo alto para cozinhar. Assim que ferver, diminua o fogo para médio e deixe cozinhar por mais 20 minutos, até as batatas ficarem macias.

3. Enquanto isso, escorra a água da sardinha e a transfira para um prato. Com um garfo, descarte a espinha central e quebre a sardinha em lascas. Reserve.

4. Reserve ⅓ de xícara (chá) da água do cozimento e escorra as batatas (e os dentes de alho).

5. Sobre a mesma panela, passe as batatas e os dentes de alho ainda quentes pelo espremedor. Volte a panela ao fogo baixo e regue aos poucos com a água do cozimento reservada, misturando bem com uma colher até ficar com textura de purê.

6. Acrescente o azeite, tempere com a pimenta-de-caiena, a páprica e sal a gosto. Junte as raspas de limão, a sardinha e misture delicadamente para incorporar — cuidado para não desmanchar completamente os pedaços de sardinha. Transfira a brandade para uma travessa, decore com as folhas de salsinha e regue com um fio de azeite. Sirva a seguir com torradas.

BATATA HASSELBACK

SERVE
4 a 6 pessoas

TEMPO DE PREPARO
20 minutos
+ 1 hora para assar

ESTA RECEITA DE ORIGEM SUECA LEVA O NOME DO RESTAURANTE ONDE FOI SERVIDA PELA PRIMEIRA VEZ. SEU FORMATO ESCULTURAL FAZ BONITO E LEMBRA O QUÊ? BOM, NO ESTÚDIO PANELINHA A GENTE CHAMA DE BATATA SANFONA.

6 batatas
50 g de manteiga
ramos de alecrim a gosto
sal e pimenta-do-reino moída na hora a gosto

1. Preaqueça o forno a 220 °C (temperatura alta). Coloque a manteiga numa tigela de vidro e leve para rodar no micro-ondas por cerca de 30 segundos, até derreter.

2. Com uma escovinha para legumes, lave bem a casca das batatas sob água corrente. Apoie uma batata na tábua e corte fatias finas, sem chegar até o fim. Repita com as batatas restantes.

3. Transfira as batatas para uma assadeira (lado fatiado voltado para cima). Pincele com manteiga derretida e tempere com sal e pimenta-do-reino moída na hora a gosto.

4. Leve ao forno e deixe assar por 40 minutos.

5. Retire do forno para temperar com sal — as fatias vão se abrir um pouco ao assar. Encaixe algumas folhas de alecrim entre as fatias de cada batata. Pincele com manteiga novamente e volte a assadeira ao forno, para assar por mais 20 minutos, ou até dourar. Sirva a seguir como acompanhamento.

MEDALHÃO COM MOLHO PICANTE DE ERVAS
RECEITA EXTRA

SERVE
4 pessoas

TEMPO DE PREPARO
30 minutos

DE INSPIRAÇÃO ARGENTINA, ESTE MEDALHÃO SERVIDO COM O MOLHINHO DE ERVAS E PIMENTA CALABRESA É O SONHO DE CONSUMO DE QUALQUER BATATA.

PARA O MOLHO
⅓ **de xícara (chá) de azeite**
¼ **de xícara (chá) de salsinha picada**
1 colher (sopa) de orégano seco
1 colher (chá) de pimenta calabresa seca
1 colher (sopa) de vinagre de vinho tinto
sal a gosto

Numa tigela, misture todos os ingredientes. Tempere com sal e reserve enquanto prepara os medalhões.

PARA OS MEDALHÕES
8 medalhões de filé-mignon (cerca de 120 g cada)
1 colher (sopa) de azeite
sal e pimenta-do-reino moída na hora a gosto

1. Retire os medalhões da geladeira e deixe em temperatura ambiente por alguns minutinhos — eles não podem estar gelados na hora de ir para a frigideira.

2. Leve uma frigideira grande (de 30 cm) ao fogo médio. Tempere os medalhões com sal e pimenta-do-reino moída na hora. Quando a frigideira estiver bem quente, regue com ½ colher (sopa) de azeite e gire para cobrir todo o fundo. Disponha quatro medalhões, sem sobrepor, e deixe dourar cada lado por 2 minutos. Transfira para uma travessa, cubra com papel-alumínio e repita com o restante, regando a frigideira com mais azeite. Se a frigideira for menor, doure de dois em dois. Sirva a seguir com a batata e uma colherada do molho de ervas picante.

BATATA ROSTI COM SALADA DE AGRIÃO

SERVE
2 pessoas
TEMPO DE PREPARO
35 minutos

A BATATA ROSTI É CROCANTE POR FORA E CREMOSA POR DENTRO. NESTA VERSÃO, ELA AINDA LEVA QUEIJO MEIA CURA E AGRIÃO COMO ACOMPANHAMENTO. IMPOSSÍVEL RESISTIR... E O MELHOR: NÃO PRECISA! É COMIDA DE VERDADE.

3 batatas
1 xícara (chá) de queijo meia cura ralado grosso (cerca de 70 g)
1 colher (sopa) de azeite
sal e pimenta-do-reino moída na hora a gosto
salada de agrião para servir

1. **Lave, descasque e passe as batatas** pela parte grossa do ralador.

2. **Na pia, abra um pano de prato limpo** e coloque as batatas raladas no centro. Forme uma trouxinha e torça bem para extrair a água das batatas.

3. **Transfira a batata para uma tigela** e tempere com sal e pimenta-do-reino moída na hora a gosto.

4. **Leve ao fogo baixo uma frigideira pequena** antiaderente de cerca de 20 cm de diâmetro. Quando aquecer, regue com o azeite e gire a frigideira para untar todo o fundo e laterais.

5. **Mantenha a frigideira em fogo baixo** e espalhe metade das batatas raladas, até cobrir todo o fundo. Pressione com uma espátula para nivelar e formar uma camada uniforme.

6. **Polvilhe com o queijo ralado,** deixando cerca de 1 cm de borda livre para evitar que o recheio grude nas laterais. Cubra com o restante das batatas raladas e, com a espátula, pressione para nivelar e selar as laterais. Deixe cozinhar em fogo baixo por cerca de 12 minutos, até dourar a base da rosti.

7. **Para dourar o outro lado:** retire a frigideira do fogo e, com uma espátula de silicone, solte as laterais e o fundo da batata rosti; deslize a rosti para um prato raso; cubra com a frigideira, segure o prato e vire de uma só vez. Se preferir, vire a batata em outro prato, como se fosse bolo, e deslize para a frigideira, com o lado dourado para cima.

8. **Volte a frigideira ao fogo baixo,** deixe o outro lado cozinhar por mais 12 minutos. Desligue o fogo e solte novamente as laterais com a espátula de silicone. Transfira para um prato e sirva a seguir com salada de agrião.

BATATA FRITA

SERVE
1 pessoa

TEMPO DE PREPARO
20 minutos

SABE ESSAS PESSOAS QUE SE ORGULHAM EM DIZER QUE NUNCA LEVARAM OS FILHOS PARA COMER EM UM FAST FOOD? ENTÃO, EU SOU UMA DELAS. BATATA FRITA SE COME FORA DE CASA, MAS EM BONS RESTAURANTES — PARA A GENTE TER CERTEZA DE QUE É BATATA MESMO E QUE O ÓLEO NÃO É DO ANO PASSADO. QUANDO VAMOS AO RESTAURANTE FRANCÊS DO BAIRRO, BATATA FRITA ESTÁ SEMPRE NO PEDIDO. MAS DIGAMOS QUE VOCÊ TENHA UM DESEJO DE, PELO MENOS UMA VEZ NA VIDA, PREPARAR EM CASA UMA PORÇÃO DE BATATAS FRITAS. NESSE CASO, A MELHOR RECEITA QUE CONHEÇO É ESTA A SEGUIR. ELA É IDEAL PARA QUEM TEM MEDO DE FRITURA: OS GOMOS DE BATATA VÃO PARA O ÓLEO AINDA FRIO; À MEDIDA QUE ELE AQUECE, AS BATATAS COZINHAM; QUANDO ELE FERVE, AS BATATAS FRITAM. SE QUISER MAIS PORÇÕES, FAÇA DA MANEIRA TRADICIONAL: É SÓ COLOCAR AS BATATAS NO ÓLEO QUENTE E RETIRAR QUANDO COMEÇAREM A DOURAR. USE A ESCUMADEIRA PARA COLOCAR E RETIRAR OS GOMINHOS.

1 batata grande
3 ½ xícaras (chá) de óleo
sal a gosto

1. Descasque e corte a batata em gomos: corte ao meio, no sentido do comprimento, e cada metade em 6 gomos. Separe uma travessa e forre com papel toalha.

2. Numa panela pequena coloque o óleo e os gomos de batata. Leve ao fogo médio e deixe cozinhar por cerca de 15 minutos, mexendo de vez em quando para não grudar um gomo no outro — a batata vai cozinhar ao mesmo tempo que o óleo aquece e depois dourar.

3. Assim que estiverem douradas, com uma escumadeira, transfira as batatas fritas para a travessa forrada com papel toalha. Deixe por alguns minutos para escorrer o óleo e ficar sequinha.

4. Tempere com sal a gosto e sirva a seguir com ketchup e maionese caseiros.

SALADA DE BATATA ASSADA COM MAIONESE CASEIRA

SERVE
2 pessoas
TEMPO DE PREPARO
15 minutos
+ 40 minutos para assar as batatas

O PULO DO GATO DESTA PREPARAÇÃO ESTÁ NO TÍTULO. SE VOCÊ PRESTOU ATENÇÃO, VIU QUE, EM VEZ DE COZIDAS, AS BATATAS SÃO ASSADAS. E COM A CASCA! MAIS DOIS PONTOS PARA ESTA RECEITA: É FEITA COM MAIONESE CASEIRA E LEVA ENDRO EM VEZ DE SALSINHA. FALANDO SÉRIO! É A MAIS FINA DAS SALADAS DE BATATA.

500 g de batata-bolinha
2 colheres (sopa) de maionese caseira
3 colheres (sopa) de azeite
2 ramos de endro
sal e pimenta-do-reino moída na hora a gosto

1. Preaqueça o forno a 200 °C (temperatura média).

2. Com uma escovinha para legumes, lave bem as batatas sob água corrente. Lave, seque e debulhe as folhas de endro.

3. Corte as batatas ao meio. Transfira para uma panela grande e cubra com água. Leve ao fogo alto e, quando ferver, conte 6 minutos.

4. Escorra bem a água e transfira as batatas para uma assadeira grande. Regue com o azeite e tempere com sal e a pimenta-do-reino moída na hora. Misture bem e espalhe na assadeira — quanto mais espaço entre as batatas, mais crocantes elas ficam. Leve ao forno para assar por cerca de 40 minutos, até dourar. Enquanto isso, prepare a maionese caseira.

5. Retire a assadeira do forno e deixe esfriar.

6. Transfira as batatas para uma tigela, junte a maionese caseira, as folhas de endro e misture bem. Sirva a seguir.

PARA A MAIONESE CASEIRA
2 gemas de ovo
1 colher (sopa) de vinagre ou caldo de limão
1 colher (sopa) de mostarda de Dijon
200 ml de óleo

No copo do mixer, coloque as gemas, a mostarda, o vinagre e o óleo. Pressione o mixer contra o fundo do copo e bata por 10 segundos, sem mexer. Quando a maionese começar a se formar, levante o mixer para uma das laterais do copo, sem parar de bater, e repita na outra lateral. Em 15 segundos, a maionese está pronta!

BATATAS AO MURRO

SERVE
6 pessoas
TEMPO DE PREPARO
15 minutos
+ 35 minutos para cozinhar as batatas
+ 40 minutos no forno

PROCURANDO UM ACOMPANHAMENTO PERFEITO? DOU-LHE UMA, DOU-LHE DUAS, DOU-LHE LOGO UMA TRAVESSA INTEIRA DE BATATAS AO MURRO!

6 batatas
5 colheres (sopa) de azeite
4 ramos de tomilho
flor de sal moída na hora a gosto

1. Com uma escovinha para legumes, lave bem as batatas em água corrente.

2. Coloque as batatas numa panela grande, cubra com água e leve ao fogo alto. Assim que ferver, diminua o fogo para médio e deixe cozinhar por cerca de 30 minutos — verifique o ponto espetando com um garfo, elas devem estar cozidas, mas ainda firmes.

3. Enquanto isso, preaqueça o forno a 210 ºC (temperatura média). Unte uma assadeira grande, de preferência antiaderente, com 2 colheres (sopa) de azeite.

4. Coloque uma batata cozida, ainda quente, num pano de prato limpo, dobre o pano (sobre a batata) e dê um murro para achatar levemente — cuidado para não colocar muita força e esmigalhar a batata. Transfira para a assadeira e repita com as demais.

5. Debulhe as folhas de tomilho sobre as batatas, regue com o azeite restante e tempere a gosto com a flor de sal — o sal moído na hora, além de temperar, dá uma textura crocante. Se preferir, use sal comum.

6. Leve ao forno e deixe assar por cerca de 40 minutos, até ficarem douradas. Retire do forno e sirva a seguir.

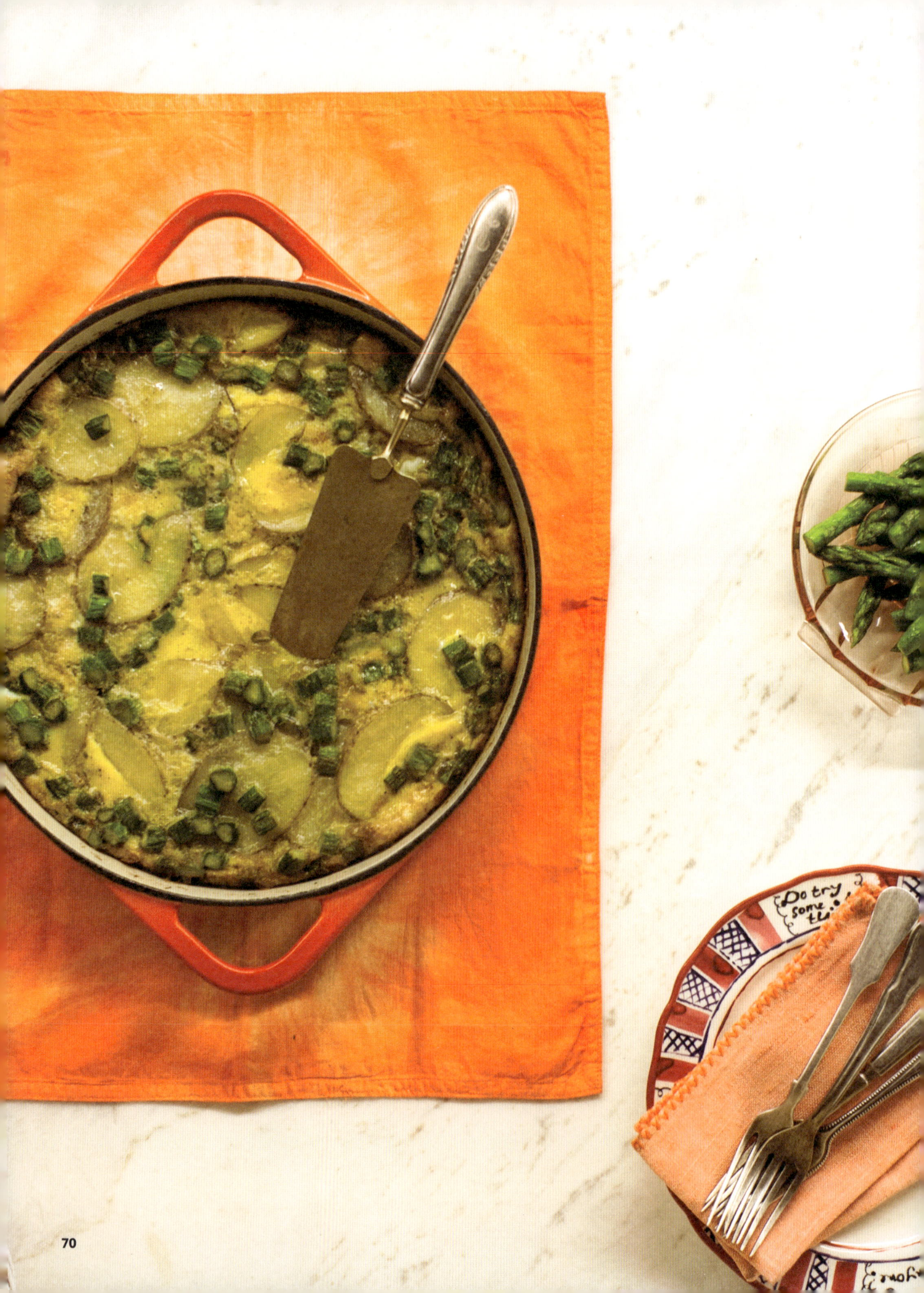
Do try
some

FRITATA DE BATATA COM ASPARGOS

SERVE
6 pessoas

TEMPO DE PREPARO
30 minutos + 25 minutos para assar

VAI CONVIDAR OS AMIGOS PARA UM BRUNCH? ESTA É A RECEITA CERTA. ELA NÃO PRECISA SER PREPARADA NA HORA — E FICA AINDA MELHOR EM TEMPERATURA AMBIENTE. COM UM MAÇO DE ASPARGOS FRESCOS, BATATAS E OVOS SE TRANSFORMAM NUM PRATO QUE É AO MESMO TEMPO DESPOJADO E SOFISTICADO.

12 ovos
4 batatas
1 maço de aspargos verdes frescos
azeite a gosto
sal e pimenta-do-reino moída na hora a gosto

1. Preaqueça o forno a 180 °C (temperatura média).

2. Comece pelos aspargos: lave, seque, corte e descarte um pedaço de cerca de 2 cm da base de cada talo (ela é muito dura e fibrosa); corte e reserve as pontas; fatie o restante dos talos em rodelas de cerca de 0,5 cm.

3. Com uma escovinha para legumes, lave bem as batatas sob água corrente. Com um mandolin (fatiador de legumes), corte em rodelas finas (se preferir, use uma faca).

4. Leve ao fogo médio uma frigideira de 30 cm de diâmetro, que possa ir ao forno — caso não tenha, comece o preparo na frigideira e, na hora de acrescentar os ovos, transfira tudo para um refratário. Regue a frigideira com 1 colher (sopa) de azeite e acrescente as pontas e as fatias de aspargos. Tempere com sal e deixe dourar por cerca de 2 minutos, mexendo de vez em quando com uma espátula.

5. Transfira os aspargos para uma tigela e mantenha a frigideira em fogo médio. Regue com mais ¼ de xícara (chá) de azeite e adicione as batatas. Tempere com sal e deixe cozinhar por cerca de 7 minutos, virando de vez em quando com uma espátula, até que as fatias comecem a ficar transparentes.

6. Enquanto as batatas cozinham, numa tigela pequena quebre um ovo por vez e transfira para outra tigela maior — se um estiver estragado, você não perde a receita. Tempere com sal e pimenta-do-reino a gosto e bata bem com um garfo, para misturar.

7. Assim que as batatas estiverem cozidas, misture as rodelas de aspargos — reserve as pontas. (Caso sua frigideira não possa ir ao forno, transfira para um refratário.) Com uma espátula, dê uma nivelada nas batatas.

8. Acrescente os ovos batidos e passe a espátula delicadamente pela borda da frigideira (ou do refratário) para modelar a fritata.

9. Leve a frigideira ao forno e deixe assar por cerca de 25 minutos, até a fritata inflar e dourar. Enquanto isso, numa frigideira, doure por cerca de 3 minutos as pontas dos aspargos em um fio de azeite.

10. Retire a fritata do forno e sirva a seguir com as pontas dos aspargos. Ou deixe esfriar e sirva em temperatura ambiente.

72

GRATINADO DE BATATA COM FRANGO

SERVE
4 pessoas

TEMPO DE PREPARO
30 minutos + 40 minutos para assar

VALE POR UMA REFEIÇÃO — E QUE FORMA SABOROSA DE REAPROVEITAR AQUELE FRANGO DE ONTEM! O GRATINADO SAI QUENTINHO DO FORNO, ALIMENTA E CONFORTA.

3 batatas
1 xícara (chá) de frango cozido e desfiado (pode ser peito, coxa, qualquer sobra)
1 cebola
2 dentes de alho
2 xícaras (chá) de leite
1 colher (sopa) de manteiga
1 colher (sopa) de farinha de trigo
½ xícara (chá) de queijo parmesão ralado
1 colher (sopa) de azeite
1 ramo de alecrim
noz-moscada ralada na hora a gosto
sal a gosto
manteiga para untar o refratário

1. Preaqueça o forno a 200 °C (temperatura média). Unte com manteiga um refratário médio que possa ir ao forno (o da foto é oval e tem 24 cm de comprimento). Leve uma panela com água ao fogo alto.

2. Descasque e pique fino a cebola e os dentes de alho. Debulhe o ramo de alecrim, já lavado, e pique fino as folhas. Enquanto isso, lave, descasque e, com um mandolin (fatiador de legumes), corte as batatas em rodelas finas (se preferir, fatie fino com uma faca).

3. Assim que a água ferver, mergulhe as rodelas de batata e deixe cozinhar por apenas 2 minutos. Transfira para um escorredor e reserve.

4. Leve uma panela média ao fogo médio. Quando aquecer, regue com o azeite, adicione a cebola e tempere com uma pitada de sal. Refogue por cerca de 2 minutos, até murchar. Acrescente o alho e misture por mais 1 minuto. Junte o frango desfiado, o alecrim picado, tempere com sal e pimenta-do-reino e misture bem. Transfira para uma tigela e reserve.

5. Volte a panela ao fogo médio e acrescente a manteiga. Assim que derreter, junte a farinha de trigo e mexa por 1 minuto. Acrescente o leite de uma vez e misture bem com o batedor de arame para dissolver os gruminhos de farinha. Mantenha a panela em fogo médio e cozinhe por 10 minutos, sem parar de mexer, até engrossar. Desligue o fogo e tempere com sal e noz-moscada a gosto.

6. Regue com metade do molho o refogado de frango na tigela e misture bem. Reserve a outra metade.

7. Forre o fundo do refratário já untado com metade das rodelas de batata. Em seguida, coloque o recheio de frango e cubra com o restante das batatas — sobreponha uma rodela a outra, como escamas. Regue com o molho reservado e polvilhe com o parmesão ralado.

8. Leve ao forno para assar por 40 minutos, até gratinar. Sirva a seguir.

Aproveite até a casca!

cap. 6 **BATATA-DOCE**

Batata-doce vai da entrada à sobremesa — vira doce mais doce que o doce de batata-doce! Ela entra no cardápio para variar a batata e mandioca do dia a dia, e a gente aproveita até a casca para assar e servir de petisco! Como acompanhamento, vai à mesa em forma de um cremosíssimo purê ou ainda assada com alho e páprica. Sabe o quê? Fica bem boa cozida com um lombinho de porco. O curioso é que muita gente só enxerga nela um rótulo: "alimento funcional".

RECEITAS
BATATA-DOCE ASSADA COM ALHO E PÁPRICA
CHIPS DE CASCA DE BATATA-DOCE
HAMBÚRGUER E MAIONESE CASEIRA
COZIDO DE BATATA-DOCE COM COUVE
PURÊ DE BATATA-DOCE
BATATA-DOCE EM CALDA COM MERENGUE
LOMBO COM BATATA-DOCE E MOLHO DE LARANJA EM UMA PANELA SÓ

MÉTODOS DE COZIMENTO
São diversas as possibilidades para preparar a batata-doce. Dependendo do método, ela fica mais sequinha ou mais macia. Só não dá para comer crua, mas se for cozida, assada, frita, está valendo!

COZIDA, fica aveludada. Faz um ótimo purê, mas em pedaços vira ensopado.
ASSADA, fica incrível, crocante por fora, com sabor caramelado. A casca vira petisco.
FRITA em rodelas finas, vira chips irresistíveis.

CORTES
Por ser bem firme e ter formatos variados, é chatinha de cortar. Mas com um pouco de prática, você consegue transformá-la em vários formatos. Em **PEDAÇOS**, **MEIAS-LUAS** ou **CUBOS GRANDES**, batata-doce é boa para cozinhar em algum líquido, ou virar ensopado. Corte em **RODELAS** fininhas com a ajuda do mandolin e ela fica perfeita para virar chips. **GOMOS** ficam bem no forno ou fritos, assim como as tiras. Mas também dá para preparar essa batata em **METADES**, em **RODELAS MÉDIAS** e em **TOLETES**.

BATATA-DOCE ASSADA COM ALHO E PÁPRICA

SERVE
4 pessoas

TEMPO DE PREPARO
40 minutos

BATATA-DOCE ASSADA FICA MAIS SABOROSA DO QUE A COZIDA. NESTA VERSÃO, AINDA TEM CAMADA EXTRA DE SABOR: PÁPRICA E ALHO CRIAM UMA CROSTINHA DE TEMPERO QUE É BOM DEMAIS. SIRVA COMO ACOMPANHAMENTO OU MESMO COMO PETISCO. CERVEJA GELADÍSSIMA ACOMPANHA.

3 batatas-doces (cerca de 600 g)
1 dente de alho
1 colher (chá) de páprica doce
1 colher (chá) de páprica picante
3 colheres (sopa) de azeite
sal moído na hora a gosto

1. Preaqueça o forno a 220 ºC (temperatura alta).

2. Descasque e pique fino o alho, transfira para uma tigela e misture bem com o azeite e as pápricas.

3. Descasque e corte as batatas em cubos médios. Transfira para a tigela com o azeite e misture bem para envolver todos os pedaços.

4. Assim que o forno estiver aquecido, espalhe as batatas na assadeira e tempere com sal — quanto mais espaço entre os pedaços, mais crocantes elas ficam.

5. Leve ao forno e deixe assar por 30 minutos, até dourar — na metade do tempo, vire os cubos com uma espátula para dourarem por igual. Retire do forno e sirva a seguir.

CHIPS DE CASCA DE BATATA-DOCE

SERVE
4 pessoas

TEMPO DE PREPARO
10 minutos + 15 minutos no forno

VAI PREPARAR ALGUMA RECEITA COM BATATA-DOCE? APROVEITE A CASCA: ELA VIRA UM APERITIVO DELICIOSO! BASTA LEVAR PARA O FORNO PREAQUECIDO, BESUNTANDO TUDO COM AZEITE, SAL E PIMENTA-DO-REINO. AS TIRAS FICAM SEQUINHAS E CROCANTES. PETISCO BOM PARA UM HAPPY HOUR... AH, PARA REUTILIZAR A CASCA, NÃO SE ESQUEÇA DE LAVAR BEM AS BATATAS COM UMA ESCOVINHA PARA LEGUMES ANTES DE DESCASCAR.

casca de 5 batatas-doces
1 colher (sopa) de azeite
sal e pimenta-do-reino moída na hora a gosto

1. Preaqueça o forno a 180 ºC (temperatura média).

2. Coloque a casca numa assadeira grande — quanto mais espaço tiver entre as tiras, mais crocantes elas ficam. Regue com o azeite, tempere com sal e pimenta-do-reino a gosto. Misture com as mãos, para untar todas as tirinhas, e espalhe bem na assadeira.

3. Leve ao forno para assar por 15 minutos, até dourarem e ficarem crocantes — na metade do tempo, dê uma mexida nas tiras com uma espátula para que assem por igual.

4. Retire do forno e deixe esfriar — as tiras ficam mais crocantes depois que esfriam. Sirva a seguir como aperitivo.

HAMBÚRGUER E MAIONESE CASEIRA

RECEITA EXTRA

SERVE
4 pessoas

TEMPO DE PREPARO
25 minutos

HAMBÚRGUER FEITO EM CASA COM DIREITO A MAIONESE ARTESANAL É OUTRO NÍVEL. NESTA RECEITA, O MOLHO LEVA MOSTARDA DE DIJON, QUE COMBINA MUITO BEM COM BATATAS-DOCES ASSADAS, COM PÁPRICA OU COM ALECRIM.

PARA A MAIONESE CASEIRA

2 gemas em temperatura ambiente
1 colher (sopa) de vinagre ou caldo de limão
½ colher (sopa) de mostarda de Dijon
200 ml de óleo de milho
sal a gosto

1. Os ingredientes devem estar em temperatura ambiente. Coloque um pano úmido embaixo de uma tigela grande — para ela não ficar sambando enquanto você bate a maionese. Na tigela coloque as gemas, o vinagre e a mostarda.

2. Com um batedor de arame, bata vigorosamente até formar uma mistura pálida.

3. Sem parar de bater, vá acrescentando o óleo em fio, até formar um creme grosso. Fica ainda mais fácil se outra pessoa for adicionando o óleo lentamente enquanto você bate a mistura vigorosamente.

4. Quando a maionese estiver bem firme, pare de bater, verifique o sabor e tempere com sal — algumas mostardas são mais salgadas que outras. Conserve em geladeira por até 2 dias.

PARA O HAMBÚRGUER

720 g de fraldinha moída com gordura
2 colheres (sopa) de azeite
2 colheres (sopa) de água
sal e pimenta-do-reino moída na hora a gosto

1. Em uma tigela, misture — rapidamente com as mãos — a carne, a água e o azeite. Divida em 4 bolas (180 g cada) e achate, formando os hambúrgueres. Coloque sobre a tábua e vá acertando as laterais empurrando para dentro com as mãos. A ideia é formar uma paredinha reta para o hambúrguer ficar alto.

2. Com o polegar, faça uma marca bem no meio da carne — quando cozinha, a carne infla e, sem a marca, o hambúrguer pode ficar curvado. Se não for fritar na hora, leve para a geladeira, pois a carne deve estar bem fria na hora de ir para a frigideira.

3. Leve uma frigideira grande e antiaderente, que tenha tampa, ao fogo alto. Caso não tenha uma grande, use duas frigideiras ou faça em etapas, retirando os dois primeiros hambúrgueres 2 minutos antes do tempo e transferindo para o forno preaquecido em temperatura média — assim eles terminam de cozinhar enquanto você prepara os outros dois.

4. Tempere generosamente com sal um lado dos hambúrgueres. Vire e tempere o outro lado. Se quiser, tempere com pimenta-do-reino moída na hora.

5. Quando a frigideira estiver bem quente, regue com um fio de azeite, transfira a carne e tampe. Deixe dourar por 1 minuto e vire. Para um hambúrguer malpassado, deixe, no total, 4 minutos, virando de minuto em minuto. Para o hambúrguer ao ponto, são 6 minutos no total. Sirva a seguir com a maionese caseira.

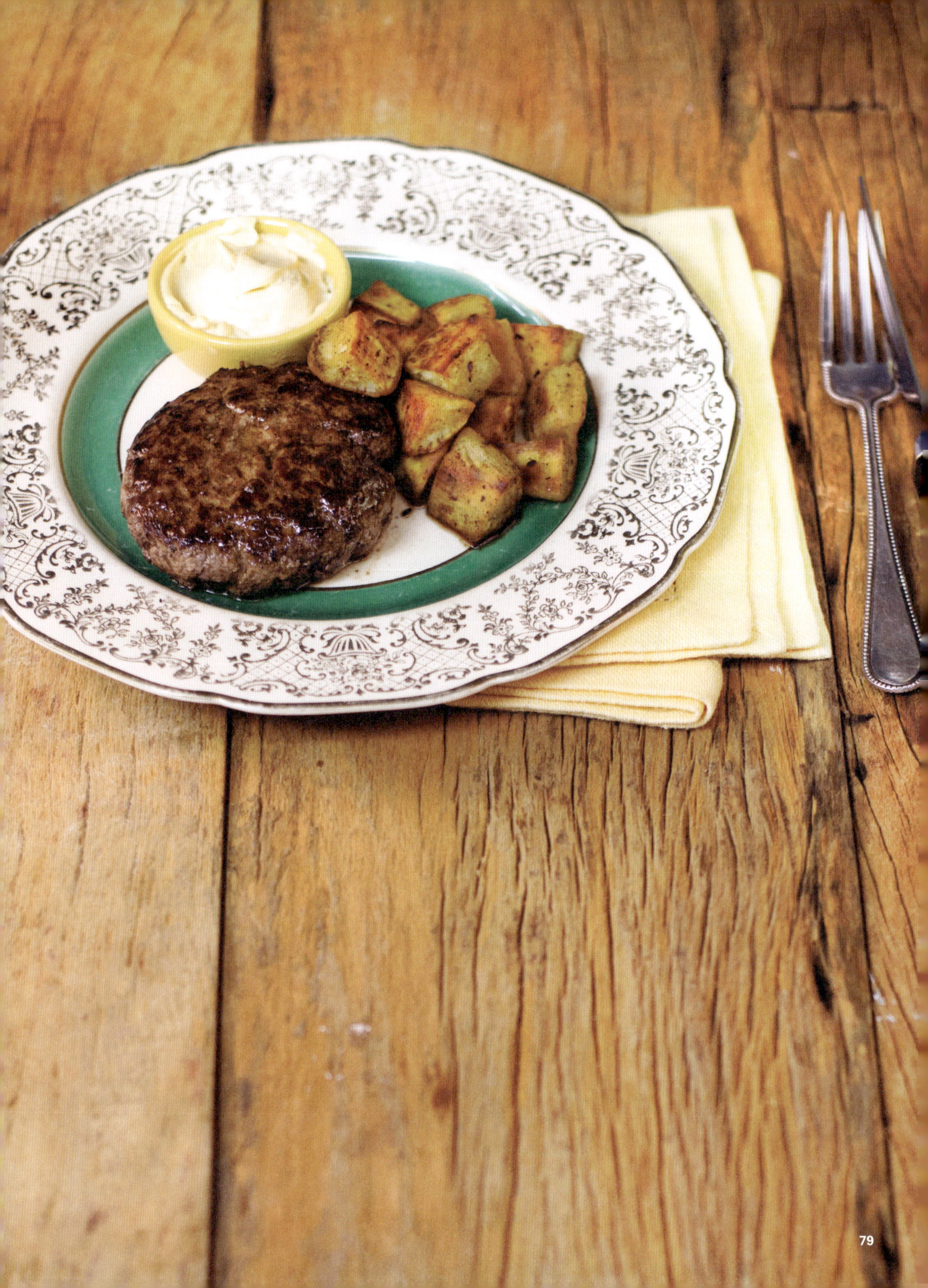

COZIDO DE BATATA-DOCE COM COUVE

SERVE
4 pessoas

TEMPO DE PREPARO
1 hora

EXPERIMENTAR COMBINAÇÃO DE SABORES COM A BATATA-DOCE É SEMPRE DIVERTIDO, PORQUE ELA SE DÁ BEM COM UMA SÉRIE DE INGREDIENTES. COM GENGIBRE, CURRY E PIMENTA DEDO-DE-MOÇA, A RAIZ GANHA ARES DE COMIDA INDIANA, CASO DESTE ENSOPADO PERFUMADO, QUE VALE COMO PRATO PRINCIPAL (OS VEGETARIANOS AGRADECEM SUA ATENÇÃO).

5 batatas-doces grandes (cerca de 1 kg)
1 cebola
3 dentes de alho
½ colher (sopa) de gengibre ralado
1 colher (sopa) de extrato de tomate
2 colheres (chá) de curry
1 pimenta dedo-de-moça
2 colheres (sopa) de azeite
2 ½ xícaras (chá) de água
4 folhas de couve
2 potes de iogurte natural sem açúcar (170 g cada pote)
sal a gosto

1. Faça o pré-preparo: descasque e corte as batatas em cubos grandes; transfira para uma tigela e cubra com a água para não escurecer; descasque e pique fino a cebola e o alho; lave, seque e rasgue as folhas de couve com as mãos; lave, seque, descarte as sementes e corte a pimenta dedo-de-moça em fatias finas. LAVE AS MÃOS!

2. Leve uma panela média ao fogo médio. Quando aquecer, regue com o azeite, adicione a cebola, tempere com uma pitada de sal e refogue por cerca de 5 minutos, até começar a dourar. Acrescente o alho, o extrato de tomate, o curry, a pimenta e o gengibre e mexa por 2 minutos.

3. Junte as batatas com a água, misture para incorporar os sabores do refogado e deixe cozinhar em fogo médio até ferver. Diminua o fogo e deixe cozinhar por mais 30 minutos, até a batata ficar macia.

4. Transfira uma concha do caldo com pedaços de batata para um prato fundo e amasse com um garfo. Volte o caldo para a panela e deixe cozinhar por mais 2 minutos, para engrossar.

5. Desligue o fogo e misture as folhas de couve — elas cozinham com o calor do caldo. Tempere com sal e sirva a seguir com iogurte.

PURÊ DE BATATA-DOCE

SERVE
4 pessoas
TEMPO DE PREPARO
45 minutos

VARIAR É BOM E A NOSSA SAÚDE GOSTA. NO LUGAR DA BATATA COMUM, CONVOQUE A BATATA-DOCE, DISPENSE O LEITE E PREPARE ESTE PURÊ NOTA DEZ. BASTA UM POUCO DA ÁGUA DO COZIMENTO PARA DAR UMA TEXTURA MACIA. MAS SE QUISER UMA PREPARAÇÃO NOTA MIL, TEM SEGREDINHO: MANTEIGA GELADA!

3 batatas-doces (cerca de 600 g)
1 xícara (chá) da água do cozimento
2 colheres (sopa) de manteiga gelada
sal a gosto

1. Lave, seque e descasque as batatas-doces. Corte em pedaços grandes e transfira para uma panela média. Cubra com água e misture ½ colher (chá) de sal.

2. Leve ao fogo alto e, assim que ferver, deixe cozinhar por 20 minutos ou até ficarem macias — para verificar, espete com um garfo.

3. Desligue o fogo e reserve 1 xícara (chá) da água do cozimento. Escorra a água e volte as batatas, ainda quentes, para a mesma panela.

4. Passe pelo espremedor e misture bem, ou, com um mixer, bata até obter uma consistência bem lisa. Acrescente, aos poucos, a água do cozimento para dar o ponto.

5. Junte a manteiga e misture bem com uma espátula até derreter e deixar o purê cremoso. Prove e, se necessário, tempere com mais sal. Sirva a seguir.

BATATA-DOCE EM CALDA COM MERENGUE

SERVE
6 pessoas

TEMPO DE PREPARO
40 minutos

CONHECE UM DOCE MAIS DOCE QUE O DOCE DE BATATA-DOCE? É VERDADE, ESTA É UMA SOBREMESA BEM DOCE E, POR ISSO, FICA PERFEITA SERVIDA COM UM CAFÉ PRETO, FORTE, SEM AÇÚCAR. ÓTIMA PARA UM ALMOÇO NO FIM DE SEMANA, SEM PRESSA PARA SAIR DA MESA.

3 batatas-doces (cerca de 600 g)
1 xícara (chá) de açúcar
½ xícara (chá) de água
1 canela em rama

1. Descasque e corte as batatas em 3 pedaços.

2. Coloque o açúcar na panela de pressão e leve ao fogo médio por 5 minutos, mexendo de vez em quando, até derreter e formar um caramelo claro. Junte os pedaços de batata, a canela e a água. Tampe a panela e deixe cozinhar por apenas 4 minutos, depois que começar a apitar.

3. Desligue o fogo e espere toda a pressão sair antes de abrir a panela. Verifique com um garfo se as batatas estão cozidas — algumas podem demorar mais tempo que outras; se ainda estiverem duras, deixe cozinhar por mais 2 minutos na pressão.

4. Transfira as batatas para um refratário de vidro e cubra com o merengue.

DICA: Nesta etapa, a batata-doce já é uma sobremesa deliciosa e pode ser servida pura com a calda. Deixe esfriar antes de servir.

PARA O MERENGUE
3 claras de ovo
1 xícara (chá) de açúcar

1. Preaqueça o forno a 220 °C.

2. Leve uma panela pequena com água ao fogo médio — ela servirá de base para o banho-maria.

3. Numa tigela de vidro refratário ou de inox, coloque as claras e o açúcar. Encaixe na panela-base e misture com um batedor de arame por 5 minutos, até o açúcar dissolver — cuidado para não cozinhar as claras. Para ter certeza de que está no ponto, retire uma porção da mistura com uma colher e, com a ponta dos dedos, verifique se as claras estão aquecidas e sem grãozinhos de açúcar.

4. Transfira para a tigela da batedeira e bata em velocidade alta por cerca de 10 minutos, ou até esfriar e formar um merengue firme. Com uma colher, cubra a batata-doce com o merengue, formando picos.

5. Leve ao forno para assar por 10 minutos, até o merengue dourar. Sirva quente ou em temperatura ambiente.

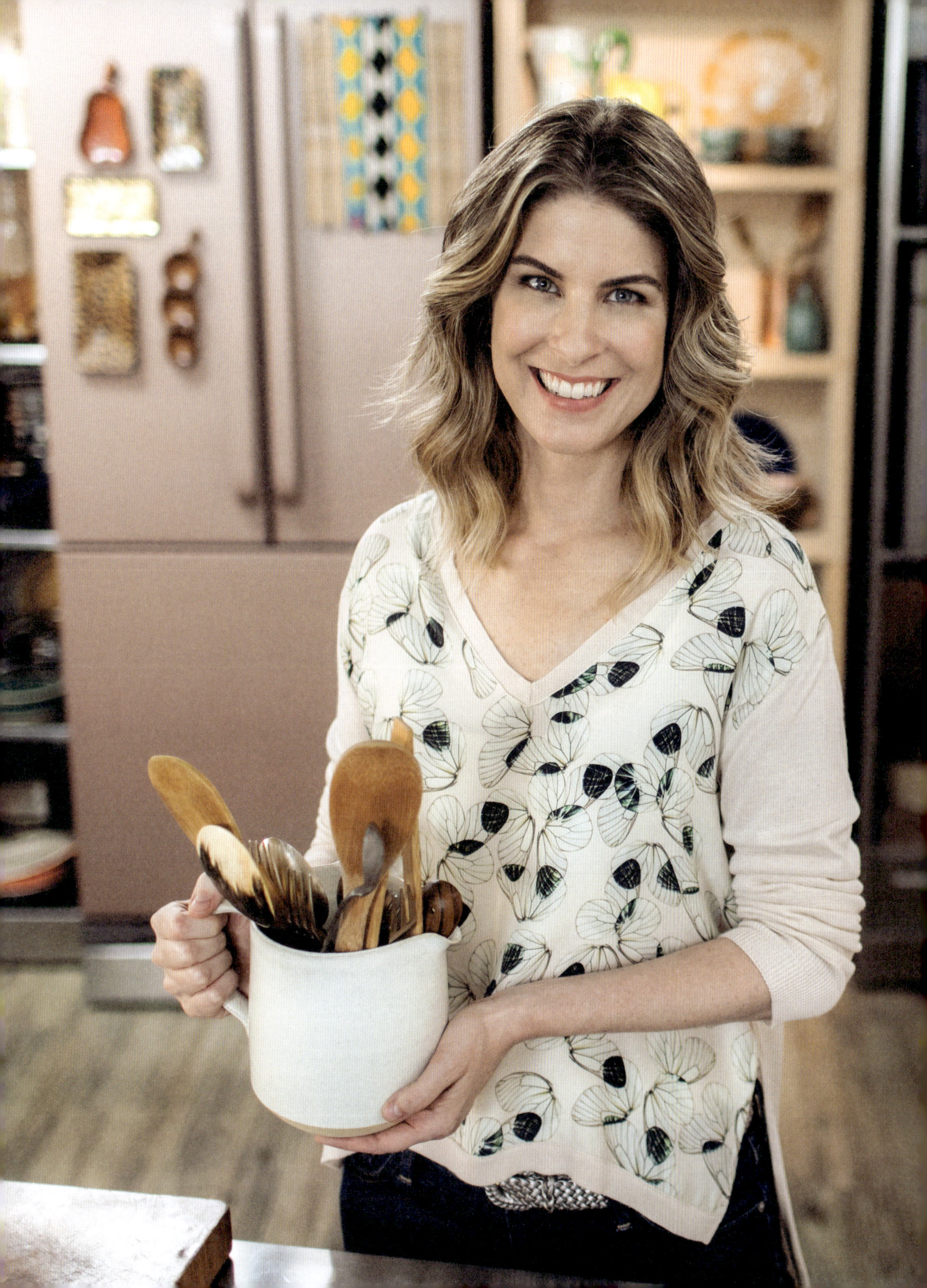

LOMBO COM BATATA-DOCE E MOLHO DE LARANJA EM UMA PANELA SÓ

SERVE
4 pessoas

TEMPO DE PREPARO
40 minutos + 1 hora na geladeira

PROCURANDO UMA RECEITA BOA PARA RECEBER? PREPARADO EM UMA PANELA SÓ, ESTE PRATO, ALÉM DE PRÁTICO, IMPRESSIONA OS CONVIDADOS. O DESTAQUE DA COMBINAÇÃO DE SABORES FICA POR CONTA DO MOLHO AGRIDOCE, QUE É FEITO COM MEL, LARANJA E ALECRIM. FICA UMA COISA DE BOM!

**1 lombo de porco
(uma peça de cerca de 600 g)
2 batatas-doces
4 fatias de bacon (cerca de 100 g)
2 cebolas pequenas
2 cenouras pequenas
3 dentes de alho
5 ramos de alecrim
1 folha de louro
1 xícara (chá) de caldo de laranja
1 ½ xícara (chá) de água
2 colheres (sopa) de mel
½ colher (sopa) de óleo
½ colher (sopa) de azeite
sal e pimenta-do-reino moída na hora a gosto**

1. **Caso o lombo não esteja bem limpo,** com uma faquinha, retire e descarte o excesso de gordura. Enrole a peça em filme, bem justinho, para modelar um cilindro — assim, na hora de cortar, os medalhões ficam redondos e uniformes. Torça as pontas do filme como se fosse bala e leve ao congelador para firmar, enquanto prepara os outros ingredientes.

2. **Descasque e corte as batatas-doces** em cubos pequenos de cerca de 1 cm; descasque e corte as cenouras em palitos. Amasse os dentes de alho e descarte as cascas — não precisa picar. Corte as cebolas em quartos, passando a faca pelo meio da raiz. Descasque e mantenha a raiz de cada gomo — assim, as pétalas ficam unidas. Lave e seque o alecrim.

3. **Retire o lombo do congelador** e, sem desembalar, corte a peça em 4 medalhões. Retire o filme e enrole a lateral de cada um com uma fatia de bacon.

4. **Tempere os medalhões com sal** e pimenta-do-reino a gosto. Leve uma frigideira grande com a lateral alta ao fogo médio. Quando aquecer, regue com o óleo e doure os medalhões por 3 minutos. Quanto soltar da frigideira, com uma pinça, vire e deixe dourar do outro lado.

5. **Transfira os medalhões dourados** para uma travessa e mantenha a frigideira em fogo médio. Regue com o azeite e acrescente as cebolas, as cenouras, os dentes de alho, o louro e 4 ramos de alecrim. Tempere com sal e deixe cozinhar por 2 minutos — durante o cozimento, vire os legumes com a pinça para dourar por igual.

6. **Regue com a água** e misture com uma espátula, raspando bem o fundo da frigideira para dissolver todo o queimadinho — ele é essencial para dar sabor ao molho. Acrescente o caldo de laranja, o mel e misture. Deixe cozinhar em fogo médio até ferver.

7. **Assim que ferver, diminua o fogo** e deixe cozinhar por 5 minutos. Em seguida adicione os cubos de batata-doce e deixe cozinhar por mais 10 minutos, em fogo baixo, com a tampa semiaberta.

8. **Com a pinça, abra 4 cavidades** entre os legumes e coloque um medalhão em cada. Deixe cozinhar por mais 10 minutos, desta vez sem a tampa. Desligue o fogo e sirva o lombo com os legumes e o molho que se formou na frigideira. Decore com as folhas do ramo de alecrim restante.

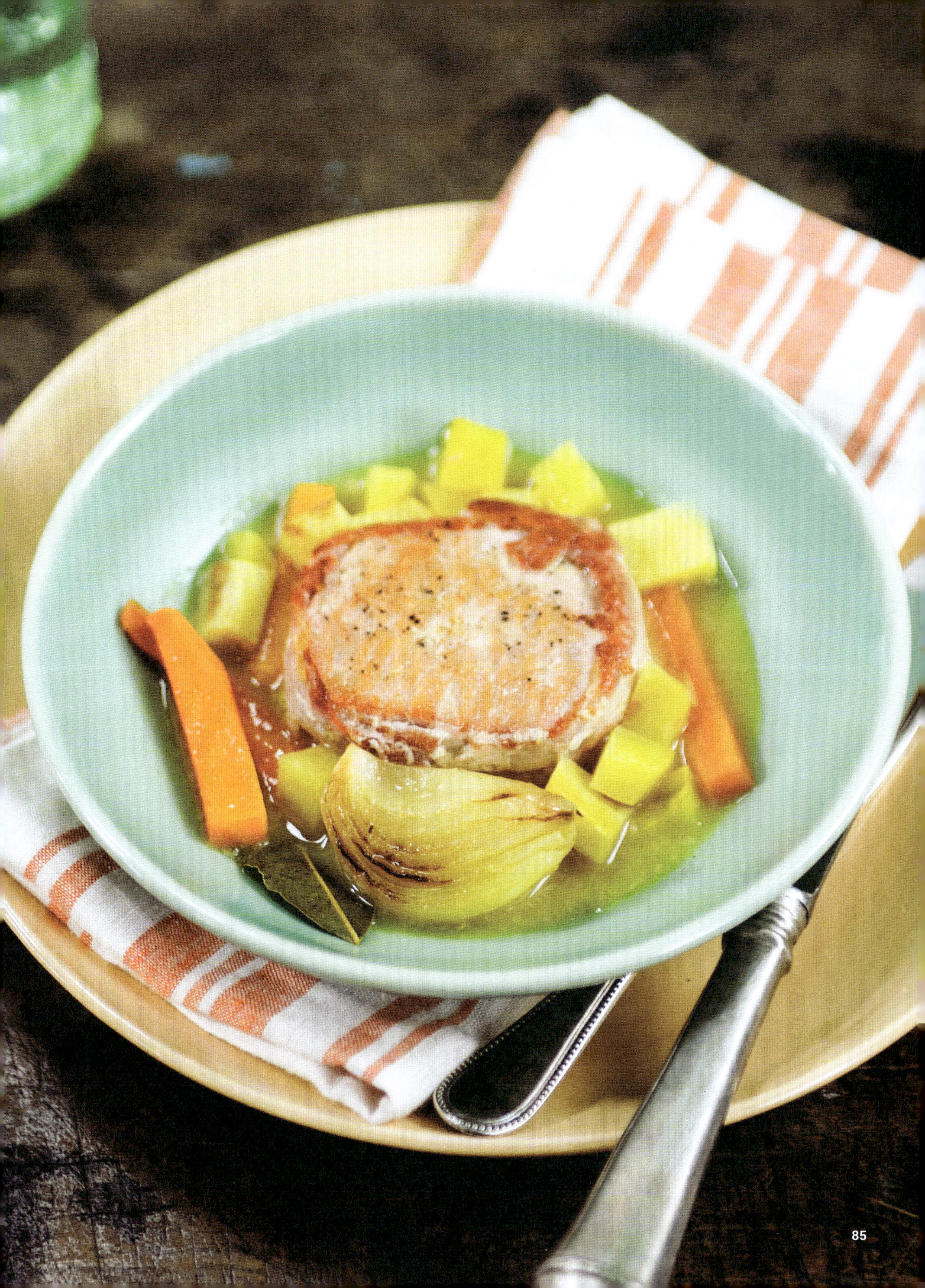

Que amarga, que nada!

Na culinária árabe não pode faltar. E à moda japonesa, frita com missô, já provou? Na Itália é "carinhosamente" chamada de "carne de pobre". E quer saber? Ela rende mesmo ótimos pratos principais, que dispensam uma "carne de rico". Que bobagem! Berinjela é chiquérrima. Na França, o clássico patê feito com sua polpa é conhecido como caviar d'aubergines... Mas ainda assim você não curte berinjela por ela ser um pouco amarga? Ora, ora, nada que um pouco de técnica e sal não resolvam. Basta salpicar cada pedaço e deixar por uns 10 minutinhos escorrendo numa peneira. Bye-bye tristeza, digo, amargor! Hora de dar uma chance a ela, não?

RECEITAS
BERINJELA ASSADA
SALADA DE BERINJELA COM CASTANHA-DO-PARÁ,
 UVA-PASSA E HORTELÃ
ROLINHO DE BERINJELA COM RECHEIO DE RICOTA
 E MOLHO DE MANJERICÃO
SOPA DE BERINJELA ASSADA
SALADA DE BERINJELA FRITA COM PIMENTÃO
 E CEBOLA ROXA
BABAGANOUCH
BERINJELA GRELHADA COM MOLHO MEDITERRÂNEO

MÉTODOS DE COZIMENTO

Queimada na chama do fogão, a berinjela ganha o aroma defumado característico do babaganouch — talvez esse seja o método de cozimento mais antigo de todos. Sabor de grelha também combina, mas ela ainda pode ser frita, cozida, assada...

CRUA, em conserva de sal e vinagre, fica incrivelmente saborosa e com uma textura bem firme.
GRELHADA, é prática, mais macia, e rende um sem-fim de receitas.
COZIDA, pode ser usada em conservas, saladas e até como recheio de sanduíche.
REFOGADA, vira caponata, receita boa de ter sempre na geladeira.
ASSADA, fica rica, cheia de presença, ganha um sabor mais adocicado perfeito para virar prato principal. (Mas você também vai ver que ela se transforma numa sopa diferentíssima!)
FRITA, fica imbatível, ligeiramente crocante por fora, macia por dentro, pode ser servida pura ou em composições, como a salada de berinjela com pimentão e cebola roxa.

CORTES

Em **METADES,** no sentido do comprimento, vai ao forno com ou sem recheio. **FATIAS** finas viram rolinhos recheados e lasanhas mil.
Em **MEIAS-LUAS** ou **CUBOS** médios, entra em cena em saladas e outras entradas. As **RODELAS,** finas ou grossas, são ideais para ser grelhadas.
PROCESSADA, depois de chamuscada, a berinjela pode ser usada no preparo de sopas e patês, como o babaganouch.

BERINJELA ASSADA

SERVE
4 pessoas
TEMPO DE PREPARO
40 minutos

EM METADES, E COM INCISÕES QUE FORMAM LOSANGOS NA POLPA, A BERINJELA GANHA UM BRONZE LINDO QUANDO VAI AO FORNO. SIRVA NO LUGAR DA CARNE, ACOMPANHADA POR UM ARROZINHO SAUDÁVEL E CHEIO DE AROMAS. SUGESTÃO PERFEITA PARA A *SEGUNDA SEM CARNE*.

2 berinjelas
2 colheres (sopa) de mel
½ colher (chá) de cominho
¼ de xícara (chá) de azeite
½ colher (chá) de sal

1. Preaqueça o forno a 200 ºC (temperatura média).

2. Numa tigela pequena, misture bem o azeite com o mel, o cominho e o sal.

3. Lave, seque e corte as berinjelas ao meio, no sentido do comprimento. Com a ponta da faca, risque na polpa da berinjela cortes superficiais na diagonal, formando losangos — assim o molho penetra e tempera por igual.

4. Disponha as berinjelas numa assadeira grande, uma ao lado da outra, com a polpa para cima, Com uma colher, espalhe o molho sobre cada uma. Leve ao forno para assar por 30 minutos, até que as berinjelas estejam macias e douradas. Sirva a seguir.

PARA O ARROZ SETE GRÃOS COM DAMASCO
1 xícara (chá) de arroz sete grãos
½ xícara (chá) de damasco
2 colheres (sopa) de azeite
1 colher (sopa) de vinagre de vinho branco
sal e pimenta-do-reino moída na hora a gosto
folhas de coentro a gosto

1. Corte os damascos em cubinhos. Reserve. Numa panela média, coloque o arroz, cubra com 3 xícaras (chá) de água e leve para cozinhar em fogo médio. Quando começar a ferver, conte 20 minutos — ao fim, os grãos devem estar cozidos, mas ainda firmes.

2. Numa peneira, escorra a água e, se quiser resfriar rapidamente, passe o arroz sob água corrente. Transfira para uma tigela, junte o damasco picado e tempere com o azeite, o vinagre, sal e pimenta-do-reino. Sirva com a berinjela assada e folhas de coentro.

SALADA DE BERINJELA COM CASTANHA-DO-PARÁ, UVA-PASSA E HORTELÃ

SERVE
4 pessoas
TEMPO DE PREPARO
20 minutos

TEXTURAS E SABORES DIFERENTES DÃO O TOM DESTA SALADA. E NÃO É QUE ELA FICA COM JEITÃO DE APERITIVO? A BERINJELA COZIDA FICA MAIS MACIA E CONTRASTA COM A CROCÂNCIA DAS CASTANHAS. O TOQUE DE FRESCOR FICA POR CONTA DAS FOLHAS DE HORTELÃ.

2 berinjelas
1 cebola roxa
⅓ de xícara (chá) de castanha-do-pará picada grosseiramente
⅓ de xícara (chá) de uvas-passas brancas
3 ramos de hortelã
3 ramos de salsinha
3 colheres (sopa) de azeite
2 colheres (sopa) de vinagre
sal e pimenta-do-reino moída na hora a gosto

1. Leve uma panela com água ao fogo médio. Enquanto isso, prepare os outros ingredientes.

2. Lave, descarte as pontas e corte a berinjela ao meio, no sentido do comprimento. Corte cada metade em 4 tiras e as tiras em pedaços de 3 cm. Descasque e corte a cebola em cubinhos.

3. Assim que a água ferver, misture ½ colher (sopa) de sal. Acrescente a berinjela e deixe cozinhar por 5 minutos, até ficar levemente macia, mexendo de vez em quando para cozinhar por igual — a berinjela vai mudar de cor e ficar mais escura.

4. Transfira a berinjela para uma peneira e pressione delicadamente com as costas de uma colher para escorrer bem a água. Numa tigela, coloque a berinjela, a cebola e as uvas-passas. Tempere com o azeite, o vinagre, sal e pimenta-do-reino — a berinjela quente absorve melhor os temperos. Deixe esfriar na geladeira por no mínimo 30 minutos.

5. Lave, seque e pique fino as folhas de hortelã e de salsinha. Assim que a salada estiver fria, misture as ervas e a castanha picada. Sirva a seguir.

ROLINHO DE BERINJELA COM RECHEIO DE RICOTA E MOLHO DE MANJERICÃO

SERVE
6 pessoas

TEMPO DE PREPARO
40 minutos

SE VOCÊ É DO TIPO QUE ADORA ENTRADINHAS E PETISCOS COM APRESENTAÇÕES CARISMÁTICAS, ESTA RECEITA VAI SER O ÁS DE ESPADAS DOS PRÓXIMOS ENCONTROS AO REDOR DA SUA MESA. O MISSÔ USADO PARA TEMPERAR O RECHEIO DÁ UMA RESSALTADA ESPECIAL NO SABOR DA BERINJELA — E VOCÊ PODE USAR ESSE TRUQUE EM OUTRAS PREPARAÇÕES. JÁ O MOLHO DE MANJERICÃO, QUE ENTRA NO FINAL, ARREMATA OS ROLINHOS COM CHARME E FRESCOR.

2 berinjelas
250 g de ricota
½ xícara (chá) de castanha-de-caju picada
¼ de xícara (chá) de azeite
1 colher (sopa) de missô (pasta de soja)
½ xícara (chá) de azeite (para o molho)
½ xícara (chá) de folhas de manjericão
sal e pimenta-do-reino moída na hora a gosto

1. Lave, seque, descarte as pontas e corte as berinjelas em fatias finas, no sentido do comprimento — cada berinjela rende cerca de 10 fatias. Se preferir, utilize um mandolin (fatiador de legumes).

2. Leve ao fogo médio uma frigideira (ou bistequeira) antiaderente grande. Quando aquecer, coloque quantas fatias de berinjela couberem, uma ao lado da outra, sem sobrepor. Deixe dourar por cerca de 2 minutos de cada lado. Transfira as fatias para uma travessa e repita com as restantes.

3. Numa tigela, coloque a ricota, as castanhas, ¼ de xícara (chá) de azeite e o missô. Misture bem com um garfo e prove antes de temperar com sal e pimenta-do-reino a gosto — como o missô é bem salgado, só tempere com sal se necessário.

4. Com as mãos, modele cerca de 1 colher (sopa) do recheio de ricota. Coloque sobre a ponta de uma fatia de berinjela tostada e enrole. Transfira para uma travessa e repita com o restante.

5. No copo do mixer (ou liquidificador) coloque ½ xícara (chá) de azeite e as folhas de manjericão. Bata bem para triturar. Regue os rolinhos de berinjela com o molho e sirva a seguir.

SOPA DE BERINJELA ASSADA

SERVE
4 pessoas
TEMPO DE PREPARO
50 minutos

ATÉ POUCO TEMPO, EU MESMA NÃO CONHECIA SOPA DE BERINJELA — NUNCA TINHA EXPERIMENTADO. ELA SURGIU NAS PESQUISAS PARA ESTE PROJETO, QUE ALÉM DESTE LIVRO CONTA COM UMA SÉRIE NO CANAL PANELINHA NO YOUTUBE. A SOPA FOI SUCESSO IMEDIATO ENTRE A MINHA EQUIPE. A COMBINAÇÃO DE SABORES LEVA A GENTE AO ORIENTE MÉDIO: ALHO, PÁPRICA E COMINHO. AH, E AINDA TEM UM SABOR DEFUMADO DA BERINJELA, QUE É ASSADA ANTES DE VIRAR SOPA. QUEM CURTE BABAGANOUCH NÃO PODE DEIXAR DE PROVAR.

3 berinjelas
2 tomates italianos maduros
1 cebola
1 dente de alho
½ colher (chá) de cominho em pó
1 colher (chá) de páprica
3 colheres (sopa) de extrato de tomate
1 litro de água
2 colheres (sopa) de azeite
2 colheres (chá) de açúcar
sal e pimenta-do-reino moída na hora a gosto

1. Preaqueça o forno a 220 °C (temperatura alta).

2. Lave, seque e fure as berinjelas com um garfo. Coloque numa assadeira grande, com espaço entre cada uma, e leve ao forno para tostar por 40 minutos. Na metade do tempo vire com uma pinça para dourar por igual.

3. Enquanto isso, prepare os outros ingredientes: lave, seque, descarte as sementes e corte os tomates em cubinhos; descasque e pique fino a cebola e o alho.

4. Leve ao fogo médio uma panela média. Quando aquecer, regue com o azeite e acrescente a cebola. Tempere com o açúcar, uma pitada de sal e refogue por cerca de 10 minutos, até ficar bem dourada. Adicione o alho, o cominho e a páprica e misture bem por 1 minuto. Adicione o extrato de tomate e mexa bem por 3 minutos.

5. Junte o tomate picado e refogue por mais 5 minutos, pressionando com a espátula para formar uma pastinha. Adicione mais uma pitada de sal, regue com a água e deixe cozinhar por 15 minutos, com a tampa semiaberta.

6. Assim que as berinjelas estiverem frias, faça um corte ao longo do comprimento de cada uma e, com uma colher, raspe a polpa e transfira para o liquidificador. Adicione o caldo da panela e bata bem, até obter uma mistura lisa. Segure firme a tampa com um pano de prato para conter o vapor.

7. Sirva a sopa a seguir com torradinhas de pão sírio.

SALADA DE BERINJELA FRITA COM PIMENTÃO E CEBOLA ROXA

SERVE
4 pessoas

TEMPO DE PREPARO
30 minutos

UM FESTIVAL DE CORES, ESTA SALADA É ALEGRIA A CADA GARFADA. O MOLHO DE IOGURTE COM PIMENTA SÍRIA É UM ACHADO PARA A BERINJELA. POR SER FRITA, ELA FICA COM TEXTURA E SABOR AINDA MAIS DELICIOSOS. RECEITA BOA PARA PREPARAR EM OCASIÕES ESPECIAIS! (AFINAL, FRITURA NÃO É PARA TODOS OS DIAS, MAS FEITA EM CASA, DE VEZ EM QUANDO, NÃO TEM PROBLEMA.)

2 berinjelas
2 pimentões amarelos
2 cebolas roxas
1 pote de iogurte natural (170 g)
2 xícaras (chá) de óleo
1 colher (sopa) de azeite
1 dente de alho
½ maço de salsinha
1 ½ colher (chá) de sal
1 pitada de pimenta síria

1. Lave, seque e corte as berinjelas ao meio, no sentido do comprimento. Corte cada metade em meias-luas de cerca de 1 cm de espessura (se a berinjela for grande, corte novamente ao meio no comprimento e fatie). Transfira para uma peneira, adicione 1 colher (chá) de sal, misture bem e deixe descansar sobre uma tigela por 10 minutos — isso reduz o amargor.

2. Enquanto isso, prepare os outros ingredientes: lave, seque, descarte as sementes e corte o pimentão em quadrados médios; descasque e corte a cebola em cubos médios; lave e seque o maço de salsinha.

3. Passados os 10 minutos, abra um pano de prato limpo, coloque as fatias de berinjela e seque bem — isso evita que o óleo espirre na hora de fritar.

4. Leve uma panela pequena com o óleo para aquecer em fogo médio. Para saber a temperatura certa para fritar, coloque um palito de fósforo no óleo — quando acender, está no ponto. Forre uma travessa com papel toalha.

5. Assim que o óleo aquecer, diminua o fogo e, com a escumadeira, adicione alguns pedaços de berinjela por vez. Deixe fritar até dourar. Transfira a berinjela frita para a travessa forrada com papel toalha e repita com o restante.

6. Deixe as berinjelas esfriarem enquanto prepara o molho: descasque e bata o dente de alho no pilão com ½ colher (chá) de sal até formar uma pastinha; misture o iogurte, o azeite e a pimenta síria.

7. Numa travessa misture o pimentão, a cebola roxa e a berinjela. Sirva a seguir com folhas de salsinha e o molho de iogurte.

BABAGANOUCH

SERVE
6 pessoas

TEMPO DE PREPARO
20 minutos

ESTA CLÁSSICA RECEITA ÁRABE É IDEAL PARA COMEÇAR AS REFEIÇÕES. UM PATÊ DE BERINJELA, COM SABOR DEFUMADO, TEXTURA CREMOSA E QUE VAI BEM COM CRUDITÉS, COMO PEPINO E CENOURA EM PALITINHOS, E, TAMBÉM, COM PÃO SÍRIO.

2 berinjelas
1 dente de alho picado
caldo de 1 limão
3 colheres (sopa) de tahine (pasta de gergelim encontrada em casas de produtos árabes)
sal a gosto

1. Espete a casca da berinjela com um garfo. Forre o fogão com papel-alumínio. Acenda a chama de uma das bocas do fogão e coloque a berinjela no fogo. À medida que a casca for queimando, vire a berinjela para queimar por igual. Esse procedimento tradicional da preparação dá o sabor defumado característico da receita. Repita com a outra berinjela. Uma alternativa é assar a berinjela por 40 minutos, porém o resultado não é exatamente o mesmo.

2. Quando as berinjelas esfriarem, corte-as ao meio no sentido do comprimento e retire toda a polpa com uma colher. Despreze as cascas e transfira a polpa para uma peneira. Deixe escorrer.

3. No processador de alimentos ou liquidificador, junte a berinjela com todos os outros ingredientes e bata até formar uma pasta lisa. Conserve na geladeira até a hora de servir.

BERINJELA GRELHADA COM MOLHO MEDITERRÂNEO

SERVE
3 pessoas

TEMPO DE PREPARO
45 minutos

ESTÁ QUERENDO DAR UMA VARIADA NO JANTAR DO DIA A DIA? ESTA É UMA ÓTIMA RECEITA: É PRÁTICA, RÁPIDA E A COMBINAÇÃO DE SABORES É SUPERDIFERENTE. VAMOS APROVEITAR UM ÓTIMO ATALHO NA COZINHA, O TOMATE PELADO ENLATADO, E TRANSFORMÁ-LO NUM MOLHO FANTÁSTICO. VALE UMA EXPLICAÇÃO: MOLHO DE TOMATE COMPRADO PRONTO É UM PRODUTO ULTRAPROCESSADO QUE DEVE SER EVITADO, MESMO QUE NA EMBALAGEM ESTEJA ESCRITO QUE O TOMATE É ORGÂNICO. LEIA O RÓTULO: NA LISTA DE INGREDIENTES VOCÊ VAI ENCONTRAR VÁRIOS ADITIVOS QUÍMICOS. POR ISSO, TANTO FAZ SE O TOMATE USADO ERA ORGÂNICO OU NÃO. JÁ O TOMATE PELADO DEVE CONTER APENAS TOMATE (E SUCO DE TOMATE). POR ISSO, PODE SER USADO PARA NOS AUXILIAR NO DIA A DIA.
AGORA, SIM, PODEMOS VOLTAR À RECEITA! UMA LATA DE TOMATE PELADO VAI SE TRANSFORMAR NUM MOLHO COM TOQUES ADOCICADOS DA PÁPRICA, DA UVA-PASSA, DE UM PEDAÇO DE CASCA DE LARANJA E PIMENTÃO. ESSE MOLHO COBRE A BERINJELA GRELHADA, FACÍLIMA DE PREPARAR. SE QUISER, SIRVA COM CUSCUZ MARROQUINO COM LARANJA (TEM A RECEITA NO LIVRO!).

1 berinjela
1 lata de tomate pelado em cubos
1 pimentão vermelho
½ cebola picada
1 dente de alho picado
¼ de xícara (chá) de água
¼ de xícara (chá) de uvas-passas brancas
2 colheres (sopa) de azeite
½ colher (chá) de páprica defumada
1 folha de louro
1 tira de casca de laranja
¼ de xícara (chá) de amendoim torrado, sem casca e sem sal picado
sal e pimenta-do-reino moída na hora a gosto

1. Lave, descarte as pontas e corte a berinjela em 8 rodelas grossas, de 2 cm. Transfira para uma tigela com água e 1 colher (sopa) de sal. Tampe com um prato fundo — assim todas as rodelas ficam imersas.

2. Enquanto isso, descasque e pique fino a cebola e o alho. Lave e corte o pimentão em quadrados pequenos, descarte as sementes.

3. Leve ao fogo médio uma frigideira com borda alta ou uma panela média. Quando aquecer, regue com 1 colher (sopa) de azeite e junte a cebola e o pimentão. Tempere com uma pitada de sal e refogue por cerca de 4 minutos, até murchar bem.

4. Adicione o alho, a folha de louro, a páprica defumada e mexa por 1 minuto. Junte o tomate pelado (com o líquido), a água, a casca de laranja e as uvas-passas. Tempere com sal e pimenta-do-reino a gosto e misture bem. Diminua o fogo e deixe cozinhar por cerca de 15 minutos, até encorpar — mexa de vez em quando para não queimar no fundo.

5. Enquanto isso, escorra a água das berinjelas e seque as rodelas com um pano de prato limpo.

6. Leve ao fogo médio uma bistequeira ou frigideira antiaderente. Quando estiver bem quente, regue com 1 colher (sopa) de azeite e doure as rodelas por 5 minutos de cada lado.

7. Transfira as berinjelas douradas para uma travessa, regue com o molho e polvilhe com amendoim picado.

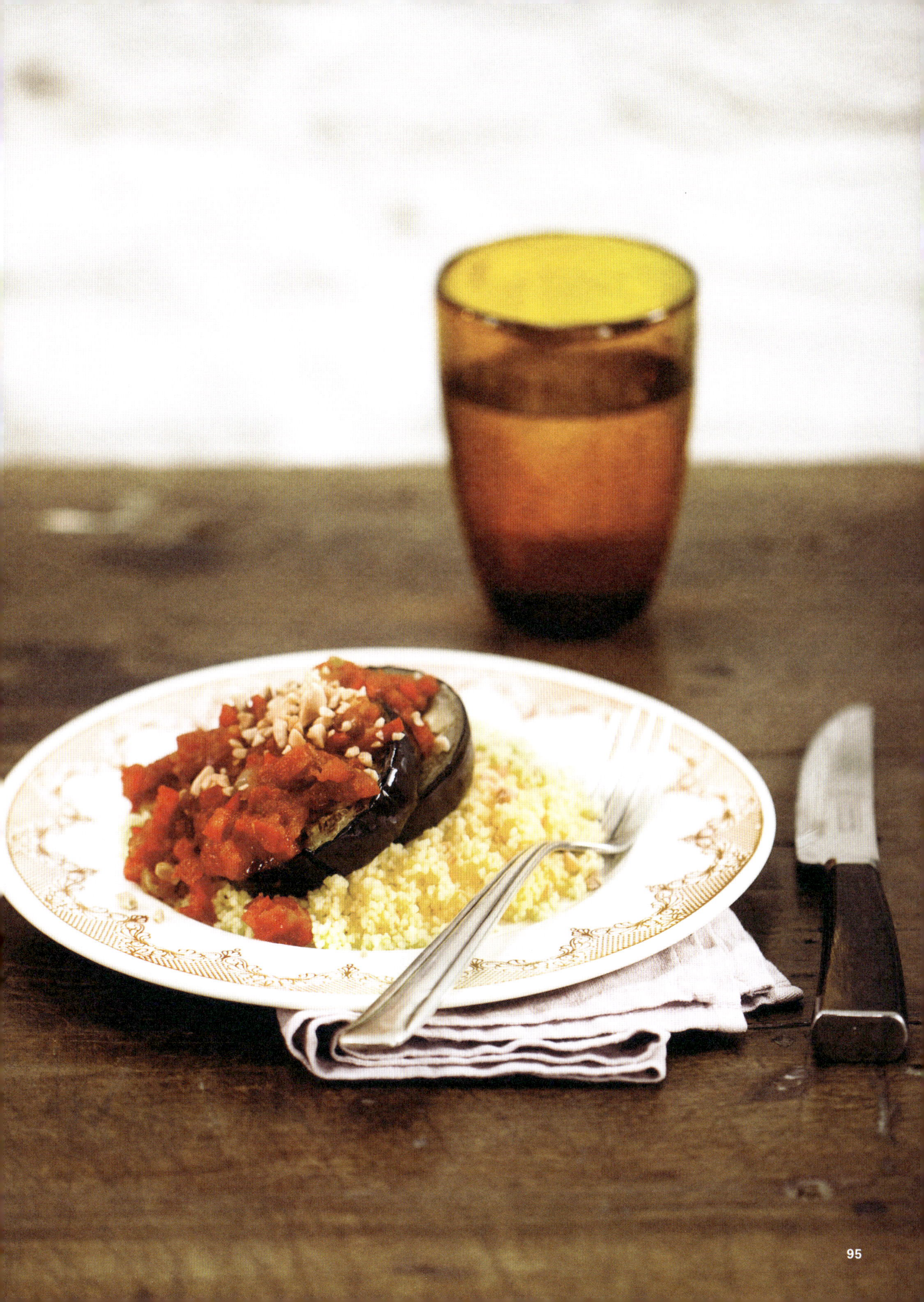

RECEITAS
PICLES DE BETERRABA
CHIPS DE BETERRABA
RISOTO DE BETERRABA COM FIGO
   E PRESUNTO CRU
PATÊ DE BETERRABA COM SARDINHA
SALADA DE BETERRABA COM LARANJA,
   ALCAPARRAS E HORTELÃ
TARTE TATIN SALGADA DE BETERRABA
SALADA MORNA DE BETERRABA COM
   PIMENTÃO E NOZES

Cor intensa, sabor adocicado

Não dá para negar: a cor da beterraba é deslumbrante, fácil de gostar. Mas, quando o assunto é o paladar, a questão é mais complexa... No bom sentido. Porque ela tem um sabor adocicado e terroso ao mesmo tempo. Especialmente nas preparações em que é servida crua — fica até um pouco adstringente. Mas ela vai além, muito além. Pode ser preparada em todas as formas de cozimento. E funciona num vasto leque de combinações de sabor. Por semelhança, vai bem com mel, pimentão e outros alimentos com um toque doce. Por contraste, brilha com alcaparras, sardinha, entre outros ingredientes salgadinhos. Misture métodos de cozimento com combinações de sabor, e pronto: você vai enxergar infinitas possibilidades nos alimentos do dia a dia.

MÉTODOS DE COZIMENTO

A beterraba crua na salada, todo mundo conhece, mas ela também pode ser cozida em limão ou na panela com água. Assada, fica mais macia, mas se for fatiada fininho, vira chips para servir com receitas como o ceviche.

CRUA, tem sabor de coisa fresca, saudável, que acabou de sair da terra. É parceira para saladas de folhas e recheios de sanduíches.

COZIDA em água, vira sopa ou acompanhamento. Se for cozida com limão, adquire um sabor azedinho, que contrasta com seu adocicado natural. É o caso do picles, que você vai ver logo mais.

REFOGADA, pode ser usada em diferentes preparações. Suflê, purê, tem para todos!

ASSADA, rende saladas e receitas mais elaboradas, como um nhoque de beterraba, por exemplo.

CORTES

PALITOS FININHOS podem ser considerados uma versão mais sofisticada de corte para a beterraba **RALADA**. Um cortador de legumes tipo mandolin ou uma faca bem afiada são essenciais para fazer as **FATIAS** fininhas do chips. A beterraba pode ser cortada em **CUBOS** pequenos, médios ou grandes. Pode ainda ser feita em **RODELAS, MEIAS-LUAS** ou **GOMOS.** Mas se quiser um visual mais despojado, vá de pedaços rústicos, como os da salada morna com pimentão e nozes da página 107.

PICLES DE BETERRABA

SERVE
4 pessoas
TEMPO DE PREPARO
20 minutos + 15 minutos para marinar

CUIDADO: ESTA RECEITA VICIA. É FACÍLIMA DE PREPARAR, FICA DELICIOSA E DÁ UMA BELA LEVANTADA NOS MAIS VARIADOS PRATOS: SALADAS, SANDUÍCHES, GRELHADOS, PETISCOS!

2 beterrabas
caldo de 1 limão taiti
¼ de xícara (chá) de vinagre de vinho branco
¼ de xícara (chá) de mel
2 colheres (sopa) de azeite
2 ramos de endro
sal a gosto

1. Lave e seque a beterraba e o endro. Descasque e corte a beterraba em tirinhas: primeiro corte em fatias de 0,5 cm e cada fatia em tirinhas. Transfira para uma tigela.

2. Acrescente o caldo de limão, o vinagre, o azeite e o mel. Com uma tesoura, corte as folhas de endro sobre a beterraba. Tempere com sal a gosto e misture bem.

3. Deixe marinar por no mínimo 15 minutos antes de servir (se preferir, prepare na noite anterior). Conserve o picles na geladeira, num pote com fechamento hermético, por até 5 dias.

CHIPS DE BETERRABA

SERVE
2 pessoas (cerca de 50 unidades)

TEMPO DE PREPARO
10 minutos + 15 minutos para assar

ASSADOS, ESTES CHIPS SÃO MUITO VERSÁTEIS. SIRVA COMO PETISCO, ESPALHE NA SALADA — OLHA QUE SIMPÁTICOS PARA ACOMPANHAR UM CEVICHE! O SEGREDO É CORTAR RODELAS FINAS E UNIFORMES. PARA ISSO, NADA COMO O BOM E VELHO MANDOLIN (FATIADOR DE LEGUMES). A NÃO SER QUE VOCÊ SEJA NINJA MANUSEANDO A FACA DE CHEF!

2 beterrabas
azeite a gosto
sal e pimenta-do-reino moída na hora a gosto

1. Preaqueça o forno a 180 °C (temperatura média).

2. Lave, seque e descasque as beterrabas. Sobre uma assadeira antiaderente grande, passe uma beterraba pelo mandolin (fatiador de legumes). Espalhe as fatias sem sobrepor, deixando 0,5 cm entre cada uma. Tempere com um fio de azeite, sal e pimenta-do-reino moída na hora a gosto. Em outra assadeira, repita o procedimento com a outra beterraba.

3. Leve ao forno para assar por cerca de 15 minutos, até secar. Retire e deixe esfriar — os chips ficam crocantes depois de frios.

RISOTO DE BETERRABA COM FIGO E PRESUNTO CRU

SERVE
2 pessoas

TEMPO DE PREPARO
25 minutos
+ 40 minutos para fazer o caldo

NÃO É SÓ PELA COR QUE ADORO ESTA RECEITA. A COMPOSIÇÃO DE SABORES É PERFEITA. O FIGO CARAMELIZADO RESSALTA A DOÇURA DA BETERRABA E O PRESUNTO CRU, SALGADINHO, CONTRASTA. PRATO CERTO PARA AQUELE JANTAR EM CLIMA DE ROMANCE.

PARA O CALDO
4 beterrabas
1 cebola roxa
1 cenoura
1 talo de salsão
1 folha de louro
2 cravos-da-índia
1 litro de água

1. Descasque as beterrabas, a cebola e a cenoura. Corte o salsão e a cenoura em 3 pedaços; a cebola e a beterraba, em quartos.

2. Numa panela média coloque os legumes, a folha de louro e os cravos-da-índia. Cubra com a água e leve ao fogo alto. Assim que ferver, diminua o fogo, tampe e deixe cozinhar por 30 minutos. Enquanto o caldo cozinha, aproveite para preparar os ingredientes do risoto.

3. Após os 30 minutos, sobre uma tigela, coe o caldo e volte para a panela — prepare um patê com as beterrabas!

PARA O RISOTO
1 xícara (chá) de arroz para risoto
½ cebola roxa
¼ de xícara (chá) de vinho tinto
1 colher (sopa) de azeite
1 pitada de açúcar
1 colher (sopa) de manteiga
¼ de xícara (chá) de queijo parmesão ralado
sal e pimenta-do-reino moída na hora a gosto
2 figos
50 g de presunto cru
2 colheres (chá) de mel

1. Enquanto o caldo está no fogo, comece a preparar o risoto: descasque e pique fino a cebola; lave e seque bem os figos, mantenha a casca e corte cada um ao meio no sentido do comprimento.

2. Leve uma frigideira antiaderente ao fogo médio. Quando aquecer, regue com um fio de azeite e coloque os figos com a parte cortada para baixo. Deixe dourar por cerca de 2 minutos de cada lado. Transfira para um prato e reserve.

3. Leve uma panela ao fogo médio. Quando aquecer, regue com 1 colher (sopa) de azeite e junte a cebola. Tempere com sal e uma pitada de açúcar, refogue até murchar. Acrescente o arroz e mexa bem por 1 minuto. Tempere com sal e pimenta-do-reino moída na hora a gosto — lembre-se de que o caldo não leva sal.

4. Regue com o vinho e mexa vigorosamente até secar. Adicione uma concha do caldo de beterraba e mexa bem até secar. Repita o processo até o risoto ficar no ponto: o grão deve estar cozido, mas ainda durinho no meio. Na última adição, não deixe secar completamente — o risoto deve ficar bem úmido.

5. Desligue o fogo e misture o queijo parmesão e a manteiga. Divida o risoto em dois pratos. No centro de cada um disponha as fatias de presunto cru e duas metades de figo dourados. Regue com o mel e azeite a gosto. Sirva imediatamente.

PATÊ DE BETERRABA COM SARDINHA

SERVE
4 pessoas

TEMPO DE PREPARO
30 minutos

ELEGANTE E PRÁTICO, ESTE PATÊ TEM UMA COMBINAÇÃO DE SABORES SURPREENDENTE. O ADOCICADO DA BETERRABA CONTRASTA COM A INTENSIDADE DA SARDINHA E COM O FRESCOR DO ENDRO, ERVA TAMBÉM CONHECIDA COMO DILL E UMA DAS MELHORES AMIGAS DA BETERRABA NA COZINHA. COMPROU BETERRABA? LEVE DILL. UMA DUPLA PERFEITA.

1 beterraba
1 lata de sardinha em água (125 g)
1 colher (sopa) de maionese caseira
1 colher (sopa) de azeite
caldo de ½ limão
folhas de endro a gosto
sal e pimenta-do-reino moída na hora a gosto

1. Lave, descasque e corte a beterraba em 4 pedaços. Transfira para uma panela, cubra com água e leve ao fogo alto. Quando ferver, diminua o fogo e deixe cozinhar por cerca de 20 minutos, até ficar macia.

2. Enquanto a beterraba cozinha, abra a lata de sardinha, escorra a água e transfira os filés para a tábua. Abra cada um ao meio e descarte as espinhas.

3. Assim que estiver cozida, passe a beterraba por uma peneira e deixe escorrer bem a água. No processador junte a beterraba cozida, as sardinhas, a maionese, o caldo de limão e bata bem por cerca de 2 minutos, até ficar liso. Prove e tempere com sal e pimenta-do-reino moída na hora a gosto.

4. Transfira o patê para uma tigela, acrescente as folhas de endro e sirva a seguir com torradas.

SALADA DE BETERRABA COM LARANJA, ALCAPARRAS E HORTELÃ

SERVE
4 pessoas

TEMPO DE PREPARO
20 minutos + 40 minutos para assar a beterraba

ESTA SALADA É UMA PINTURA! A COMPOSIÇÃO DAS CORES É TÃO FELIZ QUANTO A HARMONIA DE SABORES. POR ISSO, DÁ UM JEITÃO ESPECIAL PARA AS REFEIÇÕES DO DIA A DIA.

4 beterrabas
1 laranja-baía
½ cebola roxa
1 colher (sopa) de alcaparras
½ colher (sopa) de azeite
2 ramos de hortelã
sal e pimenta-do-reino moídos na hora

1. Preaqueça o forno a 200 ºC (temperatura média).

2. Lave, descasque e corte as beterrabas em quartos: corte ao meio e cada metade ao meio novamente (no sentido do comprimento). Transfira para uma assadeira e cubra com papel-alumínio. Leve ao forno para assar por cerca de 40 minutos, até que estejam cozidas, mas ainda firmes.

3. Assim que estiverem cozidas, retire as beterrabas do forno, disponha sobre uma travessa e deixe esfriar. Enquanto isso, prepare os outros ingredientes.

4. Descasque e corte a cebola em meias-luas finas. Coloque numa tigela com água e gelo e deixe de molho por alguns minutos — isso diminui o ardido da cebola.

5. Descasque e fatie a laranja em gomos: sobre uma tigela segure a fruta descascada na palma da mão; corte um V bem rente às membranas (linhas brancas) que separam os gomos; deixe o gomo cortado e o caldo caírem na tigela, e repita até tirar todos os gomos da fruta.

6. Retire as fatias de cebola da água, escorra e distribua as beterrabas. Acrescente a laranja, as alcaparras e as folhas de hortelã. Tempere com o azeite, sal e pimenta-do-reino moída na hora a gosto. Sirva a seguir.

TARTE TATIN SALGADA DE BETERRABA

SERVE
4 pessoas

TEMPO DE PREPARO
15 minutos
+ 50 minutos para assar as beterrabas
+ 40 minutos para assar a torta

A TARTE TATIN, FAMOSA TORTA INVERTIDA DE MAÇÃ, GANHA UMA VERSÃO AGRIDOCE: AS BETERRABAS SÃO CARAMELIZADAS, MAS VÃO À MESA ACOMPANHANDO OS PRATOS PRINCIPAIS. POR CAUSA DA COR, A INVENÇÃO FICA AINDA MAIS LINDA QUE A RECEITA ORIGINAL.

4 beterrabas
300 g de massa folhada congelada
⅓ de xícara (chá) de açúcar
2 colheres (sopa) de manteiga
2 ramos de tomilho fresco
farinha de trigo para polvilhar a bancada
sal e pimenta-do-reino moída na hora a gosto

1. Retire a massa folhada do congelador 1 hora antes de começar o preparo (se preferir, deixe na geladeira na noite anterior).

2. Preaqueça o forno a 200 °C (temperatura média).

3. Lave e corte as beterrabas ao meio, sem descascar. Transfira para uma folha de papel-alumínio grande. Dobre a folha sobre as beterrabas e feche as laterais formando um envelope.

4. Coloque o envelope numa assadeira e leve ao forno para assar por 50 minutos, ou até que estejam macias — como o tempo de cozimento pode variar de acordo com o tamanho e a idade das beterrabas, verifique espetando com um garfo.

5. Retire a assadeira do forno, abra o envelope com cuidado para não se queimar e deixe amornar. Diminua a temperatura do forno para 180 °C (temperatura média).

6. Enquanto isso, separe uma frigideira pequena que possa ir ao forno (nós usamos uma de ferro com 18 cm de diâmetro). Polvilhe a bancada com um pouco de farinha e abra a massa folhada com um rolo até ficar com cerca de 0,5 cm de espessura. Utilize a boca da frigideira como molde e corte a massa num círculo 1 cm maior que o diâmetro da frigideira.

7. Descasque as beterrabas ainda mornas, puxando a casca com uma faca de legumes. Corte cada metade em 3 gomos.

8. Coloque o açúcar na frigideira e leve ao fogo médio para derreter e formar um caramelo — mexa de vez em quando com a espátula para não queimar. Junte a manteiga e misture bem, até derreter. Desligue o fogo e disponha os pedaços de beterraba na frigideira, um sobreposto ao outro, formando uma escama. Tempere com sal e pimenta-do-reino moída na hora a gosto.

9. Cubra as beterrabas com o disco de massa e, com um garfo, dobre a borda da massa para baixo, no interior da frigideira — lembre-se de que a torta vai ser virada num prato depois de assada. Leve ao forno para assar por cerca de 40 minutos, até a massa inflar e dourar.

10. Retire do forno e deixe esfriar por 5 minutos. Para desenformar: coloque um prato sobre a frigideira, segure bem com um pano e vire de uma só vez. Sirva a torta quente ou fria, como acompanhamento de carnes e saladas. Se quiser, decore com um ramo de tomilho.

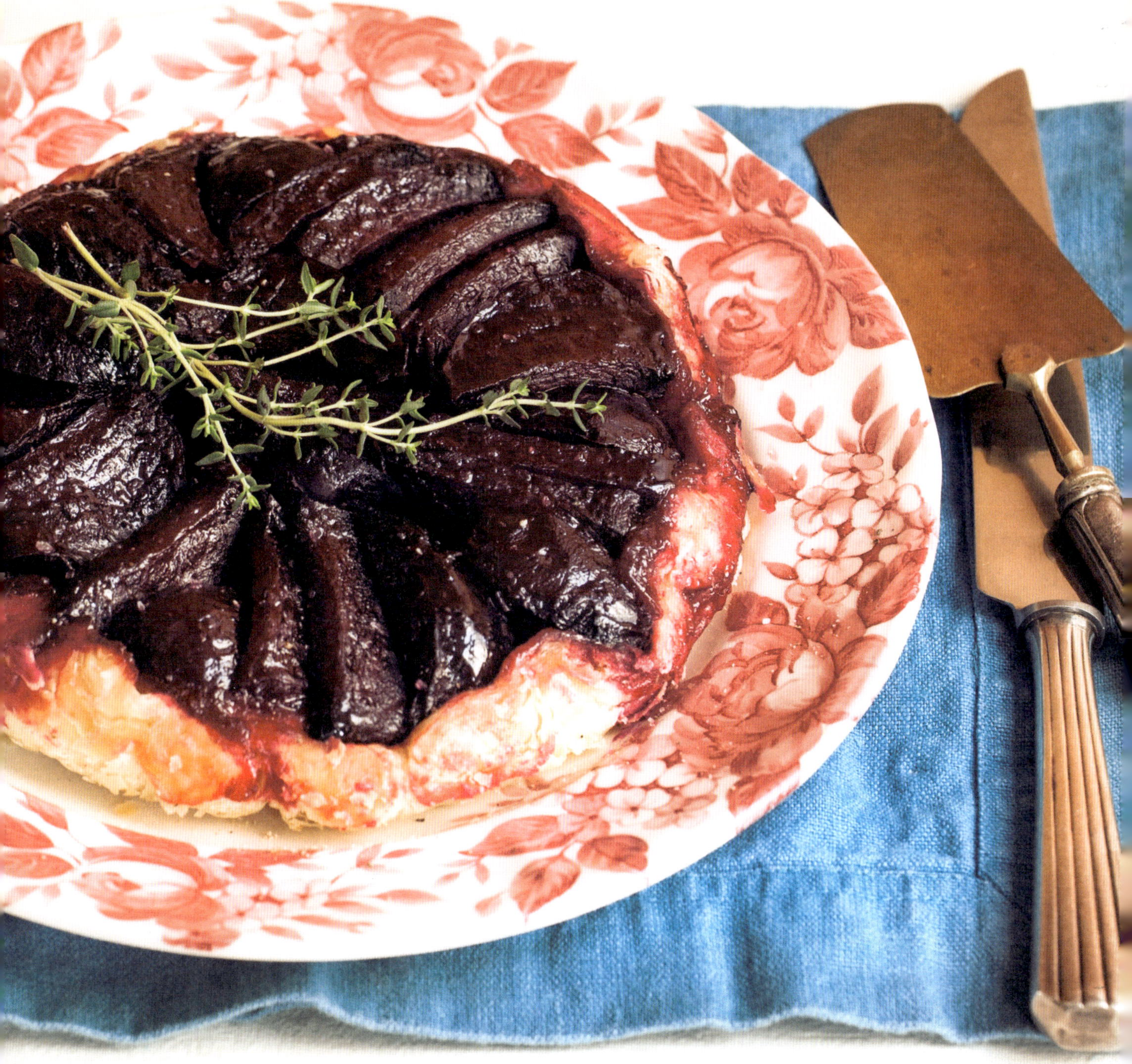

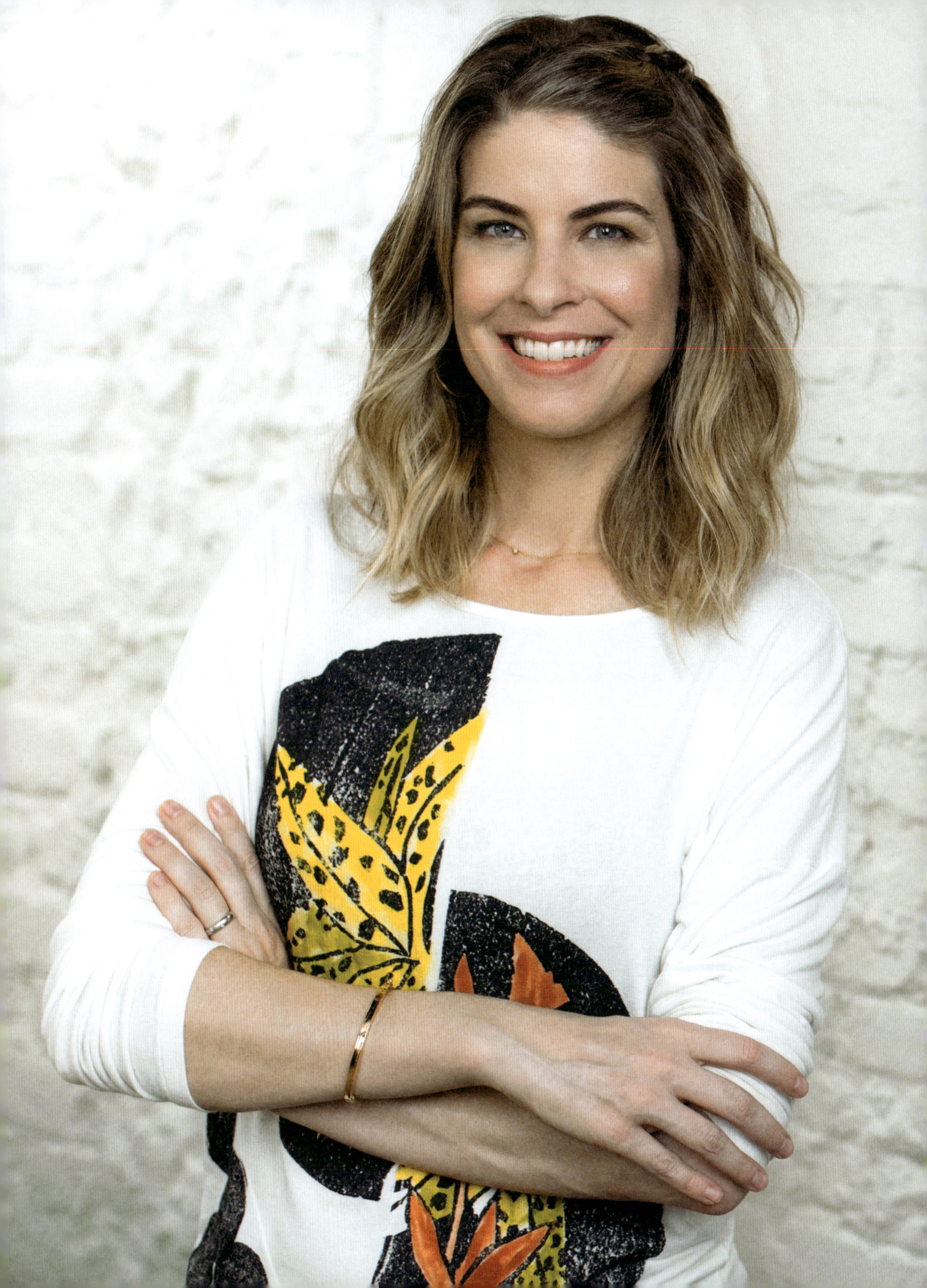

SALADA MORNA DE BETERRABA COM PIMENTÃO E NOZES

SERVE
4 pessoas

TEMPO DE PREPARO
30 minutos
+ 40 minutos para assar os legumes

O VERMELHO VIVO DO PIMENTÃO ALIADO À COR DA BETERRABA DÃO A ESTA RECEITA UM AR MEIO DRAMÁTICO, NÉ? SALADA CINEMATOGRÁFICA! FORA QUE, EM DIAS MAIS FRIOS, COMEÇAR A REFEIÇÃO COM UMA SALADA MORNA É TUDO DE BOM.

4 beterrabas
2 pimentões vermelhos
⅓ de xícara (chá) de nozes
½ colher (sopa) de azeite
sal e pimenta-do-reino moída na hora a gosto

1. **Preaqueça o forno a 220 °C** (temperatura alta).

2. **Descasque e corte as beterrabas** em pedaços médios, rusticamente. Corte um pedaço grande de papel-alumínio, disponha as beterrabas no centro e regue com um fio de azeite. Feche como se fosse uma trouxinha e transfira para uma assadeira grande.

3. **Lave, seque e coloque os pimentões** na mesma assadeira da beterraba. Leve ao forno e deixe assar por cerca de 40 minutos. As beterrabas devem estar cozidas, mas ainda firmes, e a pele dos pimentões, tostada — na metade do tempo, vire os pimentões com uma pinça para tostar a pele por igual.

4. **Retire a assadeira do forno.** Transfira os pimentões para uma tigela, cubra com filme e deixe abafar por cerca de 10 minutos — assim a pele solta mais fácil. Enquanto isso, pique grosseiramente as nozes.

5. **Raspe a pele queimada** com uma colher e limpe os pimentões com papel toalha. Corte os pimentões ao meio, descarte o cabo e as sementes. Fatie cada metade em tiras grossas.

6. **Numa travessa,** coloque as beterrabas e os pimentões ainda mornos. Regue com o azeite, tempere com sal e pimenta-do-reino moída na hora e misture bem. Acrescente as nozes picadas e sirva a seguir.

RECEITAS
BRÓCOLIS COM PIMENTA E CASTANHA-DE-CAJU
MACARRÃO AO ALHO E BRÓCOLIS
BRÓCOLIS NO VAPOR COM MOLHO DE SHOYU
ARROZ DE BRÓCOLIS COM ALHO DOURADO
BRÓCOLIS ASSADOS COM BACON E FEIJÃO-BRANCO
SALADA DE GRÃOS COM LEGUMES ASSADOS
 E MOLHO DE TAHINE

Explore essa árvore!

Brócolis aparecem o ano inteiro no setor de hortifrúti — e dá para aproveitar cada parte dessa hortaliça. Floretes, talos e até as folhas. Por falar em folhas, sabe quando você quer comer verdes, mas não está com vontade de salada? Então pode apostar que é dia de brócolis! Essa miniárvore é encontrada em dois tipos: o comum (meu favorito!) e o ninja. Seja qual for a variedade, ele é danado de versátil, aceita interpretações mil. Nas próximas páginas você vai encontrar receita com jeitão oriental, sabores italianos e até com sotaque carioca, meu amorrr.

MÉTODOS DE COZIMENTO

Brócolis podem ser cozidos no vapor ou branqueados, refogados, assados ou grelhados. Seja qual for o método, ele fica mais saboroso quando mantém um leve croc, sabe?

COZIDO em água, pode ficar mais firme ou mais macio, dependendo do tempo de cozimento. Para preservar a cor viva, pingue umas gotinhas de limão ou de vinagre na água.

COZIDO no vapor, não perde a cor nem a textura — é o método que vamos usar na receita de brócolis com molho de shoyu.

BRANQUEADO, fica bem al dente e, depois do choque térmico, pode ser usado em várias preparações ou ir para o congelador. Boa técnica de economia doméstica!

ASSADO, fica mais sequinho e crocante. (E não espalha o cheiro pela casa!)

GRELHADO, fica mais úmido que o assado, mas ainda assim mais crocante que o cozido.

CORTES

Você pode usar os floretes, os talos e as folhas. Os **FLORETES** podem ser pequenos, médios ou grandes; as folhas podem ser inteiras, em **FATIAS** ou **PICADAS**, os talos precisam ser **PICADINHOS** para quebrar a textura fibrosa.

cap. 9 **BRÓCOLIS**

BRÓCOLIS COM PIMENTA E CASTANHA-DE-CAJU

SERVE
4 pessoas

TEMPO DE PREPARO
30 minutos

BRÓCOLIS AO ALHO E ÓLEO É POUCO PARA VOCÊ? ENTÃO ADOTE ESTA RECEITA, QUE TEM UM QUÊ DE CROCÂNCIA, OUTRO DE PICÂNCIA E AINDA LEVA LIMÃO-SICILIANO — E TODO O SEU PERFUME! O RESULTADO É UM ACOMPANHAMENTO ORIGINAL PARA GRELHADOS E CARNES ASSADAS.

1 maço de brócolis
2 dentes de alho
1 pimenta dedo-de-moça
1 limão-siciliano
1 colher (sopa) de azeite
⅓ de xícara (chá) de castanha-de-caju torrada, sem sal e picada
sal a gosto

1. Corte e reserve as folhas de brócolis para outra preparação. (Refogadas ficam deliciosas.) Corte e descarte a base (grossa) dos talos e, com o descascador de legumes, retire as fibras externas dos talos maiores, com cuidado para não desmanchar os floretes.

2. Corte os ramos maiores ao meio no sentido do comprimento — da base do talo até o florete — para que todos fiquem do mesmo tamanho e cozinhem por igual. Lave em água corrente e deixe escorrer.

3. Lave e seque o limão e a pimenta dedo-de-moça. Fatie a pimenta em rodelas finas e corte o limão em quartos. Com a lateral da lâmina da faca, amasse os dentes de alho e descarte as cascas — não precisa picar.

4. Leve uma frigideira grande, de preferência antiaderente, ao fogo baixo. Quando aquecer, regue com o azeite e doure os brócolis em etapas — não coloque todos de uma só vez, eles precisam ficar em contato com o fundo da frigideira. Tempere com sal e deixe dourar por cerca de 5 minutos, virando com uma pinça, até ficarem macios e tostados.

5. Na última leva, adicione a pimenta fatiada e os dentes de alho para dourar junto com os brócolis. Transfira os ramos para uma travessa e regue com o azeite, as rodelas de pimenta e o alho que estavam na frigideira.

6. Na mesma frigideira, doure os quartos de limão. Sirva os brócolis quentes, com as castanhas picadas e acompanhados dos limões para espremer na hora.

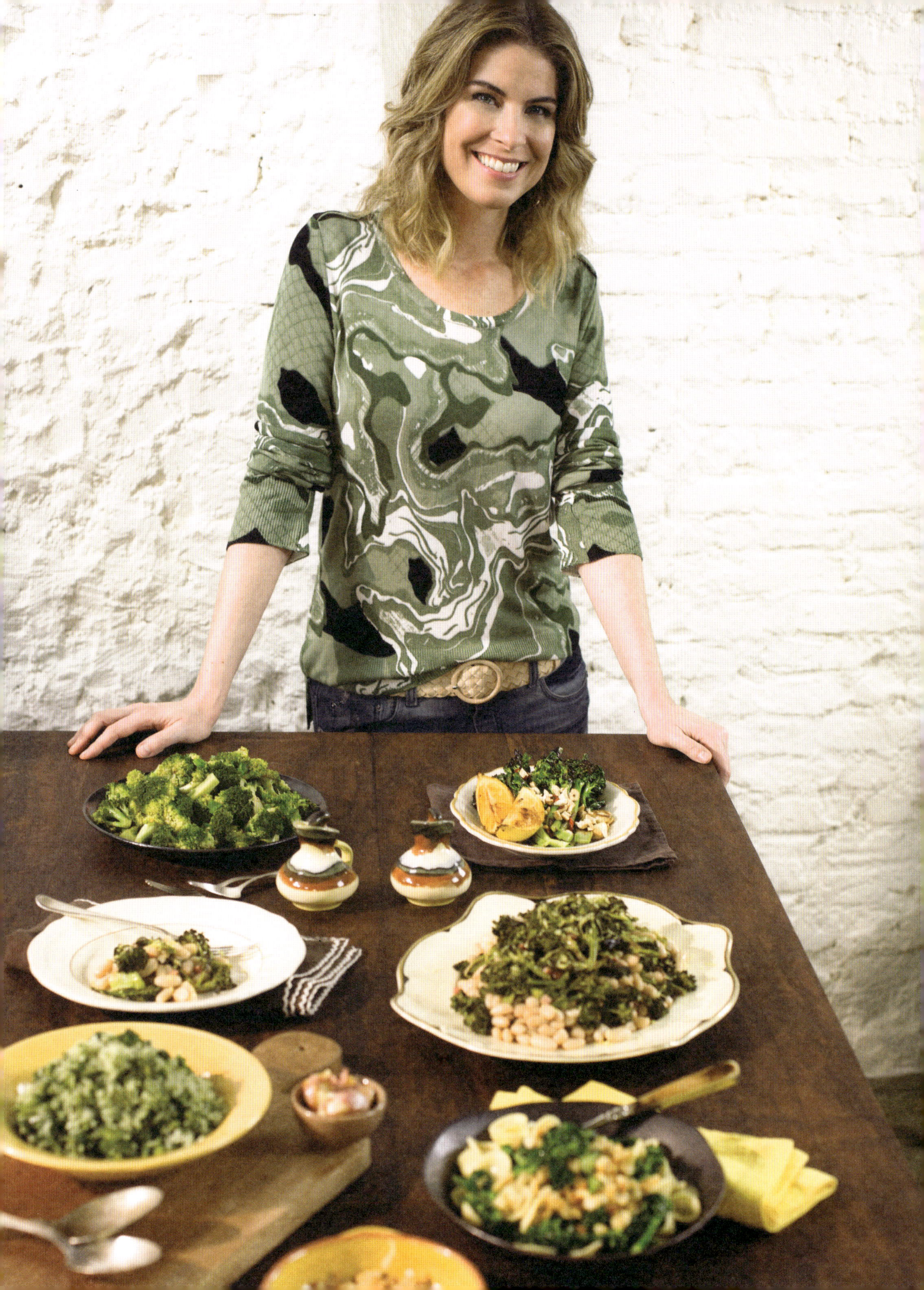

MACARRÃO AO ALHO E BRÓCOLIS

SERVE
4 pessoas

TEMPO DE PREPARO
30 minutos

SABE AQUELES DIAS DE GELADEIRA — E DESPENSA — À MÍNGUA? COM UM MAÇO DE BRÓCOLIS À MÃO, NINGUÉM VAI NOTAR. ESTA MASSA PRÁTICA E MUITO, MAS MUITO, SABOROSA SÓ PRECISA DE AZEITE E ALHO, ALÉM DE BRÓCOLIS E MACARRÃO. E TAMBÉM PODE SER PREPARADA COM A VERDURA CONGELADA. ALIÁS, ESTA É UMA BOA DICA: TENHA SEMPRE FLORETES DE BRÓCOLIS NO CONGELADOR — TEM QUE LAVAR E BRANQUEAR, MAS ESSA TÉCNICA ESTÁ EXPLICADA NA RECEITA! OU COMPRE CONGELADO: JÁ VEM HIGIENIZADO, PRONTO PARA USO.

1 maço de brócolis
4 xícaras (chá) de orecchiette (ou outra massa curta de grano duro)
5 dentes de alho
½ xícara (chá) de azeite
sal e pimenta-do-reino moída na hora a gosto

1. Leve ao fogo alto uma panela grande com água para ferver.

2. Corte e descarte a base grossa dos talos de brócolis. Corte o maço em floretes pequenos, do tamanho de um bocado. Com o descascador de legumes, raspe a fibra externa dos talos mais grossos. Corte os talos e as folhas em pedaços de 5 cm, transfira para uma peneira e lave bem sob água corrente.

3. Quando a água ferver, misture 2 colheres (sopa) de sal e mergulhe os floretes, talos e folhas de brócolis. Deixe cozinhar por apenas 2 minutos. Com uma escumadeira, transfira tudo para uma peneira, passe sob água corrente e deixe escorrer bem a água — essa técnica chama branquear e deixa os brócolis crocantes e com a cor vibrante. Caso vá congelar a verdura, o ideal é dar um choque térmico para cessar o cozimento: basta transferir da panela para uma tigela com água e gelo.

4. Coloque o macarrão para cozinhar na mesma água do brócolis pelo tempo indicado na embalagem. Enquanto isso, descasque e pique fino os dentes de alho.

5. Numa frigideira grande, coloque os dentes de alho picados e o azeite e leve ao fogo médio. Refogue por apenas 2 minutos — não deixe queimar, fica bem amargo. Junte os brócolis, tempere com sal e pimenta-do-reino e refogue por mais 3 minutos.

6. Reserve 1 xícara (chá) da água do cozimento e escorra o macarrão. Junte ao brócolis refogado, misture bem e adicione a água do cozimento aos poucos para envolver o macarrão com o molho. Sirva a seguir com a farofa de pão e parmesão.

PARA A FAROFA DE PÃO E PARMESÃO
1 pão francês amanhecido
½ xícara (chá) de queijo parmesão ralado
1 colher (sopa) de manteiga

Quebre o pão em pedacinhos. Coloque a manteiga numa frigideira e leve ao fogo médio. Quando derreter, junte o pão e o parmesão e deixe dourar por cerca de 5 minutos, mexendo de vez em quando, até a farofa ficar dourada e crocante.

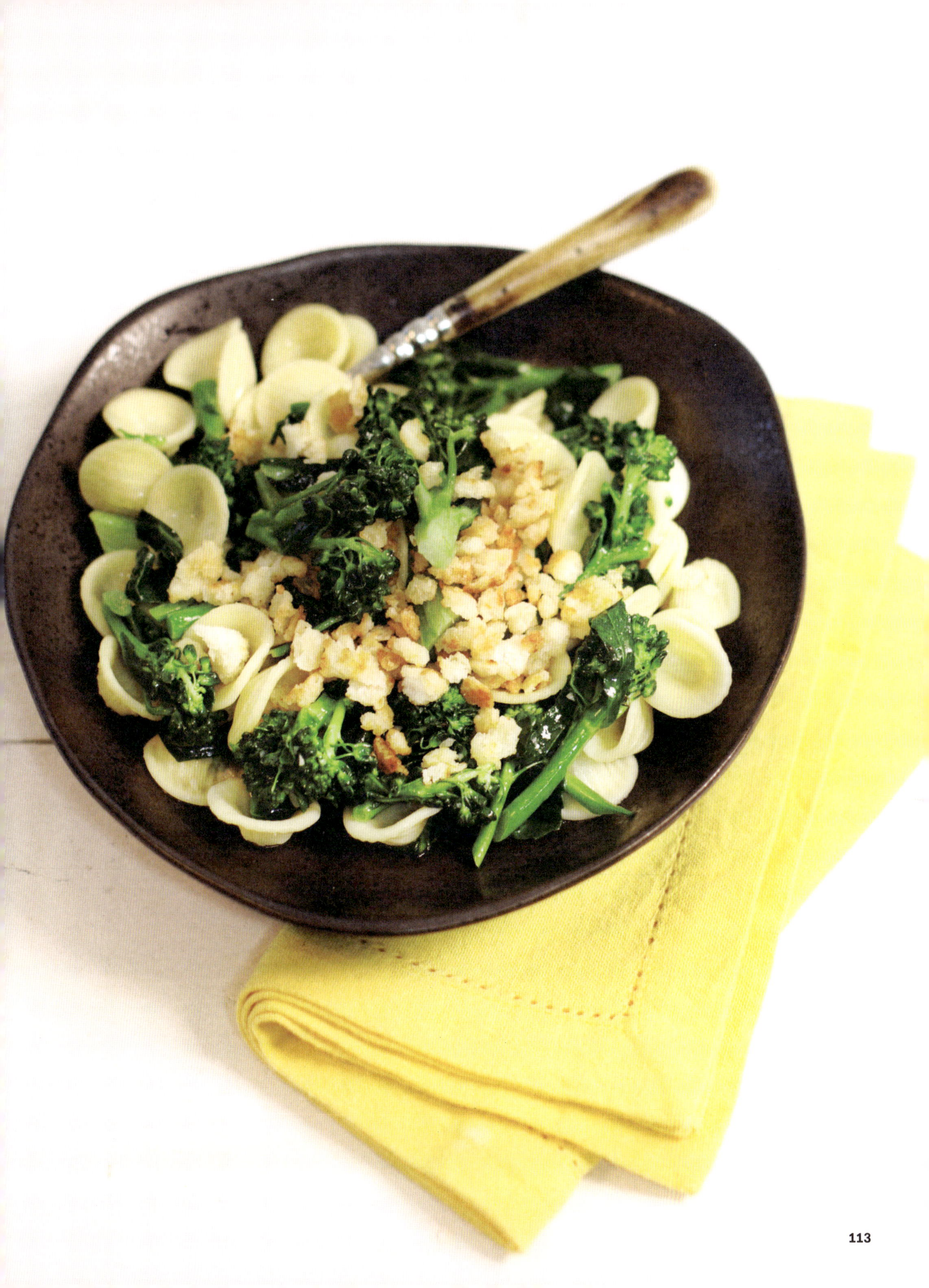

BRÓCOLIS NO VAPOR COM MOLHO DE SHOYU

SERVE
4 pessoas

TEMPO DE PREPARO
20 minutos

BRÓCOLIS NINJA, QUE TEM MAIS FLORETES DO QUE TALOS, SÃO PERFEITOS PARA ESTA RECEITA COM INSPIRAÇÃO ORIENTAL. SUGIRO O PREPARO NO VAPOR, MAS, SE QUISER, TAMBÉM DÁ PARA COZINHAR NO MICRO-ONDAS — FICA PRONTO EM CINCO MINUTOS. O PULO DO GATO DA RECEITA É O MOLHINHO: LEVA AÇÚCAR MASCAVO, PIMENTA CALABRESA, CALDO DE LIMÃO E CEBOLINHA. SALIVOU AÍ?

1 maço de brócolis ninja
2 colheres (sopa) de shoyu
3 colheres (sopa) de açúcar mascavo
caldo de 1 limão
1 colher (sopa) de óleo
½ colher (chá) de pimenta calabresa seca
1 talo de cebolinha fatiada

1. Descarte a base grossa do talo; sobre uma tábua, vire o maço de brócolis de ponta-cabeça e corte em floretes médios. Lave bem sob água corrente e deixe escorrer em uma peneira.

2. Complete ⅓ do volume da panela com água e leve ao fogo alto. Assim que começar a ferver, transfira os floretes de brócolis para um cesto (ou peneira) de cozimento a vapor e encaixe sobre a panela. Diminua o fogo, tampe o cesto e deixe cozinhar por cerca de 15 minutos, até ficar macio.

3. Enquanto isso prepare o molho: num pote de vidro com tampa, junte e chacoalhe bem o shoyu, o açúcar mascavo, o caldo de limão, o óleo e a pimenta calabresa.

4. Disponha os floretes num prato, regue com o molho e finalize com a cebolinha fatiada. Sirva a seguir.

DICA: Para cozinhar no micro-ondas, coloque os floretes numa tigela de vidro grande, junte 1 colher (sopa) de água e tampe com um prato. Leve para rodar de 2 em 2 minutos, até ficarem cozidos e com um tom de verde mais vivo (1 maço de brócolis médio leva 4 minutos para cozinhar, mas esse tempo pode variar de acordo com o micro-ondas e também com o tamanho dos floretes e do maço).

ARROZ DE BRÓCOLIS COM ALHO DOURADO

SERVE
4 pessoas
TEMPO DE PREPARO
30 minutos

CLÁSSICO DA CULINÁRIA CARIOCA, ESTE ARROZ VAI BEM COM PEIXE, COM UM BIFE BEM SUCULENTO OU COM O FRANGUINHO GRELHADO DO DIA A DIA. PARA FICAR VERDEJANTE, TEM TRUQUE: UMA PITADA DE BICARBONATO DE SÓDIO. O ALHO FRITINHO DÁ UMA GRAÇA E COMPLEMENTA O SABOR.

1 xícara (chá) de arroz
½ maço de brócolis
3 xícaras (chá) de água
½ cebola
5 dentes de alho
1 pitada de bicarbonato de sódio
2 colheres (sopa) de azeite
½ colher (chá) de sal

1. Destaque as folhas, corte e descarte a base grossa dos talos e separe os ramos de brócolis. Lave e seque as folhas e os ramos.

2. No liquidificador, bata as folhas com a água, até ficar liso. Reserve. Com o descascador de legumes, retire as fibras externas dos talos mais grossos. Corte os ramos em pedaços pequenos. Descasque e pique fino a cebola e 1 dente de alho.

3. Leve uma panela média ao fogo médio. Quando aquecer, regue com 1 colher (sopa) de azeite, junte a cebola e refogue por 2 minutos, até murchar. Junte o alho e misture por 1 minuto. Acrescente o arroz, tempere com o sal e mexa bem por 1 minuto.

4. Meça 2 xícaras (chá) da água batida com as folhas e regue sobre o arroz. Misture o bicarbonato de sódio e os brócolis picados e deixe cozinhar em fogo médio até a água começar a atingir o mesmo nível do arroz. Abaixe o fogo e deixe cozinhar com a tampa semiaberta até o arroz absorver toda a água — para verificar se a água secou, fure o arroz com um garfo e afaste delicadamente alguns grãos do fundo da panela; se ainda estiver molhado, deixe cozinhar mais um pouquinho.

5. Desligue o fogo, tampe a panela e deixe o arroz terminar de cozinhar por 5 minutos no próprio vapor.

6. Enquanto o arroz cozinha, amasse os dentes de alho com a lateral da lâmina da faca — mantenha a casca. Leve uma frigideira ao fogo médio, regue com 1 colher (sopa) de azeite, acrescente os dentes de alho e deixe fritar até ficarem bem dourados dos dois lados.

7. Solte o arroz com um garfo e sirva a seguir com os dentes de alho fritos.

BRÓCOLIS ASSADOS COM BACON E FEIJÃO-BRANCO

SERVE
6 pessoas

TEMPO DE PREPARO
30 minutos

ASSADOS, OS BRÓCOLIS FICAM SEQUINHOS, CROCANTES. DÁ ATÉ PARA GANHAR UNS CUBINHOS DE BACON. PARA VIRAR PRATO PRINCIPAL, SÓ PRECISA DE UMA LATA DE FEIJÃO-BRANCO. É JANTAR A JATO! NÃO DEIXE DE TEMPERAR COM AS RASPAS DE LIMÃO-SICILIANO.

1 maço de brócolis
2 latas de feijão-branco cozido [cerca de 3 xícaras (chá)]
70 g de bacon em cubos
raspas de 1 limão-siciliano
azeite a gosto
sal e pimenta-do-reino moída na hora a gosto

1. Preaqueça o forno a 200 °C (temperatura média).

2. Descarte a base grossa dos talos dos brócolis e corte o maço em floretes médios. Com um descascador de legumes, raspe a fibra externa dos talos mais grossos; corte os talos e as folhas em pedaços de cerca de 5 cm. Numa peneira, lave sob água corrente e deixe escorrer a água.

3. Unte uma assadeira grande com azeite e disponha os brócolis. Regue com mais azeite, tempere com sal e pimenta-do-reino a gosto e distribua o bacon em cubos. Leve ao forno para assar por 20 minutos, até dourar.

4. Retire do forno e misture com os feijões-brancos e as raspas de limão. Sirva a seguir.

SALADA DE GRÃOS COM LEGUMES ASSADOS E MOLHO DE TAHINE

SERVE
2 pessoas
TEMPO DE PREPARO
40 minutos

A PASTA ÁRABE DE GERGELIM COMBINADA COM ALHO, SAL E LIMÃO É CAPAZ DE OPERAR MILAGRES EM ALGUMAS RECEITAS. AQUI, ELA UNE OS SABORES E FAZ UMA COMBINAÇÃO PERFEITA ENTRE OS GRÃOS E OS LEGUMES. É AQUELE TIPO DE RECEITA ESPERTA: É LEVE, MAS ALIMENTA. AH, E VIRA MARMITA NOTA DEZ!

⅓ de xícara (chá) de arroz sete grãos
½ brócolis ninja pequeno
1 batata-doce pequena
⅓ de xícara (chá) de abóbora japonesa em cubos médios
3 xícaras (chá) de água
1 dente de alho
¼ de xícara (chá) de tahine
caldo de 1 limão
azeite a gosto
sal e pimenta-do-reino moída na hora a gosto

1. Preaqueça o forno a 200 °C (temperatura média).

2. Corte os brócolis em floretes médios, lave sob água corrente, transfira para uma peneira e deixe escorrer a água. Descasque e corte a batata-doce e a abóbora em cubos médios, de 2 cm.

3. Numa assadeira grande, coloque os cubos de batata-doce e de abóbora e os floretes de brócolis. Regue com 2 colheres (sopa) de azeite e misture com as mãos. Espalhe na assadeira, deixando espaço entre eles — assim ficam mais crocantes. Tempere com sal e pimenta-do-reino e leve ao forno para assar por cerca de 25 minutos, até ficarem dourados.

4. Enquanto isso, numa panela pequena coloque o arroz com a água e leve para cozinhar em fogo médio. Assim que começar a ferver, diminua o fogo e deixe cozinhar por cerca de 20 minutos — os grãos devem estar cozidos mas firmes.

5. Retire os legumes assados do forno e deixe amornar. Assim que o arroz estiver cozido, escorra a água numa peneira e passe os grãos por água corrente para cessar o cozimento.

6. Descasque e bata o alho no pilão com uma pitada de sal, até formar uma pastinha. Misture o caldo de limão, o tahine e ¼ de xícara (chá) de água, até ficar liso.

7. Em dois pratos, coloque arroz cozido no fundo, cubra com os legumes assados e regue com o molho de tahine. Sirva a seguir.

É de chorar de tão versátil

Às vezes, cortar cebola faz a gente chorar, verdade. Mas, olha, vale cada lágrima, porque ela potencializa o sabor de... quase tudo! Mas cebola não é só tempero, não. Você vai ver ideias que vão além do refogado e que fazem da cebola o astro principal do prato. E tem também truque para tirar o ardido e aproveitá-la sem medo em saladas.

RECEITAS
SALADA DE CEBOLA COM PEPINO E MOLHO DE COENTRO
CEBOLA ASSADA COM MANTEIGA E ALECRIM
COSTELINHA DE PORCO COM MOLHO MEDITERRÂNEO
PASTA DE CEBOLA CARAMELIZADA COM CERVEJA
SOPA DE CEBOLA
CEBOLA CARAMELIZADA SOBRE CARNE COM HOMUS (*HUMMUS MA LAHMA*)
SALADA DE CEBOLA E TOMATE GRELHADOS
MACARRÃO COM MOLHO DE CEBOLA EM UMA PANELA SÓ

MÉTODOS DE COZIMENTO

Você pode até precisar de uma forcinha para lembrar que a cebola pode ser servida crua ou preparada das mais variadas formas no fogo. Mas eu ajudo a não esquecer:

CRUA, a cebola pode participar de saladas e ceviches, por exemplo. Basta deixá-la de molho em água gelada para que fique menos ardida.

GRELHADA, no fogão ou na churrasqueira, fica linda, marcada pela grelha.

ASSADA, pode ir com casca e tudo para o forno em uma receita que é entrada ou acompanhamento.

REFOGADA, é a base que dá sabor para a maioria dos pratos. Se passar mais um tempinho na panela, fica caramelizada, adocicada e perfeita para acompanhar carnes suculentas, como um hambúrguer ou uma costelinha de porco.

COZIDA, vira sopa aconchegante para aquecer a gente numa noite fria de inverno.

CORTES

INTEIRA, a cebola pode ser assada no forno ou na churrasqueira. Se for **CORTADA EM RODELAS** grossas, pode ser grelhada. Em **QUADRADOS,** entra na salada; em **MEIAS-LUAS,** na sopa e na pastinha com cream cheese e cerveja. Já em **CUBOS PEQUENOS,** é ótima para o refogado. Se virar **ANÉIS,** pode ser frita em imersão e se transformar em onion rings.
A cebola **PARTIDA NA METADE OU EM QUARTOS** também pode ser assada, cozida ou grelhada.

SALADA DE CEBOLA COM PEPINO E MOLHO DE COENTRO

SERVE
4 pessoas

TEMPO DE PREPARO
20 minutos

CARA FEIA PARA CEBOLA CRUA? TEM TRUQUE PARA ELA FICAR MENOS ARDIDA NA SALADA. AÍ FICA DIFÍCIL NÃO GOSTAR! DEIXAR OS PEDAÇOS DE MOLHO NA ÁGUA GELADA POR 10 MINUTOS É UM SEGREDINHO DANADO DE BOM — E PODE SER USADO EM OUTRAS RECEITAS QUE LEVAM A NOSSA AMIGA NUA E CRUA.

2 cebolas
1 pepino japonês
½ xícara (chá) de vinagre de vinho branco
¼ de xícara (chá) de azeite
¼ de xícara (chá) de água
¼ de xícara (chá) de folhas de coentro
sal e pimenta-do-reino moída na hora a gosto

1. Descasque, corte as cebolas em cubos médios e transfira para uma tigela. Cubra com água, cubos de gelo e deixe de molho enquanto prepara os outros ingredientes — isso diminui o ardido da cebola.

2. No liquidificador, coloque o vinagre, o azeite, a água e as folhas de coentro. Tempere com sal a gosto e bata para misturar.

3. Lave, seque e corte o pepino em rodelas finas. Transfira para uma tigela e reserve. Escorra a água e junte a cebola aos pepinos. Acrescente o molho de coentro e misture bem. Sirva a seguir ou leve à geladeira, até a hora de servir. Aliás, quanto mais tempo na geladeira, mais gostosa fica a salada.

CEBOLA ASSADA COM MANTEIGA E ALECRIM

SERVE
6 pessoas

TEMPO DE PREPARO
1 hora

ADOCICADA E PERFUMADA, ESTA CEBOLA VIRA ACOMPANHAMENTO OU ENTRADA. ASSADA COM CASCA E TUDO, VAI DO FORNO À MESA EM UMA APRESENTAÇÃO RÚSTICA. MAS A CASCA NÃO SERVE APENAS PARA DAR ESSE ESTILO DESCOLADO: ELA MANTÉM A UMIDADE E DEIXA AS CEBOLAS SUCULENTAS.

6 cebolas
50 g de manteiga
alecrim a gosto
sal e pimenta-do-reino moída na hora a gosto

1. Preaqueça o forno a 180 °C (temperatura média).

2. Lave, seque, corte o topo, mantendo a raiz, e descarte apenas a primeira camada de casca das cebolas. Corte a manteiga em seis cubinhos.

3. Disponha as cebolas numa assadeira, uma ao lado da outra, com a parte cortada para cima. Tempere generosamente com sal e pimenta-do-reino e coloque folhas de alecrim e 1 cubo de manteiga sobre cada uma.

4. Leve ao forno preaquecido para assar por 40 minutos, até as cebolas ficarem macias. Aumente o forno para 220 °C (temperatura alta) e deixe assar por mais 15 minutos, até dourarem bem.

5. Assim que estiverem douradas, retire as cebolas do forno e sirva a seguir como acompanhamento de assados, grelhados ou mesmo como entrada com um bom pão caseiro.

COSTELINHA DE PORCO COM MOLHO MEDITERRÂNEO

RECEITA EXTRA

SERVE
4 pessoas

TEMPO DE PREPARO
30 minutos + 50 minutos para cozinhar

2 peças de costela de porco (cerca de 600 g cada)
1 cebola
2 dentes de alho
1 lata de tomate pelado em cubos (com o líquido)
2 xícaras (chá) de vinho tinto
2 xícaras (chá) de água (ou caldo caseiro de legumes ou de galinha)
casca e caldo de 1 limão-siciliano
1 folha de louro
2 ramos de tomilho
1 colher (chá) de páprica defumada
½ colher (chá) de pimenta calabresa seca
½ colher (chá) de sementes de erva-doce
1 colher (sopa) de óleo
½ colher (sopa) de sal

1. Numa tábua, corte as costelas em ripas — procure posicionar a faca bem no meio, entre os ossos, para que todas as costelinhas fiquem com carne dos dois lados. Transfira para uma tigela e deixe em temperatura ambiente enquanto prepara os outros ingredientes.

2. Descasque e pique fino a cebola e os dentes de alho. Lave e seque o talos de tomilho e o limão-siciliano. Com um descascador de legumes, retire a casca do limão e reserve a polpa. Se preferir, descasque com uma faquinha de legumes bem afiada, cuidando para não cortar a parte branca, que amarga a receita.

3. Leve ao fogo médio uma panela grande (nós usamos uma caçarola de 24 cm de diâmetro com fundo triplo). De um lado, posicione a tigela com as costelinhas e, do outro, uma travessa. Quando a panela aquecer, regue com o óleo e doure cerca de 4 costelinhas por 3 minutos — coloque o lado convexo para baixo. Vire e deixe dourar o outro lado por mais 2 minutos. Transfira para a travessa. As demais levam 2 minutos de cada lado. Resista à tentação de colocar todas ao mesmo tempo! Em vez de dourar, elas vão soltar o próprio líquido e cozinhar no vapor.

4. Depois de dourar as costelinhas, mantenha a panela em fogo médio e junte a cebola — a gordura da carne é suficiente para refogá-la. Mexa por 3 minutos, raspando bem o fundo da panela — esses queimadinhos da carne são essenciais para o molho.

5. Quando a cebola dourar, junte o alho, a folha de louro e mexa por 1 minuto para perfumar. Tempere com o sal, a páprica defumada, a pimenta calabresa seca e a erva-doce. Misture bem.

6. Acrescente o tomate pelado (com o líquido) e misture por 1 minuto, raspando bem o fundo da panela. Regue com o vinho tinto, junte a água e aumente o fogo.

7. Assim que começar a ferver, volte as costelinhas para a panela. Debulhe as folhas de tomilho e misture, junte também a casca de limão. Diminua o fogo para baixo e deixe cozinhar por 40 minutos com a tampa semiaberta.

8. Em seguida, retire a tampa e deixe cozinhar por mais 10 minutos, até que as pontas dos ossinhos das costelas apareçam e o molho fique encorpado. Regue com o caldo de limão, misture bem e sirva a seguir.

DICA: Para a costelinha ficar ainda mais saborosa, deixe a carne marinando no vinho com o tomilho e a casca de limão na noite anterior. Antes de dourar as costelinhas, escorra bem e reserve o líquido para o cozimento.

PASTA DE CEBOLA CARAMELIZADA COM CERVEJA

SERVE
6 pessoas

TEMPO DE PREPARO
40 minutos

HOJE É DIA DE AMIGOS E CERVEJA? ENTÃO PODE SEPARAR UM GOLE QUE VAI SAIR UMA PASTA IMBATÍVEL! CARAMELIZADA NA MANTEIGA, EM FOGO BAIXO E SEM PRESSA, A CEBOLA FICA DOCINHA E BRONZEADA, PERFEITA PARA SE MISTURAR COM O AMARGUINHO DA CERVEJA (QUE VAI NA RECEITA) E COM A CREMOSIDADE DO CREAM CHEESE.

4 cebolas
300 g de cream cheese
2 colheres (sopa) de manteiga
⅓ de xícara (chá) de cerveja
1 pitada de açúcar
pimenta-de-caiena a gosto
sal a gosto

1. Retire o cream cheese da geladeira e deixe em temperatura ambiente enquanto prepara os outros ingredientes. Descasque e corte as cebolas em meias-luas finas.

2. Leve uma frigideira grande com a manteiga ao fogo médio. Quando derreter, junte a cebola, tempere com uma pitada de sal e uma de açúcar e deixe cozinhar, mexendo de vez em quando, até ficar bem dourada — isso leva cerca de 30 minutos. Não aumente o fogo, pois a cebola vai queimar em vez de caramelizar.

3. Regue com a cerveja e deixe cozinhar por 2 minutos, mexendo de vez em quando, até a cebola absorver o líquido. Reserve 1 colher (sopa) da cebola caramelizada para a decoração.

4. Numa tigela, misture o cream cheese com a cebola caramelizada, tempere com pimenta-de-caiena e sal. Decore com a cebola caramelizada e deixe esfriar antes de servir.

SOPA DE CEBOLA

SERVE
4 pessoas

TEMPO DE PREPARO
40 minutos
+ 30 minutos para cozinhar
+ 10 minutos para gratinar

NOITE FRIA? SOPA QUENTE! E SE FOR DE CEBOLA, AQUECE ATÉ A ALMA. A RECEITA QUE VOCÊ VAI VER AQUI É TODA ARTESANAL, MAS O SABOR FAZ VALER CADA ETAPA! É QUE SOPA DE CEBOLA BOA, BOA MESMO, TEM SEGREDOS. UM DELES É CARAMELIZAR A CEBOLA. MAIS UM? USAR CALDO DE CARNE CASEIRO. ALÉM DE O SABOR SER INCOMPARÁVEL, É SUPERSAUDÁVEL E NUTRITIVO.

VEJA A RECEITA DO CALDO NO CAPÍTULO DO SALSÃO: CALDO DE CARNE A JATO (PÁGINA 324).

4 cebolas (cerca de 500 g)
2 colheres (sopa) de manteiga
¼ de xícara (chá) de vinho branco
1 colher (sopa) de farinha de trigo
1,5 litro de caldo de carne caseiro
3 fatias de pão italiano grossas (cerca de 3 cm de espessura)
½ xícara (chá) de queijo gruyère ralado fino (cerca de 40 g)
sal e pimenta-do-reino moída na hora a gosto

1. Descasque e fatie as cebolas em meias-luas médias. Pode chorar, bem!

2. Numa panela média, leve a manteiga para derreter em fogo médio. Acrescente as cebolas e tempere com 1 colher (chá) de sal. Deixe cozinhar, mexendo de vez em quando, por cerca de 30 minutos, até ficarem bem macias e douradas. Esta é uma etapa em que não dá para ter preguiça: se as cebolas não caramelizarem, a sopa não fica gostosa. Se precisar, deixe cozinhar por mais tempo.

3. Junte o vinho e misture, raspando o fundo da panela para dissolver os queimadinhos da cebola, até secar. Polvilhe com a farinha de trigo e mexa por cerca de 1 minuto — essa misturinha de farinha com manteiga vai engrossar levemente a sopa.

4. Junte o caldo de uma só vez e misture bem com uma espátula, para dissolver os gruminhos de farinha. Assim que ferver, abaixe o fogo e deixe cozinhar por 30 minutos, mexendo de vez em quando para não grudar no fundo.

5. Enquanto isso, preaqueça o forno a 200 °C (temperatura média). Aqueça uma frigideira em fogo médio e toste apenas um lado dos pães por cerca de 2 minutos.

6. Após os 30 minutos, desligue o fogo e tempere com sal e pimenta-do-reino a gosto. Transfira a sopa para um refratário ou deixe na panela, caso possa ir ao forno. Disponha as fatias de pão italiano, uma ao lado da outra, com a parte tostada para baixo — assim elas absorvem menos líquido e não desmancham. Polvilhe com o queijo ralado e leve ao forno.

7. Deixe gratinar por cerca de 10 minutos. Se o seu forno tiver a opção grill, pode usar, mas fique de olho para não queimar! O queijo pode levar menos tempo para derreter. Com cuidado, retire a panela do forno e sirva a sopa imediatamente.

CEBOLA CARAMELIZADA SOBRE CARNE COM HOMUS (*HUMMUS MA LAHMA*)

SERVE
2 pessoas

TEMPO DE PREPARO
30 minutos

QUEM DISSE QUE HOMUS SÓ PODE SER APERITIVO? PROMOVIDA A PRATO PRINCIPAL, AQUI A CLÁSSICA PASTINHA LIBANESA É USADA COMO SE FOSSE UM PURÊ E É SERVIDA COM CARNE E CEBOLAS BEM DOURADAS. ESTA RECEITA É BOA PARA APROVEITAR O MÚSCULO USADO NO PREPARO DE UM CALDO DE CARNE CASEIRO. A RECEITA DO CALDO DE CARNE A JATO, SUPERPRÁTICO, ESTÁ NA PÁGINA 324.

PARA O HOMUS
1 lata de grão-de-bico cozido
3 colheres (sopa) de tahine (pasta de gergelim)
1 dente de alho descascado
caldo de ½ limão
sal a gosto

1. Sobre uma tigela, passe o grão-de-bico por uma peneira e reserve a água. Transfira os grãos para outra tigela, junte o alho, o caldo de limão e o tahine.

2. Bata com um mixer (ou processador) até ficar liso. Adicione a água do grão-de-bico aos poucos e bata até a pasta ficar na consistência desejada (mais rústica ou mais lisa e cremosa). Tempere com sal a gosto e misture bem. Transfira para um prato grande e, com uma colher, alise a superfície e abra uma cavidade no centro. Reserve.

PARA SERVIR
1 xícara (chá) de músculo cozido e desfiado
1 cebola grande
1 colher (sopa) de azeite
1 colher (chá) de canela
zátar a gosto (opcional)
sal e pimenta-do-reino moída na hora a gosto
torradinhas de pão sírio

1. Descasque e fatie a cebola em meias-luas finas.

2. Leve ao fogo baixo uma frigideira grande, de preferência antiaderente. Quando aquecer, regue com ½ colher (sopa) de azeite, junte a cebola e tempere com uma pitada de sal. Refogue por cerca de 10 minutos, até ficar bem dourada.

3. Transfira a cebola para uma tigela e mantenha a frigideira em fogo baixo. Regue com o azeite restante e junte a carne desfiada. Mexa rapidamente, apenas para aquecer. Adicione a canela e tempere com sal e pimenta-do-reino a gosto. Misture bem e desligue o fogo.

4. Coloque a carne refogada no centro do homus e cubra com a cebola dourada. Polvilhe com zátar e sirva a seguir com torradinhas de pão sírio.

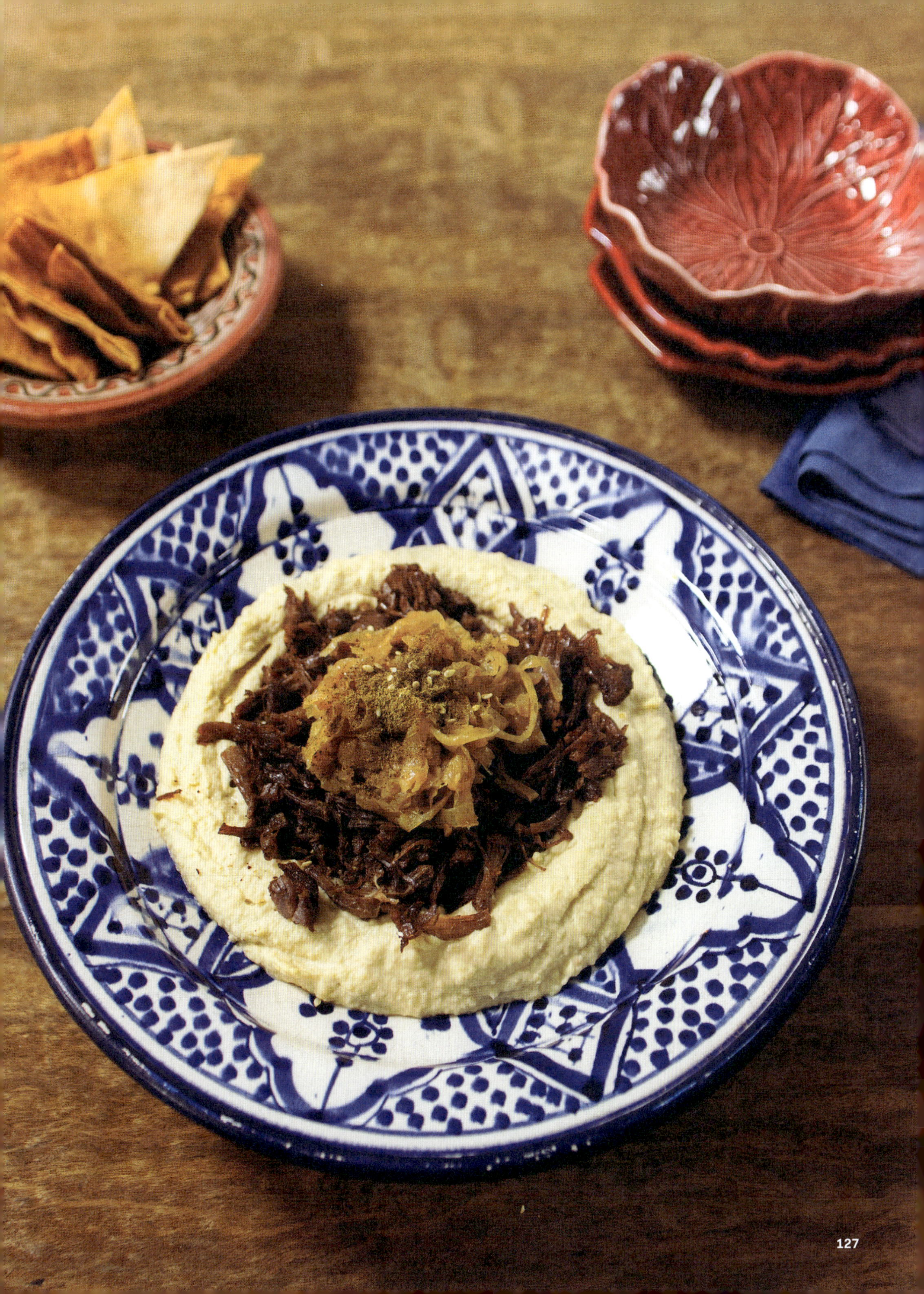

SALADA DE CEBOLA E TOMATE GRELHADOS

SERVE
4 pessoas

TEMPO DE PREPARO
15 minutos

SE VOCÊ NÃO GOSTA DE CEBOLA CRUA, MAS ADORA SALADA, ESTA É PARA VOCÊ: SALADA MORNA DE CEBOLA E TOMATE GRELHADOS! PARA TEMPERAR, GOSTO DO TRIO BÁSICO: AZEITE, SAL E PIMENTA-DO-REINO. E MAIS: VINAGRE DE VINHO TINTO E SALSINHA.

1 cebola grande
1 tomate caqui
folhas de salsinha fresca a gosto
azeite a gosto
vinagre de vinho tinto a gosto
sal e pimenta-do-reino moída na hora a gosto

1. Lave e seque o tomate e as folhas de salsinha. Corte o tomate em fatias grossas, de 1,5 cm de espessura.

2. Corte a ponta da cebola no lado contrário à raiz e descasque. Corte em rodelas grossas, de 1,5 cm de espessura.

3. Leve ao fogo médio uma bistequeira ou frigideira, de preferência antiaderente. Quando estiver bem quente, regue com um fio de azeite e adicione as fatias de tomate — coloque quantas fatias couberem, sem sobrepor, pois elas devem ficar em contato com o fundo da bistequeira para grelhar. Deixe dourar por 1 minuto de cada lado. Transfira para uma travessa e repita com o restante.

4. Mantenha a bistequeira em fogo médio. Regue com mais um fio de azeite e repita o passo anterior para grelhar as rodelas de cebola — elas levam mais tempo para dourar, cerca de 2 minutos de cada lado. Transfira para a travessa com os tomates.

5. Regue as rodelas de tomate e cebola grelhadas com azeite e vinagre de vinho tinto. Tempere com sal e pimenta-do-reino a gosto e sirva a seguir com folhas de salsinha.

MACARRÃO COM MOLHO DE CEBOLA EM UMA PANELA SÓ

SERVE
1 pessoa

TEMPO DE PREPARO
30 minutos

É POSSÍVEL QUE VOCÊ TENHA TODOS OS INGREDIENTES EM CASA, O QUE FAZ ESTA RECEITA PERFEITA PARA DIAS DE POUCA INSPIRAÇÃO — OU PARA QUANDO NÃO DEU TEMPO DE IR AO SUPERMERCADO. O SABOR DAS CEBOLAS COM O VINHO BRANCO É SURPREENDENTE! E O MELHOR: COMO O NOME JÁ DIZ, É TUDO FEITO EM UMA PANELA SÓ. SEM BAGUNÇA!

1 xícara (chá) de penne (ou outra massa curta de grano duro)
1 cebola
1 colher (sopa) de manteiga
½ colher (chá) de sal
¼ de xícara (chá) de vinho branco
1 ¼ xícara (chá) de água
3 ramos de tomilho
pimenta-do-reino moída na hora a gosto
queijo parmesão ralado para servir

1. Faça o pré-preparo: lave e seque os ramos de tomilho. Numa tábua, descasque e corte a cebola ao meio e cada metade, em fatias (formando meias-luas de 1 cm).

2. Numa panela pequena, junte a cebola, a manteiga e as folhas de 2 ramos de tomilho. Tempere com o sal e pimenta-do-reino. Tampe e leve ao fogo baixo para cozinhar por 3 minutos.

3. Aumente para fogo médio, retire a tampa da panela e deixe a cebola dourar por cerca de 5 minutos, mexendo de vez em quando.

4. Adicione o vinho e mexa bem. Junte o macarrão, a água e misture. Quando ferver, deixe cozinhar por 5 minutos.

5. Passados os 5 minutos, tampe a panela e deixe cozinhar por mais 10 minutos. Transfira para um prato e decore com o ramo de tomilho restante. Sirva a seguir com o queijo parmesão ralado.

Um doce de raiz!

Ela faz pratos salgados e doces e é a base de um dos melhores bolos do mundo — por aqui, a gente ama bolo de cenoura com cobertura de chocolate. Mas este doce de raiz também se transforma num sorvete indiano irresistível, o kulfi, que leva cardamomo no preparo. Ah, sim, a cenoura vai bem com combinações de sabores mais intensos, como o vinagre balsâmico, o curry e o leite de coco. Deu para sacar que ela vai muito além da versão raladinha na salada, né?

cap. 11 **CENOURA**

RECEITAS
SOPA DE CENOURA COM CURRY E LEITE DE COCO
SALADA DE CENOURA COM VINAGRE BALSÂMICO E CASTANHA-DE-CAJU
CENOURA ASSADA COM MOLHO PESTO
BIFES DE CONTRAFILÉ
RAGU DE CENOURA
POLENTA CLÁSSICA
BOLO DE CENOURA COM COBERTURA DE CHOCOLATE
KULFI DE CENOURA

MÉTODOS DE COZIMENTO
Sem muitas frescuras, a cenoura pode ser comida crua ou cozida de diferentes maneiras. O método influencia na textura e no sabor. Vamos ver?

CRUA, pode ser servida em palitos com molhinhos diferentes. Também vai na salada, no suco de verão e no sanduíche.
BRASEADA, ganha um ar caramelado especialmente bom para acompanhar carnes.
COZIDA EM ÁGUA, vira sopa e purê.
ASSADA, a cenoura fica mais sequinha e pede a companhia de um molho especial, como o pesto. Também pode ser assada na massa do suflê, do pão, do bolo...
GRELHADA, fica linda com as listinhas escuras da marca da grelha.
REFOGADA, absorve o sabor da cebola e do alho e ganha mais potência para entrar em receitas como o ragu de cenoura.
COZIDA NO VAPOR, pode virar acompanhamento para grelhados ou compor uma salada morna, por exemplo.

CORTES
As versões mais comuns são **RALADA** e em **RODELAS** finas, médias e grossas. Mas como variedade é vida na cozinha, também dá para cortar a cenoura em **TIRAS** finas tipo macarrão com aqueles cortadores especiais que vendem na feira. **PALITOS** crus vão à mesa e podem ser servidos com um molho de gorgonzola simples e sofisticado.
Se for feita em **BASTÕES**, vai ao forno para assar. **CUBOS** pequenos, médios e grandes podem ser usados em receitas diversas, do cuscuz marroquino ao ensopado de carne.
Já em **FATIAS** cortadas na diagonal, a cenoura fica ótima para grelhar e, em **FITAS,** pode ser usada em saladas e no recheio de uma quiche.

SOPA DE CENOURA COM CURRY E LEITE DE COCO

SERVE
2 pessoas
TEMPO DE PREPARO
15 minutos
+ 30 minutos para cozinhar o caldo

CENOURA TAMBÉM RENDE UMA SOPA NOTA MIL. ALÉM DO SABOR ADOCICADO, CONTA PONTO O VISUAL VIBRANTE. AGORA, SE VOCÊ QUISER TRANSFORMAR COMPLETAMENTE O SABOR, JUNTE LEITE DE COCO E UMA PITADA DE CURRY. É IMPRESSIONANTE O QUE ESSES INGREDIENTES FAZEM POR ESTA RECEITA.

- 2 cenouras
- 1 cebola
- 1 talo de salsão (sem as folhas)
- 2 litros de água
- ¼ de xícara (chá) de leite de coco
- 1 colher (chá) de curry
- 1 folha de louro
- 3 cravos-da-índia
- 5 grãos de pimenta-do-reino

1. Descarte as folhas e lave o salsão sob água corrente. Descasque a cenoura. Corte a cenoura e o salsão em 3 pedaços. Descasque e corte a cebola ao meio; numa das metades, espete a folha de louro com os cravos.

2. Coloque todos os ingredientes numa panela, cubra com a água e leve ao fogo alto. Quando ferver, diminua o fogo e deixe cozinhar por 30 minutos. Desligue o fogo e coe o caldo numa tigela.

3. Transfira os pedaços de cenoura e a metade da cebola cozida para o liquidificador. Acrescente 2 xícaras (chá) do caldo de legumes e bata até ficar liso — se quiser uma sopa mais fluida, acrescente um pouco mais de caldo. Atenção: segure a tampa do liquidificador com um pano de prato para evitar que o vapor empurre e abra a tampa.

4. Volte a sopa batida para a panela, tempere com o curry, sal e pimenta-do-reino. Misture o leite de coco e deixe cozinhar em fogo baixo por 2 minutos, apenas para aquecer. Sirva a seguir com croûtons ou pipoca. Esta sopa também fica uma delícia servida fria.

DICA: congele o restante do caldo de legumes em forminhas para gelo ou saquinhos e utilize em outras receitas.

SALADA DE CENOURA COM VINAGRE BALSÂMICO E CASTANHA-DE-CAJU

SERVE
2 pessoas

TEMPO DE PREPARO
20 minutos

BOM EXEMPLO DAS PARCERIAS DA CENOURA COM INGREDIENTES COMO O VINAGRE BALSÂMICO E O MEL, ESTA SALADA AINDA LEVA CASTANHA-DE-CAJU, QUE ENTRA NO FINAL DA RECEITA E DÁ UM CROC ESPECIAL NA TEXTURA DESTA PREPARAÇÃO.

2 cenouras
2 colheres (sopa) de azeite
1 ½ colher (sopa) de vinagre balsâmico
1 colher (chá) de mel
1 dente de alho
¼ de xícara (chá) de castanha-de-caju
2 ramos de salsinha
sal e pimenta-do-reino moída na hora a gosto

1. Descasque e passe a cenoura por um fatiador de legumes para fazer tiras finas e longas (se preferir, corte as tiras com a faca). Transfira para uma tigela.

2. Lave, seque e pique fino a salsinha. Pique grosseiramente a castanha-de-caju.

3. Na tábua, amasse o dente de alho com a lateral da lâmina da faca. Descarte a casca e transfira para um pote de vidro com tampa. Junte o azeite, o vinagre balsâmico, o mel e a salsinha picada. Tempere com sal e pimenta-do-reino a gosto, tampe e chacoalhe bem para misturar.

4. Abra o pote e descarte o dente de alho — ele é usado apenas para dar sabor ao molho. Regue o molho sobre as tiras de cenoura e misture bem. Transfira para uma travessa, acrescente a castanha-de-caju picada e sirva a seguir.

CENOURA ASSADA COM MOLHO PESTO

SERVE
2 pessoas

TEMPO DE PREPARO
25 minutos

JÁ COMEU CENOURA ASSADA? É FACÍLIMO DE PREPARAR! O SEGREDO É: FORNO QUENTE E PEDAÇOS BEM BESUNTADOS DE AZEITE, SAL E PIMENTA-DO-REINO MOÍDA NA HORA. DEPOIS DE MEIA HORA, TÁ PRONTA. MAS FICA MELHOR AINDA COM MOLHO PESTO TRADICIONAL!

2 cenouras
2 colheres (sopa) de azeite
¼ de xícara (chá) de castanha-de-caju
1 dente de alho
½ xícara (chá) de azeite
¼ de xícara (chá) de queijo parmesão ralado
1 xícara (chá) de folhas de manjericão
1 cubo de gelo
raspas de 1 laranja
sal e pimenta-do-reino moída na hora a gosto

1. Preaqueça o forno a 240 ºC (temperatura alta).

2. Descasque e corte a cenoura ao meio no sentido da largura. Corte cada metade em quartos e transfira para uma assadeira grande. Tempere com o azeite, sal e pimenta-do-reino moída na hora, misture bem para envolver todos os pedaços com o azeite.

3. Leve ao forno e asse por cerca de 20 minutos, até dourar — na metade do tempo vire com uma espátula para dourar por igual.

4. Enquanto isso prepare o molho pesto: lave e seque bem as folhas de manjericão; descasque o dente de alho; no copo do mixer, coloque as folhas de manjericão, as castanhas, o dente de alho, o azeite, o queijo parmesão e o cubo de gelo — ele deixa a cor do molho bem verde; bata até ficar liso, junte as raspas de laranja e tempere com sal e pimenta-do-reino a gosto.

5. Assim que estiverem assadas, retire as cenouras do forno e transfira para um prato. Sirva a seguir com o molho pesto.

BIFES DE CONTRAFILÉ
RECEITA EXTRA

SERVE
2 pessoas
TEMPO DE PREPARO
10 minutos

OLHA QUE BELEZA ESTE PRATO: CONTRAFILÉ SUCULENTO, CENOURA ASSADA E MOLHO PESTO DE MANJERICÃO. SE PREFERIR, TROQUE POR OUTROS ACOMPANHAMENTOS DESTE LIVRO.

2 bifes de contrafilé
1 colher (chá) de azeite
sal e pimenta-do-reino moída na hora a gosto

1. Retire os bife da geladeira e deixe em temperatura ambiente por alguns minutos — eles não podem estar gelados na hora de ir para a frigideira.

2. Tempere os bifes com sal e pimenta-do-reino a gosto. Leve uma frigideira grande ao fogo alto. Quando aquecer, regue com o azeite e coloque os bifes. Deixe dourar, sem mexer, até que se soltem do fundo da frigideira — isso leva uns 2 minutos. Vire os bifes e deixe dourar por mais 2 minutos. Desligue o fogo e sirva a seguir.

RAGU DE CENOURA

SERVE
6 pessoas
TEMPO DE PREPARO
30 minutos

TEM VEGETARIANO POR AÍ? RAGU DE CENOURA COM ESPECIARIAS É UMA BOA OPÇÃO! NOSSA VERSÃO DE RAS EL HANOUT, MISTURINHA DE TEMPEROS TÍPICA DO MARROCOS, É O SEGREDO DESTE PRATO SUPERAROMÁTICO.

8 cenouras
2 cebolas
2 xícaras (chá) de água
1 ½ colher (sopa) de azeite
3 bagas de cardamomo
1 colher (chá) de sementes de erva-doce
1 colher (chá) de páprica defumada
½ colher (chá) de cominho
½ colher (chá) de gengibre em pó
½ colher (chá) de canela em pó
3 cravos-da-índia
1 folha de louro
1 ½ colher (chá) de sal
noz-moscada ralada na hora a gosto
pimenta-do-reino moída na hora a gosto

1. Lave, descasque e corte as cenouras ao meio, no sentido do comprimento. Fatie cada metade em meias-luas de cerca de 1 cm de espessura. Descasque e pique fino as cebolas. Com uma faca, abra as bagas de cardamomo, retire e pique fino as sementes (se preferir, bata num pilão).

2. Leve uma panela média ao fogo médio. Quando aquecer, regue com ½ colher (sopa) de azeite e junte a cebola. Tempere com uma pitada de sal e refogue por cerca de 3 minutos, até dourar.

3. Adicione o azeite restante e junte a cenoura fatiada. Deixe cozinhar por cerca de 5 minutos, mexendo de vez em quando, até ficarem levemente macias. Junte as sementes de cardamomo e de erva-doce, adicione a páprica, o cominho, o gengibre em pó, a canela, os cravos-da-índia e a folha de louro. Tempere com o sal, pimenta-do-reino e noz-moscada. Misture bem.

4. Regue com a água e mexa bem, raspando o fundo da panela, para dissolver os queimadinhos. Mantenha por aproximadamente 15 minutos, com a tampa semiaberta, até que as cenouras cozinhem e se forme um molho ralo e perfumado — mexa de vez em quando para não grudar no fundo. Se as cenouras ainda estiverem firmes, regue com um pouco mais de água e deixe cozinhar por mais alguns minutos. Desligue o fogo e sirva a seguir.

POLENTA CLÁSSICA
RECEITA EXTRA

SERVE
6 a 8 pessoas

TEMPO DE PREPARO
30 minutos

ASSIM COMO O RISOTO, A POLENTA É UM PRATO SUPERGENEROSO DA COZINHA ITALIANA PORQUE TEM UMA BASE FIXA QUE PODE RECEBER DIFERENTES RECHEIOS E COBERTURAS. ACOMPANHADA DE RAGU DE CENOURA, FICA ESPECIALMENTE SABOROSA.

3 xícaras (chá) de sêmola de milho (cerca de 500 g)
2,5 litros de água
3 colheres (sopa) de manteiga
½ xícara (chá) de queijo parmesão ralado fino
1 colher (chá) de sal

1. Numa panela grande, coloque a água e leve ao fogo alto para ferver.

2. Assim que ferver, adicione o sal e diminua o fogo para médio. Acrescente a sêmola de milho, em fio constante, mexendo com um batedor de arame para não empelotar.

3. Mexa por cerca de 20 minutos, até a polenta engrossar e soltar do fundo da panela. Atenção: é importante mexer durante o cozimento para que a polenta não empelote nem grude no fundo da panela.

4. Desligue o fogo, adicione o queijo e a manteiga. Misture bem para a manteiga derreter e a polenta ficar cremosa. Sirva imediatamente.

BOLO DE CENOURA COM COBERTURA DE CHOCOLATE

SERVE
6 pessoas

TEMPO DE PREPARO
30 minutos + 50 minutos para assar

O SEGREDO DESTE BOLO, SUPER SIMPLES DE PREPARAR, É QUE A MASSA E A COBERTURA SÃO IGUALMENTE SABOROSAS. MAS AS TEXTURAS SÃO OPOSTAS: A MASSA, FOFÍSSIMA, E A COBERTURA, CROCANTE. DÁ PARA RESISTIR?

PARA A COBERTURA
½ xícara (chá) de chocolate em pó
⅓ de xícara (chá) de açúcar
1 colher (sopa) de manteiga
⅓ de xícara (chá) de água

1. Numa panela pequena junte o chocolate, o açúcar, a manteiga e a água. Leve ao fogo médio mexendo sempre com um batedor de arame.

2. Quando começar a ferver, cozinhe por cerca de 4 minutos, sem parar de mexer. Assim que a calda começar a desgrudar do fundo da panela, está pronta.

3. Regue a calda quente sobre o bolo frio já desenformado e deixe esfriar. Sirva a seguir.

PARA O BOLO
3 cenouras
4 ovos
1 xícara (chá) de óleo de canola, milho ou girassol
1 ½ xícara (chá) de açúcar
2 xícaras (chá) de farinha de trigo
1 colher (sopa) de fermento em pó
1 pitada de sal
manteiga e farinha de trigo para untar e polvilhar

1. Preaqueça o forno a 180 °C (temperatura média). Unte uma fôrma redonda de 23 cm de diâmetro e 7 cm de altura com manteiga usando um papel toalha. Polvilhe com farinha de trigo e, sobre a pia, chacoalhe para tirar o excesso.

2. Coloque a farinha, o sal e o fermento em uma tigela, passando pela peneira. Misture delicadamente e reserve.

3. Lave as cenouras e, com um descascador de legumes ou faquinha, descasque. Descarte a extremidade superior (onde fica a rama) e corte as cenouras em rodelas.

4. Quebre os ovos um a um, em uma tigela (para verificar se estão bons) e transfira para o liquidificador. Junte as cenouras, o óleo e o açúcar e bata até formar uma mistura homogênea (cerca de 5 minutos).

5. Junte a mistura do liquidificador à tigela com a farinha, o fermento e o sal. Com um batedor de arame, misture delicadamente até ficar liso e homogêneo.

6. Transfira a massa para a assadeira e leve ao forno preaquecido para assar por 50 minutos. Para saber se o bolo está bom, espete um palito na massa: se sair limpo, pode ser retirado do forno; caso contrário, deixe por mais alguns minutos, até que asse completamente. Deixe esfriar por 15 minutos antes de desenformar.

KULFI DE CENOURA

RENDE
20 unidades

TEMPO DE PREPARO
20 minutos
+ 6 horas no congelador para firmar

A PRIMEIRA VEZ QUE EXPERIMENTEI UM KULFI FOI EM PARIS, NUM RESTAURANTE INDIANO, AO LADO DA CASA ONDE ME HOSPEDAVA. FIQUEI OBCECADA. DEPOIS DISSO, JÁ PROVEI ESTE PICOLÉ INDIANO CREMOSÍSSIMO EM VÁRIAS VERSÕES: MANGA, PISTACHE, AÇAFRÃO... ESTE DE CENOURA COM CARDAMOMO, PORÉM, É O MEU FAVORITO. E O MELHOR: DÁ PARA FAZER EM CASA!

2 cenouras grandes
3 bagas de cardamomo
1 lata de leite condensado (395 g)
1 colher (sopa) de manteiga
1 xícara (chá) de iogurte natural sem açúcar (2 potes de 170 g)
20 copinhos de café descartáveis
20 palitos de madeira para sorvete

1. Faça o pré-preparo: descasque e passe a cenoura na parte fina do ralador; corte as bagas de cardamomo ao meio, retire as sementes e pique fino com a faca (se preferir, bata num pilão).

2. Numa panela pequena, coloque a manteiga e leve ao fogo médio. Quando derreter, acrescente as cenouras raladas, as sementes de cardamomo e refogue por cerca de 5 minutos, mexendo de vez em quando, até ficar macia.

3. Transfira para o liquidificador, junte o leite condensado e bata por cerca de 2 minutos, até formar um purê liso. Adicione o iogurte e bata apenas para misturar.

4. Divida nos copinhos de café e espete o palito no centro de cada kulfi. Transfira para uma assadeira e leve para firmar no congelador por no mínimo 6 horas antes de servir (se preferir, faça no dia anterior). Na hora de servir, segure o kulfi pelo palito e gire o copinho descartável, apertando delicadamente para soltar.

Chuchu? Beleza!

Ok, ele pode até não ter um sabor marcante. Mas a gente vai usar isso a favor. Como absorve bem os sabores dos outros alimentos, faz a receita render à beça — não é à toa que o ensopadinho de camarão mais famoso do Brasil leva, justamente, chuchu. Bem mais versátil do que se imagina, ele vai muito além do refogadinho. Cru, dá uma crocância incrível ao vinagrete do churrasco; assado, vira acompanhamento surpreendente; no suflê é um clássico; ensopado com curry, se torna prato principal. Ah, sim, refogado também fica ótimo. O truque é usar um tempero potente, como o orégano.

RECEITAS
VINAGRETE DE CHUCHU
PESCADA-BRANCA FRITA
PICLES DE CHUCHU
CHUCHU REFOGADO COM ORÉGANO
CHUCHU ASSADO COM COMINHO
CURRY DE CHUCHU COM MAÇÃ
SUFLÊ DE CHUCHU
ENSOPADINHO DE CAMARÃO COM CHUCHU
ACAÇÁ DE ARROZ

MÉTODOS DE COZIMENTO
Dê uma olhada rápida nas receitas e você vai ver que o chuchu vai muito além do básico, refogadinho.

CRU, em cubinhos, se transforma num vinagrete crocante.
ENSOPADO no curry indiano, fica perfeito — lembra que ele absorve todos os sabores?
ASSADO, quem diria, ganha nova textura e mais uma camada de sabor, típica desse método de cozimento. Mas se você polvilhar especiarias, como cominho ou páprica, fica melhor ainda.
REFOGADO não é novidade para ninguém, né? Mas com orégano… É bom para chuchu!

CORTES
Bom para cortar em **CUBOS** grandes, médios e pequenos; em **MEIAS-LUAS** finas ou grossas; em **GOMOS**; em **RODELAS** (porém ficam com tamanhos bem diferentes devido ao formato do chuchu); e até em **FITAS** bem finas, feitas com um descascador de legumes. Aqui você vai ver receitas com chuchu em cubos, em gomos e em meias-luas.

VINAGRETE DE CHUCHU

SERVE
2 PESSOAS

TEMPO DE PREPARO
20 MINUTOS
+ 20 MINUTOS PARA CURTIR

DÊ UMA LEVANTADA NO PF DA SEMANA COM ESTE VINAGRETE. OU DÊ UMA TROPICALIZADA NO HAMBÚRGUER. ELE COMBINA COM TODAS AS CARNES — VERMELHAS E BRANCAS. E SUBSTITUI A SALADA. QUER UMA SUGESTÃO? FICA DIVINO COM PESCADA FRITA. GRAÇAS AO CHUCHU, CRU, A PREPARAÇÃO GANHA UMA TEXTURA SURPREENDENTE.

1 chuchu
½ cebola roxa
½ xícara (chá) de tomates sweet grape ou cereja (cerca de 50 g)
caldo de 2 limões, aproximadamente ½ xícara (chá)
¼ de xícara (chá) de azeite
1 colher (chá) de sal

1. Descasque, lave sob água corrente e seque bem o chuchu com um pano de prato limpo — para ele não escorregar na hora de cortar. Corte em cubos pequenos, de cerca de 1 cm. Corte e descarte uma pequena fatia no comprimento, apenas para formar uma base plana para apoiar o chuchu, sem que ele role; corte o chuchu em fatias (de 1 cm), no comprimento, as fatias em tiras (de 1 cm), e as tiras, em cubos.

2. Lave, seque e corte os tomates ao meio. Descasque e fatie a cebola em meias-luas bem finas. Transfira os legumes para a tigela com o chuchu e misture delicadamente.

3. Tempere com o sal, regue com o caldo de limão e o azeite. Misture bem e deixe em temperatura ambiente (ou na geladeira) por cerca de 20 minutos para curtir. Sirva a seguir.

PESCADA-BRANCA FRITA
RECEITA EXTRA

SERVE
2 pessoas
TEMPO DE PREPARO
25 minutos

4 filés de pescada (cerca de 300 g)
1 xícara (chá) de farinha de trigo
caldo de ½ limão
óleo para fritar
sal e pimenta-do-reino moída na hora a gosto

1. Numa travessa coloque os filés de peixe, regue com o caldo de limão e tempere com sal e pimenta-do-reino moída na hora a gosto.

2. Espalhe a farinha de trigo num prato fundo (ou assadeira), tempere com sal a gosto e misture. Forre uma travessa com papel toalha.

3. Leve ao fogo médio uma frigideira com ¼ de xícara (chá) de óleo para aquecer — a quantidade de óleo pode variar de acordo com o tamanho da frigideira; use o suficiente apenas para cobrir o fundo.

4. Retire dois filés de peixe do tempero e deixe escorrer o excesso de caldo de limão. Passe pela farinha de trigo, empanando bem os dois lados — pressione delicadamente com as mãos para a farinha grudar.

5. Assim que o óleo estiver quente, coloque delicadamente os filés de peixe empanados, sem sobrepor. Conte cerca de 3 minutos, até ficar com a casquinha dourada. Com uma escumadeira, vire os filés para o outro lado dourar igual. Enquanto isso, empane os filés de peixe restantes.

6. Transfira os filés de peixe fritos para a travessa forrada com papel toalha. Repita o procedimento com os outros filés empanados. Sirva a seguir com o vinagrete de chuchu.

PICLES DE CHUCHU

RENDE
1 pote de 500 ml
TEMPO DE PREPARO
20 minutos
+ 1 hora de geladeira

PICLES NÃO PRECISA SER DE PEPINO, SABIA? FEITO COM FITAS DE CHUCHU (CRU) FICA LINDO E CROCANTE. O TEMPERO GANHA O AROMA EXÓTICO DAS SEMENTES DE COENTRO. COMO TODA BOA CONSERVA, GANHA AINDA MAIS SABOR DEPOIS DE PELO MENOS UM DIA NA GELADEIRA. ALEGRA OS GRELHADOS E DÁ UM BRILHO NOS SANDUBAS, ALÉM DE DEIXAR O PRATO DE ARROZ E FEIJÃO COM UM AR DE NOVIDADE.

1 chuchu
½ xícara (chá) de vinagre de arroz
½ xícara (chá) de açúcar
1 colher (chá) de sementes de coentro
1 xícara (chá) de água
½ colher (sopa) de sal

1. No pilão, quebre as sementes de coentro e transfira para uma panela pequena. Junte o vinagre, o açúcar e a água. Misture e leve ao fogo médio até ferver e o açúcar dissolver. Retire do fogo e deixe esfriar enquanto prepara o chuchu.

2. Descasque, lave sob água corrente e seque bem o chuchu com um pano de prato limpo — para não escorregar na hora de cortar. Corte o chuchu ao meio e retire o miolo. Com um descascador de legumes corte cada metade em fitas, no sentido do comprimento — comece passando o descascador na parte plana de cada metade para ficar mais fácil de cortar.

3. Numa peneira, coloque as fitas de chuchu, misture o sal e deixe desidratar sobre uma tigela por cerca de 10 minutos.

4. Após os 10 minutos, lave o chuchu sob água corrente para retirar o excesso de sal. Transfira as fitas para um pote de vidro e regue com a mistura de vinagre e açúcar. Tampe e leve à geladeira por no mínimo 1 hora — o picles fica ainda melhor no dia seguinte ao preparo. Dura até 1 semana na geladeira.

CHUCHU REFOGADO COM ORÉGANO

SERVE
2 pessoas

TEMPO DE PREPARO
menos de meia hora

TEM UM CHUCHU AÍ DE BOBEIRA? E ORÉGANO NA PRATELEIRA DE TEMPEROS? ENTÃO, JÁ PRA COZINHA! COM ESSA COMBINAÇÃO DE SABORES, VOCÊ DÁ UMA TURBINADA NA REFEIÇÃO. MAS NOTE QUE O REFOGADO É FEITO COM MANTEIGA, EM VEZ DE ÓLEO OU AZEITE. ELA DÁ UM SABOR CARAMELADO. E COM ARROZ E FEIJÃO, COMBINA? SIM! MAS PODE SER SERVIDO SOBRE O MACARRÃO NA MANTEIGA? DEVE!

1 chuchu
½ cebola
1 colher (sopa) de manteiga
1 colher (chá) de orégano seco
sal e pimenta-do-reino moída na hora a gosto

1. Descasque, lave sob água corrente e seque bem o chuchu com um pano de prato limpo — para ele não escorregar na hora de cortar. Corte o chuchu ao meio, no sentido do comprimento, depois fatie as metades em meias-luas finas. Descasque e pique fininho a cebola.

2. Coloque a manteiga numa frigideira média e leve ao fogo médio para derreter. Junte a cebola, tempere com uma pitada de sal e refogue por cerca de 4 minutos, até começar a dourar.

3. Adicione o chuchu, tempere com o orégano e mais uma pitada de sal e misture bem. Diminua o fogo e deixe cozinhar por 7 minutos, mexendo de vez em quando, até que o chuchu esteja cozido, mas ainda firme. Desligue o fogo, tempere com pimenta-do-reino moída na hora a gosto.

CHUCHU ASSADO COM COMINHO

SERVE
4 pessoas

TEMPO DE PREPARO
10 minutos + 20 minutos para assar

ASSADO, O CHUCHU GANHA UMA CONSISTÊNCIA INTERESSANTE. MAS É A MISTURA DE TEMPEROS QUE VAI FAZER TODA A DIFERENÇA: ALHO BEEEM PICADINHO, COMINHO EM PÓ, SAL E AZEITE. O SEGREDO É COBRIR CADA PEDAÇO. O SABOR FICA MEIO MARROQUINO, QUASE MISTERIOSO… QUER SABER? QUE ACOMPANHAMENTO PRECIOSO!

2 chuchus
1 dente de alho grande
½ colher (sopa) de cominho
3 colheres (sopa) de azeite
1 colher (chá) de sal

1. Preaqueça o forno a 220 °C (temperatura alta). Separe uma assadeira grande.

2. Descasque o alho e transfira para um pilão. Junte o cominho e o sal e bata até formar uma pastinha. Acrescente o azeite e misture bem. Reserve.

3. Descasque, lave sob água corrente e seque bem os chuchus com um pano de prato limpo — para não escorregar na hora de cortar. Corte cada chuchu ao meio e, em seguida, cada metade em 4 gomos, sempre no sentido do comprimento — se o chuchu for muito pequeno, corte cada metade ao meio.

4. Coloque os gomos na assadeira, regue com o molho de alho e misture com as mãos, para envolver bem. Leve ao forno e deixe assar por cerca de 20 minutos, até dourar — na metade do tempo, vire os gomos para que os dois lados dourem por igual. Retire do forno e sirva a seguir.

CURRY DE CHUCHU COM MAÇÃ

SERVE
2 pessoas

TEMPO DE PREPARO
35 minutos

VARIAR OS TEMPEROS É UM BOM TRUQUE PARA MANTER A ALIMENTAÇÃO SAUDÁVEL. NUM DIA, O CHUCHU VAI À MESA REFOGADO; NO OUTRO, ASSADO COM COMINHO. AQUI, ELE É PRATO PRINCIPAL, UMA ÓTIMA OPÇÃO PARA A *SEGUNDA SEM CARNE*. QUER DEIXAR O PRATO VESTIDO PARA O FIM DE SEMANA? FOLHAS DE COENTRO, FITAS DE COCO, PIMENTA DEDO-DE-MOÇA FATIADA BEM FININHO E ATÉ RODELINHAS DE BANANA COMBINAM SUPERBEM.

1 chuchu
1 maçã
1 cebola
1 dente de alho
caldo de 1 limão
2 colheres (chá) de curry
1 colher (chá) de cúrcuma
1 colher (sopa) de azeite
1 ½ xícara (chá) de água
sal a gosto
pimenta dedo-de-moça fatiada a gosto
fitas de coco seco a gosto
folhas de coentro a gosto

1. Descasque, lave sob água corrente e seque bem o chuchu com um pano de prato limpo — para não escorregar na hora de cortar. Corte o chuchu em cubos grandes de aproximadamente 2,5 cm.

2. Descasque e pique fino a cebola e o alho. Corte a maçã em quartos, descarte as sementes e passe pela parte grossa do ralador — use a casca da maçã para proteger os dedos. Regue com o caldo do limão — além de evitar que a maçã escureça, dá sabor ao molho.

3. Leve uma panela média ao fogo médio. Quando aquecer, regue com o azeite, adicione a cebola e tempere com uma pitada de sal. Refogue por cerca de 2 minutos, até murchar. Junte o alho e mexa por 1 minuto para perfumar. Acrescente o curry, a cúrcuma e misture bem.

4. Adicione o chuchu, tempere com sal e refogue por cerca de 2 minutos para absorver os temperos. Junte a maçã ralada (com o caldo) e misture bem. Diminua o fogo, tampe a panela e deixe cozinhar por 5 minutos — o chuchu vai soltar o próprio líquido.

5. Abra a panela, regue com a água e misture bem. Deixe cozinhar por mais 20 minutos, até o chuchu ficar macio e o caldo engrossar — mexa de vez em quando para não grudar no fundo da panela. Alguns chuchus demoram mais para cozinhar que outros. Se necessário, regue com mais água para não secar e deixe cozinhar por mais tempo.

6. Transfira o curry para uma tigela e decore com a pimenta dedo-de-moça fatiada, as fitas de coco seco e as folhas de coentro. Sirva a seguir com arroz.

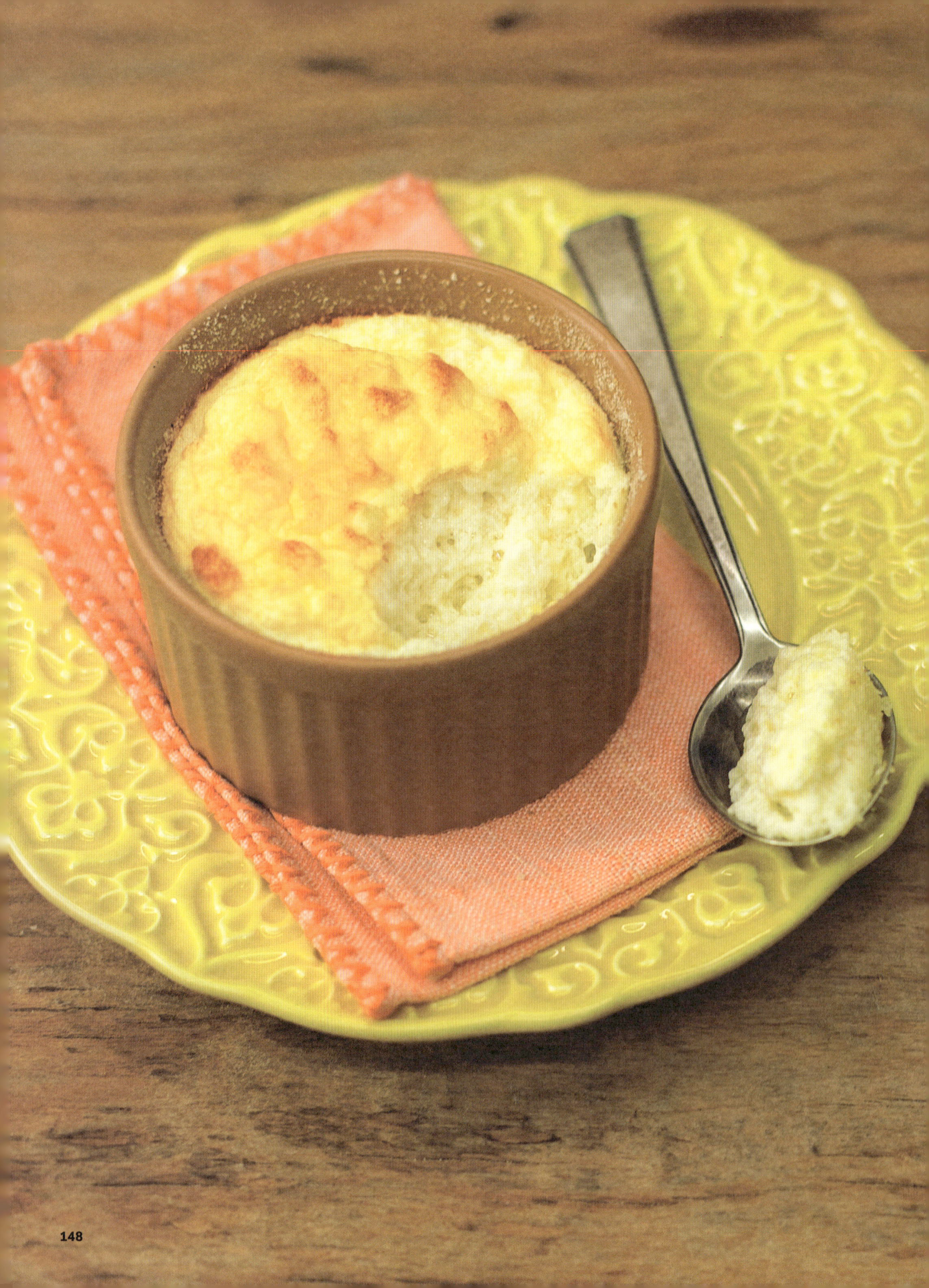

SUFLÊ DE CHUCHU

SERVE
4 pessoas

TEMPO DE PREPARO
30 minutos + 20 minutos para assar

AGORA É HORA DE O CHUCHU BRILHAR. ELE VAI SE TRANSFORMAR NUMA ENTRADA PARA UM JANTAR MAIS ELEGANTE. MAS VOCÊ PRECISA SABER QUE SUFLÊ QUE É SUFLÊ, DE VERDADE, NÃO GOSTA DE ESPERA: É DO FORNO PARA A MESA, E ELE VAI MURCHANDO AOS POUCOS. É ASSIM MESMO. SE NÃO MURCHAR, NÃO É SUFLÊ DE VERDADE! SE QUISER FAZER NUM REFRATÁRIO ÚNICO PARA O DIA A DIA, PRECISA FICAR O DOBRO DO TEMPO NO FORNO. UM DETALHE: POR QUE CINCO REFRATÁRIOS SE A RECEITA É PARA QUATRO PESSOAS? PORQUE SEMPRE TEM ALGUÉM QUE FICA IMPLORANDO POR MAIS UMA RODADA!

1 chuchu
5 claras de ovos
3 gemas de ovos
1 ½ xícara (chá) de leite
2 colheres (sopa) de manteiga
2 colheres (sopa) de farinha de trigo
½ xícara (chá) de queijo parmesão ralado fino
1 colher (sopa) de farinha de rosca
noz-moscada ralada na hora a gosto
sal e pimenta-do-reino moída na hora a gosto

1. Preaqueça o forno a 180 °C (temperatura média).

2. Descasque, lave sob água corrente e seque bem o chuchu com um pano de prato limpo — para não escorregar na hora de cortar. Corte o chuchu em cubos pequenos de cerca de 1 cm.

3. Leve uma panela média com a manteiga ao fogo baixo. Quando a manteiga derreter, junte a farinha de trigo e mexa bem por 2 minutos, até ficar levemente dourada. Adicione o leite de uma só vez e mexa vigorosamente com um batedor de arame para dissolver os gruminhos de farinha. Aumente o fogo para médio, tempere com noz-moscada e mexa até engrossar levemente, por cerca de 7 minutos.

4. Junte os cubos de chuchu e continue mexendo, até que o creme engrosse e o chuchu esteja cozido, mas ainda firme, por cerca de 5 minutos. Tempere com sal a gosto, transfira para uma tigela grande e deixe amornar.

5. Enquanto isso, leve uma chaleira com água para ferver — os suflês vão ser assados em banho-maria. Unte com manteiga as laterais de cinco ramequins pequenos (9 cm de diâmetro). Misture 1 colher (sopa) do queijo ralado com a farinha de rosca e polvilhe a lateral untada.

6. Assim que o creme de chuchu estiver morno, junte as gemas, o restante do queijo ralado e misture bem com uma espátula.

7. Na batedeira, bata as claras até o ponto neve. Atenção para o ponto: se as claras ficarem muito firmes o suflê não cresce de maneira uniforme e ainda corre o risco de ficar ressecado. Assim que as bolhas de ar próximas da parede da tigela sumirem e as claras ficarem marcadas pelo batedor, está pronto.

8. Junte ⅓ das claras em neve ao creme de chuchu e mexa bem com a espátula. O restante das claras, misture fazendo movimentos circulares, de baixo para cima, delicadamente, para não perder todo o ar incorporado. Mas sem demora!

9. Transfira a massa para os ramequins preparados e coloque-os numa assadeira. Leve ao forno preaquecido e regue a assadeira com a água fervente. Deixe assar por cerca de 20 minutos até dourar e firmar. Retire do forno e sirva a seguir.

ENSOPADINHO DE CAMARÃO COM CHUCHU

SERVE
6 pessoas

TEMPO DE PREPARO
1 hora

PARA TERMINAR O CAPÍTULO DEDICADO AO CHUCHU, ESTA BELEZA NÃO PODERIA FALTAR! SERVIDO COM ARROZ FICA DELICIOSO, MAS, SE VOCÊ QUISER ARRASAR, SIRVA COM AÇAÇÁ — TEM RECEITA A SEGUIR. CERTEZA DE SUCESSO!

1 kg de camarões descascados e limpos (usamos o cinza grande)
4 chuchus
6 tomates maduros
caldo de 2 limões
4 colheres (sopa) de azeite
2 xícaras (chá) de água
2 colheres (sopa) de coentro picado
sal e pimenta-do-reino moída na hora a gosto
folhas de coentro para decorar

1. Comece o preparo pelos tomates. Leve uma panela média com água ao fogo alto. Lave os tomates e, com uma faca, corte um X na base de cada um. Assim que a água ferver, coloque os tomates e deixe até que a pele comece a se soltar. Com uma escumadeira, transfira para uma tigela com água e gelo — o choque térmico faz com que a pele se desprenda mais facilmente. A partir do X, puxe a pele e descarte. Repita com todos os tomates.

2. Lave os camarões sob água corrente, escorra bem e transfira para uma tigela. Regue com o caldo de limão e deixe marinando enquanto termina de preparar os outros ingredientes.

3. Descasque e pique fino a cebola e o alho. Descasque os chuchus e corte em cubos pequenos, de cerca de 2 cm. Descarte as sementes e pique a polpa dos tomates em cubinhos.

4. Sobre uma tigela, passe o camarão por uma peneira e reserve o líquido da marinada.

5. Leve ao fogo médio uma frigideira grande com bordas altas ou uma panela média. Quando aquecer, regue com 1 colher (sopa) de azeite e doure os camarões aos poucos, sem cobrir todo o fundo da panela — se colocar todos ao mesmo tempo, eles vão soltar o próprio líquido e cozinhar no vapor em vez de dourar. Tempere com sal e pimenta-do-reino moída na hora a gosto e vire com uma pinça para dourar o outro lado por igual. Transfira para uma tigela e repita com o restante. Lembre-se de regar a frigideira com ½ colher (sopa) de azeite a cada leva.

6. Mantenha a panela em fogo médio e regue com mais 1 colher (sopa) de azeite. Adicione a cebola e refogue mexendo bem por cerca de 3 minutos, até começar a dourar. Junte o alho e mexa por apenas 1 minuto.

7. Coloque os tomates, tempere com sal e misture, raspando bem o fundo da panela para dissolver todo o queimadinho — isso vai dar sabor ao molho. Mexa e amasse os cubinhos de tomate com a espátula, até desmanchar, por cerca de 5 minutos.

8. Regue com a água e o líquido da marinada dos camarões. Misture bem e acrescente os cubos de chuchu. Quando ferver, abaixe o fogo, tampe a panela e deixe cozinhar até o chuchu ficar macio, por cerca de 30 minutos — cuidado para o chuchu não cozinhar demais e desmanchar.

9. Assim que o chuchu estiver cozido, volte os camarões para a panela. Misture e deixe cozinhar por apenas 1 minuto, para aquecer — se o camarão cozinhar muito, vai ficar borrachudo. Desligue o fogo, acerte o sal e a pimenta-do-reino. Polvilhe com o coentro picado, decore com as folhas inteiras e sirva a seguir.

ACAÇÁ DE ARROZ
RECEITA EXTRA

SERVE
6 pessoas
TEMPO DE PREPARO
1 hora

UMA JOIA DA NOSSA CULINÁRIA QUE, POR ALGUM MOTIVO, FICOU ESQUECIDA NOS CADERNOS DE RECEITAS. É UMA ESPÉCIE DE PUDIM DE ARROZ, FANTÁSTICO PARA ACOMPANHAR ENSOPADOS DE PEIXE E FRUTOS DO MAR.

1 xícara (chá) de farinha de arroz
1 ⅔ xícara (chá) de leite de coco (cerca de 400 ml) de preferência caseiro
1,5 litro de leite
1 colher (chá) de sal
ramos de salsinha fresca e fitas de coco para decorar (opcional)

1. Bata no liquidificador o leite de coco, o leite, a farinha e o sal, até obter uma mistura bem lisa.

2. Transfira para uma panela média e leve ao fogo baixo. Deixe cozinhar por cerca de 50 minutos, até ficar com a consistência de um mingau grosso — mexa de vez em quando com o batedor de arame para não empelotar nem grudar no fundo.

3. Unte com óleo uma fôrma de bolo inglês de 30 cm × 11 cm. Transfira a massa do acaçá para a fôrma e alise a superfície com uma espátula. Bata a fôrma, delicadamente, contra a bancada para acomodar a massa. Cubra com filme, encostando na massa, e leve à geladeira por no mínimo 3 horas, para firmar (se preferir, faça na noite anterior).

4. Na hora de servir, retire o filme e, com a ponta dos dedos, pressione delicadamente a superfície da massa, afastando da fôrma as beiradas para soltar o acaçá — não tente passar uma faquinha na lateral, pois a massa é cremosa e pode grudar. Coloque um prato retangular sobre a fôrma e vire de uma só vez. Decore com fitas de coco e ramos de salsinha. Sirva a seguir.

Ele é de todos, e não só do estrogonofe!

cap. 13 **COGUMELO**

Cogumelo na clássica receita russa todo mundo conhece, mas este ingrediente tem muito mais a oferecer. Havia um tempo em que só se usava a versão em conserva, avinagrada, que esconde a delicadeza do cogumelo-de-paris fresco. Talvez por isso pouca gente saiba que ele funciona superbem em saladas e combina tanto com sabores mais acentuados, como queijos curados, pimentão, shoyu, gengibre, quanto com ingredientes cheios de frescor, como folhas em geral, aspargos e erva-doce. O único cuidado é nunca, jamais, em hipótese alguma, deixar o cogumelo de molho em água: ele é uma esponja que suga toda a água — e aí, babau. Compre já higienizado ou limpe cuidadosamente com pano de prato úmido. E, mesmo para preparar estrogonofe, pode usar a versão *in natura*.

RECEITAS
COGUMELO À PROVENÇAL SERVIDO COM QUIRERA GRELHADA
COGUMELO ASSADO COM SHOYU E GENGIBRE
CREME DE COGUMELO
SALADA DE COGUMELOS FRESCOS COM ERVA-DOCE E PARMESÃO
COCOTTE DE COGUMELO
PICADINHO ORIENTAL

MÉTODOS DE COZIMENTO
Cogumelo-de-paris cru é fantástico para preparar saladas. Mas ele também pode ser refogado, assado e cozido. Veja só:

CRU, pode ir à mesa até inteiro para ser mergulhado em molhinhos frescos. Também pode ser fatiado e compor uma de minhas saladas favoritas, a de cogumelos com limão e parmesão. Ele é crocante e tem o sabor suave, diferente do de outros cogumelos.
REFOGADO, libera mais dos sabores característicos de ingrediente fresco que cresce debaixo da terra. Combinado com cebola e alho, pode se transformar em receitas como uma sopa que é puro glamour.
ASSADO, ganha notas amendoadas e fica macio em questão de minutos!
COZIDO, faz um picadinho oriental cheio de bossa e também uma cocotte de micro-ondas que fica pronta em 5 minutos.

CORTES
Transforme cogumelos inteiros em **FATIAS** finas, médias ou grossas para usar em preparações como saladas e cocottes (aquelas tigelinhas com ovos deliciosas). Corte em **QUARTOS** e terá a base para os cogumelos à provençal. **INTEIRO,** pode ir ao forno, mas o nosso amigo cogumelo também pode ser cortado na metade ou batido para virar sopa.

COGUMELO À PROVENÇAL SERVIDO COM QUIRERA GRELHADA

SERVE
4 pessoas

TEMPO DE PREPARO
30 minutos + 1 hora de geladeira

COM ALHO E BASTANTE SALSINHA, COGUMELO SEMPRE DÁ CERTO. E A COMBINAÇÃO DE SABORES TEM ATÉ NOME: À PROVENÇAL. SERVE DE ENTRADINHA PARA COMER COM PÃO. OU DE PRATO PRINCIPAL, EM MASSAS, RISOTOS, NA POLENTA OU COM QUIRERA.

1 xícara (chá) de canjiquinha de milho (ou quirera)
1 litro de água
1 dente de alho
1 colher (chá) de azeite
1 colher (chá) de sal
⅓ de xícara (chá) de queijo meia cura ralado fino
½ colher (sopa) de manteiga gelada

1. Descasque e pique fino o alho. Leve uma panela de pressão para aquecer em fogo médio, regue com o azeite e refogue o alho por 1 minuto. Acrescente a água, junte a canjiquinha e tempere com o sal. Misture bem e tampe a panela. Quando começar a apitar, abaixe o fogo e deixe cozinhar por mais 15 minutos.

2. Desligue o fogo e deixe a pressão sair e a panela parar de apitar, antes de abrir a tampa. Junte o queijo e a manteiga gelada e misture bem com uma espátula, até derreter. Uma dica: você pode servir a canjiquinha, ou quirerinha, como se fosse uma polenta mole.

3. Transfira para uma assadeira média (27 cm × 35 cm), de preferência antiaderente, e nivele com uma espátula. Cubra com filme e leve à geladeira por ao menos 1 hora, até firmar.

4. Assim que a canjiquinha estiver firme, pressione levemente e afaste as beiradas com os dedos para soltar. Vire a assadeira sobre uma tábua e corte a canjiquinha em pedaços no formato que desejar. No Panelinha, gostamos de servir em triângulos.

5. Leve ao fogo médio uma frigideira ou bistequeira antiaderente. Quando aquecer, coloque quantas fatias de canjiquinha couberem e doure por cerca de 5 minutos de cada lado. Repita com os pedaços restantes.

PARA O COGUMELO À PROVENÇAL
500 g de cogumelos-de-paris
2 dentes de alho
2 colheres (sopa) de azeite
4 talos de salsinha
sal e pimenta-do-reino moída na hora a gosto

1. Limpe os cogumelos com um pano úmido: nada de lavar em água corrente ou deixar de molho — eles são como esponjas e isso acabaria com a textura e com o sabor da preparação.

2. Numa tábua, corte os cogumelos em quartos — se eles forem pequenos, corte apenas na metade. Descasque e pique fino o alho. Lave e pique fino a salsinha.

3. Leve uma frigideira média ao fogo médio. Quando aquecer, regue com o azeite e refogue o alho por 1 minuto. Junte os cogumelos e deixe dourar por 10 minutos, mexendo de vez em quando, até murchar.

4. Tempere com sal e pimenta-do-reino moída na hora a gosto. Misture a salsinha picada e sirva a seguir.

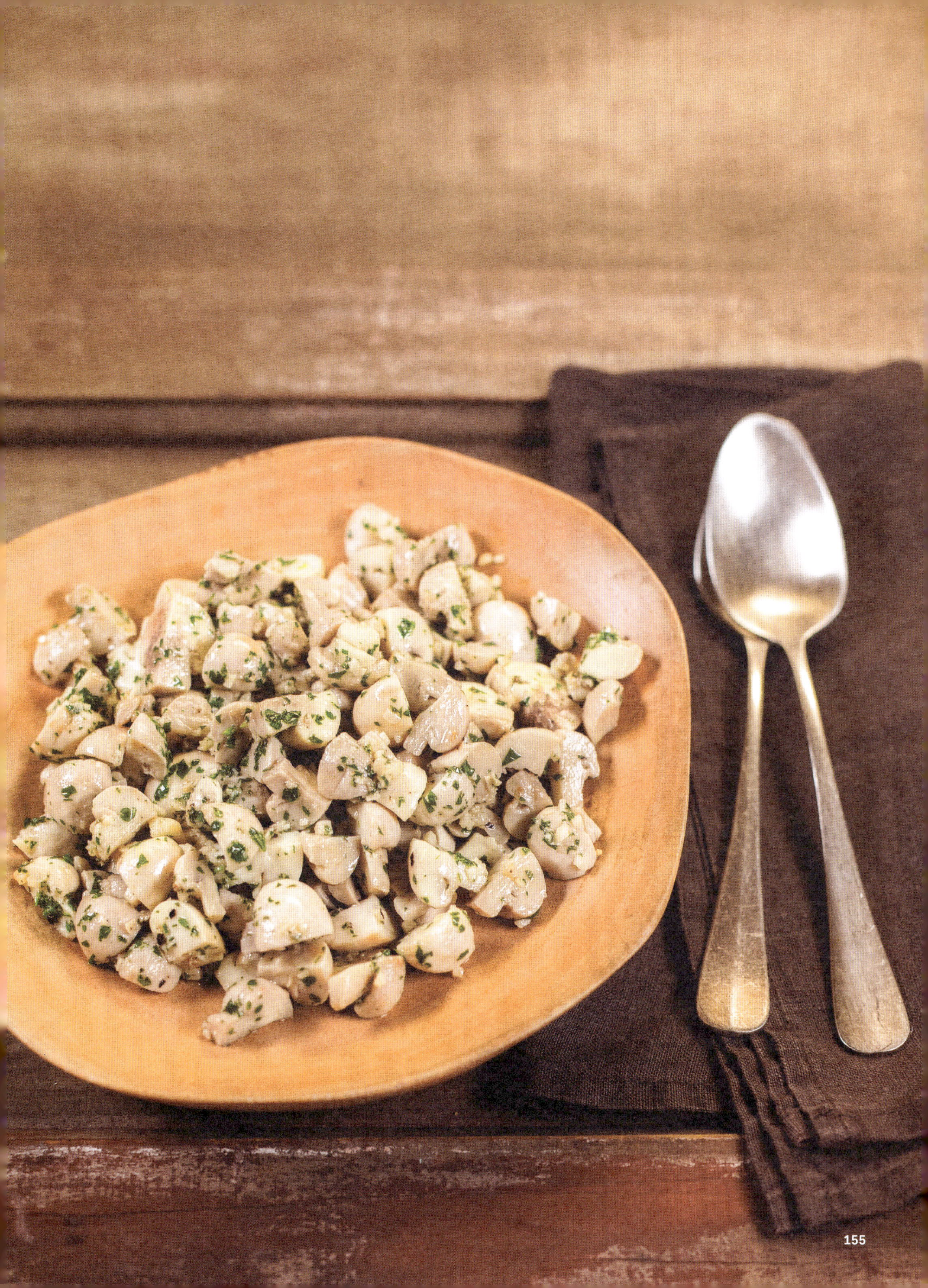

COGUMELO ASSADO COM SHOYU E GENGIBRE

SERVE
4 pessoas

TEMPO DE PREPARO
20 minutos

VOU INSISTIR: COGUMELOS SÃO COMO ESPONJAS, POR ISSO, NEM PENSE EM COLOCÁ-LOS DE MOLHO, NEM MESMO ENXAGUÁ-LOS SOB ÁGUA CORRENTE. SE NÃO CONSEGUIR COMPRAR JÁ HIGIENIZADOS, O JEITO É LIMPAR COM UM PANO ÚMIDO. DÁ UM POUQUINHO DE TRABALHO, MAS A RECEITA COMPENSA: VOCÊ NÃO PRECISA FAZER NADA, NEM CORTAR OS COGUMELOS. BASTA TEMPERAR COM SHOYU, GENGIBRE E AZEITE — E O FORNO TRABALHA POR VOCÊ.

500 g de cogumelos-de-paris
½ colher (sopa) de gengibre ralado
½ colher (sopa) de shoyu
2 colheres (chá) de azeite

1. Preaqueça o forno a 240 ºC (temperatura alta).

2. Limpe os cogumelos com um pano úmido: nada de lavar em água corrente ou deixar de molho — eles são como esponjas, e isso acabaria com a textura e com o sabor da preparação.

3. Numa assadeira, disponha os cogumelos inteiros. Regue com o shoyu e o azeite e misture o gengibre ralado.

4. Leve ao forno preaquecido para assar por cerca de 10 minutos, até que fiquem macios.

CREME DE COGUMELO

SERVE
2 pessoas

TEMPO DE PREPARO
30 minutos

ESFRIOU? ÓTIMA OPORTUNIDADE PARA PREPARAR ESTA SOPA CLÁSSICA — É GLAMOUR GARANTIDO EM CADA COLHERADA! O JANTAR A DOIS FICA COM JEITÃO DE NOITE ROMÂNTICA. O IDEAL, PARA GARANTIR A TEXTURA AVELUDADA E O SABOR DELICADO, É USAR O CREME DE LEITE FRESCO, AQUELE ENCONTRADO NA GELADEIRA DO SUPERMERCADO.

3 xícaras (chá) de cogumelos-de-paris frescos (250 g)
1 cebola
2 dentes de alho
1 ½ colher (sopa) de manteiga
1 ½ xícara (chá) de caldo de carne (receita na página 324)
1 xícara (chá) de creme de leite fresco
noz-moscada ralada na hora a gosto
sal e pimenta-do-reino moída na hora a gosto

1. Limpe os cogumelos com um pano úmido: nada de lavar em água corrente ou deixar de molho — eles são como esponjas, e isso acabaria com a textura e com o sabor da preparação. Corte os cogumelos em fatias finas.

2. Descasque e pique fino o alho e a cebola.

3. Leve uma panela média ao fogo médio com a manteiga. Quando começar a espumar, junte os cogumelos e deixe dourar por cerca de 10 minutos, mexendo de vez em quando. [Reserve numa tigela 1 colher (sopa) das fatias de cogumelo douradas para decorar a sopa.]

4. Junte a cebola e o alho picados, tempere com uma pitada de sal e refogue por cerca de 2 minutos, até murchar. Regue com o caldo de carne e tempere com sal, pimenta-do-reino e noz moscada a gosto. Assim que ferver, diminua o fogo e deixe cozinhar por mais 5 minutos.

5. Transfira o creme para o liquidificador e bata até ficar liso. Atenção: segure a tampa com um pano de prato para conter o vapor (se preferir, bata na própria panela com o mixer).

6. Volte o creme para a panela, misture o creme de leite e leve ao fogo médio, apenas para aquecer. Sirva a seguir com as fatias de cogumelo douradas.

SALADA DE COGUMELOS FRESCOS COM ERVA-DOCE E PARMESÃO

SERVE
4 pessoas

TEMPO DE PREPARO
20 minutos

NESTA RECEITA, DÁ PARA APRENDER, EMPIRICAMENTE, QUE O LIMÃO É UM GRANDE ANTIOXIDANTE: ELE EVITA QUE INGREDIENTES, COMO OS COGUMELOS-DE-PARIS, ESCUREÇAM EM CONTATO COM O AR. MAS NESTA SALADA ELE TAMBÉM SERVE PARA DAR UM TOQUE DE ACIDEZ QUE CONTRASTA COM A CREMOSIDADE DO QUEIJO PARMESÃO. UMA SALADA SOFISTICADA, COM UMA COMBINAÇÃO DE SABORES ELEGANTE, QUE TAMBÉM PODE FAZER AS VEZES DE ACOMPANHAMENTO PARA CARNES E AVES.

250 g de cogumelos-de-paris frescos
1 bulbo de erva-doce (com folhas)
⅓ de xícara (chá) de queijo parmesão ralado fino
caldo de ½ limão
2 colheres (sopa) de azeite
sal e pimenta-do-reino moída na hora a gosto

1. Limpe os cogumelos com um pano úmido e corte cada um em 3 fatias. Corte a base da erva-doce, separe os talos, lave e corte em fatias finas. Lave e reserve as folhas.

2. Numa tigela, coloque as fatias de cogumelos e regue com o caldo de limão — isso evita que os cogumelos escureçam. Adicione as fatias de erva-doce, o queijo parmesão ralado e o azeite. Tempere com pimenta-do-reino e decore com as folhas da erva-doce. Misture e prove, se necessário tempere com sal. Sirva a seguir.

COCOTTE DE COGUMELO

SERVE
1 porção

TEMPO DE PREPARO
5 minutos

ESTA RECEITA PROVA QUE COZINHAR PARA VOCÊ MESMO PODE SER BEM MAIS SIMPLES DO QUE SE IMAGINA. AS QUANTIDADES SÃO PENSADAS PARA UMA PORÇÃO, O PREPARO NÃO SUJA A COZINHA E A REFEIÇÃO FICA PRONTA EM MENOS DE 5 MINUTOS. AH, E A COCOTTE É DELICIOSA!

3 cogumelos-de-paris
2 ovos
½ colher (sopa) de caldo de limão
1 colher (sopa) de queijo parmesão ralado
2 colheres (sopa) de creme de leite
sal e pimenta-do-reino moída na hora a gosto
1 pitada de noz-moscada

1. Limpe os cogumelos com um pano úmido. Corte os cogumelos em 3 fatias e coloque num ramequin (ou qualquer tigela refratária individual que vá ao micro-ondas). Regue com o caldo de limão, polvilhe com o parmesão e tempere com pimenta-do-reino a gosto.

2. Numa tigela pequena, quebre um ovo de cada vez e transfira para o ramequin — se um deles estiver estragado, você não perde a receita. Fure as gemas com um garfo. Acrescente o creme de leite, tempere com sal e pimenta-do-reino a gosto e rale um pouco de noz-moscada. Não precisa misturar.

3. Cubra com papel toalha e leve para rodar no micro-ondas em potência média por 2 minutos (gema mole) ou 3 minutos (gema firme).

PICADINHO ORIENTAL

SERVE
4 pessoas

TEMPO DE PREPARO
20 minutos

É UM PRATO SUPERVERSÁTIL: DELICIOSO, CHEIO DE ESTILO, RESOLVE RAPIDINHO O JANTAR DO DIA A DIA, MAS TAMBÉM ENCARA BEM A PARTICIPAÇÃO ESPECIAL EM UMA MESA MAIS ELABORADA, COMO UM ENCONTRO DE AMIGOS NO FIM DE SEMANA. ARROZ JAPONÊS TIPO MOTI OU TAILANDÊS DE JASMIM FICAM PERFEITOS COM ELE.

2 bifes de contrafilé (cerca de 300 g)
150 g de ervilha-torta
1 pimentão vermelho
250 g de cogumelos-de-paris
1 cebola em cubos médios
2 dentes de alho em tirinhas
1 pimenta dedo-de-moça fatiada fino sem semente
1 pedaço de gengibre (cerca de 2 cm) ralado
½ xícara (chá) de shoyu
½ xícara (chá) de água
1 colher (sopa) de vinagre de arroz
2 colheres (sopa) de amido de milho
2 colheres (sopa) de óleo
1 colher (sopa) de óleo de gergelim torrado (opcional)
amendoim torrado, sem casca, picado

1. Corte os bifes em tiras finas e transfira para uma tigela — descarte os pedaços maiores de gordura. Não volte a carne para a geladeira: ela precisa estar em temperatura ambiente para não esfriar o fundo da panela na hora de cozinhar.

2. Faça o pré-preparo: lave e seque a ervilha-torta e o pimentão; com uma faquinha, puxe e descarte a fibra das ervilhas-tortas, empilhe uma sobre a outra e corte em 3 fatias na diagonal; descarte as sementes e corte o pimentão em quadrados médios; corte cada cogumelo em quartos.

3. Leve ao fogo médio uma panela wok (ou uma frigideira grande) para aquecer. Enquanto isso, numa jarra medidora (ou tigela), coloque a água, o shoyu, o vinagre de arroz e o amido de milho. Mexa bem com uma colher para dissolver.

4. Assim que a frigideira aquecer, regue com 1 colher (sopa) de óleo e junte as tirinhas de carne. Deixe dourar por cerca de 2 minutos — só mexa quando a carne descolar da panela.

5. Afaste as tirinhas de carne para as laterais da panela e regue o centro com o óleo restante. Acrescente a cebola, o pimentão e a ervilha-torta. Refogue por 2 minutos, sem misturar a carne.

6. Junte o alho, a pimenta e o gengibre. Misture bem, inclusive com a carne, e refogue por mais 1 minuto. Por último, acrescente os cogumelos, misture e deixe cozinhar por apenas 2 minutos — a ideia é que permaneçam firmes.

7. Regue com a mistura de água, shoyu, vinagre e amido. Mexa, por cerca de 2 minutos, até formar um molho grosso. Desligue o fogo, acrescente o óleo de gergelim torrado e misture. Sirva o picadinho polvilhado com amendoim.

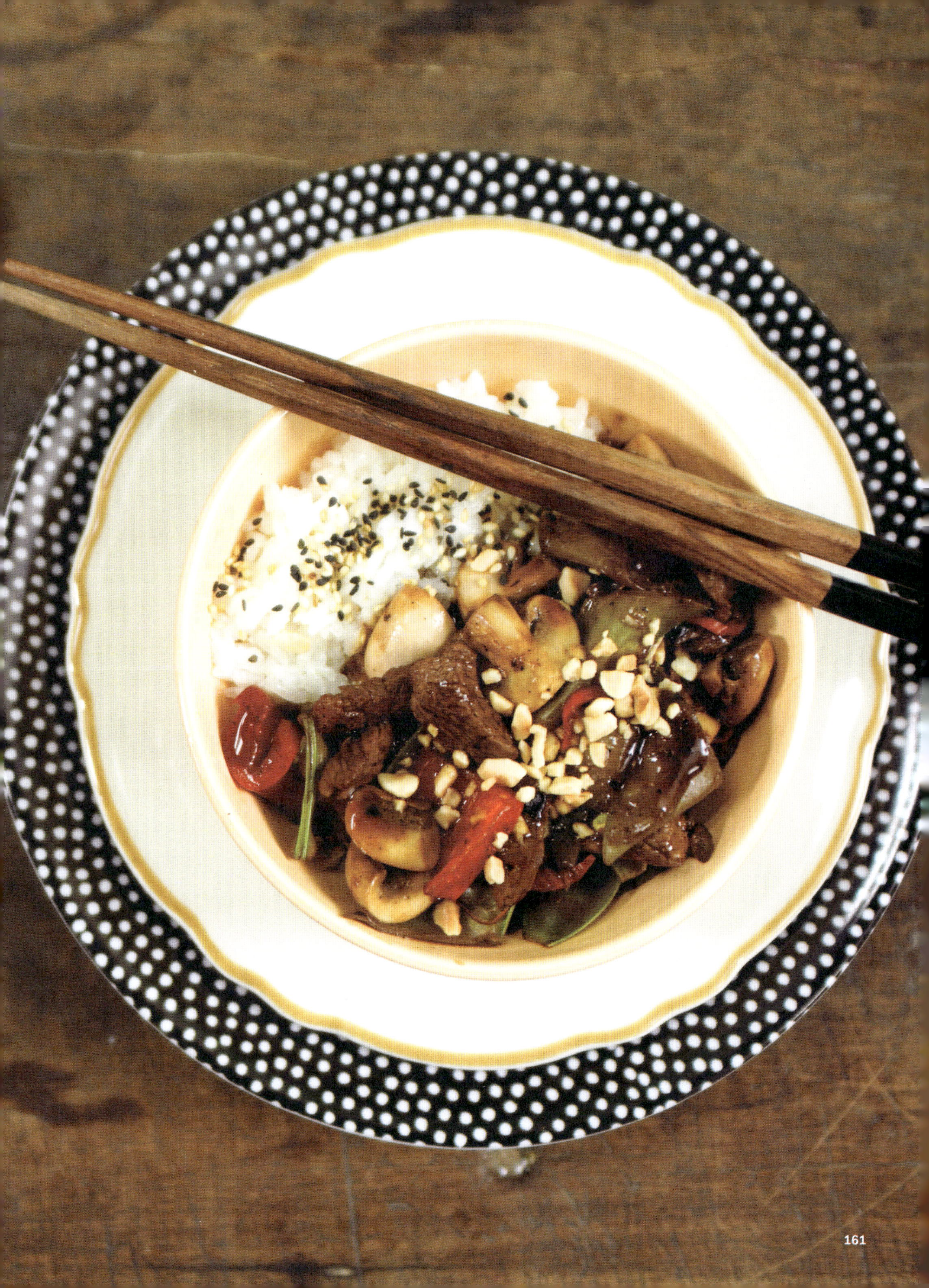

Todo um leque de opções!

RECEITAS
SALADA DE COUVE COM VINAGRETE DE LARANJA
MACARRÃO COM COUVE E PIMENTA DEDO-DE-MOÇA
BISTECA GRELHADA
COUVE REFOGADA COM BACON E UVA-PASSA
SALADA DE COUVE COM FRANGO E MOLHO DE AMENDOIM
CHIPS DE COUVE ASSADA
CHARUTINHO DE COUVE
ARROZ DE COUVE COM LINGUIÇA

Assim, à primeira vista, couve é acompanhamento de feijoada, fatiada fininho, e pronto. Aí, sempre tem alguém que prepara uma farofa gostosa, mas ela continua fatiadinha. Então, vamos começar do zero.
Tem muita receita boa para aproveitar aquele maço deitadinho na geladeira! Crua, assada, inteira, rasgada, enrolada... Você vai ver, essa nossa verdura vai desbravar a sua cozinha.

MÉTODOS DE COZIMENTO
Há inúmeras possibilidades para preparar a couve. Em cada método, ela fica com uma textura diferente. Macia, elástica, crocante. Vamos experimentar todas.

CRUA, faz uma salada com vinagrete de laranja que é de comer rezando.
ASSADA com manteiga, a couve fica parecendo com a alga da cozinha japonesa. Crocante e salgadinha.
A couve **COZIDA** pode virar charutinho ou entrar na dança com um macarrão perfumado.
REFOGADA, é um clássico da nossa culinária. Acompanha arroz, feijão, farofa, carne de porco...
BRANQUEADA, fica no ponto para virar charutinhos e trouxinhas.
FRITA em imersão, é a personificação da crocância.

CORTES
Dá para cortar as folhas de maneiras tão diferentes! **PICADA** grosseiramente, em **FATIAS** finas ou médias, **RASGADA** ou mesmo não cortar e usar a **FOLHA INTEIRA** como trouxinhas ou charutinhos recheados. **QUADRADOS** ou **FATIAS** grossas funcionam bem para saladas.

cap. 14 **COUVE**

SALADA DE COUVE COM VINAGRETE DE LARANJA

SERVE
4 pessoas

TEMPO DE PREPARO
20 minutos

DOCE, AMARGO, AZEDO E SALGADO. QUASE TODOS OS SABORES ENTRAM NESTA SALADA. O VINAGRETE DE LARANJA-BAÍA, FEITO COM O CALDO E AS RASPINHAS DA FRUTA, É UMA CARTA NA MANGA PARA TEMPERAR OUTRAS SALADAS E SANDUÍCHES.

1 maço de couve
½ cebola roxa
caldo e raspas de 1 laranja-baía
½ colher (chá) de azeite
1 colher (chá) de vinagre de vinho branco
1 colher (chá) de mel
sal e pimenta-do-reino moída na hora a gosto

1. Lave e seque as folhas de couve. Faça um corte em V rente à base do talo de cada folha — descarte os talos. Na tábua, sobreponha uma folha a outra e corte no meio, no sentido do comprimento. Fatie as metades grosseiramente e reserve.

2. Prepare o vinagrete: descasque e pique fino a cebola, transfira para uma tigela e misture com o azeite, o mel, o vinagre, as raspas e o caldo de laranja.

3. Numa travessa, coloque a couve picada e misture com o vinagrete apenas na hora de servir. Tempere com sal e pimenta-do-reino moída na hora a gosto.

MACARRÃO COM COUVE E PIMENTA DEDO-DE-MOÇA

SERVE
2 pessoas

TEMPO DE PREPARO
30 minutos

MAIS DO QUE UMA RECEITA, A IDEIA AQUI É ILUSTRAR UMA COMBINAÇÃO DE SABORES INUSITADA (E ESTUPENDA): COUVE, PIMENTA DEDO-DE-MOÇA E QUEIJO PARMESÃO. PODERIA SER RISOTO? SIM! E SALADA? TAMBÉM. COMO MACARRÃO, PORÉM, VIRA PRATO PRINCIPAL A JATO. E ESSE TIPO DE PREPARAÇÃO É ESSENCIAL PARA AJUDAR A GENTE A GARANTIR UMA ALIMENTAÇÃO SAUDÁVEL DE VERDADE, SEM DEPENDER DE COMIDA ULTRAPROCESSADA — NEM DE GRANDES HABILIDADES CULINÁRIAS PARA PREPARAR O JANTAR.

½ maço de couve
150 g de linguine (ou outro macarrão longo de grano duro)
1 dente de alho
1 pimenta dedo-de-moça
3 colheres (sopa) de azeite
lascas de parmesão a gosto
sal a gosto

1. Leve uma panela grande com água ao fogo alto para ferver. Enquanto isso, separe os outros ingredientes.

2. Lave e seque as folhas de couve. Faça um corte em V rente à base do talo de cada folha e descarte os talos. Empilhe uma folha sobre a outra, enrole formando um charutinho e corte em fatias médias de cerca de 2 cm.

3. Corte a pimenta dedo-de-moça ao meio, no sentido do comprimento, descarte as sementes e fatie fino. Descasque e pique fino o alho.

4. Assim que água ferver, adicione 1 colher (sopa) de sal, junte o macarrão e misture. Após 5 minutos do cozimento, acrescente a couve fatiada e deixe cozinhar até o macarrão ficar al dente — a couve cozinha junto com o macarrão.

5. Quando estiver cozido, escorra a água e transfira o macarrão e a couve cozidos para uma travessa.

6. Numa frigideira pequena, coloque o azeite e o alho picado. Leve ao fogo médio e deixe fritar por cerca de 2 minutos até dourar. Desligue o fogo e junte a pimenta fatiada.

7. Regue o macarrão com o azeite temperado, tempere com sal e misture bem. Sirva a seguir com lascas de parmesão.

BISTECA GRELHADA
RECEITA EXTRA

SERVE
4 pessoas

TEMPO DE PREPARO
15 minutos

BISTECA DOURADA POR FORA E MACIA POR DENTRO É MESMO UMA TENTAÇÃO. E PARA QUE FIQUE EXATAMENTE DESSE JEITO, O TRUQUE É DEIXAR A FRIGIDEIRA BEM QUENTE, E A BISTECA EM TEMPERATURA AMBIENTE POR UNS MINUTINHOS, ANTES DE FRITAR.

4 bistecas de porco
1 colher (sopa) de azeite
sal e pimenta-do-reino moída na hora a gosto

1. Retire as bistecas da geladeira e deixe em temperatura ambiente — elas não podem estar geladas na hora de ir para a frigideira.

2. Tempere as bistecas com sal e pimenta-do-reino a gosto. Leve uma frigideira grande (ou bistequeira) ao fogo médio. Quando aquecer, regue com ½ colher (sopa) de azeite e coloque 2 bistecas. Deixe dourar por cerca de 4 minutos de cada lado, transfira para um prato e repita com as outras.

COUVE REFOGADA COM BACON E UVA-PASSA

SERVE
4 pessoas

TEMPO DE PREPARO
25 minutos

COUVE REFOGADA EM TIRAS É TÃO BRASIL. POR SER AMARGA E FICAR BEM ÚMIDA COM ESSE TIPO DE COZIMENTO, ACOMPANHA BEM CARNES, COMO A DE PORCO. NESTA RECEITA, ACRESCENTEI UVAS-PASSAS BRANCAS, QUE DÃO UM CONTRAPONTO ADOCICADO.

1 maço de couve
½ xícara (chá) de bacon em cubos (cerca de 70 g)
¼ de xícara (chá) de uvas-passas brancas
caldo de ½ limão
sal e pimenta-do-reino moída na hora a gosto

1. Numa tigela pequena coloque as uvas-passas, regue com o caldo de limão e deixe hidratar enquanto corta a couve.

2. Lave e seque as folhas de couve. Faça um corte em V rente à base do talo de cada folha e descarte os talos. Na tábua, disponha cerca de 4 folhas, uma sobre a outra, e enrole formando um charutinho. Corte em fatias finas de cerca de 0,5 cm e repita com o restante das folhas.

3. Leve uma frigideira grande ao fogo médio. Quando aquecer, coloque o bacon e deixe dourar, mexendo de vez em quando, por cerca de 2 minutos — o bacon vai soltar gordura suficiente para refogar a couve, não precisa usar azeite.

4. Junte a couve fatiada, as uvas-passas (com o caldo de limão) e tempere com sal e pimenta-do-reino moída na hora a gosto. Refogue por apenas 2 minutos até começar a murchar — se a couve cozinhar demais, pode ficar amarga. Desligue o fogo e sirva a seguir.

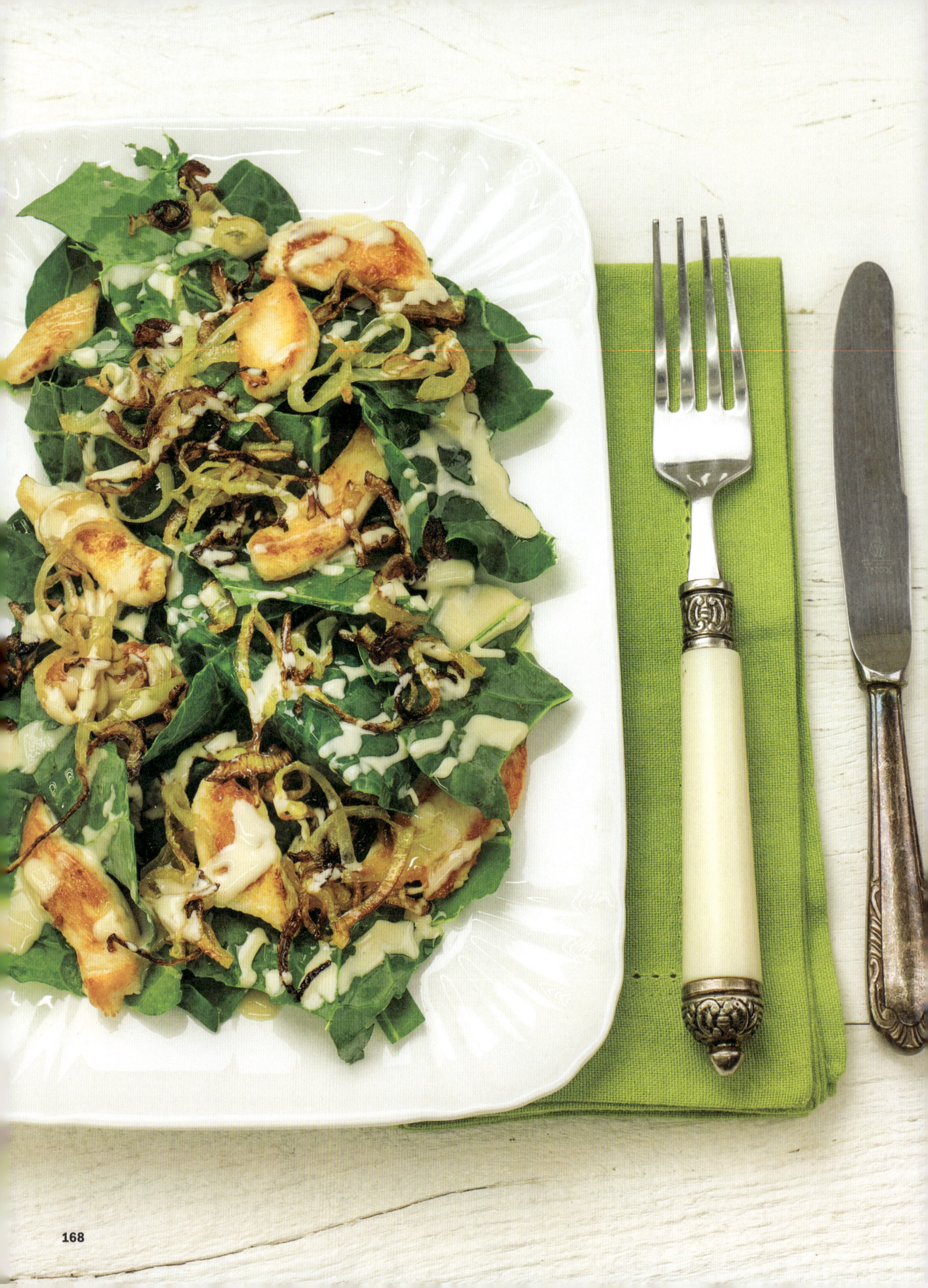

SALADA DE COUVE COM FRANGO E MOLHO DE AMENDOIM

SERVE
4 pessoas

TEMPO DE PREPARO
35 minutos

UMA DAS SALADAS FAVORITAS DA EQUIPE DE TESTES DO PANELINHA, ELA É MESMO UMA RIQUEZA! A ESTRUTURA É INSPIRADA NA CLÁSSICA CAESAR: FOLHAS + FRANGO + MOLHO CREMOSO. MAS O SABOR É INCOMPARÁVEL. O DOCINHO DA CEBOLA FRITA CONTRASTA COM O AMARGO DA COUVE; O MOLHO, COM TOQUE ASIÁTICO, LEVA PASTA DE AMENDOIM E FICA PERFEITO COM O PEITO DE FRANGO GRELHADO. RESULTADO: UMA SALADA-REFEIÇÃO, COMO A CLÁSSICA CAESAR, MAS CHEIA DE NOVIDADE NA COMPOSIÇÃO.

1 maço de couve
2 filés de frango
2 cebolas
¼ de xícara (chá) de pasta de amendoim sem açúcar
2 colheres (sopa) de vinagre de arroz
¼ de xícara (chá) de água
óleo de milho a gosto
sal e pimenta-do-reino moída na hora a gosto

1. Comece o preparo pelo molho: numa tigela coloque a pasta de amendoim, o vinagre e 2 colheres (sopa) de óleo. Misture bem com um batedor de arame pequeno (ou garfo) até ficar liso. Junte a água, aos poucos, até atingir a consistência desejada (mais fluido ou mais encorpado, funciona bem dos dois jeitos).

2. Lave, seque e rasgue as folhas de couve com as mãos. Descasque e fatie as cebolas em meias-luas finas. Corte os filés de frango em fatias de cerca de 1 cm na diagonal.

3. Leve uma frigideira ao fogo médio. Quando aquecer, regue com 1 colher (chá) de óleo e acrescente metade das fatias de frango. Tempere com sal e pimenta-do-reino a gosto e deixe dourar por cerca de 2 minutos de cada lado. Transfira para um prato e repita com o restante. Reserve.

4. Mantenha a frigideira em fogo médio e regue com ¼ de xícara (chá) de óleo. Acrescente a cebola e deixe fritar por cerca de 10 minutos, até ficar dourada e crocante — mexa de vez em quando para não queimar. Desligue o fogo e reserve sobre uma folha de papel toalha.

5. Numa travessa, misture as folhas de couve rasgadas com as fatias de frango douradas. Cubra com a cebola frita e sirva a seguir com o molho de amendoim.

CHIPS DE COUVE ASSADA

SERVE
4 pessoas
TEMPO DE PREPARO
25 minutos

VOCÊ GOSTA DE ALGA NORI? ENTÃO VAI GAMAR NESTES CHIPS! AS FOLHAS DE COUVE RASGADAS E ASSADAS COM CUBOS DE MANTEIGA FICAM ULTRACROCANTES. UM ACOMPANHAMENTO PRECIOSO PARA OS MAIS VARIADOS PRATOS: DO ARROZ COM FEIJÃO AO MACARRÃO, DO ENSOPADO DE GALINHA À SOPA DE LEGUMES. SABOR E TEXTURA EM UMA ÚNICA ADIÇÃO. (NO PANELINHA, A GENTE DEVOROU COMO SE FOSSE PETISCO!)

2 maços de couve
50 g de manteiga em cubos
sal e pimenta-do-reino moída na hora a gosto

1. Preaqueça o forno a 180°C (temperatura média).

2. Lave e seque bem as folhas de couve. Rasgue as folhas grosseiramente e transfira para uma assadeira grande. Distribua os cubos de manteiga sobre a couve e tempere com sal e pimenta-do-reino moída na hora a gosto.

3. Leve ao forno e deixe assar por 25 minutos ou até ficarem bem crocantes — na metade do tempo, vire as folhas com uma espátula para assar por igual. Retire do forno e deixe esfriar antes de servir. Caso sua assadeira seja pequena, asse em duas etapas.

CHARUTINHO DE COUVE

SERVE
6 pessoas

TEMPO DE PREPARO
1 hora + 30 minutos para cozinhar

ESTA RECEITA É QUASE UMA VERSÃO MINEIRA PARA OS CHARUTINHOS ÁRABES, FEITOS COM FOLHA DE UVA. DIVERTIDOS DE PREPARAR, PODEM SER LEVADOS À MESA COMO ENTRADA OU NA COMPANHIA DE OUTROS QUITUTES MULTIÉTNICOS. UM DETALHE: SERVIDOS FRIOS, OS CHARUTINHOS TAMBÉM FICAM DELICIOSOS.

PARA O RECHEIO
500 g de patinho moído
½ xícara (chá) de arroz cru
½ cebola
2 tomates italianos
caldo de ½ limão
3 ramos de hortelã
2 colheres (chá) de pimenta síria
1 ½ colher (chá) de sal
pimenta-do-reino moída na hora a gosto

1. Descasque e pique fino a cebola. Lave, corte os tomates ao meio e descarte as sementes. Corte cada metade em cubos pequenos. Lave e pique fino as folhas de hortelã.

2. Numa tigela média, coloque todos os ingredientes do recheio, tempere com pimenta-do-reino moída na hora e misture bem com as mãos. Reserve.

PARA A MONTAGEM
2 maços de couve
3 xícaras (chá) de caldo de legumes caseiro ou água
1 colher (chá) de sal

1. Lave as folhas de couve sob água corrente. Leve uma frigideira de borda alta com água ao fogo para ferver. Prepare uma tigela grande com água e gelo.

2. Para branquear as folhas: assim que a água ferver, adicione 1 colher (chá) de sal e mergulhe 3 folhas de couve; deixe cozinhar por 30 segundos — assim as folhas ficam maleáveis para enrolar os charutinhos; com uma pinça, transfira as folhas para a tigela com água gelada para cessar o cozimento e, em seguida, para um escorredor. Repita o processo com todas as folhas.

3. Para enrolar os charutinhos: disponha uma folha de couve bem aberta na tábua; corte a folha ao meio, bem rente ao talo, no sentido do comprimento, e descarte o talo — cada metade se transforma em um charutinho. Coloque cerca de 1 colher (sopa) do recheio, deixando cerca de 2 cm da base da folha livre para enrolar; enrole a ponta da folha sobre o recheio, dobre as laterais para dentro e continue enrolando até o fim. Repita com as outras folhas.

4. Coloque os charutinhos bem junto um do outro, numa panela média, até cobrir todo o fundo. Faça outra camada sobre a primeira — quanto mais apertadinhos ficarem, melhor: eles não abrem na hora de cozinhar.

5. Regue com o caldo de legumes (ou água) e leve ao fogo médio. Quando começar a ferver, diminua o fogo e deixe cozinhar por 20 minutos, com a tampa semiaberta. Desligue o fogo e sirva a seguir.

ARROZ DE COUVE COM LINGUIÇA

SERVE
6 pessoas

TEMPO DE PREPARO
40 minutos

QUE RISOTO QUE NADA! ESTE DELICIOSO ARROZ DE LINGUIÇA É PRÁTICO E DELICIOSO. E AINDA LEVA COUVE, FATIADA FININHO, PARA SERVIR COMO UM PRATO SÓ: REFEIÇÃO COMPLETA E FEITA EM UMA ÚNICA PANELA.

2 xícaras (chá) de arroz agulhinha
1 maço de couve
240 g de linguiça calabresa defumada, (cerca de 4 unidades)
½ cebola
1 tomate
1 dente de alho
4 xícaras (chá) de água
1 colher (sopa) de óleo
1 ½ colher (chá) de sal
pimenta-do-reino moída na hora a gosto

1. Leve uma chaleira com um pouco mais de 4 xícaras (chá) de água ao fogo baixo para ferver. Enquanto isso, prepare os outros ingredientes.

2. Corte as linguiças em fatias finas de cerca de 0,5 cm. Descasque e pique fino a cebola e o alho. Lave, seque, corte o tomate ao meio e descarte as sementes; corte as metades em tiras e as tiras, em cubos.

3. Leve uma panela grande ao fogo médio. Quando aquecer, regue com o óleo e doure a linguiça por cerca de 4 minutos, mexendo de vez em quando. Reserve cerca de ⅓ das fatias douradas numa tigela para decorar os pratos.

4. Mantenha a panela em fogo médio, junte a cebola e refogue por cerca de 2 minutos, até murchar. Acrescente o alho, o tomate picado e mexa por apenas 1 minuto.

5. Adicione o arroz e mexa bem para envolver todos os grãos com o óleo por cerca de 1 minuto — isso ajuda a deixá-los soltinhos depois de cozidos. Tempere com o sal e regue com 4 xícaras (chá) da água fervente. Misture, raspando bem o fundo da panela para dissolver os queimadinhos.

6. Deixe cozinhar em fogo médio até a água atingir o mesmo nível do arroz. Diminua o fogo, tampe parcialmente a panela e deixe cozinhar até que o arroz absorva toda a água — verifique furando com um garfo.

7. Enquanto o arroz cozinha, lave e seque as folhas de couve. Faça um corte em V rente ao talo de cada folha e descarte os talos. Coloque 4 folhas, uma sobre a outra, enrole formando um charutinho e corte em fatias finas de cerca de 0,5 cm. Repita com o restante das folhas.

8. Assim que o arroz tiver absorvido toda a água, desligue o fogo, junte a couve e misture com um garfo. Tampe a panela e deixe abafar por 5 minutos — os grãos de arroz vão terminar de cozinhar no vapor junto com a couve. Sirva em seguida, decorando com as fatias de linguiça reservadas.

173

RECEITAS
BIFE DE COUVE-FLOR COM VINAGRETE
COUVE-FLOR GRATINADA
COXAS DE FRANGO ASSADAS
CUSCUZ DE COUVE-FLOR
TAGINE DE PEIXE
PURÊ DE COUVE-FLOR
COUVE-FLOR ASSADA COM PÁPRICA
ENSOPADO VEGETARIANO
SOPA DE COUVE-FLOR COM FAROFINHA DE PÃO

Me engana que eu gosto!

cap. 15 **COUVE-FLOR**

Quem acha couve-flor meio sem graça vai se surpreender: ela pode ser muito divertida, brincando de parece-mas-não-é. Duvida? Cozida e triturada no mixer, faz as vezes de cuscuz marroquino — e engana bem, viu? Batida, se fantasia de purê, numa versão mais neutra que o de batatas, perfeita para acompanhar peixes. Uma fatia generosa, grelhada na frigideira, faz que ela jure de pés juntos que é um medalhão — ok, bife vegetariano. Agora, se você, como eu, curte pacas uma couve-flor, vai adorar encontrar aqui hits da infância — ou pelo menos da minha infância —, como a gratinada, incrível para servir com carnes. E ainda tem muito mais: da salada ao prato principal, são várias opções de receitas para você aproveitar agora aquela couve-flor dando sopa na geladeira! Ah, sim, já ia me esquecendo: a sopa de couve-flor com farofinha de pão é imperdível.

MÉTODOS DE COZIMENTO
Versátil, até crua a couve-flor pode ir à mesa.

BRANQUEADAS ou **COZIDAS** no **VAPOR**, as florzinhas perdem o sabor ardido e mantêm a textura crocante.
COZIDA, fica mais neutra e com a textura macia.
GRELHADA, na frigideira ou na churrasqueira, ganha um sabor defumado delicioso.
ASSADA, temperada com azeite e páprica, pega uma cor dourada. Com molho e queijo,
GRATINADA, fica cremosa.
FRITA, é tentação em forma de flor comestível.
MARINADA, também rende uma boa salada.
CRUA, com pepino e um molhinho esperto, fica refrescante.

CORTES
Fácil de desmembrar, ela se transforma em **FLORETES** mimosos, que podem ser usados em saladas, para fritar ou gratinar. **TRITURADA**, parece cuscuz marroquino. **BATIDA**, vira purê. Em **GOMOS** pode ir ao forno e, em **FATIAS** grossas, pensa que é bife.

BIFE DE COUVE-FLOR COM VINAGRETE

SERVE
2 pessoas

TEMPO DE PREPARO
20 minutos

QUANDO A GENTE CORTA UMA FATIA GENEROSA DA PARTE CENTRAL DA COUVE-FLOR, ELA PENSA QUE É UM BIFE. E NEM PRECISA SER VEGETARIANO PARA GOSTAR! O SEGREDO É COLOCAR A FATIA NA FRIGIDEIRA BEM QUENTE PARA DAR AQUELA TOSTADA. DEPOIS, É SÓ ACRESCENTAR COR E SABOR COM UM SIMPLES VINAGRETE DE TOMATE. BOA SUGESTÃO PARA A *SEGUNDA SEM CARNE*, NÉ?

1 couve-flor
2 colheres (chá) de azeite
sal e pimenta-do-reino moída na hora a gosto

1. Para esta preparação vamos usar apenas uma parte da couve-flor. Com uma faca, corte duas fatias centrais, com cerca de 2 cm cada — a fatia tem que ser grossa mesmo, para não quebrar. Lave as fatias sob água corrente e reserve o restante para outro preparo — que tal um purê?

2. Leve uma frigideira grande (ou bistequeira) ao fogo médio. Pincele 1 colher (chá) de azeite em cada fatia de couve-flor, tempere com sal e pimenta-do-reino moída na hora e coloque na frigideira quente para dourar por cerca de 3 minutos, sem mexer. Com uma pinça, vire as fatias para dourar do outro lado. Caso a frigideira seja pequena, doure uma fatia de cada vez. Transfira para um prato e sirva a seguir com o molho vinagrete.

PARA O MOLHO VINAGRETE
2 tomates em cubos pequenos
½ cebola roxa picada fino
3 colheres (sopa) de azeite
1 colher (sopa) de vinagre
salsinha picada a gosto
sal e pimenta-do-reino moída na hora a gosto

Numa tigela misture todos os ingredientes e tempere com sal e pimenta-do-reino moída na hora a gosto.

COUVE-FLOR GRATINADA

SERVE
6 pessoas

TEMPO DE PREPARO
35 minutos + 20 minutos para gratinar

OLHA ELA! A BOA E VELHA COUVE-FLOR GRATINADA É UM CLÁSSICO DA INFÂNCIA QUE VIROU RECEITA COM ARES VINTAGE. QUER DAR UMA RENOVADA? NADA DE MEXER NA RECEITA, ELA É PERFEITA. O TRUQUE É TROCAR O VISUAL: PREPARE E SIRVA EM PORÇÕES INDIVIDUAIS. TIGELINHAS CANELADAS DE SUFLÊ SÃO UMA BOA OPÇÃO. MAS, SE QUISER MANTER O ESTILÃO CASA DE MÃE, CAPRICHE NO REFRATÁRIO DE VIDRO. ELE TAMBÉM TEM SEU CHARME.

1 couve-flor
½ cebola sem casca
1 litro de leite
4 colheres (sopa) de farinha de trigo
4 colheres (sopa) de manteiga
1 folha de louro
½ xícara (chá) de queijo parmesão ralado
noz-moscada ralada na hora a gosto
sal a gosto

1. Preaqueça o forno a 180 °C (temperatura média). Coloque numa assadeira seis tigelinhas refratárias individuais de cerca de 9 cm de diâmetro cada. Se preferir, use apenas um refratário grande de aproximadamente 20 cm de diâmetro.

2. Descarte as folhas, a base do talo e corte a couve-flor em floretes médios. Coloque numa tigela e lave bem sob água corrente. Escorra a água e reserve.

3. Coloque a manteiga numa panela média e leve ao fogo médio. Assim que derreter, acrescente a farinha de trigo e mexa por cerca de 3 minutos, até começar a dourar — essa mistura chamada roux vai engrossar o molho.

4. Acrescente o leite de uma só vez e misture bem com o batedor de arame para dissolver todos os gruminhos de farinha. Junte a cebola, a folha de louro e tempere com sal e noz-moscada a gosto. Mantenha a panela em fogo médio e mexa por cerca de 15 minutos, até engrossar.

5. Distribua metade do molho nas tigelinhas, disponha os floretes e cubra com o restante do molho — deixe livre até cerca de 1 cm antes da borda para evitar que o molho derrame ao borbulhar.

6. Polvilhe com o parmesão ralado e leve ao forno para assar por cerca de 20 minutos, até gratinar. Retire do forno e sirva a seguir.

COXAS DE FRANGO ASSADAS

RECEITA EXTRA

SERVE
2 pessoas

TEMPO DE PREPARO
20 minutos + 40 minutos para assar

MARINADAS EM LARANJA E COMINHO, ESTAS COXINHAS DE FRANGO FICAM DOURADAS E SUCULENTAS. O CALDINHO QUE SE FORMA NA ASSADEIRA VAI MUITO BEM COM O CUSCUZ DE COUVE-FLOR.

4 coxas de frango
1 dente de alho
1 pitada de cominho
caldo de 1 laranja
sal e pimenta-do-reino moída na hora a gosto

1. Prepare a marinada: descasque o dente de alho e bata num pilão com o cominho, até formar uma pastinha; transfira para uma tigela e misture com o caldo de laranja.

2. Acrescente as coxas de frango e misture bem com as mãos para envolver a carne e a pele com a marinada. Cubra com filme e deixe em temperatura ambiente para marinar enquanto preaquece o forno.

3. Preaqueça o forno a 200 °C (temperatura média).

4. Assim que o forno estiver aquecido, distribua as coxas (com o líquido da marinada) numa assadeira pequena. Regue com azeite e tempere com sal e pimenta-do-reino moída na hora a gosto.

5. Leve ao forno para assar por 20 minutos. Em seguida, diminua a temperatura para 180 °C (temperatura média) e deixe assar por mais 20 minutos ou até dourar. Retire do forno e sirva a seguir.

CUSCUZ DE COUVE-FLOR

SERVE
2 pessoas
TEMPO DE PREPARO
30 minutos

NEM A FOTO ENTREGA QUE ESTE CUSCUZ MARROQUINO É, NA REALIDADE, UMA COUVE-FLOR TRITURADA. TRITURE MENOS, E ELA FAZ DE CONTA QUE É ARROZ. E NÃO É QUE COMBINA COM FEIJÃO? O IDEAL É TRITURAR OS FLORETES NO PROCESSADOR. MAS COM UMA BOA FACA, E UM POUCO DE PERSISTÊNCIA, TAMBÉM DÁ PARA TRITURAR A COUVE-FLOR.

1 couve-flor
1 colher (chá) de vinagre de vinho branco
1 dente de alho picado fino
2 colheres (sopa) de alcaparras
1 colher (sopa) de azeite
raspas de 1 limão
sal e pimenta-do-reino moída na hora a gosto

1. Descarte as folhas e a base do talo da couve-flor. Para cortar em floretes: vire a couve-flor de cabeça para baixo e vá cortando os floretes até que fiquem com cerca de 3 cm de diâmetro. Reserve os talos para outra preparação. Lave os floretes em água corrente.

2. Prepare uma tigela com água e gelo. Leve uma panela média com água ao fogo alto. Assim que ferver adicione 1 colher (chá) de sal e o vinagre, junte os floretes e deixe cozinhar por apenas 2 minutos. Com uma escumadeira, transfira os floretes para a tigela com água e gelo.

3. No processador de alimentos, coloque os floretes em etapas e bata até ficar com textura de cuscuz marroquino.

4. Leve uma frigideira grande ao fogo médio. Quando aquecer, regue com o azeite, junte o alho picado e a couve-flor processada. Refogue por cerca de 2 minutos. Diminua o fogo, misture as alcaparras (sem o líquido) e deixe cozinhar por mais 5 minutos — o cuscuz deve ficar macio e úmido. Tempere com sal e pimenta-do-reino moída na hora a gosto.

5. Desligue o fogo, misture as raspas de limão e transfira para uma travessa. Sirva a seguir.

TAGINE DE PEIXE

SERVE
4 pessoas
TEMPO DE PREPARO
35 minutos

TAGINE É O NOME DE UMA PANELA MARROQUINA, COM TAMPA CÔNICA, E TAMBÉM O NOME DOS ENSOPADOS PREPARADOS NESSAS CAÇAROLAS. PERFUMADÍSSIMOS, LEVAM VÁRIAS ESPECIARIAS E PODEM SER DE FRANGO, CORDEIRO, LEGUMES E, TAMBÉM, DE PEIXE. UMA ÓTIMA OPÇÃO PARA VARIAR OS SABORES DO DIA A DIA — TRUQUE CERTEIRO PARA GARANTIR UMA ALIMENTAÇÃO BEM EQUILIBRADA.

4 postas de cação sem pele (cerca de 600 g)
1 cebola
1 dente de alho
1 lata de grão-de-bico cozido (265 g)
1 lata de tomate pelado em cubos (com o líquido)
1 xícara (chá) de água
2 colheres (chá) de mel
raspas e caldo de 1 limão-siciliano
1 colher (sopa) de azeite
1 colher (chá) de cominho em pó
1 colher (chá) de cúrcuma
1 canela em rama
1 pitada de pimenta-de-caiena
folhas de coentro a gosto
sal a gosto

1. Faça o pré-preparo: descasque e pique fino a cebola e o alho; lave e seque o limão-siciliano; com um zester (ou ralador) faça raspas da casca e esprema o caldo numa tigelinha. Reserve. Sobre uma tigela, passe o grão-de-bico por uma peneira e deixe escorrer bem a água.

2. Leve ao fogo médio uma frigideira grande com bordas altas (se preferir, utilize uma caçarola). Quando aquecer, regue com o azeite e adicione a cebola. Tempere com sal e refogue por cerca de 3 minutos, até murchar.

3. Acrescente o alho, o cominho, a cúrcuma, a pimenta-de-caiena e a canela em rama. Mexa por cerca de 1 minuto para perfumar. Junte o tomate pelado (com o líquido), as raspas e o caldo do limão. Regue com a água e misture bem. Quando ferver, abaixe o fogo e deixe cozinhar por 10 minutos, mexendo de vez em quando.

4. Adicione as postas de cação, tempere com mais um pouco de sal e deixe cozinhar por 5 minutos — o peixe deve ficar cozido, mas ainda macio. Junte o grão-de-bico e regue com o mel. Misture e deixe cozinhar por mais 2 minutos, apenas para aquecer. Enquanto isso, lave e seque as folhas de coentro.

5. Desligue o fogo. Com uma espátula, parta as postas de peixe em pedaços médios, retire e descarte o ossinho de cada uma. Acrescente as folhas de coentro e sirva a seguir, com o molho que se formou na frigideira. Fica perfeito com o purê de couve-flor.

PURÊ DE COUVE-FLOR

SERVE
2 pessoas

TEMPO DE PREPARO
30 minutos

CREMOSO, LISINHO, ESTE PURÊ APROVEITA ATÉ O TALO DA COUVE-FLOR. COM SABOR MAIS NEUTRO QUE O DO PURÊ DE BATATAS, É IDEAL PARA ACOMPANHAR PEIXES E OUTRAS PREPARAÇÕES DELICADAS.

1 couve-flor
1 ½ xícara (chá) de água
1 ½ xícara (chá) de leite
1 folha de louro
1 colher (chá) de sal

1. Descarte as folhas e a base do talo e corte a couve-flor, incluindo o talo, em pedaços médios. Transfira para uma tigela, lave bem com água e escorra.

2. Numa panela média, coloque a couve-flor lavada, a água, o leite e a folha de louro. Tempere com o sal e leve ao fogo médio. Quando ferver, deixe cozinhar por cerca de 15 minutos, até a couve-flor ficar macia.

3. Desligue o fogo e reserve 1 xícara (chá) do líquido do cozimento. Descarte a folha de louro e transfira a couve-flor sem o líquido para o liquidificador.

4. Bata até deixar o purê bem liso e cremoso — se necessário, acrescente, aos poucos, o líquido do cozimento reservado. Se preferir, use um mixer. Prove, acerte o sal e sirva a seguir.

COUVE-FLOR ASSADA COM PÁPRICA

SERVE
4 pessoas

TEMPO DE PREPARO
10 minutos + 40 minutos para assar

A COUVE-FLOR FICA TÃO LINDA QUE PARECE ATÉ QUE FOI EMPANADA. MAS NÃO SE ENGANE: O AZEITE TEMPERADO COM PÁPRICA É QUE DÁ O TOM BRONZEADO. UM ÓTIMO ACOMPANHAMENTO PARA CARNES.

1 couve-flor
¼ de xícara (chá) de azeite
2 colheres (chá) de páprica
sal e pimenta-do-reino moída na hora a gosto

1. Preaqueça o forno a 220 °C (temperatura alta).

2. Descarte as folhas e corte a couve-flor em quartos: corte na metade, no sentido do comprimento, e cada metade ao meio novamente — assim os floretes ficam unidos pelo talo central. Lave sob água corrente e transfira para uma assadeira média.

3. Numa tigela, misture o azeite com a páprica, sal e pimenta-do-reino moída na hora a gosto. Regue os pedaços de couve-flor com o azeite temperado e espalhe com as mãos para cobrir toda a superfície dos floretes.

4. Leve ao forno para assar por cerca de 40 minutos, até dourar — na metade do tempo, vire os pedaços com uma pinça. Retire a couve-flor do forno e sirva a seguir.

ENSOPADO VEGETARIANO

SERVE
4 pessoas

TEMPO DE PREPARO
40 minutos

RECEITAS FEITAS EM UMA PANELA SÓ SÃO ÓTIMAS PARA DIAS MAIS PREGUIÇOSOS. O LEITE DE COCO E AS ESPECIARIAS TRAZEM ARES INDIANOS PARA ESTE ENSOPADO QUE PERFUMA A CASA INTEIRA. CASO NÃO TENHA À MÃO ESSA VARIEDADE TODA, SUBSTITUA POR UMA COLHER DE CURRY.

- **1 couve-flor pequena**
- **1 batata-doce rosada**
- **¼ de abóbora japonesa**
- **1 lata de grão-de-bico (cozido)**
- **1 cebola**
- **2 tomates maduros**
- **2 dentes de alho**
- **¾ de xícara (chá) de leite de coco caseiro (cerca de 200 ml)**
- **2 xícaras (chá) de água**
- **4 talos de coentro com a raiz**
- **2 colheres (sopa) de óleo**
- **½ colher (chá) de semente de coentro**
- **½ colher (chá) de semente de cominho**
- **½ colher (chá) de pimenta-de-caiena**
- **½ colher (chá) de cúrcuma**
- **1 colher (sopa) de sal**

1. Faça o pré-preparo: descasque e pique fino o alho e a cebola; descasque e corte a batata-doce em cubos médios; descasque, descarte as sementes e corte a abóbora em cubos pequenos; retire a casca, descarte as sementes e corte o tomate em cubos pequenos; descarte as folhas, corte a couve-flor em floretes e lave sob água corrente; lave e seque o coentro, pique fino os talos e a raiz e reserve as folhas para servir.

2. Leve uma panela média para aquecer em fogo baixo. Enquanto isso, quebre as sementes de coentro e cominho num pilão (ou pique fino com a faca). Regue a panela com o óleo e refogue as sementes por 1 minuto.

3. Acrescente a cebola e o coentro (talos e raiz) e refogue até murchar. Adicione o restante das especiarias, o sal e misture bem. Junte o alho e mexa por mais 1 minuto. Acrescente os tomates picados e refogue, pressionando com uma espátula para formar uma pastinha.

4. Regue o refogado com a água e o leite de coco, misture raspando bem o fundo da panela para incorporar todos os sabores.

5. Aumente o fogo e, quando o caldo começar a ferver, junte a batata-doce, a abóbora e a couve-flor. Misture e deixe cozinhar em fogo baixo por cerca de 15 minutos na panela semiaberta até os legumes ficarem macios.

6. Numa peneira, escorra o grão-de-bico e misture aos legumes cozidos. Deixe cozinhar por mais 5 minutos, ou até a abóbora desmanchar e engrossar o molho — mexa de vez em quando para não grudar no fundo da panela.

7. Desligue o fogo e sirva a seguir, acrescentando as folhas de coentro. Pão indiano e arroz branco são ótimos acompanhamentos.

SOPA DE COUVE-FLOR COM FAROFINHA DE PÃO

SERVE
2 pessoas

TEMPO DE PREPARO
45 minutos

VOCÊS ABREM A GELADEIRA E NÃO VEEM MUITO MAIS DO QUE UMA COUVE-FLOR. A CEBOLA ESTÁ SOLITÁRIA NO CESTO. ÓTIMO, VAI DAR PARA PREPARAR UMA SOPA RECONFORTANTE PARA O CASAL. E NADA DE JOGAR FORA AQUELA SOBRA DE PÃO! TEM FAROFINHA CROCANTE E AROMÁTICA À VISTA! ELA VAI COMPOR O SABOR E A TEXTURA DESTA SOPA.

1 couve-flor pequena
1 cebola
1 dente de alho descascado
1 litro de caldo de legumes caseiro
3 colheres (sopa) de azeite
1 folha de louro
sal e pimenta-do-reino moída na hora a gosto
folhas de salsinha a gosto

1. Descarte as folhas e corte a couve-flor em pedaços médios. Transfira para uma tigela e lave com água. Descasque e pique fino a cebola.

2. Leve uma panela ao fogo médio. Quando aquecer, regue com o azeite, junte a cebola, tempere com sal e refogue por cerca de 2 minutos. Acrescente a couve-flor e deixe dourar por cerca de 5 minutos, mexendo de vez em quando. Junte o alho e refogue por mais 1 minuto.

3. Regue com o caldo de legumes, junte a folha de louro, tampe a panela e deixe cozinhar por cerca de 20 minutos, até a couve-flor ficar bem macia. Enquanto isso, prepare a farofinha de pão.

4. Desligue o fogo, descarte a folha de louro e transfira a sopa para o liquidificador. Segure a tampa bem firme com um pano de prato e bata até a mistura ficar lisa. Sirva com a farofinha de pão e com as folhas de salsinha.

PARA A FAROFINHA DE PÃO
1 pão francês amanhecido
1 dente de alho
2 colheres (sopa) de azeite
1 ramo de alecrim (opcional)
2 ramos de tomilho (opcional)
sal a gosto

1. Lave, seque e debulhe os ramos de alecrim e de tomilho. Descasque o dente de alho. Corte o pão francês em fatias grossas.

2. No processador de alimentos (ou liquidificador), junte o dente de alho, as fatias de pão, o azeite e as ervas. Tempere com uma pitada de sal e bata até formar uma farofa grossa.

3. Transfira a farofa para uma frigideira, de preferência antiaderente, e leve ao fogo médio. Mexa com uma espátula, por cerca de 5 minutos, até dourar. Transfira para uma tigela e deixe esfriar.

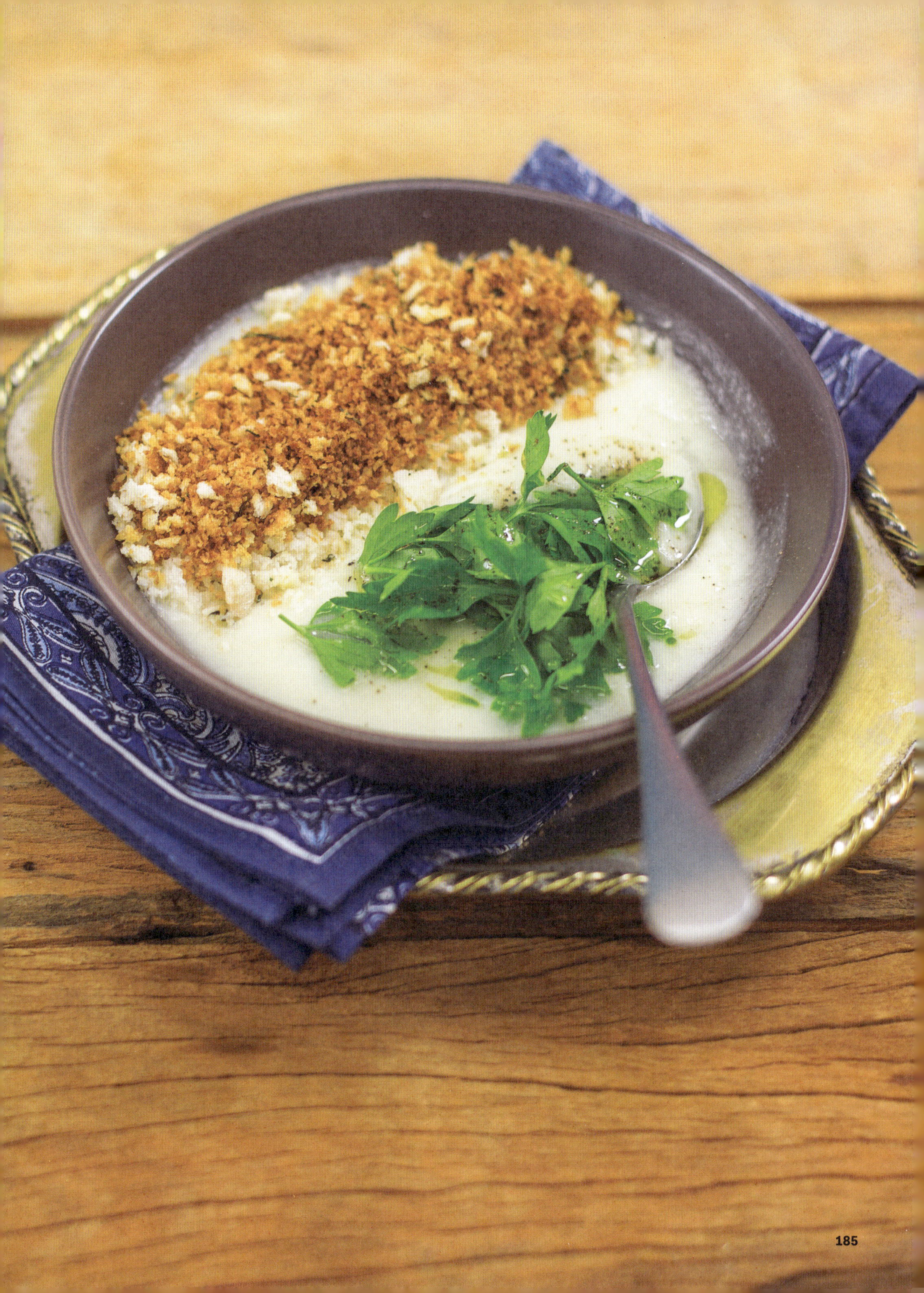

Refresca e reanima!

Ela é adocicada, crocante, refrescante: três vivas para a erva-doce!
Mas não estou me referindo à semente, não... É este bulbo aí da foto que anima e reanima as refeições, a cada vez que vai para a mesa.

Não sabe nem por onde começar uma receita com ela? Por semelhança, combina com alimentos refrescantes, como laranja, pepino ou maçã verde. Por contraste, se entende às maravilhas com sabores mais potentes, como o do queijo parmesão, do pimentão e também com carnes mais marcantes.

Se você não costuma preparar erva-doce, espero que, ao menos, considere a possibilidade de experimentar, depois de ler este capítulo. Ela é fácil de combinar, dura bastante na geladeira e é uma boa saída para variar saladas, petiscos e acompanhamentos do cardápio de casa.

MÉTODOS DE COZIMENTO

Erva-doce vai para a mesa crua, grelhada, assada ou salteada. Antes de prepará-la de qualquer uma dessas maneiras, o truque é deixar escorrer bem a água depois de lavar, para as sujeirinhas não grudarem nos vincos do bulbo.

CRUA, está no ápice do seu frescor e de sua textura crocante. Pode ser servida como crudité com molhinhos variados ou nas mais diversas formas de saladas, como na que leva laranja.
GRELHADA na frigideira bem quente, a erva-doce fica um mel. Preparada dessa forma, ela cozinha, mas mantém a textura firme.
ASSADA, fica ligeiramente dourada, bem adocicada e macia, em menos de meia hora. Com azeite e queijo parmesão, vai ao forno e sai de lá gloriosa.
SALTEADA ou **REFOGADA,** ela doura e murcha enquanto ganha o sabor dos ingredientes que estão na panela.

CORTES

Em **FATIAS** no comprimento, sem cortar a base, fica linda e ideal para grelhar ou assar; fatie na largura e obtenha ferradurinhas. Se quiser cortar em **PALITOS**, destaque os talos do bulbo. As **TIRAS** podem se transformar em **CUBOS.** Também dá para cortar em **QUARTOS** para grelhar ou assar.

RECEITAS
ERVA-DOCE ASSADA COM PARMESÃO
SALADA DE ERVA-DOCE COM LARANJA
ERVA-DOCE SALTEADA COM PIMENTÃO
KAFTA
ERVA-DOCE GRELHADA COM MOLHO DE IOGURTE
PAILLARD DE FRANGO

cap. 16 **ERVA-DOCE**

ERVA-DOCE ASSADA COM PARMESÃO

SERVE
4 pessoas

TEMPO DE PREPARO
10 minutos + 25 minutos no forno

DEPOIS DE PASSAR POR QUALQUER TIPO DE COZIMENTO, A ERVA-DOCE FICA AINDA MAIS DOCE. AÍ MESMO É QUE DÁ AQUELA VONTADE DE CONTRASTAR SABORES: CHAME O PARMESÃO PARA DAR UMA CHACOALHADA NESSE BULBO!

1 bulbo grande de erva-doce
¼ de xícara (chá) de queijo parmesão ralado
azeite a gosto
sal e pimenta-do-reino moída na hora a gosto

1. Preaqueça o forno a 200 °C (temperatura média).

2. Descarte a parte verde dos talos e corte o bulbo de erva-doce em 4 fatias grossas, no sentido do comprimento. Lave sob água corrente e deixe escorrer.

3. Unte uma assadeira grande com azeite e disponha as fatias de erva-doce uma ao lado da outra. Regue com azeite, tempere com sal e pimenta-do-reino a gosto e polvilhe com queijo parmesão ralado. Leve ao forno para assar por cerca de 25 minutos, até dourarem. Sirva a seguir.

SALADA DE ERVA-DOCE COM LARANJA

SERVE
4 pessoas
TEMPO DE PREPARO
30 minutos

AS TIRAS FININHAS DA ERVA-DOCE — E AS FOLHAS DELA, QUE LEMBRAM O ENDRO — SE JUNTAM A GOMOS DE LARANJA PARA SE TRANSFORMAR NUMA SALADA COMPETENTE: APENAS DOIS INGREDIENTES, TEMPERADOS COM SAL, PIMENTA-DO-REINO E AZEITE, DÃO AQUELA ANIMADA NO ALMOÇO! DICA RÁPIDA: PARA MANTER A ERVA-DOCE SEMPRE FRESQUINHA DEPOIS DE CORTAR, MANTENHA EM ÁGUA GELADA. MAS SE FOR SERVIR NA SEQUÊNCIA, NÃO PRECISA PASSAR POR ESSA ETAPA.

1 bulbo de erva-doce (com as folhas)
2 laranjas-baía
azeite a gosto
sal e pimenta-do-reino moída na hora a gosto

1. Corte e descarte a parte verde do talo e a base do bulbo da erva-doce. Reserve as folhas para decoração. Solte os talos e corte cada um ao meio, no sentido da largura, e cada metade, em tiras finas.

2. Transfira as tiras de erva-doce para uma tigela com 1 litro de água e 1 colher (sopa) do bactericida de sua escolha e deixe de molho por 15 minutos. Retire a erva-doce da água em vez de escorrer — assim as sujeirinhas ficam no fundo da tigela. Transfira para um escorredor, enxágue e deixe escorrer bem.

3. Para cortar as laranjas em gomos supreme: descasque cada laranja com cuidado para manter o formato, mas tirar toda a parte branca; segure a laranja com uma das mãos sobre uma tigela e corte em V bem rente às membranas que separam os gomos; deixe o gomo cair na tigela e repita com o restante.

4. Numa travessa, misture as tiras de erva-doce com os gomos de laranja (e o caldo que escorreu para a tigela), tempere com azeite, sal e pimenta-do-reino a gosto. Decore com as folhas da erva-doce e sirva a seguir.

ERVA-DOCE SALTEADA COM PIMENTÃO

SERVE
4 pessoas

TEMPO DE PREPARO
15 minutos

NESTA PREPARAÇÃO, A ERVA-DOCE SE TRANSFORMA EM ACOMPANHAMENTO INUSITADO, MAS FÁCIL DE PREPARAR. ELA É SALTEADA COM PIMENTÃO E PIMENTA DEDO-DE-MOÇA — VAI TUDO PARA A FRIGIDEIRA DE UMA VEZ SÓ. VOCÊ SABE, MAS NÃO CUSTA LEMBRAR: CORTOU A PIMENTA, LAVOU AS MÃOS, PORQUE NEM NO OLHO DO OUTRO PIMENTA É REFRESCO! VAI POR MIM.

1 bulbo de erva-doce
1 pimentão amarelo
1 pimenta dedo-de-moça
1 colher (sopa) de azeite
sal a gosto

1. Corte e descarte a base da raiz. Corte a parte branca do bulbo em fatias médias, transfira para uma peneira e lave sob água corrente. Deixe escorrer a água enquanto prepara os outros ingredientes.

2. Lave, seque e corte o pimentão em metades. Descarte as sementes e corte as metades em tiras. Lave, seque, corte e descarte as sementes da pimenta dedo-de-moça. Fatie fino as metades.

3. Leve uma frigideira grande ao fogo médio. Quando aquecer, regue com o azeite, acrescente a erva-doce e o pimentão. Tempere com uma pitada de sal e refogue até começar a murchar e dourar, por cerca de 5 minutos. Misture a pimenta dedo-de-moça e sirva a seguir.

KAFTA
RECEITA EXTRA

SERVE
3 pessoas

TEMPO DE PREPARO
30 minutos

ESPETINHO DE CARNE É UMA DELÍCIA. ESPETINHO DE CARNE MOÍDA COM TEMPEROS ÁRABES É MELHOR AINDA. COM SALADA DE PEPINO VAI BEM, UM CLÁSSICO. JÁ COM SALADA DE ERVA-DOCE SALTEADA O PRATO GANHA SABOR DE NOVIDADE — DAS BOAS, CLARO.

500 g de patinho moído
½ cebola
2 colheres (sopa) de salsinha picada
2 colheres (sopa) de coentro picado
1 colher (sopa) de hortelã picada
1 colher (chá) de cominho em pó
2 colheres (chá) de páprica doce
½ colher (chá) de pimenta síria
½ colher (chá) de canela em pó
raspas de 1 limão
½ colher (chá) de sal
espetos de bambu
1 colher (chá) de azeite

1. **Numa assadeira, coloque nove espetos** de madeira e cubra com água. Deixe de molho enquanto prepara a carne (isso evita que eles queimem na hora de grelhar). Pique fino a cebola. Faça as raspas de limão, com cuidado para não raspar a parte branca, que amarga a receita.

2. **Numa tigela, misture a carne moída** com a cebola e as ervas picadas. Tempere com o sal, o cominho em pó, a páprica doce, a pimenta síria, a canela e as raspas de limão e misture bem com as mãos. Divida a carne em 9 porções.

3. **Retire os espetos da água.** Com as mãos úmidas, modele as porções de carne ao redor de cada espeto — aperte delicadamente para as kaftas ficarem presas no palito.

4. **Leve uma chapa (ou frigideira grande)** ao fogo médio. Quando aquecer, pincele azeite nas kaftas e disponha os espetinhos na chapa um ao lado do outro. Deixe dourar por cerca de 3 minutos, vire e deixe dourar por 2 minutos. Sirva a seguir.

ERVA-DOCE GRELHADA COM MOLHO DE IOGURTE

SERVE
4 pessoas

TEMPO DE PREPARO
25 minutos

ESTA PREPARAÇÃO É DELICADA, REFRESCANTE, MAS NÃO TEM NADA DE BOBA. ERVA-DOCE GRELHADA SABE A QUE VEIO! A ACIDEZ DO MOLHO DE IOGURTE EQUILIBRA A DOÇURA, JÁ A SALSINHA E A HORTELÃ POTENCIALIZAM O FRESCOR. ÓTIMA OPÇÃO PARA ACABAR COM O SABOR DE MESMICE DOS GRELHADINHOS DO DIA A DIA.

1 bulbo de erva-doce
1 pote de iogurte natural sem açúcar (170 g)
azeite a gosto
1 ramo de hortelã
3 ramos de salsinha
sal e pimenta-do-reino moída na hora a gosto

1. Corte e descarte a base e os talos verdes da erva-doce. Corte a parte branca do bulbo em fatias grossas, transfira para uma peneira e lave sob água corrente. Deixe escorrer bem a água enquanto prepara o molho.

2. Lave, seque e pique fino as folhas de hortelã e de salsinha. Numa tigela, misture o iogurte com as ervas, ½ colher (sopa) de azeite e tempere com sal e pimenta-do-reino a gosto.

3. Leve uma frigideira antiaderente (ou bistequeira) ao fogo médio. Quando aquecer, regue com um fio de azeite e doure as fatias de erva-doce em etapas — não coloque todas de uma só vez, elas precisam ficar em contato com o fundo da frigideira para dourar. Deixe dourar por 3 minutos de cada lado.

4. Transfira a erva-doce grelhada para uma travessa, regue com o molho de iogurte e sirva a seguir.

PAILLARD DE FRANGO

RECEITA EXTRA

SERVE
1 pessoa
TEMPO DE PREPARO
10 minutos

UM JEITO FÁCIL, FÁCIL DE TRANSFORMAR O FRANGO EM PRATO INÉDITO NO CARDÁPIO DE CASA: SIRVA ESTE PAILLARD COM A ERVA-DOCE SALTEADA.

1 filé de peito de frango
½ colher (sopa) de azeite
sal e pimenta-do-reino moída na hora a gosto

1. Corte o filé de frango ao meio, no sentido do comprimento, formando 2 bifes. Abra um pedaço de filme (ou um saquinho plástico) numa tábua, coloque um bife sobre ele e cubra com mais um pedaço. Com a parte mais gordinha da palma da mão (ou com um batedor de carnes), bata e, ao mesmo tempo, empurre a carne do centro para as laterais, até ficar bem fininho, com cuidado para não afinar demais — a carne pode romper. Repita com o outro bifinho.

2. Leve uma frigideira ao fogo médio e tempere apenas um dos lados dos paillards com sal e pimenta-do-reino a gosto — por ser um corte fino, o frango pode ficar salgado se os dois lados forem temperados. Quando a frigideira aquecer, regue com o azeite e doure os paillards por 2 minutos de cada lado. Sirva a seguir.

Quanto mais fresca, melhor!

Quando eu era criança, ficava catando as ervilhas do empadão e deixava de lado na borda do prato. Eu achava que detestava ervilha, até que um dia, descobri a ervilha fresca: essas bolinhas verdes são um sucesso! Sou totalmente a favor de atalhos na cozinha, mas aquela lata de ervilha temperada da infância era o caminho certo para estragar qualquer prato. Já a pré-cozida, sem tempero, não falta no congelador de casa. Por semelhança, combina bem com ingredientes refrescantes, como a hortelã, utilizada na receita do purê deste capítulo — coentro, limão e pimentão são outros exemplos. Mas ela também combina com sabores potentes. Você já vai descobrir, assim que folhear as próximas páginas. Ah, mais uma qualidade importante da ervilha: fica pronta num piscar de olhos.

RECEITAS
PURÊ DE ERVILHA
FILÉ DE PEIXE FRITO COM SALADINHA DE ERVAS FRESCAS
BARQUINHA DE ALFACE-ROMANA COM ATUM E MOLHO DE MOSTARDA
PANQUEQUINHA DE ERVILHA COM RICOTA TEMPERADA
ERVILHA ASSADA COM ESPECIARIAS
PASTA DE ERVILHA COM AVOCADO
MACARRÃO PRIMAVERA EM UMA PANELA SÓ

MÉTODOS DE COZIMENTO

Ervilha fresca cozinha rapidinho. E é por isso que ela reina nos dias cheios de pressa. Aqui, a gente descobre algumas formas diferentes para preparar esse ingrediente maravilhoso.

REFOGADA, a ervilha cozinha enquanto absorve o sabor do azeite ou da manteiga, do alho e da cebola.
SALTEADA, a ervilha pula-pula na frigideira até ficar no ponto. O ponto ideal é quando ainda está crocante.
BRANQUEADA, cozinha em água fervente e depois fica de molho em uma tigela com água e cubos de gelo. Essa técnica faz com que a ervilha fique firme e com uma cor bem viva. Se comprar fresca e quiser congelar, dê essa branqueada antes.
ASSADA, a ervilha fica bem crocante e sequinha. Tempere com especiarias e sirva as bolinhas verdes como um petisco criativo, vegano e delicioso.
COZIDA até ficar macia, vira sopa refrescante — bem diferente da de ervilha seca — ou purê fresquinho, que acompanha bem carnes brancas.

CORTES

Cortar ervilha por ervilha não é o caso, certo? Mas dá para bater no liquidificador ou no mixer.

PURÊ DE ERVILHA

SERVE
4 pessoas
TEMPO DE PREPARO
20 minutos

FALOU PURÊ, PENSOU BATATA? VAMOS REVER ESSE CONCEITO! FEITO COM ERVILHA CONGELADA, ESTE PURÊ FICA PRONTO NUM PALITO E DÁ UM AR DE NOVIDADE PARA O PEIXINHO FRITO DO DIA A DIA.

300 g de ervilha congelada
1 cebola picada fino
2 colheres (sopa) de manteiga
¼ de xícara (chá) de água
folhas de hortelã a gosto
sal e pimenta-do-reino moída na hora a gosto

1. Leve uma frigideira grande com a manteiga ao fogo médio. Assim que a manteiga derreter, junte a cebola e refogue por 3 minutos, até murchar.

2. Acrescente as ervilhas congeladas, misture e tempere com sal e pimenta-do-reino a gosto. Refogue por cerca de 5 minutos, para descongelar e aquecer. Acrescente a água e deixe cozinhar por mais 2 minutos, até a ervilha ficar macia.

3. Transfira as ervilhas (com o líquido do cozimento) para o copo do mixer (ou liquidificador). Acrescente as folhas de hortelã e bata até formar um purê. Prove e acerte o sal. Transfira para uma tigela e sirva a seguir.

FILÉ DE PEIXE FRITO COM SALADINHA DE ERVAS FRESCAS

RECEITA EXTRA

SERVE
4 pessoas

TEMPO DE PREPARO
30 minutos

CROCANTES E DOURADOS POR FORA E MACIOS E SUCULENTOS POR DENTRO. MAS FRITURA PODE? FEITA DA MANEIRA CERTA, E NÃO TODO DIA, CLARO QUE PODE! ÓLEO NOVO, COZIMENTO NO TEMPO CERTO E PAPEL TOALHA PARA TIRAR O EXCESSO DE GORDURA.

8 filés de pescada (cerca de 600 g)
farinha de trigo o quanto baste
caldo de 1 limão
2 cebolas roxas
folhas de salsinha, de hortelã e de coentro a gosto
óleo para fritar
azeite a gosto
sal e pimenta-do-reino moída na hora a gosto
cubos de gelo

1. Descasque e fatie a cebola em meias-luas finas. Transfira para uma tigela, cubra com água e alguns cubos de gelo — a água gelada ajuda a eliminar o ardido.

2. Numa travessa, coloque os filés de peixe, regue com o caldo de limão e tempere com sal e pimenta-do-reino moída na hora a gosto.

3. Cubra o fundo de um prato (ou assadeira) com farinha, tempere com sal a gosto e misture. Forre uma travessa com papel toalha e reserve.

4. Leve ao fogo médio uma frigideira grande com cerca de ¼ de xícara (chá) de óleo — ou o quanto baste para cobrir o fundo.

5. Escorra o excesso de caldo de limão de um filé de peixe, passe pela farinha de trigo, empanando bem dos dois lados — pressione delicadamente com as mãos para a farinha grudar. Repita com outro filé.

6. Assim que o óleo estiver quente, coloque delicadamente os filés de peixe empanados e deixe dourar por cerca de 3 minutos de cada lado. Enquanto isso, empane os filés de peixe restantes e repita o procedimento, completando a frigideira com óleo.

7. Transfira os filés fritos para a travessa forrada com papel toalha. Repita o procedimento com os outros filés empanados.

8. Escorra a água e transfira a cebola roxa para uma tigela. Misture as ervas e tempere com azeite e sal. Sirva a seguir sobre o peixe com purê ou qualquer outro acompanhamento da sua escolha.

BARQUINHA DE ALFACE-ROMANA COM ATUM E MOLHO DE MOSTARDA

SERVE
2 pessoas
TEMPO DE PREPARO
25 minutos

UMA LATA DE ATUM PODE SALVAR UMA REFEIÇÃO. SE TIVER ERVILHA PRÉ-COZIDA NO CONGELADOR, ENTÃO, ESTÁ FEITO O JANTAR. EM VEZ DE MISTURAR NA SALADA, SIRVA NA FOLHA DE ALFACE. O MOLHO LEVA MOSTARDA, AZEITE, VINAGRE E MEL.

1 lata de atum sólido em água
½ xícara (chá) de ervilhas congeladas
1 fatia de pão (de preferência caseiro)
½ cebola roxa
1 maço de alface-romana baby
1 colher (sopa) de mostarda de Dijon
1 colher (sopa) de mel
3 colheres (sopa) de vinagre de vinho tinto
azeite a gosto
sal e pimenta-do-reino moída na hora a gosto

1. Lave as folhas de alface sob água corrente e transfira para uma tigela com 1 litro de água e um bactericida da sua escolha. Deixe de molho por 15 minutos. Enquanto isso, prepare os outros ingredientes.

2. Retire as ervilhas do congelador e transfira para uma peneira. Coloque sobre uma tigela e deixe em temperatura ambiente até descongelarem. Se preferir, coloque as ervilhas numa tigela e leve ao micro-ondas por alguns segundos.

3. Corte o pão em cubinhos de 2 cm. Leve ao fogo baixo uma frigideira para aquecer. Regue com 1 colher (sopa) de azeite e doure os cubos de pão por cerca de 2 minutos, mexendo com uma espátula para dourarem por igual. Tempere com sal e pimenta-do-reino a gosto e transfira para um prato para esfriar.

4. Descasque e pique fino a cebola. Numa peneira, escorra a água do atum, transfira para uma tigela e, com um garfo, misture a ervilha e a cebola.

5. Para o molho: num pote de vidro com tampa, coloque a mostarda, o mel, o vinagre de vinho tinto, ⅓ de xícara (chá) de azeite. Tempere com sal e pimenta-do-reino. Tampe e chacoalhe bem para misturar. Reserve.

6. Retire as folhas de alface da água, em vez de escorrer — assim as sujeirinhas ficam no fundo da tigela. Enxágue sob água corrente e passe pela centrífuga de saladas para secar bem — a água dilui o molho da salada.

7. Preencha o centro das folhas de alface com atum preparado e transfira para uma travessa. Regue com o molho e sirva a seguir com os croûtons.

PANQUEQUINHA DE ERVILHA COM RICOTA TEMPERADA

SERVE
3 pessoas

TEMPO DE PREPARO
30 minutos

RECEITA DE BRUNCH, ALMOÇO LEVE OU JANTAR EM DIAS DE CALOR: A PANQUECA É FÁCIL DE PREPARAR E FAZ A LINHA REFEIÇÃO FRESQUINHA, SABE? É QUE, ALÉM DAS ERVILHAS FRESCAS, TEM RICOTA E MANJERICÃO PARA ACOMPANHAR A MASSA.

- 1 xícara (chá) de ervilha fresca congelada (cerca de 150 g)
- 1 ovo
- ½ xícara (chá) de leite
- ½ xícara (chá) de farinha de trigo
- ½ colher (sopa) de fermento em pó
- 1 xícara (chá) de ricota esfarelada
- 1 maço de manjericão
- azeite a gosto
- sal e pimenta-do-reino moída na hora a gosto
- manteiga a gosto

1. Retire as ervilhas do congelador e transfira para uma peneira. Coloque sobre uma tigela e deixe em temperatura ambiente até descongelarem. Se preferir, coloque as ervilhas numa tigela e leve ao micro-ondas por alguns segundos.

2. Numa tigela, tempere a ricota com azeite, sal, pimenta-do-reino moída na hora e folhas de manjericão a gosto. Reserve.

3. Em outra tigela grande, junte o ovo, o leite e 1 colher (sopa) de manteiga em temperatura ambiente (se quiser, aqueça no micro-ondas). Misture bem com o batedor de arame até ficar liso. Adicione a farinha aos poucos, mexendo com o batedor para incorporar. Tempere com sal e pimenta-do-reino, junte o fermento, os grãos de ervilha e misture delicadamente.

4. Leve uma frigideira antiaderente ao fogo médio. Quando aquecer, unte o fundo com um pouco de manteiga usando um papel toalha (repita essa operação antes do preparo de cada panqueca).

5. Coloque uma colherada da massa na frigideira e deixe dourar por cerca de 3 minutos de cada lado, até ficar cozida (use uma colher de servir arroz para medir a quantidade de massa). Com uma espátula, transfira para um prato e repita o processo com a massa toda. Sirva a seguir com a ricota temperada e decore com mais folhas de manjericão.

ERVILHA ASSADA COM ESPECIARIAS

SERVE
4 pessoas

TEMPO DE PREPARO
30 minutos

QUER EVITAR O EXCESSO DE SÓDIO E TODOS OS COMPONENTES QUÍMICOS QUE VÊM DE BRINDE NOS PETISCOS INDUSTRIALIZADOS? ESTA RECEITA É GENIAL! A ERVILHA DESCONGELA RAPIDINHO E DEPOIS VAI PARA O FORNO CONVENCIONAL COM UMA MISTURA DE ESPECIARIAS. O RESULTADO É UM APERITIVO CRIATIVO, PERFUMADO E BEM, BEM SABOROSO. TEM UMA CERVEJINHA GELADA AÍ?

300 g de ervilha congelada
1 ½ colher (sopa) de azeite
1 colher (chá) de cominho em pó
½ colher (chá) de canela em pó
sal e pimenta-do-reino moída na hora a gosto

1. Preaqueça o forno a 220 °C (temperatura alta).

2. Coloque as ervilhas numa tigela de vidro e leve ao micro-ondas por 1 minuto, mexendo na metade do tempo para descongelarem.

3. Forre uma assadeira com papel toalha a seque bem os grãos de ervilha — quanto mais sequinhos, mais crocantes eles ficam.

4. Descarte o papel toalha e mantenha os grãos na assadeira. Regue com o azeite, tempere com o cominho, a canela, o sal, a pimenta-do-reino e misture bem com uma espátula para envolver todos os grãos.

5. Leve ao forno para assar por 20 minutos, até ficarem crocantes. Deixe esfriar antes de servir.

PASTA DE ERVILHA COM AVOCADO

SERVE
6 pessoas

TEMPO DE PREPARO
20 minutos

SÃO MUITAS AS GRAÇAS DESTA PASTA: O VERDE INTENSO DA COR, O SABOR REFRESCANTE, MAS É A CREMOSIDADE O QUE MAIS IMPRESSIONA. ESPECIALMENTE PORQUE NÃO LEVA NENHUMA GOTA DE CREME OU DE QUEIJO. É O AVOCADO, AQUELE ABACATE MENORZINHO, O RESPONSÁVEL PELA TEXTURA.

300 g de ervilha congelada
3 avocados maduros
1 maço de folhas de coentro
2 colheres (sopa) de azeite
caldo de 2 limões
sal a gosto

1. Lave e seque as folhas de coentro. Reserve um ramo para a decoração e pique fino o restante.

2. Leve ao fogo médio uma frigideira grande. Quando aquecer, regue com o azeite e junte as ervilhas. Mexa por cerca de 2 minutos apenas para descongelarem.

3. Transfira as ervilhas para uma tigela grande. Regue com o caldo de 1 limão, junte as folhas de coentro picadas e bata com o mixer até formar um purê rústico (se preferir, bata as ervilhas no processador).

4. Corte os avocados ao meio e descarte os caroços. Junte a polpa ao purê de ervilha e amasse bem com um garfo. Tempere com o restante do caldo de limão e sal a gosto. Se preferir uma textura mais lisa, bata tudo com o mixer.

5. Transfira a pasta para uma tigela, regue com um fio de azeite e decore com folhas de coentro. Sirva a seguir com pães, torradas e crudités de legumes.

MACARRÃO PRIMAVERA EM UMA PANELA SÓ

SERVE
1 pessoa
TEMPO DE PREPARO
20 minutos

QUEM COZINHA SÓ PARA SI VAI GOSTAR, E MUITO, DESTA PREPARAÇÃO. PRIMEIRO, PORQUE É UMA PORÇÃO INDIVIDUAL — AS MEDIDAS SÃO PENSADAS PARA NÃO SOBRAR NEM FALTAR. SEGUNDO, PORQUE É FEITA EM UMA PANELA SÓ. E, SIM, ELA É PRÁTICA E DELICIOSA. PARA O PREPARO FICAR AINDA MAIS RÁPIDO, APROVEITE UM BOM ATALHO NA COZINHA, AS ERVILHAS COMPRADAS CONGELADAS. ELAS ESTÃO PRONTINHAS PARA SEREM USADAS!

1 xícara (chá) de farfalle (ou outra massa curta de grano duro)
1 ½ xícara (chá) de água
½ colher (sopa) de azeite
½ abobrinha
¼ de xícara (chá) de ervilhas frescas (ou congeladas)
¼ de pimentão amarelo
½ colher (chá) de sal
¼ de xícara (chá) de queijo parmesão ralado + 1 colher (sopa) para servir
2 ramos de salsinha fresca
pimenta-do-reino moída na hora a gosto

1. Lave e seque a abobrinha, o pimentão e a salsinha. Numa tábua, corte a abobrinha ao meio, no sentido do comprimento, e fatie cada metade em meias-luas finas. Descarte as sementes e corte o pimentão em cubos pequenos.

2. Numa panela pequena, misture o macarrão, a abobrinha, o pimentão, a ervilha, o azeite, o sal, a pimenta-do-reino e a água.

3. Leve ao fogo médio e, quando começar a ferver, deixe cozinhar por 10 minutos, mexendo de vez em quando.

4. Desligue o fogo, junte o queijo parmesão ralado e misture bem. Transfira para um prato e finalize com as folhas de salsinha. Sirva a seguir com queijo parmesão ralado.

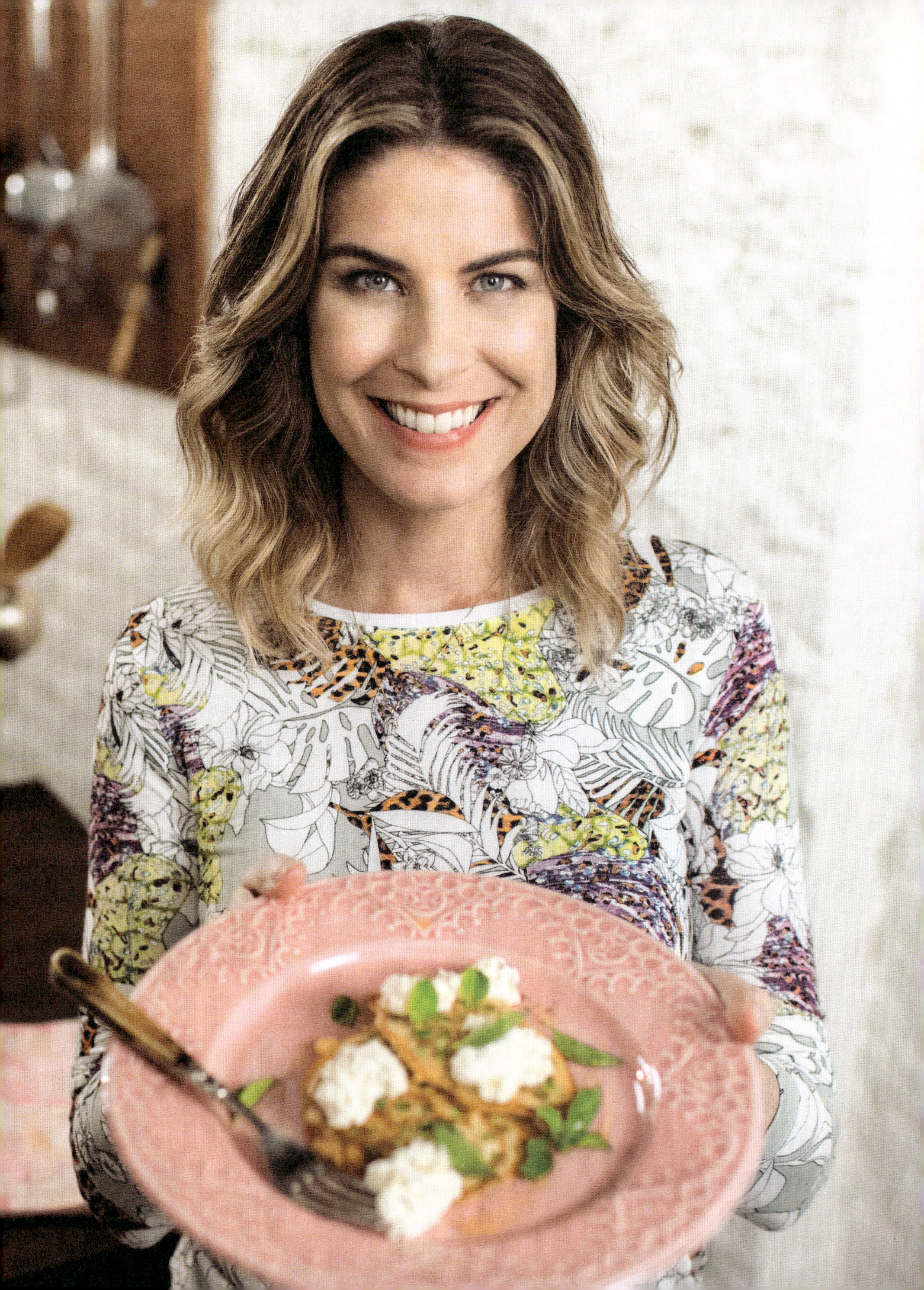

Verdura que dura!

cap. 18 **ESCAROLA**

Escarola é danada de boa sabe para quê? Para tanta coisa! Mas principalmente para ter na geladeira. Ela dura que é uma beleza! E é mais versátil que a alface: pode ser servida crua, assada, refogada, cozida ou até em versão escabeche (cozida com um banho de molho quente de azeite, vinagre, aliche e alho). Ela tem um ligeiro amargor, é verdade. Mas isso só enriquece as combinações de sabores. Escarola, você sabe, vai bem com sabores fortes, como o do aliche (alguém pensou em pizza?); mas também com frescos, como o do limão; ou ainda adocicados, como o da pera e da uva-passa. Vamos às preparações?

RECEITAS
SALADA DE ESCAROLA COM PERA E MOLHO DE QUEIJO AZUL
ESCAROLA ASSADA COM QUEIJO MEIA CURA
ESCAROLA ESCABECHE COM ALICHE
ESCAROLA REFOGADA COM UVA-PASSA, LIMÃO E PIMENTA SÍRIA
PASTEL DE ESCAROLA COM UVA-PASSA
SOPA DE FEIJÃO-BRANCO COM ESCAROLA
MACARRÃO COM ESCAROLA

MÉTODOS DE COZIMENTO
Escarola crua tem a textura bem crocante, um sabor ligeiramente amargo, mas ainda assim fica ótima para servir como salada. Mas ela, diferente da alface ou da rúcula, funciona muito bem com vários tipos de cozimento.

CRUA, a escarola é amarga e crocante, com gosto de coisa fresca, adstringente. É boa para protagonizar saladas e ser combinada com ingredientes que fazem contrapontos de sabor, como a pera, que é doce, e o queijo roquefort, que é potente e gorduroso.
ASSADA, fica macia e úmida, como cobertura de pizza ou recheio de esfiha. Se o maço inteiro for ao forno, pode ser recheado com ingredientes como o queijo meia cura, por exemplo. Nesse caso, mantém a textura mais crocante no miolo e fica mais macia nas extremidades das folhas.
REFOGADA, ganha umidade, maciez e serve de acompanhamento ou recheio para outras preparações, como pastéis e tortas. Que tal?
ESCABECHE, cozinha rapidamente em um banho quente de vinagre e azeite — uma versão da *bagna cauda*, prato típico do Piemonte, na Itália. Esse método faz com que a escarola mantenha a textura crocante, mas ganhe um aroma intenso do molho.
COZIDA em água ou no vapor, pode ficar mais ou menos macia, dependendo do tempo de cozimento. Esse método é ideal para acrescentar o sabor amarguinho e a textura crocante da escarola a receitas, como a sopa de feijão-branco que você verá a seguir.

CORTES
A gente consegue usar o maço **INTEIRO** de escarola, que recheado vira prato principal e lembra até um assado de carne, enrolado com barbante. As folhas **RASGADAS** são boas para saladas. Mas podem ser cortadas em **QUADRADOS**, em **TIRAS** finas (cerca de 1 cm) ou médias (cerca de 2 cm).

SALADA DE ESCAROLA COM PERA E MOLHO DE QUEIJO AZUL

SERVE
4 pessoas
TEMPO DE PREPARO
15 minutos

JUNTOU PERA COM QUEIJO AZUL, NÃO TEM COMO DAR ERRADO. INCLUA ESCAROLA CRUA NESTA COMBINAÇÃO, E PRONTO: TEMOS UMA SALADA VIGOROSA, ÓTIMA PARA DAR UMA ANIMADA NO JANTAR DE DIA DE SEMANA OU MESMO PARA RECEBER OS AMIGOS.

1 maço de escarola
2 miniperas
caldo de ½ limão
1 pote de iogurte natural sem açúcar (170 g)
3 colheres (sopa) de queijo azul esfarelado (gorgonzola ou roquefort)
1 dente de alho
1 pitada de sal
1 colher (chá) de molho inglês

1. Lave as folhas de escarola sob água corrente. Transfira para uma tigela com 1 litro de água e um bactericida da sua escolha. Deixe de molho por 15 minutos.

2. Prepare o molho: descasque e bata o dente de alho num pilão com uma pitada de sal, até formar uma pastinha (se preferir, pique fino com a faca); junte o iogurte, o queijo azul esfarelado e o molho inglês e misture bem.

3. Lave, seque e corte as miniperas em quartos. Regue cada pedaço com o caldo de limão para não ficarem escuros.

4. Retire as folhas da tigela, em vez de escorrer a água — assim as sujeirinhas ficam no fundo da tigela. Lave novamente sob água corrente e transfira para uma centrífuga de saladas. Seque bem, rasgue grosseiramente as folhas com as mãos e coloque numa saladeira. Coloque por cima as peras em quartos, regue com o molho e sirva a seguir.

ESCAROLA ASSADA COM QUEIJO MEIA CURA

SERVE
2 pessoas

TEMPO DE PREPARO
20 minutos

BOA PREPARAÇÃO PARA UMA *SEGUNDA SEM CARNE*: O MAÇO RECHEADO COM QUEIJO VAI PARA O FORNO E, DEPOIS DE ASSAR, É CORTADO AO MEIO E SERVIDO COM NOZES PICADAS. UMA ÓTIMA MANEIRA DE APROVEITAR O MAÇO QUE ESTÁ DANDO SOPA NA GELADEIRA.

1 maço de escarola
100 g de queijo meia cura
¼ de xícara (chá) de nozes picadas
1 colher (sopa) de azeite
sal e pimenta-do-reino moída na hora a gosto
barbante de algodão para amarrar a escarola

1. Preaqueça o forno a 220 °C (temperatura alta).

2. Mantenha o maço de escarola inteiro (não solte as folhas). Encha uma tigela grande com água, segure o maço pela base e mergulhe as folhas sacudindo delicadamente para higienizar — faça esse movimento quantas vezes forem necessárias.

3. Corte o queijo meia cura em fatias finas e disponha entre as folhas de escarola, preenchendo as camadas do maço até a base. Enrole com um pedaço grande de barbante para manter as folhas unidas e o maço, bem fechadinho. Dê um nó com as pontas do barbante para fechar.

4. Coloque o maço recheado numa assadeira e regue com azeite. Leve ao forno para assar por 10 minutos, até a escarola murchar levemente e o queijo derreter — a escarola deve manter o formato.

5. Corte o barbante e transfira a escarola recheada para a tábua. Corte o maço ao meio, no sentido do comprimento. Tempere com sal e pimenta-do-reino e polvilhe com as nozes picadas. Sirva a seguir. Se quiser, regue com mais um fio de azeite.

ESCAROLA ESCABECHE COM ALICHE

SERVE
4 pessoas
TEMPO DE PREPARO
25 minutos

NESTA PREPARAÇÃO, FATIAS FINAS DE ESCAROLA GANHAM UM BANHO QUENTE DE AZEITE E VINAGRE, TEMPERADOS COM ALHO E ALICHE. O RESULTADO? UMA VIAGEM SEM ESCALAS AO MEDITERRÂNEO. SIRVA COMO APERITIVO OU COMO SALADA MORNA. E COMO ACOMPANHAMENTO? CLARO QUE PODE!

1 maço de escarola
4 dentes de alho
10 filés de aliche
⅓ de xícara (chá) de azeite
⅓ de xícara (chá) de vinagre de vinho branco
fatias de pão italiano para servir

1. Lave bem as folhas de escarola sob água corrente. Transfira para uma tigela grande com 1 litro de água e o bactericida de sua escolha. Deixe as folhas de escarola imersas nessa solução por cerca de 15 minutos para higienizar.

2. Retire as folhas da tigela, em vez de escorrer a água — assim as sujeirinhas ficam no fundo da tigela. Enxágue sob água corrente, transfira para uma centrífuga de saladas e seque bem.

3. Na tábua, empilhe uma folha sobre a outra, enrole como um charutinho e corte em fatias finas (para formar tiras de 1 cm). Transfira para um refratário e repita com o restante.

4. Descasque e pique fino os dentes de alho. Leve uma frigideira com o azeite, o alho e os filés de aliche ao fogo médio. Refogue por cerca de 3 minutos, até o alho dourar e os filés de aliche desmancharem. Diminua o fogo e junte o vinagre. Quando começar a ferver, regue sobre a escarola fatiada. Misture bem e sirva a seguir com fatias de pão italiano.

ESCAROLA REFOGADA COM UVA-PASSA, LIMÃO E PIMENTA SÍRIA

SERVE
2 pessoas

TEMPO DE PREPARO
30 minutos

DE RECEITA DE ESCAROLA REFOGADA COM CEBOLA, ALHO E AZEITE NINGUÉM PRECISA, CERTO? MAS ESTA AQUI É DIGNA DE TOMAR NOTA: VOCÊ VAI PRECISAR DE PIMENTA SÍRIA, UVAS-PASSAS E RASPAS DE LIMÃO. COM ESSES TRÊS INGREDIENTES, O REFOGADO DE SEMPRE GANHA UM SABOR NOVINHO EM FOLHA!

1 maço de escarola
½ cebola
1 dente de alho
⅓ de xícara (chá) de uvas-passas pretas (55 g)
raspas e caldo de 1 limão
2 colheres (sopa) de azeite
½ colher (chá) de pimenta síria
12 folhas de hortelã [ou 1 colher (chá) picadinha]
sal a gosto

1. Lave, seque e faça raspas da casca do limão. Numa tigela, coloque as uvas-passas e regue com o caldo do limão. Reserve.

2. Enquanto isso, lave as folhas de escarola sob água corrente, transfira para uma centrífuga de saladas e seque bem. Empilhe uma folha sobre a outra na tábua, enrole como um charutinho e corte em fatias médias (para formar tiras de cerca de 2 cm). Transfira para uma tigela e repita com o restante.

3. Lave, seque e pique fininho as folhas de hortelã. Descasque e pique fino a cebola e o alho.

4. Leve uma panela (ou frigideira grande) ao fogo médio. Quando aquecer, regue com o azeite e junte a cebola. Refogue por 2 minutos, até murchar, acrescente o alho e mexa por 1 minuto.

5. Junte a escarola, as uvas-passas (com o caldo de limão), tempere com sal e a pimenta síria. Refogue por cerca de 2 minutos, até começar a murchar. Desligue o fogo, misture as raspas de limão e a hortelã picada e sirva a seguir.

PASTEL DE ESCAROLA COM UVA-PASSA

RENDE
9 pastéis

TEMPO DE PREPARO
30 minutos

O REFOGADINHO PERFUMADO E DELICIOSO VIRA RECHEIO NESTE PASTEL ASSADO, BEM LEVINHO. RECEITA BOA DE LEVAR NA MARMITA PARA O TRABALHO!

1 pacote de massa para pastel de forno (cerca de 300 g)
1 gema para pincelar

1. Preaqueça o forno a 180 °C (temperatura média). Retire a massa de pastel da geladeira. Unte uma assadeira com azeite.

2. Coloque a escarola refogada com a uva-passa, o limão e a pimenta síria numa peneira e pressione delicadamente sobre uma tigela para retirar o excesso de líquido — isso evita que a massa de pastel umedeça e rache na hora de assar.

3. Coloque 1 colher (sopa) do recheio no centro de um disco de massa. Molhe o indicador na água e passe na borda da massa — isso impede que os pastéis abram na hora de assar. Dobre a massa ao meio e una as bordas pressionando bem. Com um garfo, aperte as bordas do pastel para selar, sem furar a massa, e transfira para a assadeira.

4. Numa tigela, misture a gema com 1 colher (chá) de água e pincele os pastéis. Leve ao forno para assar por cerca de 20 minutos, até dourar. Retire do forno e sirva a seguir.

SOPA DE FEIJÃO-BRANCO COM ESCAROLA

SERVE
6 pessoas

TEMPO DE PREPARO
1 hora + 12 horas para o feijão ficar de molho

SOPA DE FEIJÃO-BRANCO, JÁ EXPERIMENTOU? OS GRÃOS COZINHAM EM UM SABOROSO CALDO CASEIRO, FEITO COM CEBOLA, TOMATE, CENOURA, SALSÃO E ALHO. TUDO SIMPLES, SAUDÁVEL E DELICIOSO. A ESCAROLA SÓ ENTRA EM CENA NOS FINALMENTES, ASSIM NÃO PERDE A INCRÍVEL TEXTURA CROCANTE.

2 xícaras (chá) de feijão-branco
1 maço de escarola
1 cenoura
1 cebola
1 talo de salsão (sem as folhas)
2 tomates maduros
1 dente de alho
1,5 litro de água
2 colheres (sopa) de azeite
1 folha de louro
queijo parmesão ralado a gosto
sal e pimenta-do-reino moída na hora a gosto

1. Numa tigela, coloque o feijão e cubra com água. Deixe de molho durante 12 horas e troque a água uma vez nesse período — o remolho diminui o tempo de cozimento e deixa o feijão menos indigesto.

2. Descasque e corte a cenoura em cubinhos de 1 cm. Descasque e pique fino a cebola e o alho. Lave, descasque, descarte as sementes e corte os tomates em cubos pequenos. Lave e corte o salsão em cubos pequenos.

3. Leve uma panela média ao fogo médio. Quando aquecer, regue com o azeite e junte a cebola, o salsão e a cenoura. Tempere com uma pitada de sal e refogue por cerca de 2 minutos, até a cebola murchar. Junte o alho e os tomates e refogue por mais 3 minutos.

4. Regue com 1, 5 litro de água, junte o feijão escorrido (sem a água do remolho), o louro e deixe cozinhar em fogo médio, até ferver. Diminua o fogo e deixe cozinhar por mais 40 minutos com a tampa semiaberta, até os feijões ficarem macios.

5. Enquanto isso, lave bem as folhas de escarola sob água corrente. Numa tábua, empilhe as folhas, uma sobre a outra, e corte em quadrados.

6. Assim que os feijões estiverem cozidos, tempere o caldo com sal e pimenta-do-reino a gosto. Junte as folhas de escarola e deixe cozinhar por mais 2 minutos. Sirva a seguir com queijo parmesão ralado.

MACARRÃO COM ESCAROLA

SERVE
6 pessoas
TEMPO DE PREPARO
20 minutos

ESCAROLA CONTRACENA MUITO BEM COM MASSAS EM GERAL. E O PARCEIRO DE LONGA DATA COSTUMA SER O ALICHE. PARA VARIAR OS SABORES, ELE VAI DAR LUGAR A RASPAS DE LIMÃO, ALHO E PARMESÃO. E TEM AINDA UM INGREDIENTE QUE ENTRA NA PANELA APENAS PARA PERFUMAR: O LOURO. ELE DEIXA O AZEITE LIGEIRAMENTE CANFORADO, ATÉ APIMENTADO — E, SE QUISER FAZER MISTÉRIO, PODE ATÉ TIRAR DO PRATO ANTES DE SERVIR.

500 g de talharim (ou outra massa longa de grano duro)
2 maços de escarola
1 dente de alho
½ xícara (chá) de azeite
10 folhas de louro seco
sal a gosto
raspas de 2 limões-sicilianos
lascas de queijo parmesão a gosto

1. Leve ao fogo alto uma panela grande (ou caldeirão) com cerca de 5 litros de água. Enquanto isso, lave e seque bem as folhas de escarola. Com a lateral da lâmina da faca, amasse o dente de alho e descarte a casca.

2. Empilhe cerca de 5 folhas de escarola na tábua e corte em quadrados de cerca de 2 cm. Transfira a escarola cortada para uma tigela e repita com o restante.

3. Assim que a água da panela ferver, adicione 2 colheres (sopa) de sal e acrescente o macarrão. Misture com um garfo apenas para soltar os fios e deixe cozinhar pelo tempo indicado na embalagem, até ficar al dente. Enquanto o macarrão cozinha, refogue a escarola.

4. Leve ao fogo médio uma panela grande. Quando aquecer, regue com ¼ de xícara (chá) de azeite, junte o alho e as folhas de louro. Deixe perfumar por cerca de 2 minutos. Se quiser, retire e descarte.

5. Acrescente a escarola à panela com azeite perfumado, tempere com sal e refogue por cerca de 3 minutos — não deixe a escarola murchar demais; ela deve ficar crocante. Desligue o fogo.

6. Assim que o macarrão estiver cozido, retire e reserve 1 xícara (chá) da água do cozimento e escorra o restante. Transfira a massa para a panela com a escarola e misture bem as raspas de limão. Regue com o azeite restante e misture um pouco da água do cozimento para a massa não ressecar. Sirva a seguir com lascas de parmesão a gosto.

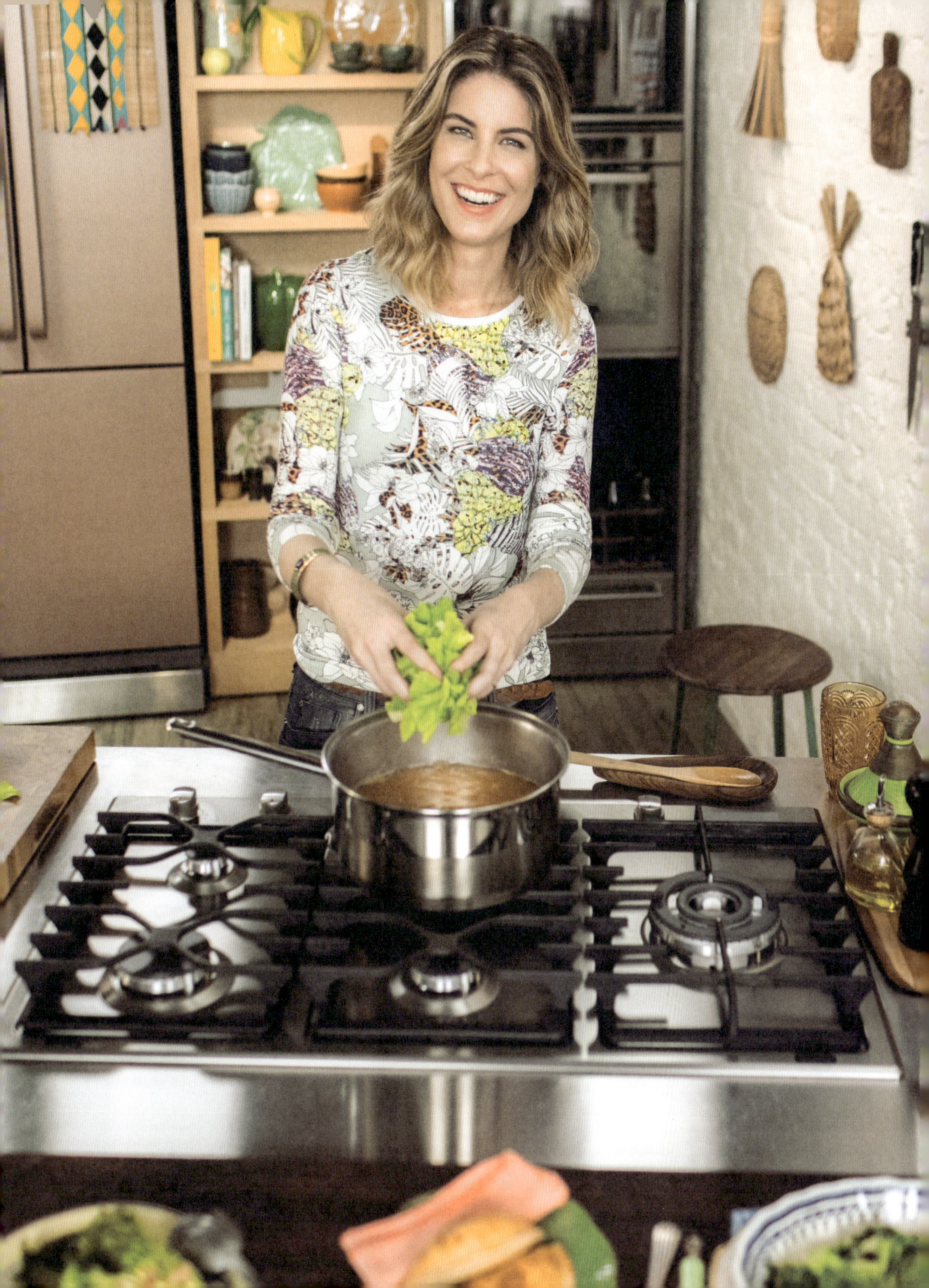

Sem preguiça, com surpresa!

Esta verdura é famosa por ser rica em ferro e cálcio. No dia a dia, porém, o que realmente importa é que o espinafre tem muito potencial culinário. (Todos os alimentos são importantes e, para garantir uma alimentação saudável de verdade, variar é fundamental. Como diz o *Guia Alimentar para a População Brasileira*, "coma comida, não nutrientes".)

Na cozinha, o espinafre é cheio de qualidades — e vai além do creminho. Este capítulo comprova com boas ideias e, diria até, com algumas surpresas. Mas não pode ter preguiça! Ok, um pouquinho não tem problema. Quer um exemplo? As folhas cruas, batidas com parmesão, nozes e azeite se transformam em... molho pesto! E que tal um ovo mexido que aproveita os talinhos que sobraram? A textura de picado e refogado fica ótima — e evita o desperdício.

Comprado congelado, um pacote de espinafre é um daqueles ótimos atalhos na cozinha, especialmente em dias de seca na geladeira — sabe como é? Mas, claro, um maço fresquinho é sempre melhor.

RECEITAS
SALADA DE CANJICA COM PESTO DE ESPINAFRE
POLENTA MOLE COM ESPINAFRE E GORGONZOLA
CREME DE ESPINAFRE COM PARMESÃO
LENTILHA COM ESPINAFRE
PEIXE EM ROSETA E FOLHAS DE COENTRO
OVO MEXIDO COM TALOS DE ESPINAFRE
TORTA INTEGRAL DE FRANGO COM ESPINAFRE

MÉTODOS DE COZIMENTO
Cru, cozido ou refogado? Com o espinafre não tem tempo ruim. É só escolher a receita que ele topa qualquer parada.

CRU, pode ser usado em saladas, além de ser a base de um pesto maravilhoso. O que mais? Coloque as folhas numa polenta na hora de servir — fica um arraso! Mas aviso: se você nunca experimentou, pode estranhar: o sabor alcalino dá aquela prendidinha na língua.
COZIDO na água, é gostoso, mas experimente cozinhar com lentilha — forma um acompanhamento maravilhoso para variar o feijão do dia a dia. Ele perde o amargor e fica com um sabor mais suave.
REFOGADO no azeite ou na manteiga, fica delicioso. É jogo rápido. E pode ser temperado com especiarias, como páprica, cominho ou canela. Basta arriscar. Os talos do espinafre acrescentam textura e sabor. Já as folhas, depois de refogadas, podem ser a base do clássico creme, virar sopa ou até se transformar em suflê.

CORTES
PROCESSADAS, as folhas de espinafre se transformam num pesto diferente. **PICADAS,** integram diferentes receitas. E para aproveitar o talo, tem que picar fininho.

SALADA DE CANJICA COM PESTO DE ESPINAFRE

SERVE
4 pessoas

TEMPO DE PREPARO
30 minutos

MOLHO PESTO FICA PERFEITO COM MASSAS E GRELHADOS VARIADOS. MAS ISSO VOCÊ JÁ SABE. TALVEZ O QUE VOCÊ NÃO SAIBA É QUE A CANJICA, ALÉM DE SER O DOCE TÍPICO DAS FESTINHAS JUNINAS, SE TRANSFORMA NUMA SALADA INCRÍVEL — E FICA AINDA MELHOR TEMPERADA COM O MOLHO PESTO. ALÉM DE COR, ELE DÁ AO PRATO UMA LIGA PERFEITA ENTRE OS INGREDIENTES.

PARA O MOLHO PESTO
1 maço de espinafre
½ xícara (chá) de nozes
½ xícara (chá) de queijo parmesão ralado na hora
½ xícara (chá) de azeite
1 dente de alho
sal e pimenta-do-reino moída na hora a gosto

1. Destaque as folhas dos talos de espinafre, lave sob água corrente. Transfira para uma tigela com 1 litro de água e um bactericida da sua escolha. Deixe de molho por 15 minutos. Reserve os talos para outra preparação. Enquanto isso, descasque o dente de alho.

2. Retire as folhas da tigela — assim as eventuais sujeirinhas ficam no fundo. Seque bem e coloque no liquidificador. Junte as nozes, o parmesão ralado, o dente de alho e o azeite. Tempere com sal e pimenta-do-reino. Bata até obter uma textura lisa. Reserve.

PARA A SALADA DE CANJICA
2 xícaras (chá) de canjica branca
1 litro de água
1 xícara (chá) de tomates sweet grape (180 g)
1 cebola roxa
azeite a gosto
sal e pimenta-do-reino moída na hora a gosto

1. Coloque a canjica na panela de pressão, cubra com água, tampe e leve ao fogo médio. Quando começar a apitar, diminua o fogo e deixe cozinhar por 20 minutos.

2. Enquanto a canjica cozinha, lave, seque e corte os tomates ao meio. Descasque e corte a cebola em meias-luas finas.

3. Passados os 20 minutos da canjica, desligue o fogo e deixe todo o vapor sair e a panela parar de apitar antes de abrir (se quiser acelerar o processo, levante a válvula com um garfo, mas saiba que isso diminui o tempo de vida útil da panela de pressão).

4. Numa peneira, escorra a água da canjica e passe os grãos sob água corrente para cessar o cozimento — a canjica para salada deve ficar cozida, mas ainda firme. Deixe escorrer bem e transfira para uma tigela.

5. Junte a cebola e o tomate, tempere com azeite, sal e pimenta-do-reino a gosto. Sirva a seguir com o molho pesto de espinafre.

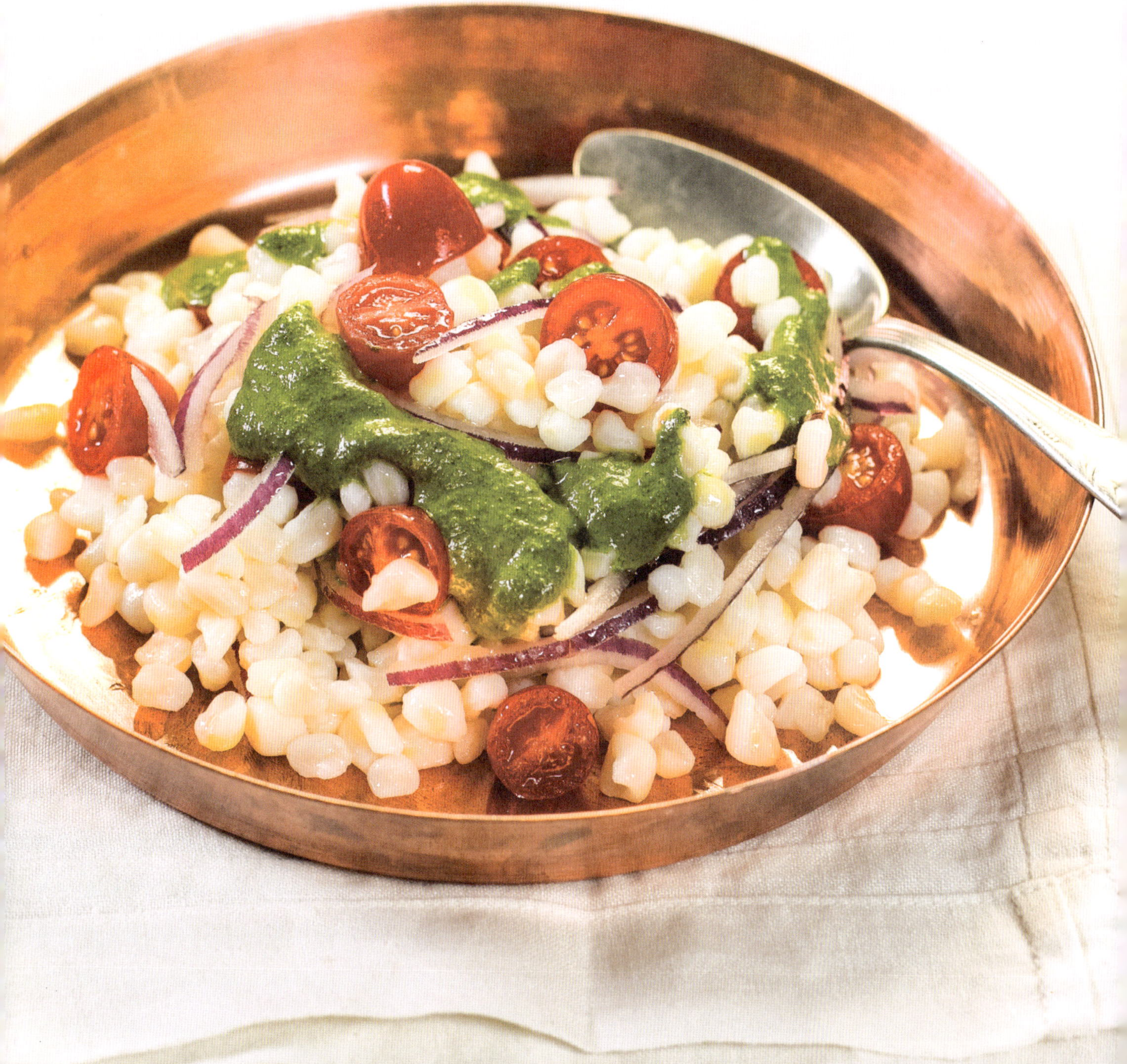

POLENTA MOLE COM ESPINAFRE E GORGONZOLA

SERVE
4 pessoas
TEMPO DE PREPARO
30 minutos

O SABOR ALCALINO DO ESPINAFRE É PERFEITO PARA EQUILIBRAR PREPARAÇÕES MAIS GORDUROSAS, COMO ESTA BELA POLENTA COM GORGONZOLA — OU UM RISOTO À MILANESA. POIS É EXATAMENTE POR ESSE MOTIVO QUE O ESPINAFRE COMBINA TÃO BEM COM BACON, CREMES, OVOS E QUEIJOS.

2 xícaras (chá) de fubá pré-cozido
1 maço de espinafre
2 litros de água
2 colheres (chá) de sal
2 colheres (sopa) de manteiga
queijo gorgonzola a gosto
folhas de salsinha a gosto
pimenta-do-reino moída na hora a gosto
azeite a gosto

1. **Destaque as folhas dos talos de espinafre,** lave sob água corrente. Transfira para uma tigela com 1 litro de água e um bactericida da sua escolha. Deixe de molho por 15 minutos. Reserve os talos para outra preparação.

2. **Retire as folhas da tigela** — assim as eventuais sujeirinhas ficam no fundo. Seque bem.

3. **Numa panela grande,** de preferência pesada (para não balançar na hora de mexer), coloque os 2 litros de água e leve ao fogo médio. Quando ferver, diminua o fogo e acrescente o sal. Com uma das mãos, junte o fubá aos poucos, em fio constante; com a outra, vá mexendo com um batedor de arame para não empelotar.

4. **Cozinhe por cerca de 15 minutos,** sem parar de mexer, até encorpar. Desligue o fogo, adicione a manteiga, as folhas de espinafre e misture bem — o espinafre cozinha no calor da polenta.

5. **Sirva em pratos fundos ou tigelas,** esfarele o queijo gorgonzola por cima, regue com azeite e tempere com pimenta-do-reino moída na hora a gosto. Decore com folhas de salsinha e sirva a seguir.

CREME DE ESPINAFRE COM PARMESÃO

SERVE
4 pessoas

TEMPO DE PREPARO
25 minutos

COMO DEIXAR DE LADO O CREME DE ESPINAFRE NO CAPÍTULO INTEIRAMENTE DEDICADO A ELE? AH, MAS SEMPRE DÁ PARA REINVENTAR NA COZINHA, ATÉ COM A MAIS TRIVIAL DAS RECEITAS! NESTA VERSÃO, USEI AS FOLHAS COMPRADAS CONGELADAS, QUE PODEM SER ENCONTRADAS EM EMBALAGENS DE 300 G NO SUPERMERCADO. ESSE É O TIPO DE ATALHO QUE A INDÚSTRIA NOS OFERECE SEM COLOCAR EM RISCO A NOSSA ALIMENTAÇÃO — NÃO TEM NENHUM ADITIVO QUÍMICO, LEIA O RÓTULO. O TOQUE DE GLAMOUR FICA POR CONTA DA NOZ-MOSCADA E DO QUEIJO PARMESÃO. ELES ARREMATAM O SABOR DO PRATO.

300 g de espinafre congelado fatiado (1 embalagem)
3 xícaras (chá) de leite
4 colheres (sopa) de manteiga
4 colheres (sopa) de farinha de trigo
½ xícara (chá) de queijo parmesão ralado fino
noz-moscada ralada na hora a gosto
sal e pimenta-do-reino moída na hora a gosto

1. Leve uma panela média com a manteiga ao fogo baixo. Quando derreter, junte a farinha e mexa bem por 2 minutos, até ficar levemente dourada.

2. Adicione o leite de uma só vez e mexa vigorosamente com um batedor de arame para dissolver todos os gruminhos de farinha. Aumente o fogo para médio, tempere com noz-moscada a gosto e mexa até engrossar — cerca de 10 minutos.

3. Acrescente o espinafre congelado e mexa bem para descongelar e aquecer. Tempere com sal e pimenta-do-reino. Cozinhe sem parar de mexer por 10 minutos ou até atingir a consistência desejada. Desligue o fogo, junte o queijo ralado e misture bem. Transfira para uma tigela e sirva a seguir.

LENTILHA COM ESPINAFRE

SERVE
4 pessoas

TEMPO DE PREPARO
45 minutos

NA MINHA CASA, MUITAS VEZES POR SEMANA, EM VEZ DE FEIJÃO TEM LENTILHA. O PREPARO É MAIS PRÁTICO: NÃO PRECISA DEIXAR DE MOLHO NEM COZINHAR NA PRESSÃO. E O SABOR É DELICIOSO. COMBINA COM ARROZ, COM CUSCUZ MARROQUINO, E FICA DIVINA COM UM MAÇO DE ESPINAFRE ACRESCENTADO NO FIM DO COZIMENTO. AQUI, ESCOLHI COLOCAR ESTA VERSÃO ENSOPADA, MAS FICA ÓTIMA COMO SALADA, COMO SOPA E ATÉ BATIDA COMO SE FOSSE HOMUS. UM ÚLTIMO DETALHE: ELA ADORA ESPECIARIAS. COMINHO É FUNDAMENTAL. MAS EXPERIMENTE TAMBÉM TEMPERAR COM PÁPRICA, CÚRCUMA, CURRY E ATÉ CANELA.

1 xícara (chá) de lentilha
1 maço de espinafre
1 cebola
2 dentes de alho
1 litro de água
1 colher (sopa) de azeite
½ colher (chá) de cominho
1 folha de louro
sal e pimenta-do-reino moída na hora a gosto

1. Descasque e pique fino a cebola e o alho.

2. Leve uma panela média ao fogo baixo. Quando aquecer, regue com o azeite e refogue a cebola por 3 minutos, até começar a dourar. Acrescente o alho, o cominho, o louro e a lentilha. Tempere com sal e pimenta-do-reino e misture bem.

3. Regue com a água e, quando começar a ferver, diminua o fogo e deixe cozinhar por 30 minutos, com a tampa semiaberta, mexendo de vez em quando.

4. Enquanto isso, destaque as folhas dos talos de espinafre e lave sob água corrente. Reserve os talos para outra preparação.

5. Assim que a lentilha estiver cozida, desligue o fogo, adicione as folhas e misture — o espinafre vai cozinhar com o calor da panela. Sirva a seguir.

PEIXE EM ROSETA E FOLHAS DE COENTRO

RECEITA EXTRA

SERVE
2 pessoas

TEMPO DE PREPARO
20 minutos

QUER UM JEITO DIFERENTE DE SERVIR OS FILÉS DE PESCADA? ESTAS ROSETAS TÊM UMA VANTAGEM EXTRA: MANTÊM A UMIDADE NATURAL DO PEIXE. O MOLHO DE VINHO BRANCO DÁ UM BRILHO ESPECIAL AO PRATO — QUE FICA PRONTO EM APENAS 20 MINUTOS. SIRVA COM A LENTILHA COM ESPINAFRE. DELÍCIA TOTAL!

4 filés de pescada-branca
½ xícara (chá) de vinho branco
2 dentes de alho
1 colher (sopa) de azeite
sal a gosto
palitos de dente para prender as rosetas

1. Tempere os filés de peixe com sal a gosto. Corte cada filé ao meio, no sentido do comprimento, ficando com duas tiras. Junte a ponta de uma com a ponta da outra, formando uma tira longa. Enrole a tira sobre ela mesma, formando a roseta, e prenda com palitos de dente. Repita com os outros filés.

2. Amasse os dentes de alho com a lateral da lâmina da faca e descarte as cascas.

3. Numa frigideira de borda alta, coloque o vinho e leve ao fogo médio. Deixe ferver por 1 minuto, para evaporar o álcool (se preferir, cozinhe o peixe apenas em água com caldo de limão).

4. Junte os dentes de alho, acrescente as rosetas com a abertura para cima e complete com água até cobrir a metade dos peixes. Regue com azeite e aumente o fogo.

5. Assim que começar a ferver, diminua o fogo, tampe e deixe cozinhar por cerca de 10 minutos, até que os peixes estejam cozidos, mas ainda firmes — não deixe o peixe desmanchar. Sirva a seguir sobre a lentilha com espinafre ou com outro acompanhamento de sua preferência.

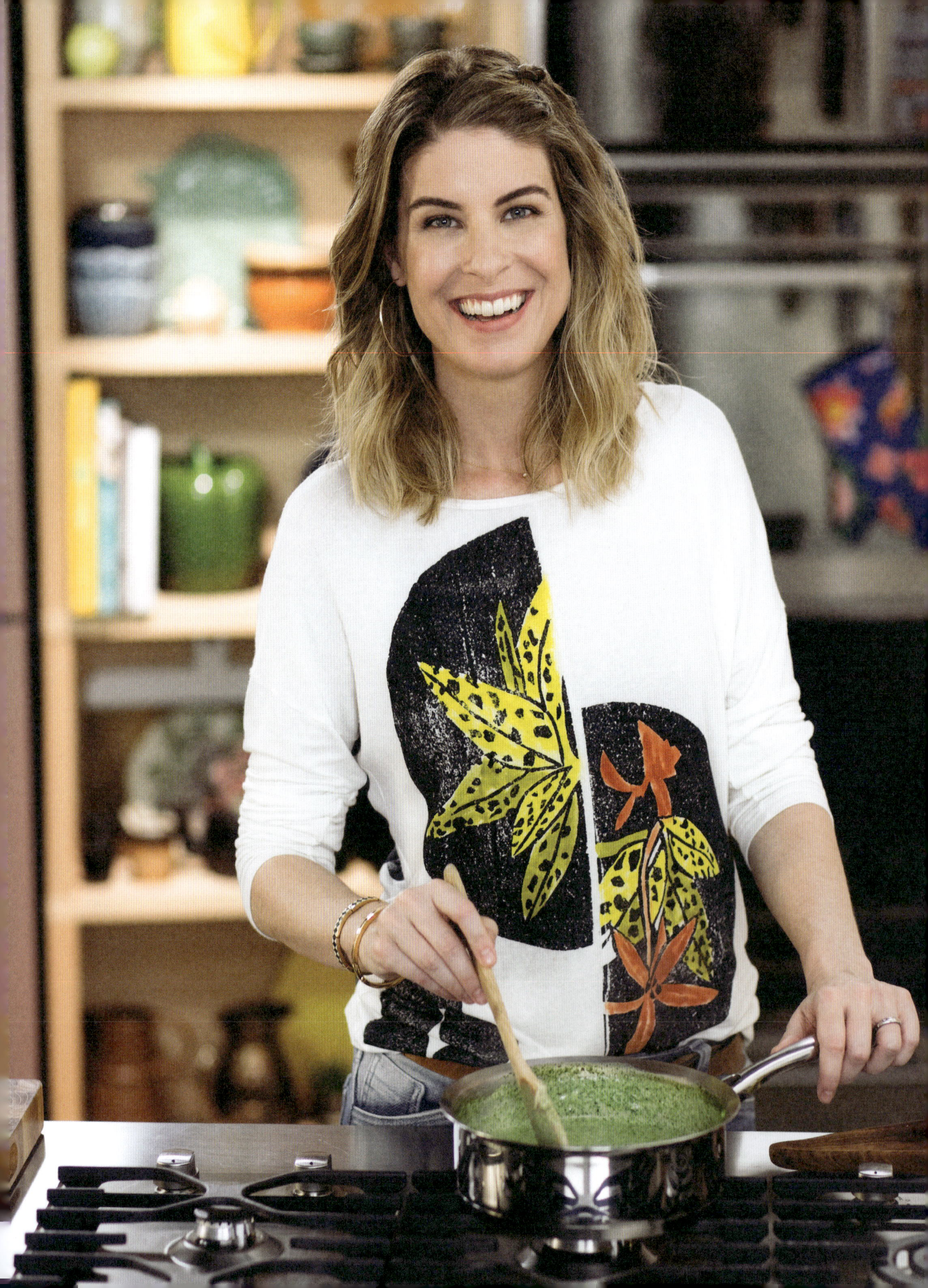

OVO MEXIDO COM TALOS DE ESPINAFRE

SERVE
1 pessoa

TEMPO DE PREPARO
15 minutos

A MAIORIA DAS RECEITAS PEDE POR FOLHAS DE ESPINAFRE… MAS E OS TALOS? REFOGADINHOS, COMBINAM BEM COM ARROZ (OU MESMO COM A LENTILHA). O ÚNICO TRUQUE É PICAR FININHO — A TEXTURA FIBROSA AGREGA CROCÂNCIA CHEIA DE INTERESSÂNCIA. (EU SEI, EU SEI, ESSA PALAVRA NÃO EXISTE, MAS É GOSTOSA DE FALAR E EXPLICA BEM O TIPO DE CROCANTISMO. ACHO QUE VALE QUEIMAR UM CRÉDITO DE LICENÇA POÉTICA, NÃO? OPS, DOIS.) POIS BEM, ESTE REFOGADO É UM ACHADO QUANDO A GELADEIRA ESTÁ NA PIOR E AS SUAS ENERGIAS FORAM PARA O CHINELO. BASTA JUNTAR UNS OVOS, SERVIR COM TORRADAS E O JANTAR NUTRITIVO E SABOROSO ESTÁ GARANTIDO. AFINAL, NA COZINHA SAUDÁVEL NÃO HÁ ESPAÇO PARA DESPERDÍCIO.

3 ovos
5 talos de espinafre
1 colher (chá) de manteiga
sal e pimenta-do-reino moída na hora a gosto
torradas para servir

1. Lave, seque e pique fininho os talos de espinafre. Numa tigela pequena, quebre um ovo de cada vez — isso serve para verificar se estão bons — e transfira para outra tigela.

2. Leve uma frigideira pequena com a manteiga ao fogo baixo. Quando derreter, junte os talos, tempere com uma pitada de sal e refogue por 3 minutos. Bata ligeiramente os ovos com um garfo e junte ao refogado. Tempere novamente com sal e pimenta e mexa com a espátula por cerca de 2 a 3 minutos, até os ovos atingirem uma consistência cremosa. Sirva a seguir com torradas.

TORTA INTEGRAL DE FRANGO COM ESPINAFRE

SERVE
4 pessoas
TEMPO DE PREPARO
25 minutos + 30 minutos para a massa descansar + 45 minutos para assar

O PREPARO É SIMPLES. O SABOR É DELICIOSO. E TEM MAIS: A GRANDE QUALIDADE DESTA TORTINHA É A VERSATILIDADE. SIRVA NO ALMOÇO, LEVE COMO MARMITA PARA O TRABALHO, INVENTE UM PIQUENIQUE NO FIM DE SEMANA — MAS NESSE CASO VINHO ACOMPANHA! O SEGREDO É ASSAR EM CHARMOSAS TIGELINHAS INDIVIDUAIS.

PARA A MASSA
**1 xícara (chá) de farinha de trigo integral
½ xícara (chá) de farinha de trigo
100 g de manteiga em temperatura ambiente
1 gema
¼ de xícara (chá) de água
sal a gosto**

1. Numa tigela grande, misture as farinhas de trigo e integral com o sal.

2. Acrescente o restante dos ingredientes e misture bem com as mãos, até a massa ficar lisa. Modele uma bola, embrulhe com filme e leve à geladeira por 30 minutos. Enquanto isso, prepare o recheio.

PARA O RECHEIO
**1 xícara (chá) de frango cozido e desfiado
    (cerca de 1 filé de peito)
1 maço de espinafre
½ cebola picada
250 g de queijo cottage
2 colheres (sopa) de azeite
noz-moscada ralada na hora a gosto
sal e pimenta-do-reino moída na hora a gosto**

1. Destaque as folhas de espinafre dos talos e lave bem sob água corrente e transfira para um escorredor. Descasque e pique fino a cebola.

2. Leve uma frigideira grande ao fogo médio. Quando aquecer, regue com o azeite e refogue a cebola por cerca de 2 minutos, até murchar.

3. Junte as folhas de espinafre e deixe cozinhar por 3 minutos, mexendo de vez em quando, até murchar. Desligue o fogo e passe o espinafre por uma peneira, apertando com uma colher, para extrair o excesso de água.

4. Transfira o espinafre refogado para uma tigela. Junte o frango desfiado e o queijo cottage e misture bem. Tempere com noz-moscada, sal e pimenta-do-reino a gosto. Deixe amornar enquanto abre a massa.

MONTAGEM

1. Preaqueça o forno a 180 °C (temperatura média) e separe tigelinhas refratárias individuais — os ramequins usados têm 9 cm de diâmetro.

2. Polvilhe a bancada com farinha e abra a massa com um rolo até ficar com 2 mm de espessura. Utilize a boca da tigelinha como molde para cortar 4 discos de massa. Reserve.

3. Junte a massa restante e modele um rolinho. Com uma faca (ou espátula), divida a massa em quatro porções. Com as mãos, achate uma porção de massa e forre o fundo e as laterais de uma das tigelinhas, até a borda — não é preciso untar. Aperte bem a massa com os dedos para modelar (se preferir, abra cada porção de massa com um rolo). Repita com as porções restantes.

4. Distribua o recheio nos ramequins preparados. Tampe com os discos de massa reservados e aperte bem as bordas para vedar. Com a ponta de uma faca, faça um corte em cruz no centro de cada tampa e puxe as pontinhas para cima — a abertura serve de saída para o vapor do recheio.

5. Leve as tortinhas ao forno preaquecido e deixe assar por cerca de 45 minutos ou até que a massa fique firme. Sirva a seguir.

Jeito de batata, cara de mandioca

Quando a gente experimenta inhame, fica até surpreso. Ele é tão neutro, tão suave... Melhor tirar vantagem disso: o segredo é temperar! Aí é só aproveitar a textura macia e todos os nutrientes dessa raiz popular nas regiões Norte e Nordeste do Brasil — não é à toa que ele combina tão bem com carne-seca, queijos curados e pimentas. Como o inhame lembra mandioca e batata ao mesmo tempo, pode ser uma boa ideia como variação para esses dois alimentos. Deixa só os portugueses saberem que inhame ao murro também é uma delícia...

cap. 20 **INHAME**

RECEITAS
PURÊ CROCANTE DE INHAME
CARNE-SECA ACEBOLADA
INHAME AO MURRO
CHIPS DE INHAME
INHAME PERFUMADO COM AZEITE E PIMENTA
PÃO DE INHAME

MÉTODOS DE COZIMENTO

Por ser bem neutro, inhame cru é usado para dar cremosidade a receitas como musses, especialmente para quem não pode ingerir leite. Mas há quem contraindique em função da presença do ácido oxálico, que pode causar irritação. Já salteado, assado ou cozido, não há contraindicação.

SALTEAR consiste em cozinhar os alimentos rapidamente em fogo alto com um pouco de gordura e em movimentos constantes. Com esse método, os alimentos são cozidos de forma homogênea. O inhame fica com uma casquinha crocante e delicada, mas ainda suculento por dentro. Abuse das especiarias, como páprica e cominho, para dar sabor ao preparo.
ASSADO em fatias finíssimas, cortadas com o mandolin, o inhame vira chips! A textura fica tão crocante que um pouco de sal é suficiente para finalizar a preparação.
COZIDO + ASSADO, é possível preparar uma versão brasileira das batatas ao murro com esta raiz. Assim como no caso das primas portuguesas, antes de ir para a assadeira, com azeite e alecrim, o inhame precisa de água para ficar macio. Ah, sim, entre uma coisa e outra ele leva o murro, característico da preparação!
COZIDO, o inhame ganha potencial para se transformar em purê — ou até pão. O importante é que os pedaços cozinhem na água até ficarem bem macios.

CORTES

Antes de cortar, uma dica: descasque, lave e seque os inhames com um pano de prato limpo — como o chuchu, eles são escorregadios. Isso feito, você pode cortar em **PALITOS**, **FATIAS**, **RODELAS**, **MEIAS-LUAS** ou **PEDAÇOS MÉDIOS** para cozinhar. O inhame também pode ser usado **INTEIRO**, como no caso das batatas ao murro.

PURÊ CROCANTE DE INHAME

SERVE
4 pessoas

TEMPO DE PREPARO
45 minutos

O INHAME VAI PARA A PANELA COM ÁGUA E DENTES DE ALHO DESCASCADOS — COMEÇA A ADQUIRIR SABOR JÁ NO COZIMENTO, OLHA A ESPERTEZA. COM LEITE E MANTEIGA, CHEGA NO PRATO CREMOSO E AVELUDADO. SE VOCÊ SERVIR COM CARNE-SECA ACEBOLADA, TEM AÍ UM ESCONDIDINHO ÀS AVESSAS! QUE APARECIDO ESSE INHAME!

4 inhames (cerca de 500 g)
1 xícara (chá) de leite
2 dentes de alho
2 colheres (sopa) de manteiga
noz-moscada ralada na hora a gosto
sal e pimenta-do-reino moída na hora a gosto

1. Lave, descasque, seque e corte os inhames em pedaços médios. Transfira para uma panela média, cubra com água e junte 1 colher (chá) de sal e os alhos já descascados.

2. Leve para cozinhar em fogo alto. Assim que começar a ferver, abaixe o fogo para médio e cozinhe por 25 minutos, ou até que os pedaços fiquem macios — espete com um garfo para verificar.

3. Desligue o fogo e escorra a água numa peneira ou escorredor. Enquanto isso, numa panelinha, leve o leite ao fogo baixo para aquecer, sem deixar ferver — para o purê não empelotar, o leite deve estar na mesma temperatura do inhame.

4. Passe os inhames com os dentes de alho ainda quentes pelo espremedor e volte para a mesma panela. Leve ao fogo médio e acrescente o leite, mexendo com um batedor de arame para incorporar. Desligue o fogo e misture a manteiga. Tempere com sal, pimenta-do-reino moída na hora a gosto e uma pitada de noz-moscada.

PARA A CROSTA
25 g de manteiga gelada
¼ de xícara (chá) de farinha de rosca
¼ de xícara (chá) de castanha-de-caju torrada sem sal

1. Preaqueça o forno a 200 ºC (temperatura média). Pique grosseiramente a castanha-de-caju.

2. Numa tigela pequena, misture com as mãos a manteiga, a farinha de rosca e a castanha-de-caju até formar uma farofa grossa. Não precisa dissolver completamente a manteiga. Coloque o purê em ramequins individuais de cerca de 10 cm de diâmetro e cubra com a farofa. Leve ao forno por 10 minutos, até dourar. Sirva a seguir.

CARNE-SECA ACEBOLADA

RECEITA EXTRA

SERVE
2 pessoas

TEMPO DE PREPARO
**10 minutos + 24 horas para dessalgar
+ 30 minutos para cozinhar na pressão**

500 g de carne-seca
1 cebola
3 colheres (sopa) de azeite
sal a gosto

1. **Corte a carne-seca em cubos de 7 cm** — este tamanho é ideal para dessalgar, sem tirar completamente o sal, e também para desfiar a carne de maneira uniforme. Lave os cubos em água corrente, transfira para uma tigela, cubra com 5 xícaras (chá) de água fria e deixe na geladeira durante 24 horas.

2. **Escorra a água e transfira a carne** para a panela de pressão. Complete com água até a metade da panela, tampe e leve ao fogo médio. Assim que começar a apitar, diminua o fogo e deixe cozinhar por 10 minutos. Desligue o fogo e deixe todo o vapor sair e a panela parar de apitar antes de abrir (se quiser acelerar o processo, levante a válvula com um garfo, mas saiba que isso diminui o tempo de vida útil da panela de pressão).

3. **Despreze a água do cozimento** e repita novamente o passo anterior, mas desta vez deixe cozinhar por 20 minutos. Depois que toda a pressão da panela sair, abra e verifique. Se a carne não estiver macia, deixe cozinhar por mais 5 minutos.

4. **Retire os cubos de carne da panela,** transfira para uma travessa e desfie com dois garfos. Descarte a gordura.

5. **Descasque e fatie a cebola** em meias-luas finas. Leve ao fogo médio uma frigideira antiaderente. Quando aquecer, regue com 1 colher (sopa) de azeite e refogue a cebola por 2 minutos, até começar a dourar.

6. **Adicione o azeite restante,** junte a carne-seca e mexa com uma espátula por 3 minutos, apenas para aquecer. Desligue o fogo, prove e, se necessário, ajuste o sal. Sirva a seguir.

INHAME AO MURRO

SERVE
4 pessoas

TEMPO DE PREPARO
10 minutos + 30 minutos para cozinhar + 30 minutos para assar

PARA PREPARAR ESTA VERSÃO BRASILEIRA DAS BATATAS AO MURRO, TEM UM PASSO A MAIS: LAVAR E ESFREGAR BEM COM UMA ESCOVINHA OS INHAMES SOB ÁGUA CORRENTE PARA TIRAR OS PELINHOS DA CASCA. DEPOIS DE COZIDOS, MURRO NELES! COM AZEITE E TOMILHO VÃO AO FORNO E FICAM PERFUMADOS!

4 inhames (cerca de 500 g)
2 colheres (sopa) de azeite
tomilho a gosto
sal e pimenta-do-reino moída na hora a gosto

1. Preaqueça o forno a 200 °C (temperatura média). Regue uma assadeira pequena com 1 colher (sopa) de azeite.

2. Com uma escovinha para legumes, lave bem os inhames sob água corrente, esfregando bem para tirar os pelinhos da casca. Transfira para uma panela média, cubra com água e leve para cozinhar em fogo alto. Quando começar a ferver, diminua o fogo e deixar cozinhar por mais 30 minutos, até ficarem macios.

3. Assim que estiverem cozidos, escorra a água. Sobre a tábua, abra um pano de prato limpo e coloque um inhame, ainda quente, no centro — cuidado para não se queimar. Dobre o pano sobre o inhame e dê um murro certeiro para achatá-lo de leve, sem rachar completamente. Transfira para a assadeira e repita com os demais.

4. Debulhe as folhas de tomilho sobre os inhames, regue com o azeite restante e tempere com sal e pimenta-do-reino a gosto — o sal moído na hora, além de temperar, dá uma textura crocante.

5. Leve ao forno para assar por cerca de 30 minutos, ou até ficarem dourados. Retire do forno e sirva a seguir.

CHIPS DE INHAME

SERVE
4 pessoas

TEMPO DE PREPARO
20 minutos

MINHA TEORIA: A CONSCIÊNCIA MUDA O PALADAR — QUEM SABE QUE UM DOS SEGREDOS DA ALIMENTAÇÃO SAUDÁVEL É EVITAR A COMIDA ULTRAPROCESSADA PASSA ATÉ A NÃO GOSTAR DO SABOR DE COMIDA COMPRADA PRONTA. MAS ISSO NÃO SIGNIFICA TER QUE ABRIR MÃO DE UNS CHIPS BEM CROCANTES PARA O HAPPY HOUR! SÃO MUITAS AS VANTAGENS DE COZINHAR: O LEQUE DE OPÇÕES AUMENTA — E MUITO.

4 inhames (cerca de 500 g)
azeite a gosto
sal e pimenta-do-reino moída na hora a gosto

1. Preaqueça o forno a 180 °C (temperatura média). Unte 2 assadeiras grandes com azeite.

2. Descasque, lave e seque bem os inhames com um pano de prato limpo — assim eles não escorregam na hora de fatiar. Passe os inhames pelo mandolin (fatiador de legumes), para cortar em rodelas finas, ou use uma faca e fatie fininho.

3. Espalhe as fatias nas assadeiras, uma ao lado da outra, sem sobrepor. Tempere com um pouco mais de azeite, sal e pimenta-do-reino moída na hora a gosto.

4. Leve ao forno para assar por cerca de 10 minutos, até dourar e secar. Retire do forno e deixe esfriar — os chips ficam mais crocantes quando esfriam. Repita com o restante.

INHAME PERFUMADO COM AZEITE E PIMENTA

SERVE
4 pessoas

TEMPO DE PREPARO
30 minutos

ESCALE UM TIME DE ESPECIARIAS PERFUMADAS E INCLUA UMA PIMENTA DEDO-DE-MOÇA. ESSE TEMPERO TODO VAI TRANSFORMAR O SABOR DO INHAME SALTEADO NA FRIGIDEIRA. DE QUEBRA, O MÉTODO DE COZIMENTO CRIA UMA CASQUINHA CROCANTE NAS MEIAS-LUAS, QUE CONTINUAM MACIAS POR DENTRO. É ACOMPANHAMENTO QUE TIRA O ALMOÇO DA ROTINA.

5 inhames (cerca de 600 g)
4 colheres (sopa) de azeite
2 pimentas dedo-de-moça
½ colher (chá) de sementes de coentro
1 colher (chá) de cominho em pó
1 colher (chá) de páprica doce
1 pitada de cúrcuma
1 colher (chá) de sal

1. Descasque, lave e seque os inhames com um pano de prato limpo — assim eles não escorregam na hora de cortar. Corte cada um ao meio e cada metade, em meias-luas finas. Bata as sementes de coentro no pilão, apenas para quebrar um pouco.

2. Leve uma frigideira grande ao fogo médio. Quando aquecer, regue com o azeite e junte as sementes de coentro e as pimentas dedo-de-moça inteiras. Refogue por 1 minuto, apenas para perfumar. Acrescente o inhame e deixe cozinhar por cerca de 3 minutos, mexendo de vez em quando. Tampe e deixe cozinhar por mais 5 minutos, mexendo de vez em quando para não grudar no fundo, até o inhame ficar macio.

3. Tempere com o sal, o cominho, a páprica e a cúrcuma. Misture e deixe cozinhar por mais 4 minutos, mexendo de vez em quando, até as fatias dourarem. Sirva a seguir.

PÃO DE INHAME

RENDE
25 pãezinhos

TEMPO DE PREPARO
35 minutos + 30 minutos para assar

OUTRA ADAPTAÇÃO QUE FICA BEM BOA É O MINEIRÍSSIMO PÃO DE QUEIJO FEITO COM INHAME. NESTA VERSÃO, OS PEDAÇOS COZIDOS E BEM MACIOS DA RAIZ SERVEM DE BASE PARA A MASSA, QUE LEVA POLVILHO, AZEITE E QUEIJO MINAS. APROVEITE ESTA RECEITA PARA FUGIR DAS OPÇÕES INDUSTRIALIZADAS: BASTA CONGELAR CRU E ASSAR EM PEQUENAS LEVAS — ÓTIMA IDEIA PARA A LANCHEIRA DAS CRIANÇAS.

3 inhames (cerca de 350 g)
½ xícara (chá) de polvilho azedo
½ xícara (chá) de polvilho doce
3 colheres (sopa) de azeite
1 colher (chá) de sal
½ xícara (chá) de queijo minas padrão ralado

1. Preaqueça o forno a 200 °C (temperatura média).

2. Lave, descasque e corte os inhames em pedaços médios. Transfira para uma panela, cubra com água e leve para cozinhar em fogo médio por aproximadamente 25 minutos, até que fiquem macios.

3. Escorra a água e, sobre uma tigela grande, passe os inhames ainda quentes por um espremedor. Acrescente os polvilhos, o azeite, o queijo e o sal e misture bem com as mãos. A mistura deve ficar lisa e a massa deve soltar dos dedos.

4. Para modelar os pães: enrole porções da massa em bolinhas e transfira para uma assadeira grande, deixando espaço entre elas — os pães inflam no forno. Leve para assar por 30 minutos, até que cresçam e fiquem dourados. Sirva a seguir.

É coisa nossa!

Nós aprendemos a amar mandioca com os índios. E aprendemos direitinho: a raiz aparece em pratos tradicionais no país inteiro e atende também pelos nomes de aipim, macaxeira e pão-de-pobre. Ela tem cara de preparo caseiro, simples, sem afetação. É a nossa comidinha-conforto. Mas também curte experimentações: até com shoyu vai bem. Macia, desmanchando na boca, a mandioca sustenta que é uma beleza e pode ser servida do café da manhã ao jantar, já notou? E ainda pode ser congelada crua, já descascada, lavada e cortada (vai do congelador para a panela d'água fervente!).

RECEITAS
MANDIOCA COZIDA COM MANTEIGA DE MEL
  E CASTANHA-DE-CAJU
AREPAS DE MANDIOCA COM SALADA DE AVOCADO
COZIDO DE MANDIOCA COM BACON E TOMATE
CREME DE MANDIOCA
BOLO DE MANDIOCA CREMOSO COM COCO
ESCONDIDINHO DE COSTELA

MÉTODOS DE COZIMENTO

Mandioca é assim: comprou, descascou e guardou na geladeira coberta com água. Também pode congelar — nesse caso, sem água. Por quê? Para não pretejar por dentro. Na hora de cozinhar, pode ser na pressão ou na panela convencional.

COZIDA na panela de pressão, fica pronta em 15 minutos. Os pedaços absorvem bem a água do cozimento e ficam hidratados e macios para serem servidos no café da manhã com manteiga, por exemplo. Se for cozida na panela convencional, leva o triplo do tempo, o que pode ser usado a favor, porque você controla o ponto: na receita das arepas, os pedaços de mandioca precisam estar semicozidos para preparar a massa — você vai ver.

ENSOPADA, a mandioca fica suculenta e pega bem os sabores de outros ingredientes da preparação. (Pense na vaca atolada!) A seguir, você verá uma receita em que ela é ensopada no molho de tomate.

FRITA, é preferência nacional — um petisco tudo de bom para beliscar antes do almoço ou no happy hour. Mas o pulo do gato para que a mandioca fique crocante por fora e macia por dentro é cozinhar em água, antes de fritar.

ASSADA, a mandioca fica mais sequinha, bem crocante, o que é ótimo; mas, para não ficar totalmente seca, também é necessário cozinhar antes em água.

CORTES

Corte em **FATIAS** grandes ou médias para cozinhar. Em **PEDAÇOS** pequenos pode ser batida no liquidificador ou ser ensopada. Também dá para **RALAR** a mandioca e para cortar em **CUBOS, PALITOS** ou **RODELAS**.

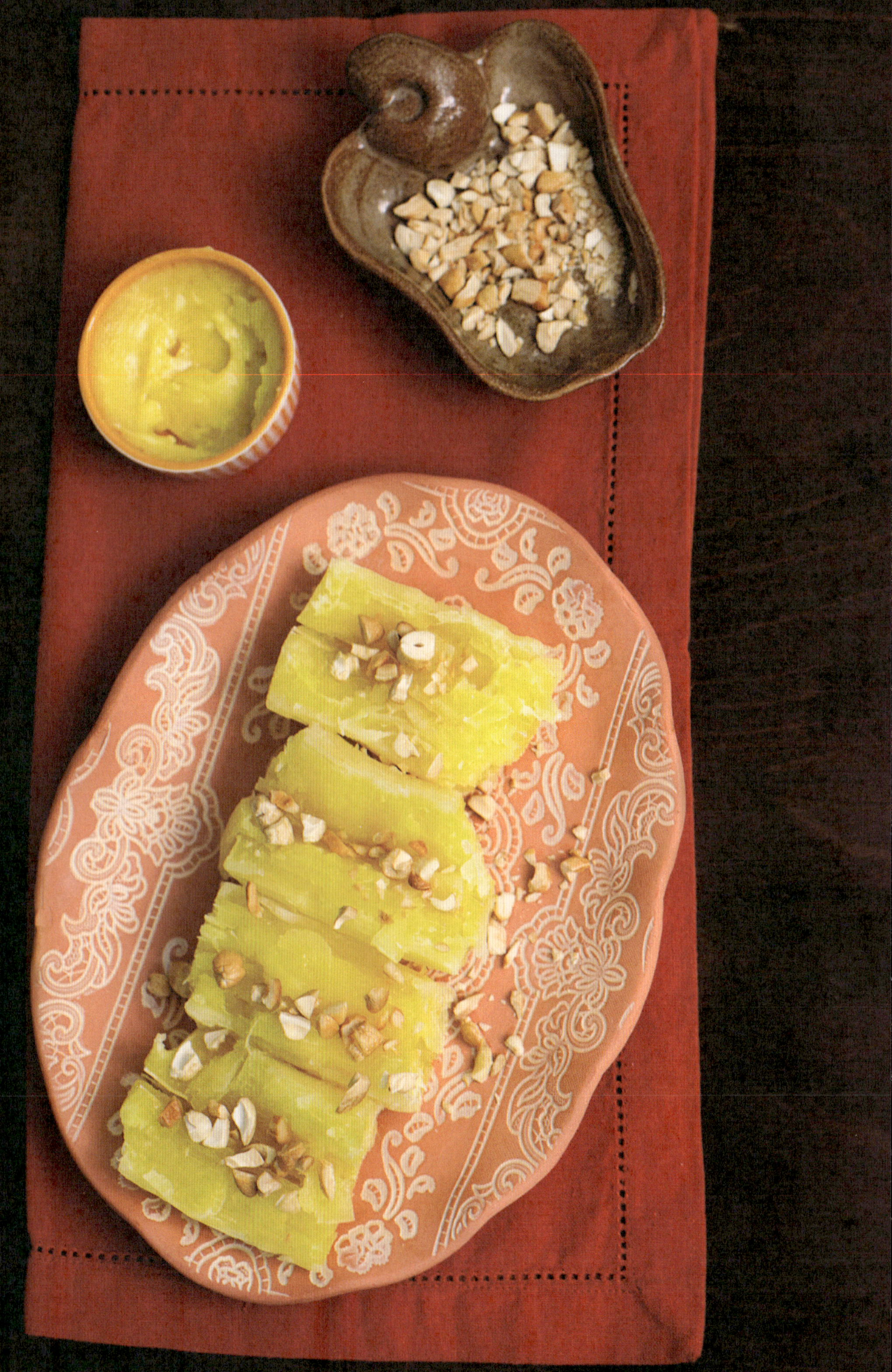

MANDIOCA COZIDA COM MANTEIGA DE MEL E CASTANHA-DE-CAJU

SERVE
2 pessoas

TEMPO DE PREPARO
20 minutos

NÃO ESTÁ PARA PÃO, BOLO NEM PENSAR, CANSOU DE TAPIOCA? ELEJA ESTA RECEITA PARA O CAFÉ DA MANHÃ (SUSTENTA À BEÇA). PENSE BEM: SE MANDIOCA COZIDA COM SAL JÁ É BOM, IMAGINE COM MANTEIGA, MEL E CASTANHAS!

500 g de mandioca
50 g de manteiga em temperatura ambiente
½ colher (sopa) de mel
¼ de xícara (chá) de castanha-de-caju torrada sem sal picada

1. Numa tigela, misture a manteiga com o mel até ficar liso. Reserve.

2. Corte a mandioca em fatias grandes de 8 cm. Descasque, lave e coloque na panela de pressão. Cubra com água, sem ultrapassar o nível máximo de ⅔ da panela, e leve ao fogo alto. Quando começar a apitar, abaixe o fogo e deixe cozinhar por mais 10 minutos.

3. Antes de abrir, deixe toda a pressão sair e a panela parar de apitar. Com uma escumadeira, transfira as mandiocas cozidas para uma travessa, retire e descarte a fibra central. Sirva quente com a manteiga de mel e a castanha-de-caju picada.

AREPAS DE MANDIOCA COM SALADA DE AVOCADO

RENDE
6 unidades

TEMPO DE PREPARO
40 minutos

AS AREPAS SÃO PANQUEQUINHAS PREPARADAS COM MILHO, INVENÇÃO DOS COLOMBIANOS. NOSSA VERSÃO LEVA MANDIOCA, QUE É PRÉ-COZIDA EM ÁGUA, RALADA E AMASSADA PARA FORMAR UM PURÊ BEM FIRME, QUE DISPENSA O USO DE FARINHA PARA SER MODELADO. VALE NO CAFÉ DA MANHÃ OU COMO ALMOÇO LEVE — QUE TAL UMA SALADINHA ESPERTA DE AVOCADO PARA ACOMPANHAR?

500 g de mandioca
2 colheres (chá) de manteiga
azeite a gosto
sal a gosto

1. Corte a mandioca em fatias de 8 cm, descasque, lave e coloque numa panela média. Cubra com água, leve ao fogo médio e deixe cozinhar por cerca de 15 minutos, até ficarem levemente cozidas — a mandioca deve estar branca e firme ao espetar com um garfo.

2. Reserve ½ xícara (chá) da água do cozimento, escorra as mandiocas e deixe amornar o suficiente para manusear.

3. Passe a mandioca pela parte grossa do ralador. Coloque num prato e amasse com um garfo até formar um purê firme — se necessário, regue com um pouco da água do cozimento. Junte a manteiga, tempere com sal e misture bem.

4. Para modelar: divida o purê em 6 porções, enrole cada uma com as mãos e achate, como se fossem hambúrgueres.

5. Leve uma frigideira antiaderente ao fogo médio. Quando aquecer, regue com 1 colher (chá) de azeite e coloque quantas arepas couberem, uma ao lado da outra. Deixe dourar por 3 minutos de cada lado. Com uma espátula, transfira para um prato e repita com o restante, regando a frigideira com azeite a cada leva. Sirva a seguir com salada de avocado.

PARA A SALADA DE AVOCADO
1 avocado maduro
1 tomate maduro
½ cebola roxa
caldo de 1 limão
azeite a gosto
sal e pimenta-do-reino moída na hora a gosto

1. Descasque e corte a cebola em meias-luas finas. Lave, seque, corte ao meio e descarte as sementes do tomate. Corte cada metade em cubinhos. Corte o avocado ao meio, no sentido do comprimento, e descarte o caroço. Descasque cada metade com as mãos e corte a polpa em cubinhos.

2. Numa tigela misture o tomate, a cebola e o avocado. Regue com o caldo de limão, azeite e tempere com sal e pimenta-do-reino. Sirva a seguir.

COZIDO DE MANDIOCA COM BACON E TOMATE

SERVE
6 pessoas

TEMPO DE PREPARO
1 hora

QUANDO VOCÊ TIVER MANDIOCA NA GELADEIRA E PRECISAR DE UM ACOMPANHAMENTO CALDOSO, CONSIDERE ESTE: A MANDIOCA É COZIDA COM UMA LATA DE TOMATE PELADO (ALERTA DE INGREDIENTE CURINGA!) E UM REFOGADO SABOROSO, QUE LEVA BACON, CEBOLA, ALHO E PIMENTÃO.

600 g de mandioca
⅓ de xícara (chá) de bacon em cubos
1 lata de tomate pelado em cubos (com o líquido)
½ pimentão vermelho
1 cebola
1 dente de alho
3 ½ xícaras (chá) de água
2 colheres (sopa) de azeite
4 ramos de salsinha
sal e pimenta-do-reino moída na hora a gosto

1. Corte as mandiocas em fatias grandes de 8 cm — fica mais fácil de descascar. Descasque, lave, corte cada pedaço ao meio, no sentido do comprimento, e cada metade, em 4 gomos.

2. Descasque e pique fino a cebola e o alho. Lave e corte o pimentão em cubos pequenos, descartando as sementes. Lave, seque e pique fino a salsinha.

3. Leve uma panela média ao fogo médio. Quando aquecer, regue com o azeite, acrescente o bacon e deixe cozinhar por 2 minutos, mexendo de vez em quando, até começar a dourar. Junte a cebola, o pimentão, tempere com uma pitada de sal e refogue até murchar. Adicione o alho e refogue por apenas 1 minuto.

4. Acrescente a mandioca e o tomate pelado (com o líquido), tempere com sal e misture bem. Regue com a água, tampe e deixe cozinhar por 30 minutos, mexendo de vez em quando, até a mandioca ficar macia e o molho encorpar. Acerte o sal e a pimenta-do-reino, misture a salsinha e sirva a seguir.

CREME DE MANDIOCA

SERVE
4 pessoas

TEMPO DE PREPARO
35 minutos

RECEITA SUPERTRADICIONAL DA MESA BRASILEIRA, O CREME DE MANDIOCA É TAMBÉM CONHECIDO COMO MINGAU PITINGA NO NORDESTE DO PAÍS. ELE É A DEFINIÇÃO DE COMIDA-CONFORTO — CADA COLHERADA, UM CAFUNÉ. SIRVA COMO ENTRADA OU COM CARNE-SECA DESFIADA.

1 xícara (chá) de mandioca ralada crua
½ cebola pequena
2 xícaras (chá) de leite
½ xícara (chá) de água
1 colher (sopa) de manteiga
noz-moscada ralada na hora a gosto
sal a gosto

1. Descasque e pique fino a cebola. Numa panela média, coloque a manteiga e leve ao fogo médio. Quando derreter, junte a cebola, tempere com uma pitada de sal e refogue por 2 minutos, até murchar.

2. Junte a mandioca, regue com o leite e diminua o fogo. Deixe cozinhar por cerca de 30 minutos, mexendo de vez em quando para não grudar no fundo, até a mandioca cozinhar e formar um creme. Durante o cozimento, vá regando com a água, caso note que está engrossando muito.

3. Desligue o fogo, tempere com sal e noz-moscada a gosto. Sirva a seguir com carne-seca acebolada.

DICA: Esta carne-seca aparece no capítulo do inhame, na página 229. Ela também fica uma maravilha com o creme de mandioca (afinal, inhame e mandioca se parecem, lembra?).

BOLO DE MANDIOCA CREMOSO COM COCO

SERVE
15 porções

TEMPO DE PREPARO
15 minutos + 40 minutos para assar

MANDIOCA COM COCO É UMA COMBINAÇÃO ACERTADA DE SABORES. TÃO ACERTADA QUE VIROU UM CLÁSSICO. ESTE BOLO É FÁCIL DE PREPARAR E FICA TÃO CREMOSO QUANTO SABOROSO. SIRVA PURO OU COM UMA COLHERADA DE GOIABADA PARA ACOMPANHAR O CAFÉ DA TARDE (SE TIVER UM GRINGO DE VISITA EM CASA, APROVEITE PARA SE EXIBIR COM ESTA RECEITA).

500 g de mandioca
3 ovos
¾ de xícara (chá) de açúcar
1 xícara (chá) de leite
100 g de coco seco ralado
1 pitada de sal
manteiga para untar

1. Preaqueça o forno a 180 °C (temperatura média). Unte com manteiga uma assadeira de 28 cm x 18 cm.

2. Descasque, lave e corte a mandioca em pedaços pequenos de 3 cm. No liquidificador, bata a mandioca, os ovos, o açúcar, o leite e o sal, até ficar uma mistura lisa. Transfira para uma tigela e, com uma espátula, misture o coco seco ralado.

3. Transfira a massa para a assadeira untada, nivele com a espátula e leve ao forno para assar por 40 minutos, até crescer e dourar. Deixe esfriar antes de cortar em quadradinhos e servir.

ESCONDIDINHO DE COSTELA

SERVE
6 pessoas
TEMPO DE PREPARO
40 minutos + 45 para cozinhar a costela + 20 minutos no forno

COSTELA DESFIADA, TEMPERADINHA, ESCONDIDA SOB PURÊ DE MANDIOCA GRATINADO É… COVARDIA! NESTA RELEITURA DO PRATO TRADICIONAL, A COSTELA, QUE ENTRA NO LUGAR DA CARNE-SECA, COZINHA EM MENOS DE UMA HORA NA PANELA DE PRESSÃO. ENQUANTO ISSO, VOCÊ APROVEITA PARA PREPARAR O PURÊ.

1 kg de costela bovina cortada em ripas
2 colheres (sopa) de farinha de trigo
1 cebola
2 tomates maduros
2 dentes de alho
1 colher (sopa) de vinagre
2 colheres (sopa) de azeite
1 litro de água
sal e pimenta-do-reino moída na hora a gosto

1. Lave, seque, descasque e corte os tomates em cubinhos, descartando as sementes. Descasque e pique fino a cebola e os dentes de alho.

2. Numa tigela, tempere as costelas com sal e pimenta-do-reino. Polvilhe com a farinha de trigo e misture bem para envolver todos os pedaços.

3. Leve uma panela de pressão ao fogo médio. Quando aquecer, regue com 1 colher (sopa) de azeite e doure as costelas em etapas, sem amontoar — se colocar todas de uma só vez, vão cozinhar no próprio vapor, em vez de dourar. Com uma pinça, vire as costelas para dourar por igual. Transfira para uma tigela e repita o processo com o restante, sempre regando a panela com um pouco de azeite antes de cada leva.

4. Mantenha a panela em fogo médio e refogue a cebola por 5 minutos, até dourar. Junte os tomates, o alho e o vinagre. Deixe cozinhar por mais 5 minutos, mexendo de vez em quando, até formar uma pastinha.

5. Regue com a água e raspe bem o fundo da panela para dissolver os queimadinhos — eles são essenciais para dar sabor ao preparo. Volte as costelas para a panela, tampe e deixe cozinhar em fogo médio. Assim que começar a apitar, diminua o fogo e deixe cozinhar por mais 45 minutos.

6. Desligue o fogo e espere toda a pressão sair antes de abrir a panela. Transfira as costelas para uma travessa — coe e reserve o caldo do cozimento para outra preparação. Deixe a costela amornar antes de desfiar com um garfo. Descarte a gordura e os ossos.

PARA O PURÊ DE MANDIOCA
1 kg de mandioca descascada
½ xícara (chá) de leite
1 colher (sopa) de manteiga
sal a gosto

1. Corte a mandioca em fatias de 5 cm, transfira para a panela de pressão (limpa) e cubra com água — não ultrapasse o nível máximo de ⅔ da panela. Leve ao fogo alto e, assim que começar a apitar, diminua o fogo e deixe cozinhar por mais 20 minutos. Desligue o fogo e espere toda a pressão sair antes de abrir a panela.

2. Escorra a água e retire a fibra central das mandiocas. Passe os pedaços ainda quentes por um espremedor sobre a panela. Adicione o leite, a manteiga e tempere com sal. Leve ao fogo baixo e mexa bem, até ficar cremoso.

PARA A MONTAGEM
¼ de xícara (chá) de farinha de rosca
⅓ de xícara (chá) de queijo parmesão ralado
azeite para untar

1. Preaqueça o forno a 200 °C (temperatura média). Unte com azeite um refratário com cerca de 30 cm × 15 cm.

2. Cubra o fundo do refratário com a costela desfiada. Com uma colher, espalhe o purê de mandioca sobre a carne desfiada. Polvilhe com a farinha de rosca e o queijo parmesão ralado. Leve ao forno para assar por cerca de 20 minutos, ou até dourar. Sirva a seguir.

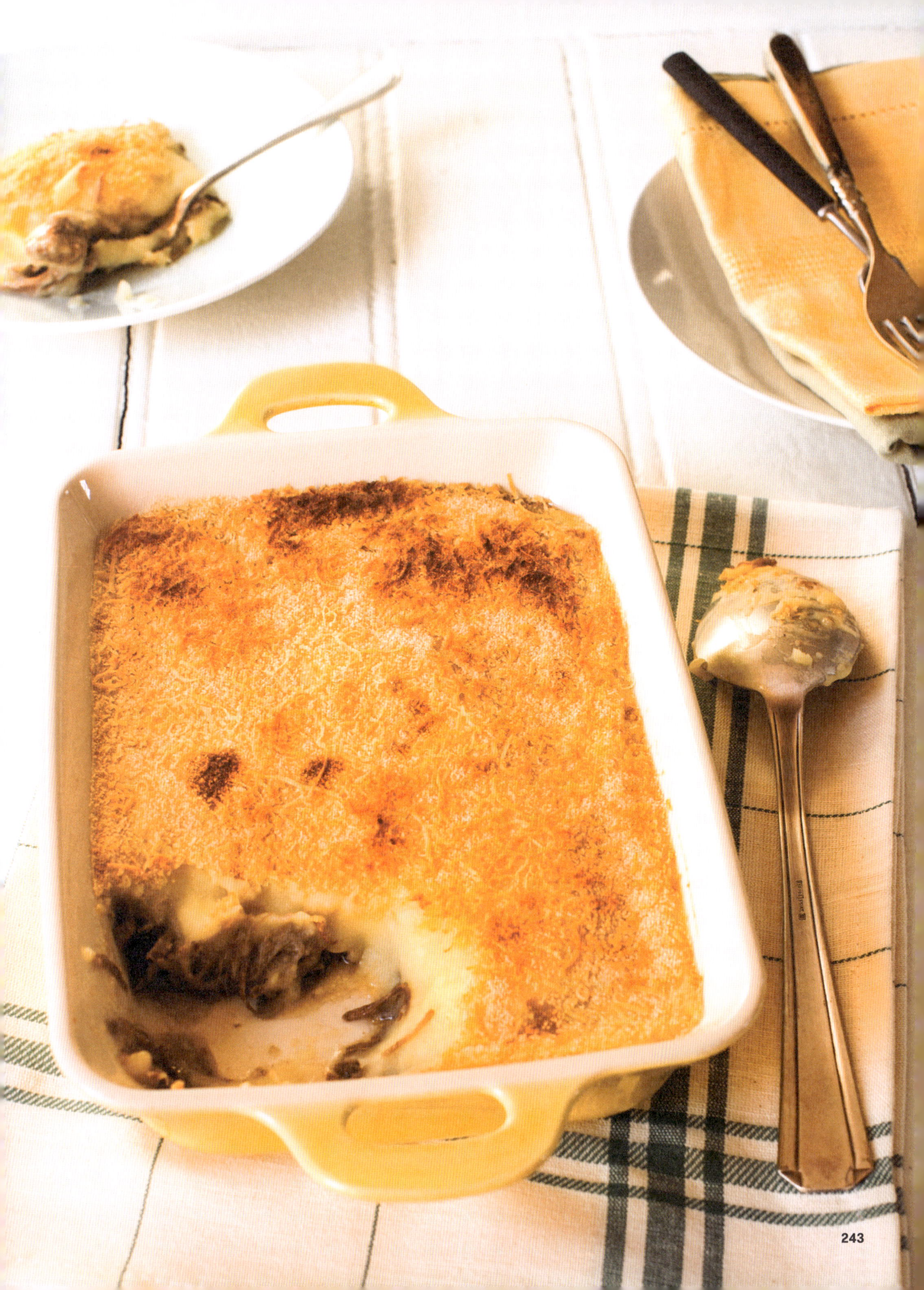

RECEITAS
PURÊ DE MANDIOQUINHA COM REQUEIJÃO
 TIPO CATUPIRY
SALADA DE MANDIOQUINHA COM VAGEM
 GRELHADA E MOLHO DE ALCAPARRAS
MANDIOQUINHA ASSADA COM MOLHO DE MELADO
MANDIOQUINHA SAUTÉE
FRITATA DE MANDIOQUINHA COM CEBOLA
NHOQUE DE MANDIOQUINHA COM MOLHO
 DE MANTEIGA E SÁLVIA

cap. 22 **MANDIOQUINHA**

Pode chamar de batata-baroa

Rainha das papinhas de bebê, princesinha das sopas. Com vocês: a mandioquinha! Mas ela pode mais do que isso, viu? Esta raiz, também conhecida como batata-baroa e batata-salsa, é mais versátil do que a gente imagina. Fica ótima assada, como salada e também se transforma em nhoque. O sabor suave, quase adocicado, contrasta bem com ingredientes mais fortes, como peixe em conserva, carne-seca e alcaparras. Por semelhança, vai bem com cebola caramelizada, melado de cana e alimentos adocicados em geral. Azeite, manteiga e queijos cremosos são bons aliados para deixar a mandioquinha ainda mais aveludada. Quer ver?

MÉTODOS DE COZIMENTO

Como vai ser a mandioquinha do dia? Crua não pode! Mas vale ser cozida, assada, frita ou salteada. Vamos descobrir agora cada uma dessas possibilidades.

COZIDA em água, a mandioquinha pode ficar mais firme ou macia, dependendo do tempo de cocção. A primeira opção é indicada para preparar saladas ou em receitas que demandam a textura dos pedaços ou fatias mais íntegra. Para cremes, purês e papinhas, a mandioquinha mais tenra fica melhor.

ASSADA no forno, de maneira convencional, a mandioquinha fica supersaborosa, mas também mais sequinha, com uma espécie de casquinha. Por isso, pode regar a assadeira com azeite e caprichar em coberturas especiais, como a de melado de cana.

SALTEADA na manteiga ou no azeite, depois de cozida em água, a mandioquinha fica crocante. Use alho e salsinha, os temperos clássicos da batata sautée, para preparar um acompanhamento diferente para o grelhado do dia a dia.

FRITA, em fatias finas, vira chips!

CORTES

Por não ser muito grande, esta raiz pode ser servida **INTEIRA**, assada embrulhada em papel-alumínio. Se preferir uma apresentação mais delicada, corte em **GOMOS** ou **CUBOS MÉDIOS**. **RODELAS** e **MEIAS-LUAS** são cortes indicados para saladas e guisados. Para receitas como a fritata, você pode **RALAR** a mandioquinha crua. E se quiser chips de mandioquinha (assados ou fritos), cortar em rodelas bem fininhas é fundamental — você vai precisar de um mandolin ou de uma faca muito afiada.

PURÊ DE MANDIOQUINHA COM REQUEIJÃO TIPO CATUPIRY

SERVE
4 pessoas

TEMPO DE PREPARO
50 minutos

VOCÊ, COZINHEIRO DO DIA A DIA, MÃE OU PAI DE FAMÍLIA, SOLTEIRO OU ENROLADO: VAMOS VARIAR ESSE PURÊ DE BATATA DE SEMPRE? SUGESTÃO DO DIA: MANDIOQUINHA COM REQUEIJÃO TIPO CATUPIRY.

4 mandioquinhas (cerca de 700 g)
½ xícara (chá) de requeijão tipo Catupiry (cerca de 80 g)
sal e pimenta-do-reino moída na hora a gosto

1. Lave, descasque e corte cada mandioquinha em 3 pedaços. Transfira para uma panela grande, cubra com água e leve ao fogo alto. Assim que ferver, diminua o fogo e deixe cozinhar por 25 minutos, até ficarem macias — espete com um garfo para verificar.

2. Reserve 1 xícara (chá) da água do cozimento e passe as mandioquinhas pelo escorredor. Sobre a mesma panela, passe as mandioquinhas, ainda quentes, por um espremedor.

3. Volte a panela ao fogo médio e junte a água do cozimento reservada, aos poucos, mexendo com um batedor de arame, até formar um purê liso. Junte o requeijão e misture bem. Tempere com sal e pimenta-do-reino moída na hora a gosto.

SALADA DE MANDIOQUINHA COM VAGEM GRELHADA E MOLHO DE ALCAPARRAS

SERVE
4 pessoas

TEMPO DE PREPARO
25 minutos

OLHA QUE SALADA DIFERENTONA: MANDIOQUINHA COZIDA FIRME, CORTADA EM MEIA-LUA, COM VAGEM GRELHADA (CROCANTE!) E MOLHO DE ALCAPARRAS. UMA COMBINAÇÃO ESPECIAL QUE TANTO PODE IR À MESA MORNA COMO EM TEMPERATURA AMBIENTE.

3 mandioquinhas (cerca de 500 g)
250 g de vagem holandesa
½ colher (sopa) de alcaparras
caldo de 1 limão
azeite a gosto
pimenta-do-reino moída na hora a gosto

1. Descasque e corte as mandioquinhas ao meio e as metades, em meias-luas grossas. Transfira para uma panela, cubra com água e leve ao fogo alto. Assim que ferver, diminua o fogo e deixe cozinhar por cerca de 20 minutos — espete com um garfo para verificar: a mandioquinha deve estar cozida, mas ainda firme.

2. Enquanto a mandioquinha cozinha, lave, seque bem as vagens e corte as pontinhas. Leve uma frigideira ao fogo médio. Quando aquecer, regue com ½ colher (sopa) de azeite e refogue as vagens por cerca de 5 minutos, mexendo com uma espátula para dourar os lados por igual. Transfira para uma travessa e reserve.

3. Assim que estiver cozida, escorra a água e passe a mandioquinha sob água corrente numa peneira, para cessar o cozimento. Deixe escorrendo enquanto prepara o molho.

4. Escorra a água e pique bem fino as alcaparras. Transfira para uma tigela pequena e misture com o caldo de 1 limão e ¼ de xícara (chá) de azeite. Tempere com pimenta-do-reino a gosto — a alcaparra já é bem salgada.

5. Numa travessa, disponha as vagens grelhadas, espalhe as mandioquinhas cozidas e regue com o molho. Sirva a seguir.

MANDIOQUINHA ASSADA COM MOLHO DE MELADO

SERVE
2 pessoas
TEMPO DE PREPARO
40 minutos

MANDIOQUINHA ASSADA COM AZEITE, SAL E PIMENTA-DO-REINO JÁ É SUCESSO. MAS UM TOQUE DE MELADO DE CANA PARA FINALIZAR A PREPARAÇÃO FAZ DESTE ACOMPANHAMENTO A ESTRELA DO PRATO. ÓTIMA OPÇÃO PARA VARIAR A BATATA FRITA DO HAMBÚRGUER.

3 mandioquinhas (cerca de 500 g)
3 colheres (sopa) de melado de cana
azeite a gosto
sal e pimenta-do-reino moída na hora a gosto

1. Preaqueça o forno a 240 ºC (temperatura alta).

2. Descasque e corte a mandioquinha em gomos — é só ir cortando em metades no comprimento. Coloque na assadeira, regue com 1 colher (sopa) de azeite e misture bem com as mãos para envolver todos os pedaços. Espalhe os gomos, deixando espaço entre eles — assim o ar circula e eles ficam crocantes. Tempere com sal e pimenta-do-reino a gosto.

3. Leve ao forno para assar por cerca de 30 minutos, até dourar — na metade do tempo, vire com uma espátula para assar por igual.

4. Enquanto isso, prepare o molho: numa tigela misture bem o melado de cana com ½ colher (chá) de azeite.

5. Retire as mandioquinhas do forno e sirva a seguir com o molho de melado.

MANDIOQUINHA SAUTÉE

SERVE
2 pessoas

TEMPO DE PREPARO
35 minutos

SABE BATATA SAUTÉE? ENTÃO, IMAGINE A MANDIOQUINHA SAUTÉE... FICA BOM DEMAIS! O SABOR ADOCICADO DA RAIZ GANHA UM ZIRIGUIDUM ESPECIAL QUANDO ELA É SALTEADA NA MANTEIGA COM ALHO E SALSINHA. É ACOMPANHAMENTO FÁCIL, RÁPIDO E CRIATIVO PARA O ALMOÇO OU JANTAR DA SEMANA.

3 mandioquinhas (cerca de 500 g)
2 dentes de alho
3 colheres (sopa) de manteiga
4 ramos de salsinha
sal a gosto

1. Descasque e corte as mandioquinhas em cubos médios de cerca de 2 cm. Transfira para uma panela, cubra com água e leve ao fogo alto. Assim que ferver, diminua o fogo e deixe cozinhar por 15 minutos — espete com um garfo para verificar: a mandioquinha deve estar cozida, mas ainda firme.

2. Descasque e pique fino o alho. Lave, seque e pique fino a salsinha. Assim que estiverem cozidas, escorra as mandioquinhas numa peneira.

3. Numa frigideira, coloque a manteiga e leve ao fogo médio. Assim que derreter, junte as mandioquinhas, tempere com sal e deixe cozinhar por cerca de 10 minutos, mexendo de vez em quando, até começar a dourar. Junte o alho e mexa por mais 2 minutos. Desligue o fogo e misture a salsinha picada. Sirva a seguir.

FRITATA DE MANDIOQUINHA COM CEBOLA

SERVE
1 pessoa
TEMPO DE PREPARO
30 minutos

FRITATA É UMA PRIMA ITALIANA DA OMELETE, GERALMENTE FEITA COM BATATA E QUALQUER OUTRO INGREDIENTE QUE ESTEJA DANDO SOPA NA GELADEIRA. ATÉ SOBRA DE MACARRÃO DÁ PARA USAR! VOCÊ INVENTA A COMBINAÇÃO. COM MANDIOQUINHA FICA UM ARRASO — E NÃO LEVA NEM MEIA HORA PARA FAZER. OPÇÃO ACERTADÍSSIMA PARA QUANDO VOCÊ ESTIVER SOZINHO. COM UMA SALADINHA, VIRA PRATO COMPLETO.

2 ovos
1 mandioquinha
½ cebola
3 colheres (sopa) de azeite
sal e pimenta-do-reino moída na hora a gosto

1. Preaqueça o forno a 180 °C (temperatura média).

2. Descasque e passe as mandioquinhas e a cebola pela parte grossa do ralador.

3. Numa frigideira antiaderente pequena que possa ir ao forno (usamos uma de 20 cm de diâmetro), coloque o azeite, a mandioquinha e a cebola, tempere com sal e pimenta e refogue por cerca de 8 minutos, mexendo sempre. Caso não tenha uma frigideira que vá ao forno, unte um refratário pequeno com azeite e reserve.

4. Numa tigela pequena, quebre um ovo de cada vez e transfira para outra tigela maior — se um estiver estragado, você não perde toda a receita. Bata bem com um garfo para misturar as claras com as gemas e regue sobre a mandioquinha refogada com a cebola. Com a espátula, nivele a fritata. Assim que as beiradas começarem a cozinhar, leve para o forno.

5. Caso não tenha uma frigideira que vá ao forno, transfira a mandioquinha refogada com a cebola para o refratário untado e regue com os ovos.

6. Deixe assar por cerca de 12 minutos, até inflar e dourar. Caso esteja usando o refratário, deixe por 15 minutos. Retire do forno e, se quiser, sirva com salada de pimentão marinado.

SALADA DE PIMENTÃO MARINADO

SERVE
2 pessoas
TEMPO DE PREPARO
50 minutos

2 pimentões vermelhos
4 ramos de hortelã
1 colher (sopa) de vinagre de vinho branco
1 colher (sopa) de azeite
sal e pimenta-do-reino moída na hora a gosto

1. Preaqueça o forno a 220 °C (temperatura alta).

2. Lave, seque e coloque os pimentões inteiros numa assadeira. Leve ao forno para assar por cerca de 30 minutos, até a pele chamuscar — na metade do tempo, vire os pimentões com uma pinça para queimarem por igual.

3. Transfira os pimentões para uma tigela, cubra com filme e deixe abafar por 10 minutos —fica mais fácil para descascar. Enquanto isso, lave, seque e pique fino as folhas de hortelã.

4. Raspe os pimentões com o lado contrário da lâmina da faca para remover a pele queimada e limpe os queimadinhos restantes com um papel toalha. Corte os pimentões ao meio, descarte as sementes e corte cada metade em tiras.

5. Numa tigela, tempere as tiras de pimentão ainda mornas com o azeite, vinagre, sal e misture bem a hortelã. Sirva a seguir ou conserve na geladeira.

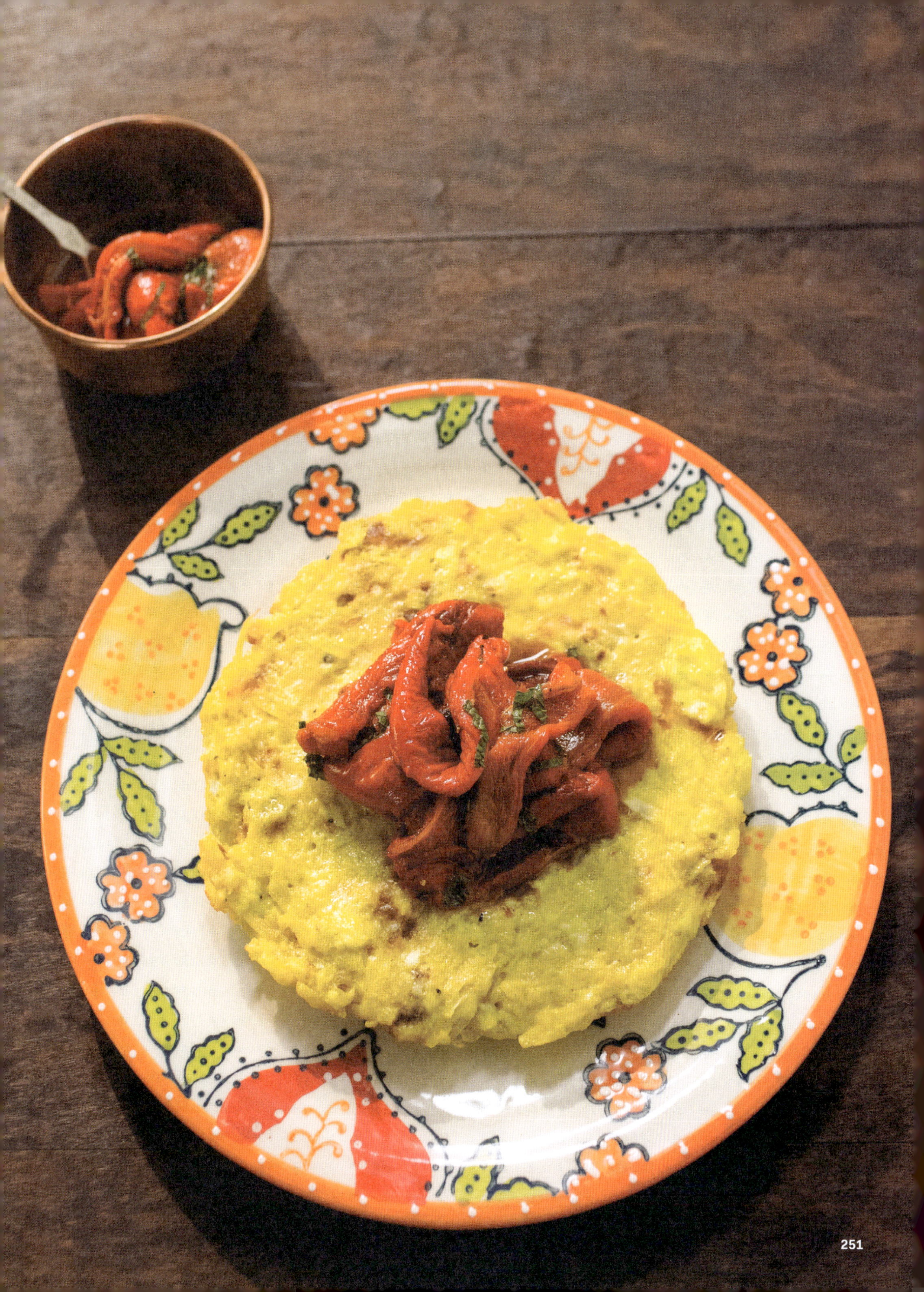

NHOQUE DE MANDIOQUINHA COM MOLHO DE MANTEIGA E SÁLVIA

SERVE
4 pessoas

TEMPO DE PREPARO
1 hora + 25 minutos para cozinhar a mandioquinha

GOSTA DE NHOQUE? ENTÃO NÃO DEIXE DE EXPERIMENTAR ESTA PREPARAÇÃO. ASSIM COMO O DE BATATA, ESTE TAMBÉM PODE SER APENAS COZIDO NA ÁGUA E SERVIDO COM O SEU MOLHO FAVORITO. MAS, SE QUISER IR ALÉM, PASSE NA FRIGIDEIRA PARA CRIAR UMA CASQUINHA CROCANTE E SIRVA COM MOLHO DE MANTEIGA E SÁLVIA. SIMPLES E ELEGANTE.

1,5 kg de mandioquinha
2 gemas
1 ¼ xícara (chá) de farinha de trigo e mais para polvilhar a bancada
100 g de manteiga
1 maço de sálvia
2 colheres (sopa) de sal
óleo para untar

1. Lave, descasque e corte cada mandioquinha em 3 pedaços. Transfira para uma panela grande e cubra com água. Leve ao fogo alto. Assim que começar a ferver, diminua o fogo e deixe cozinhar por mais 15 minutos, até ficarem macias — espete com um garfo para verificar.

2. Transfira as mandioquinhas para uma peneira e deixe escorrer bem a água. Sobre uma tigela, passe as mandioquinhas, ainda quentes, por um espremedor de batatas e tempere com 1 colher (sopa) de sal.

3. Misture ¼ de xícara (chá) da farinha de trigo à mandioquinha — isso ajuda a esfriar e evita que, ao incluir as gemas, elas cozinhem com o calor. Junte as gemas e amasse bem com as mãos. Aos poucos, vá polvilhando com o restante da farinha, até dar o ponto. Lave e seque as mãos para verificar o ponto da massa: separe uma porção e modele uma bolinha; se não grudar, pode parar de acrescentar farinha. A quantidade de farinha de trigo utilizada pode variar, mas evite adicionar em excesso, pois a massa ainda vai absorver farinha na hora de modelar.

4. Para modelar os nhoques: polvilhe a bancada com farinha de trigo. Retire uma porção de massa e, com as mãos, faça rolinhos de cerca de 1 cm de diâmetro. Com uma faca (ou espátula) corte os rolinhos a cada 2 cm. Transfira os nhoques para uma assadeira grande (ou refratário) polvilhada com farinha e reserve. Repita o processo com toda a massa.

5. Leve uma panela grande com água ao fogo alto. Unte uma assadeira grande com óleo. Assim que a água começar a ferver, adicione 1 colher (sopa) de sal.

6. Com uma escumadeira, mergulhe cerca de 10 nhoques por vez na água fervente. Deixe cozinhar até subirem à superfície. Retire os nhoques, escorrendo bem a água pela escumadeira e transfira para a assadeira untada com óleo. Cozinhe o restante dos nhoques e reserve a água do cozimento — ela vai ser utilizada no molho.

7. Leve ao fogo médio uma frigideira grande, de preferência antiaderente, com ½ colher (sopa) de manteiga. Quando derreter, adicione o tanto de nhoques que couber no fundo da frigideira e deixe dourar por 1 minuto de cada lado. Transfira para uma travessa e doure o restante dos nhoques, adicionando manteiga a cada leva.

8. Depois que dourar todos os nhoques, diminua o fogo da frigideira e acrescente 4 colheres (sopa) de manteiga. Assim que derreter, junte as folhas de sálvia e deixe cozinhar por 1 minuto.

9. Desligue o fogo e acrescente 1 concha da água do cozimento do nhoque. Faça movimentos circulares com a frigideira para misturar e formar um molho liso — não mexa com uma espátula, pois a gordura da manteiga pode se separar do molho.

10. Regue os nhoques dourados com o molho de sálvia e sirva imediatamente.

É o show do milhão!

cap. 23 **MILHO**

Superversátil, o milho é protagonista de receitas doces e salgadas.
Vira creme, bolo, pão, salada, pode ser cozido, grelhado. Combinar sabores com ele é fácil. Fora que vai bem com as mais variadas especiarias, do cominho à canela, passando pela páprica... Pois é, quem tem amido tem tudo! Na espiga, é delicioso e prático para servir inteiro. Debulhar os grãos não é difícil, mas comprados congelados são também um daqueles belos atalhos na cozinha — podem ser usados em todas as receitas deste capítulo, exceto nas que levam espigas, claro. Que espetáculo de alimento!

MÉTODOS DE COZIMENTO
Da pipoca que pula na panela à espiga que vai inteira para a água fervente, o milho pode interagir de diferentes maneiras com o fogo. O resultado é sempre bom. Quer ver?

Depois de cozido em água, pode ser usado em diferentes receitas. Se for **COZIDO** com leite, ganha uma cremosidade extra. **GRELHADA**, a espiga fica com um sabor defumado que vai bem com uma carne assada suculenta. **REFOGADO**, vira acompanhamento por si só ou a base para um creme de milho, por exemplo. **ASSADO**, como massa de pão ou bolo para servir com o café da tarde. Quem resiste?

CORTES
O milho pode ser devorado **INTEIRO** ou em **PEDAÇOS**. E os grãos podem ser **DEBULHADOS** ou **BATIDOS**. Ah, também dá para fazer **RODELAS** da espiga, depois de grelhada ou cozida. Uma ótima dica para aniversário infantil.

RECEITAS
ESPIGA DE MILHO-VERDE COZIDA
MILHO-VERDE GRELHADO COM MANTEIGA DE ERVAS
VIRADINHO DE MILHO-VERDE
BIFE ROLÊ RECHEADO COM AMEIXA
CREME DE MILHO
MILHO REFOGADO PICANTE
SALADA MEXICANA COM MÚSCULO
PANQUECA DE MILHO
CURAU
BOLO DE PAMONHA

ESPIGA DE MILHO-VERDE COZIDA

SERVE
4 pessoas

TEMPO DE PREPARO
45 minutos

MANTEIGA OU CREAM CHEESE? TANTO FAZ, AS DUAS OPÇÕES SÃO BOAS. O SEGREDO FICA POR CONTA DA PÁPRICA DEFUMADA, QUE FAZ COM QUE A ESPIGA GANHE SABOR DE ACABOU-DE-SAIR-DA-CHURRASQUEIRA!

4 espigas de milho-verde
sal a gosto
páprica defumada a gosto
manteiga a gosto para servir
cream cheese a gosto para servir

1. Leve uma panela grande com água ao fogo alto. Enquanto isso, descarte a palha, o cabelo e lave bem as espigas de milho sob água corrente.

2. Assim que a água ferver, coloque ½ colher (sopa) de sal e junte as espigas de milho. Diminua o fogo para médio e deixe cozinhar por cerca de 30 minutos, até que os grãos de milho estejam macios. Com uma pinça, retire as espigas da panela, escorra bem a água, e transfira para uma travessa.

3. Sirva a seguir com manteiga ou cream cheese. Polvilhe com páprica defumada e sal a gosto.

MILHO-VERDE GRELHADO COM MANTEIGA DE ERVAS

SERVE
4 pessoas
TEMPO DE PREPARO
25 minutos

MILHO COZIDO É BOM, MAS MILHO GRELHADO É MUITO BOM. A TEXTURA FICA DIFERENTE E O SABOR, LIGEIRAMENTE CARAMELADO. NA CHURRASQUEIRA FICA FANTÁSTICO. NO DIA A DIA, UMA FRIGIDEIRA GRANDE COM FUNDO TRIPLO DÁ CONTA DO RECADO. EXPERIMENTE SERVIR COM MANTEIGA DE ERVAS. É GLAMOUR A JATO! (BASTA MISTURAR SALSINHA PICADA, OU A ERVA QUE VOCÊ PREFERIR, COM MANTEIGA EM TEMPERATURA AMBIENTE. TEMPERE COM SAL. ALHO PICADINHO TAMBÉM VAI BEM!)

4 espigas de milho-verde
azeite a gosto
sal e pimenta-do-reino moída na hora a gosto
manteiga de ervas para servir

1. Descarte a palha, o cabelo e lave bem as espigas de milho sob água corrente.

2. Leve uma frigideira grande ao fogo médio. Quando aquecer, espalhe um pouco de azeite em duas espigas de milho e coloque na frigideira para dourar por cerca de 6 minutos, virando com uma pinça para tostar todos os lados por igual. Tempere com sal e pimenta-do-reino moída na hora a gosto e transfira para uma travessa. Repita com as outras. Sirva com manteiga de ervas.

MANTEIGA DE ERVAS

SERVE
10 porções
TEMPO DE PREPARO
10 minutos + 30 minutos para firmar na geladeira

100 g de manteiga em temperatura ambiente
1 colher (sopa) de alecrim picado
1 colher (sopa) de tomilho debulhado
sal e pimenta-do-reino moída na hora a gosto

1. Numa tigela coloque a manteiga e mexa bem com uma colher para amolecer. Adicione o alecrim e o tomilho, tempere com sal e pimenta-do-reino e misture bem.

2. Corte um retângulo de papel-manteiga ou filme de 30 cm de comprimento. Coloque a manteiga temperada no centro e dobre o papel sobre a manteiga.

3. Enrole as pontas do papel, como se fosse embrulhar um bombom, para modelar a manteiga no formato de um cilindro. Leve para a geladeira e deixe por no mínimo 30 minutos para firmar.

DICA: Se preferir, conserve a manteiga temperada por até 3 meses no congelador. Na hora de servir, retire a manteiga do congelador, desembrulhe, corte em rodelas e deixe em temperatura ambiente por 5 minutos para ficar macia.

VIRADINHO DE MILHO-VERDE

SERVE
4 pessoas
TEMPO DE PREPARO
30 minutos

QUANDO ESTE É O ACOMPANHAMENTO, MEIO QUE TANTO FAZ QUAL O PRATO PRINCIPAL. ELE É TÃO PODEROSO QUE É CAPAZ DE TRAZER LEMBRANÇAS DE CASA COM FOGÃO A LENHA, NO INTERIOR, MESMO QUE VOCÊ NUNCA TENHA ESTADO EM UMA. TALVEZ SEJA PORQUE O MILHO É USADO EM DOSE DUPLA: EM GRÃOS, DEBULHADOS DA ESPIGA, E EM FARINHA FLOCADA. E CAPRICHE NA SALSINHA!

4 espigas de milho-verde [cerca de 2 xícaras (chá) de milho debulhado, caso queira usar o congelado]
1 cebola
1 ½ colher (sopa) de manteiga
1 xícara (chá) de farinha de milho flocada
2 xícaras (chá) de água
4 ramos de salsinha
sal e pimenta-do-reino moída na hora a gosto

1. Descarte a palha, o cabelo e lave bem as espigas de milho sob água corrente. Numa tábua (ou dentro de uma assadeira grande), apoie uma das espigas de pé e com uma faca corte os grãos de milho para debulhar (se preferir, utilize um extrator de grãos próprio para milho). Transfira os grãos para uma tigela e repita com as outras espigas.

2. Descasque e pique fino a cebola. Lave, seque e pique fino as folhas de salsinha.

3. Leve uma panela média ao fogo baixo. Quando aquecer, junte a manteiga, a cebola, tempere com uma pitada de sal e refogue por cerca de 3 minutos, mexendo bem, até murchar. Acrescente os grãos de milho e refogue por cerca de 5 minutos, até que eles ganhem um tom mais vivo.

4. Regue com a água, misture e deixe os grãos cozinharem por cerca de 5 minutos — a água não deve secar, pois vai umedecer a farinha no próximo passo. Acrescente a salsinha picada e tempere com sal e pimenta-do-reino a gosto.

5. Mantenha a panela em fogo baixo e junte a farinha de milho flocada aos poucos, sem parar de mexer — o virado deve ficar bem úmido. Desligue o fogo, transfira para uma travessa e sirva a seguir. Que tal com um bifê rolê?

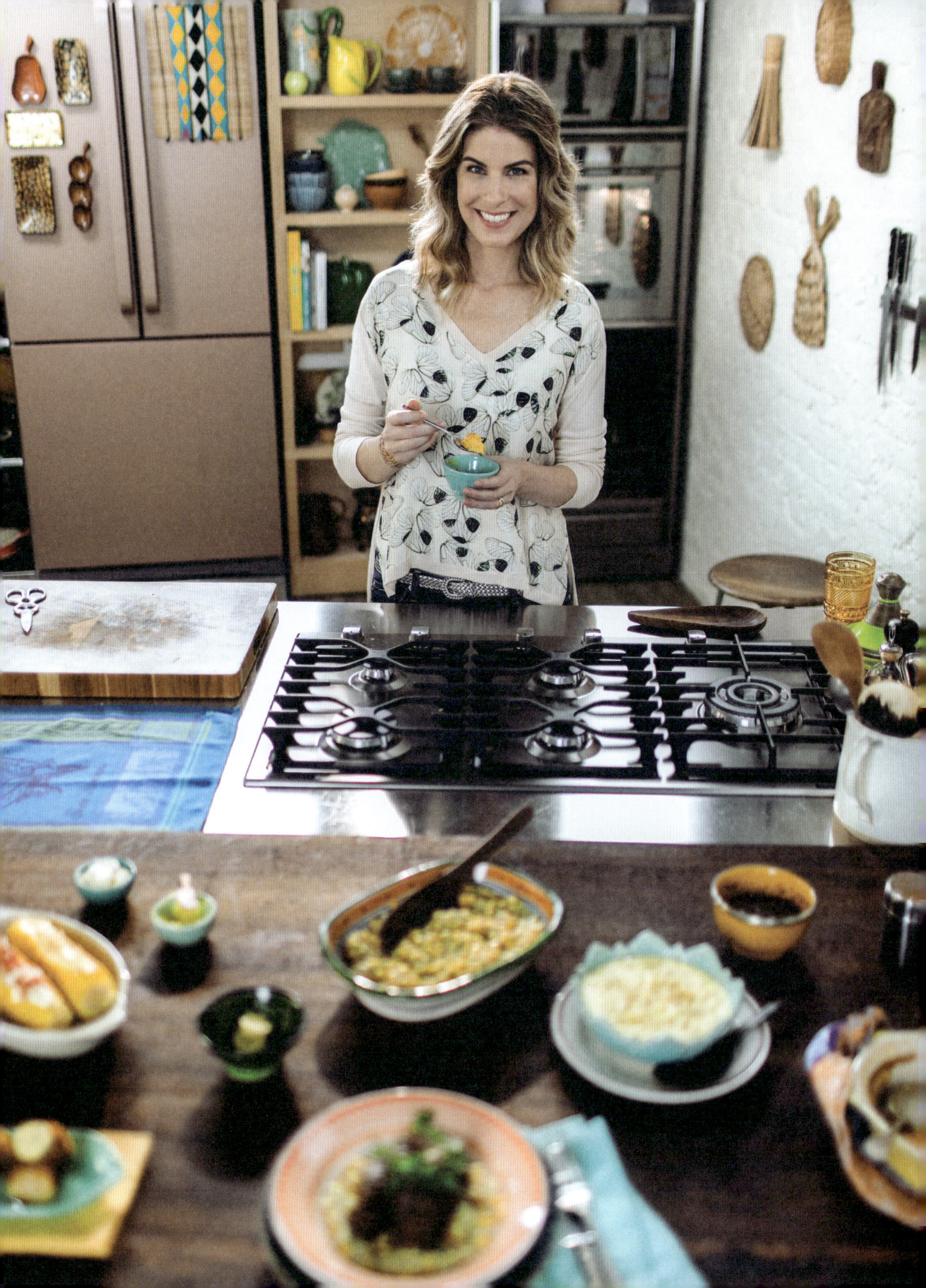

BIFE ROLÊ RECHEADO COM AMEIXA

RECEITA EXTRA

SERVE
4 pessoas

TEMPO DE PREPARO
45 minutos
+ 30 minutos para cozinhar na pressão

BIFE ROLÊ É UMA DESSAS PREPARAÇÕES QUE NUNCA SAEM DE MODA. É TRIVIAL, TODO MUNDO GOSTA. MAS — SIM, TEM UM PORÉM — NÃO É UM PREPARO RAPIDINHO. TALVEZ POR ISSO MESMO ESTEJA GANHANDO STATUS DE COMIDA ESPECIAL. É TRIVIAL-CHIQUE! MAS — SIM, OUTRO MAS — PODE SER FEITO COM ANTECEDÊNCIA (PARECE ATÉ QUE FICA MELHOR NO DIA SEGUINTE). E TAMBÉM PODE IR PARA O CONGELADOR. É POR ISSO QUE PODE SER CONSIDERADO UMA RECEITA PRÁTICA. NESTA VERSÃO, ALÉM DA CENOURA E DO SALSÃO, A CARNE É RECHEADA COM AMEIXA-PRETA. QUE TRIVIAL QUE NADA! É CHIQUE E DELICIOSA.

8 bifes de coxão mole
1 cenoura
1 talo de salsão
8 ameixas secas sem caroço
1 cebola
3 dentes de alho
sal e pimenta-do-reino moída na hora a gosto
2 colheres (sopa) de azeite
70 g de bacon em cubos
1 rama de canela
1 colher (chá) de pimenta síria
½ xícara (chá) de extrato de tomate
1 litro de caldo de legumes caseiro (ou água)
1 colher (sopa) de manteiga
1 colher (sopa) de farinha de trigo
salsinha picada a gosto
palitos de dente para fechar os bifes

1. Retire os bifes da geladeira e deixe em temperatura ambiente, enquanto prepara os outros ingredientes — se a carne estiver gelada na hora de ir para a panela, os bifes podem ficar duros.

2. Descarte as folhas, lave e seque o talo do salsão. Descasque a cenoura. Corte os legumes em palitos finos de cerca de 6 cm de comprimento — assim eles cabem certinho dentro de cada bife. Corte as ameixas ao meio. Descasque e pique fino a cebola e os dentes de alho. Reserve.

3. Recheie os bifes: tempere os dois lados com sal e pimenta-do-reino moída na hora a gosto; numa das pontas, coloque dois palitos de cada legume e duas metades de ameixa (uma ao lado da outra); enrole o bife e prenda, espetando com dois palitos de dente. Repita com o restante.

4. Leve uma panela de pressão ao fogo médio. Quando aquecer, regue com o azeite e refogue o bacon, mexendo por cerca de 2 minutos, até soltar a gordura. Acrescente os bifes enrolados e deixe dourar por cerca de 2 minutos. Assim que a carne soltar da panela, vire delicadamente com uma pinça para dourar do outro lado. Retire e reserve num prato.

5. Junte a cebola picada, a canela em rama e a pimenta síria e refogue por mais 3 minutos, até murchar. Acrescente o alho e misture por apenas 1 minuto para perfumar.

6. Regue com o caldo de legumes (ou água), misture o extrato de tomate e volte a carne para a panela. Tampe e aumente o fogo para alto. Assim que ela começar a apitar, diminua o fogo e deixe cozinhar por mais 30 minutos em fogo baixo.

7. Enquanto isso coloque a manteiga numa panela ou frigideira pequena e leve ao fogo médio. Assim que derreter, acrescente a farinha de trigo e mexa bem por cerca de 2 minutos — essa mistura de manteiga e farinha, chamada roux, vai engrossar o molho. Desligue o fogo e reserve.

8. Após o tempo de cozimento, desligue o fogo. Deixe o vapor sair e a válvula parar de apitar, antes de abrir a panela de pressão. Com uma concha, transfira cerca de 1 xícara (chá) do caldo de cozimento para a panela com o roux. Misture bem para dissolver todos os gruminhos de farinha.

9. Volte o molho engrossado para a panela com os bifes. Leve ao fogo médio e deixe cozinhar por mais 15 minutos, até o molho engrossar. Desligue o fogo e misture a salsinha picada.

10. Transfira os bifes com o molho para uma travessa funda e sirva a seguir.

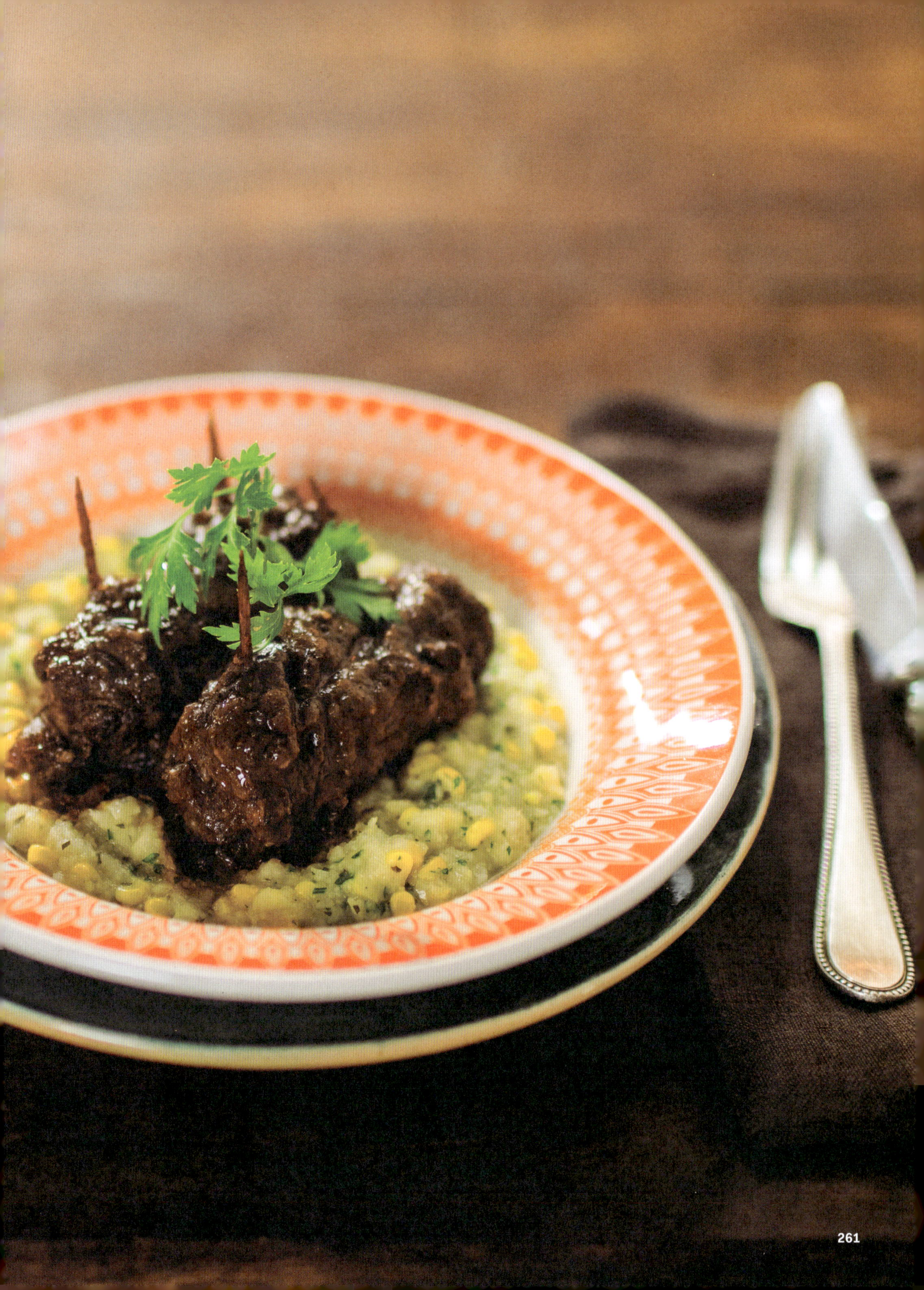

CREME DE MILHO

SERVE
4 pessoas

TEMPO DE PREPARO
40 minutos

ALÔ, ALÔ, FREGUESIA, É O PURO CREME DO MILHO! NÃO PRECISA DE MAISENA NEM FARINHA PARA ENGROSSAR. É O AMIDO DOS GRÃOS QUE VAI DAR A TEXTURA CREMOSA DESTE ACOMPANHAMENTO.

4 espigas de milho-verde [cerca de 2 xícaras (chá) de milho debulhado, caso queira usar o congelado]
2 xícaras (chá) de leite
½ cebola
1 colher (sopa) de manteiga
noz-moscada ralada na hora a gosto
1 colher (chá) de sal

1. Descarte a palha, os cabelos e lave bem as espigas de milho sob água corrente. Numa tábua (ou assadeira grande), apoie a espiga de pé e com uma faca corte os grãos para debulhar. Transfira os grãos para uma tigela e repita com as outras espigas. Descasque e pique fino a cebola.

2. No liquidificador, bata a metade do milho debulhado com leite e reserve.

3. Leve uma panela média ao fogo médio. Quando aquecer, coloque a manteiga, a cebola, tempere com uma pitada de sal e refogue por cerca de 2 minutos, até murchar.

4. Acrescente os grãos separados e refogue por cerca de 3 minutos, até a cor do milho ganhar um tom mais vivo.

5. Regue com a mistura de leite, tempere com o restante do sal e com noz-moscada a gosto, diminua o fogo e deixe cozinhar por cerca de 10 minutos, até engrossar, mexendo de vez em quando para não grudar no fundo da panela. Desligue o fogo e transfira o creme de milho para uma tigela. Sirva a seguir.

MILHO REFOGADO PICANTE

SERVE
2 pessoas

TEMPO DE PREPARO
30 minutos

O MILHO REFOGADO NUNCA MAIS SERÁ O MESMO DEPOIS DESTA COMBINAÇÃO DE SABORES: O ALHO-PORÓ FAZ AS VEZES DA CEBOLA E A PIMENTA DEDO-DE-MOÇA DÁ AQUELA CHACOALHADA NO ASTRAL. SIRVA COM GRELHADOS, MISTURE NO ARROZ, NO RISOTO, BATA COM CALDO E SIRVA COMO SOPA. MILHO + ALHO--PORÓ + PIMENTA DEDO-DE-MOÇA. ESSE TRIO É DO BALACOBACO!

4 espigas de milho-verde [cerca de 2 xícaras (chá) de milho debulhado, caso queira usar o congelado]
1 alho-poró
1 pimenta dedo-de-moça
2 colheres (sopa) de azeite
sal a gosto

1. Descarte as folhas, lave e seque o alho-poró. Corte o talo ao meio, no sentido da largura, e cada metade em tiras finas. Lave, seque, corte ao meio, descarte as sementes e fatie fino as metades da pimenta.

2. Leve uma frigideira grande ao fogo médio. Quando aquecer, regue com o azeite, junte o alho-poró e tempere com uma pitada de sal. Refogue por cerca de 2 minutos, mexendo de vez em quando, até murchar.

3. Junte o milho e a pimenta dedo-de-moça. Misture e deixe cozinhar por mais 8 minutos, mexendo de vez em quando, até os grãos de milho ficarem macios. Tempere com sal a gosto e sirva a seguir.

SALADA MEXICANA COM MÚSCULO

SERVE
2 pessoas

TEMPO DE PREPARO
20 minutos

DELICIOSA, ESTA SALADA É UMA DAQUELAS RECEITAS PERFEITAS PARA REAPROVEITAR UM PEDAÇO DE MÚSCULO DO CALDO, OU MESMO UMAS FATIAS DA CARNE DE PANELA. SIM, UMA SOBRA DO FRANGO ASSADO TAMBÉM FUNCIONA. O SEGREDO É A COMBINAÇÃO DE SABORES: MILHO, PIMENTÃO, COENTRO, CEBOLA ROXA, COMINHO, AZEITE E LIMÃO. JUNTE QUALQUER CARNE FRIA DESFIADA, E ESTÁ PRONTA UMA SALADA POTENTE, NUTRITIVA E QUE SERVE ATÉ DE REFEIÇÃO COMPLETA PARA LEVAR PARA O TRABALHO. É MARMITA FINA, BEM!

1 xícara (chá) de músculo cozido e desfiado
1 ½ xícara de grãos de milho-verde cozido (pode ser em lata)
½ pimentão vermelho
½ cebola roxa
½ xícara (chá) de folhas de coentro
caldo de 2 limões taiti
1 colher (chá) de cominho
2 colheres (sopa) de azeite
sal e pimenta-do-reino moída na hora a gosto

1. Descasque e corte a cebola em cubos pequenos. Transfira para uma tigela, cubra com água gelada e deixe de molho por alguns minutos — isso ajuda a tirar o ardido excessivo. Enquanto isso, prepare os outros ingredientes.

2. Lave, descarte o cabo e as sementes e corte o pimentão em cubos pequenos. Lave e seque as folhas de coentro.

3. Numa tigela, coloque o milho, a carne desfiada e o pimentão. Escorra a água e junte a cebola picada à salada. Regue com o caldo de limão e o azeite. Tempere com o cominho, sal e pimenta-do-reino moída na hora. Misture bem e finalize com folhas de coentro. Sirva a seguir. Se for levar para o trabalho, deixe o coentro à parte e adicione na hora de consumir.

PANQUECA DE MILHO

RENDE
8 panquequinhas

TEMPO DE PREPARO
menos de 30 minutos

ORIGINALMENTE, FIZ ESTA RECEITA COM UMA LATA DE MILHO — ATÉ NOS PIORES DIAS, SEMPRE TEM UMA LATA DE MILHO DANDO MOLE NA DESPENSA! COM SALADA E QUEIJO BRIE, ESTÁ PRONTO UM JANTAR DELICIOSO EM COISA DE 10 MINUTOS. MAS ELA É TAMBÉM UMA ÓTIMA OPÇÃO PARA APROVEITAR AQUELAS ESPIGAS DE MILHO COZIDO FAZENDO ANIVERSÁRIO NA GELADEIRA!

1 lata de milho-verde cozido
  [ou 1 ⅓ de xícara (chá) de grãos de milho-verde congelados ou debulhados da espiga já cozida]
1 ovo
1 colher (sopa) de manteiga derretida
½ xícara (chá) de leite
½ xícara (chá) de farinha de trigo
½ colher (sopa) de fermento em pó
2 talos de cebolinha
sal e pimenta-do-reino moída na hora a gosto
manteiga para untar a frigideira
fatias de queijo brie para servir
salada de folhas para servir

1. Antes de abrir, lave e seque a lata de milho. Passe os grãos por uma peneira e deixe escorrer bem a água. Reserve. Lave, seque e fatie fino a parte verde dos talos de cebolinha.

2. Numa tigela grande, quebre o ovo. Junte o leite, a manteiga e mexa bem com o batedor de arame até ficar homogêneo. Acrescente a farinha e misture bem. Tempere com sal e pimenta-do-reino moída na hora a gosto.

3. Adicione o fermento em pó, os grãos de milho, a cebolinha fatiada e misture delicadamente com uma espátula.

4. Leve uma frigideira antiaderente ao fogo médio. Quando aquecer, coloque cerca de ½ colher (chá) de manteiga e espalhe bem com uma folha de papel toalha para untar (repita essa operação antes de cada leva).

5. Para medir a quantidade de massa necessária para cada panqueca, utilize uma colher de servir arroz. Coloque uma colherada de massa na frigideira e deixe firmar e dourar, cerca de 3 minutos. Com uma espátula, vire a panqueca para dourar do outro lado. Transfira para um prato e repita com o restante da massa.

6. Sirva as panquecas com fatias de queijo brie e salada de folhas.

CURAU

SERVE
4 pessoas
TEMPO DE PREPARO
25 minutos
+ 1 hora para esfriar na geladeira

O CARRO DA PAMONHA NUNCA MAIS PASSOU NA SUA RUA? SEUS PROBLEMAS ACABARAM! TRAGO O SABOR PERDIDO EM MENOS DE 2 HORAS! É MELHOR QUE AMARRAÇÃO DO AMOR, GENTE, É CURAU, O PURO CREME DO MILHO.

4 espigas de milho-verde
2 xícaras (chá) de leite
¾ de xícara (chá) de açúcar
canela em pó para polvilhar

1. **Descarte a palha, o cabelo e lave bem as espigas de milho** sob água corrente. Na tábua (ou dentro de uma assadeira grande), apoie uma das espigas de pé e com uma faca corte os grãos de milho para debulhar (se preferir, utilize um extrator de grãos próprio para milho). Transfira os grãos para o liquidificador e repita com as outras espigas.

2. **Bata o milho com o leite até triturar bem.** Sobre uma panela, passe o leite batido por uma peneira, pressionando com as costas de uma colher. Descarte o bagaço.

3. **Junte o açúcar, misture e leve para cozinhar** em fogo baixo, mexendo com uma espátula por cerca 5 minutos, até formar um creme grosso. Desligue o fogo e, com uma concha, distribua o creme em quatro tigelas individuais.

4. **Leve para a geladeira e deixe esfriar** por cerca de 1 hora. Sirva polvilhado com canela em pó. Se preferir, sirva quente.

BOLO DE PAMONHA

SERVE
6 pessoas

TEMPO DE PREPARO
15 minutos + 45 minutos para assar

ESTA É UMA DAQUELAS RECEITAS COM SUCESSO GARANTIDO. UM BOLO DE MILHO, CREMOSO COMO PAMONHA — ELE É TÃO CREMOSO QUE DÁ PARA COMER DE COLHER! NÃO DEIXE DE POLVILHAR COM CANELA NA HORA DE SERVIR. (PODE USAR UMA PENEIRINHA. ACERTEI O QUE VOCÊ ESTAVA PENSANDO?)

300 g de milho-verde congelado [ou 2 xícaras (chá) de grãos debulhados, aproximadamente 4 espigas]
1 xícara (chá) de leite
²/₃ de xícara (chá) de açúcar
1 colher (sopa) de manteiga em temperatura ambiente
2 ovos
¼ de xícara (chá) de fubá
1 colher (sopa) de fermento em pó
manteiga para untar e fubá para polvilhar
canela em pó a gosto para polvilhar

1. Preaqueça o forno a 180 ºC (temperatura média). Unte com manteiga um refratário pequeno (que comporte 1,3 litro). Polvilhe com fubá e chacoalhe bem para enfarinhar. Bata sobre a pia para tirar o excesso.

2. No liquidificador, bata o milho, o leite, o açúcar e a manteiga, até triturar bem os grãos. Acrescente os ovos e bata apenas para misturar.

3. Junte o fubá e o fermento e bata novamente — a consistência é bem líquida, mesmo. Transfira a massa para o refratário preparado e leve ao forno para assar por 45 minutos, ou até a superfície começar a dourar. Retire do forno e, se quiser, deixe esfriar. Quente, ele também fica delicioso! Polvilhe com canela em pó.

Só se for fresco (e isso não é frescura)

cap. 24 **PALMITO PUPUNHA**

Melhor explicar: se você tem um palmito na geladeira, e não na prateleira, é porque ele é fresco (geralmente do tipo pupunha). Ah, quem já provou sabe: a textura é mais firme e o sabor, mais delicado — passa longe daquele avinagrado da conserva. Esse palmito é mais versátil: vai muito além da salada e do recheio da empada. Fica ótimo com molhos mais potentes, como o de coentro ou o pesto de manjericão. Fora que ele dá glamour a jato para as refeições. Ótimo ponto de partida para montar cardápios de jantares especiais.

RECEITAS
CARPACCIO DE PALMITO COM MOLHO DE COENTRO
PALMITO PUPUNHA GRATINADO COM PARMESÃO
ESPAGUETE DE PUPUNHA COM TOMATE E NOZES
SALADA DE PUPUNHA GRELHADO COM MOLHO PESTO GENOVÊS
TORTA DE PALMITO

MÉTODOS DE COZIMENTO
O palmito cru apresenta uma textura firme, crocante, e fica lindo em rodelas fininhas, como se fosse carpaccio. Mas também pode ser desfiado e em tiras, tipo macarrão. Ele também aceita várias formas de cozimento:

BRANQUEADO, fica mais macio, sem perder a textura crocante.
GRELHADO, sempre ganha aquele sabor mais adocicado, típico da técnica. Se for preparado na churrasqueira, pega bem o sabor da brasa.
ASSADO, pode entrar na assadeira como astro principal ou junto com outros legumes e não faz bagunça na cozinha. **GRATINADO,** fica fantástico.
COZIDO, fica macio o suficiente para se transformar no clássico creme de palmito. E também serve de recheio para tortas, empadas, empanadas, panquecas...

CORTES
Palmito pode ser cortado em **FATIAS FINAS.** Em **RODELAS GROSSAS**, pode ser gratinado. Em **TIRAS**, entra na salada ou vira crudités. Em **FIOS** é macarrão na certa! Cortado em **TOLETES**, fica bom para grelhar. Mas também dá para cortar em **MEIAS-LUAS** e **CUBOS**.

CARPACCIO DE PALMITO COM MOLHO DE COENTRO

SERVE
4 pessoas

TEMPO DE PREPARO
10 minutos

RECEITA SUPERFÁCIL DE FAZER, MAS COM CARA DE TRABALHOSA. ÓTIMA PARA RECEBER! VOCÊ ENCONTRA O PALMITO FATIADO FININHO EM EMBALAGENS PORCIONADAS NO SUPERMERCADO. AÍ É SÓ PREPARAR UM MOLHINHO ESPERTO E DECORAR COM FOLHAS DE COENTRO.

350 g de palmito pupunha fresco fatiado fino em rodelas (compre já fatiado)
caldo de 1 limão
¼ de xícara (chá) de azeite
4 ramos de coentro
sal e pimenta-do-reino moída na hora a gosto

1. Lave, seque e pique fininho as folhas de coentro. Num pote de vidro com tampa, coloque o azeite, o caldo de limão, as folhas de coentro e tempere com sal e pimenta-do-reino a gosto. Tampe e chacoalhe bem para misturar.

2. Numa travessa, disponha as rodelas de palmito e regue com o molho. Sirva a seguir com folhas de coentro.

PALMITO PUPUNHA GRATINADO COM PARMESÃO

SERVE
4 pessoas

TEMPO DE PREPARO
20 minutos + 30 minutos de forno

RECEITINHA BOA PARA SERVIR NUMA NOITE FRIA. SE TIVER VEGETARIANO À MESA, ENTÃO… O PULO DO GATO É O MOLHO BRANCO BEM-FEITO — A TÉCNICA DO BECHAMEL É IMBATÍVEL. PARMESÃO EM CIMA, FORNO QUENTE… ACOMPANHAMENTO PERFEITO DE UM CARDÁPIO ELEGANTE.

- 4 toletes de palmito pupunha fresco (cerca de 500 g)
- ½ cebola
- 2 xícaras (chá) de leite
- 2 colheres (sopa) de farinha de trigo
- 2 colheres (sopa) de manteiga
- 1 folha de louro
- 1 cravo-da-índia
- ¼ de xícara (chá) de queijo parmesão ralado na hora
- noz-moscada ralada na hora a gosto
- sal a gosto

1. Preaqueça o forno a 200 °C (temperatura média). Unte com manteiga um refratário médio (que comporte 1 litro).

2. Descasque a cebola e prenda a folha de louro, espetando com o cravo. Corte os palmitos em rodelas grossas de cerca de 1 cm e reserve.

3. Leve uma panela média ao fogo médio. Quando aquecer, junte a manteiga e, assim que derreter, misture a farinha de trigo e mexa bem por 1 minuto. Tire a panela do fogo e adicione todo o leite de uma só vez. Com o batedor de arame, misture vigorosamente para dissolver os gruminhos de farinha.

4. Volte a panela ao fogo médio, adicione a cebola preparada e mexa com o batedor por cerca de 10 minutos, até engrossar. Assim que o molho estiver pronto, desligue o fogo e, com uma pinça, retire e descarte a cebola. Tempere com noz-moscada e sal a gosto e misture bem.

5. Cubra o fundo do refratário untado com metade do molho. Disponha as rodelas de palmito, uma ao lado da outra, preenchendo o fundo do refratário. Regue com o restante do molho e polvilhe com o queijo parmesão ralado.

6. Leve ao forno para assar por 30 minutos, até gratinar. Sirva a seguir como prato principal ou acompanhamento.

ESPAGUETE DE PUPUNHA COM TOMATE E NOZES

SERVE
2 pessoas
TEMPO DE PREPARO
15 minutos

TUDO O QUE VOCÊ TEM QUE FAZER É TIRAR O PALMITO DESFIADO DO PACOTINHO E COZINHAR RAPIDAMENTE, POR MENOS DE UM MINUTO, EM ÁGUA FERVENTE COM SAL. DAÍ É JUNTAR OS TOMATINHOS E AS NOZES, TEMPERAR E SERVIR. ESSE TIPO DE COMIDA INSTANTÂNEA VALE! É COMIDA DE VERDADE, SAUDÁVEL E CHEIA DE CHARME!

350 g de palmito pupunha cru desfiado
1 xícara (chá) de tomates sweet grape
3 colheres (sopa) de azeite
2 ramos de manjericão
¼ de xícara (chá) de nozes picadas
sal e pimenta-do-reino moída na hora a gosto

1. Lave e seque os tomates e o manjericão. Corte os tomates ao meio e reserve as folhas de manjericão. Se quiser, toste as nozes picadas numa frigideira em fogo médio, só até perfumar, e espalhe num prato para esfriar. Elas ficam mais crocantes.

2. Leve uma panela pequena com água ao fogo alto. Quando ferver, misture 2 colheres (chá) de sal, junte o palmito e deixe cozinhar por apenas 30 segundos. Desligue o fogo, retire o palmito com uma escumadeira e transfira para uma tigela — reserve 1 xícara da água do cozimento.

3. Leve uma frigideira grande ao fogo médio. Quando aquecer, regue com o azeite e doure os tomates por 2 minutos, mexendo de vez em quando, sem deixar desmanchar.

4. Junte o palmito e refogue por mais 2 minutos, sem parar de mexer. Misture um pouco da água do cozimento, cerca de ¼ de xícara, e desligue o fogo. Como a água do cozimento já é salgada, prove antes de temperar com sal e pimenta-do-reino. Misture metade das folhas de manjericão, polvilhe com as nozes picadas, decore com o restante do manjericão e sirva a seguir. Se quiser, regue com mais um pouco de azeite.

SALADA DE PUPUNHA GRELHADO COM MOLHO PESTO GENOVÊS

SERVE
4 pessoas

TEMPO DE PREPARO
25 minutos

ESTÁ PRECISANDO DE UMA RECEITA ELEGANTE PARA DAR AQUELA IMPRESSIONADA NA SOGRA? AQUI ESTÁ. COM PESTO, O PALMITO PUPUNHA GRELHADO GANHA SABOR EXTRA. VALE SERVIR COMO ENTRADA OU COMO PETISCO DO HAPPY HOUR. TAMBÉM FICA PERFEITO COMO COBERTURA DE UM RISOTO — PODE ATÉ SER AQUELE FEITO NA PANELA DE PRESSÃO! TEM RECEITA NA PÁGINA 58.

PARA O MOLHO PESTO
1 xícara (chá) de folhas de manjericão
¼ de xícara (chá) de castanha-de-caju torrada sem sal
¼ de xícara (chá) de queijo parmesão ralado na hora
1 dente de alho
½ xícara (chá) de azeite
1 cubo de gelo
sal e pimenta-do-reino moída na hora a gosto

1. **Lave e seque as folhas de manjericão.** Descasque o dente de alho.

2. **No copo do mixer,** junte as folhas de manjericão, o dente de alho, as castanhas, o queijo ralado, o azeite e o cubo de gelo — ele evita que o molho escureça ao bater. Tempere com sal e pimenta-do-reino a gosto. Bata até formar um molho liso. Se preferir, use o liquidificador ou o pilão. Transfira para uma tigela e reserve.

PARA O PALMITO
4 toletes de palmito pupunha fresco (cerca de 500 g)
1 colher (sopa) de azeite

1. **Numa tábua, corte cada tolete** de pupunha ao meio, no sentido da largura, para caberem melhor na frigideira.

2. **Leve ao fogo médio uma frigideira,** de preferência antiaderente. Quando aquecer, regue com o azeite e disponha os pedaços de pupunha. Deixe dourar por cerca de 4 minutos, virando com uma pinça para cozinharem por igual.

3. **Transfira os palmitos dourados** para a tábua e corte em rodelas grossas, de cerca de 3 cm. Disponha os palmitos numa travessa e sirva a seguir com o molho pesto.

TORTA DE PALMITO

SERVE
8 pedaços

TEMPO DE PREPARO
1 hora + 45 minutos para assar

APOSTO QUE ESTA É A MELHOR TORTA DE PALMITO DO BRASIL (CONCORRENDO A MELHOR DO MUNDO INTEIRO). O PALMITO É FRESCO E DEIXA A TEXTURA DIFERENTE. O RECHEIO É ULTRACREMOSO. A MONTAGEM, UMA BELEZURA! BOA OPÇÃO PARA DEIXAR PRONTA PARA O FINAL DE SEMANA — OU PARA LEVAR NA VIAGEM DE FINAL DE SEMANA.

PARA A MASSA
3 xícaras (chá) de farinha de trigo
150 g de manteiga gelada em cubos
¾ de xícara (chá) de água gelada
1 pitada de sal
1 ovo para pincelar
farinha de trigo para polvilhar a bancada

Numa tigela grande, junte a farinha com o sal. Acrescente a manteiga e, com as pontas dos dedos, misture até formar uma farofa grossa. Junte a água gelada e amasse até a massa ficar lisa. Modele uma bola, embrulhe com filme e leve à geladeira por 1 hora. Enquanto isso, prepare o recheio.

PARA O RECHEIO
500 g de palmito pupunha fresco
2 tomates maduros
½ xícara (chá) de ervilha fresca congelada
1 cebola
2 dentes de alho
1 ½ xícara (chá) de leite
2 colheres (sopa) de farinha de trigo
2 colheres (sopa) de manteiga
⅓ de xícara (chá) de salsinha
noz-moscada ralada na hora a gosto
sal e pimenta-do-reino moída na hora a gosto

1. Faça o pré-preparo: corte o palmito em meias-luas de cerca de 1 cm de espessura; lave, seque e corte os tomates em cubos pequenos, descarte as sementes; descasque e pique fino a cebola e o alho; lave, seque e pique fino a salsinha. Ufa!

2. Leve ao fogo médio uma panela média. Quando aquecer, coloque a manteiga e refogue a cebola picada, com uma pitada de sal, por 2 minutos, até murchar. Acrescente o alho e mexa por apenas 1 minuto. Junte o tomate e misture por mais 1 minuto.

3. Adicione ao refogado o palmito e as ervilhas congeladas. Deixe cozinhar por 5 minutos, mexendo de vez em quando, até o palmito estar cozido, mas ainda firme.

4. Polvilhe com a farinha de trigo e mexa por cerca de 1 minuto. Adicione o leite aos poucos, mexendo bem a cada adição para não formar gruminhos. Tempere com sal, noz-moscada e pimenta-do-reino a gosto. Deixe cozinhar em fogo médio por 5 minutos, mexendo de vez em quando, até engrossar.

5. Desligue o fogo e misture a salsinha picada. Transfira o recheio para uma tigela e deixe amornar — se estiver muito quente na hora de montar a torta, vai umedecer a massa.

PARA A MONTAGEM

1. Preaqueça o forno a 200 °C (temperatura média). Escolha uma fôrma redonda com fundo removível de 25 cm de diâmetro. Retire a massa da geladeira e deixe em temperatura ambiente por 10 minutos — fica mais fácil de manusear.

2. Com uma espátula ou faca, corte a massa de torta ao meio. Polvilhe a bancada com farinha de trigo e, com um rolo de macarrão, abra uma das metades até formar um disco 4 cm maior que o diâmetro da fôrma. Para transferir, enrole a massa no rolo e desenrole sobre a fôrma. Com as mãos, pressione delicadamente para cobrir fundo e lateral.

3. Transfira o recheio para a fôrma e espalhe com uma colher. Com a faca ou carretilha, corte o excesso de massa da lateral da fôrma, deixando cerca de 2 cm de massa acima do recheio.

4. Polvilhe a bancada com mais um pouco de farinha e abra o restante da massa, formando um retângulo de 42 cm × 25 cm. Com a faca ou carretilha, corte 5 tiras de 25 cm × 4 cm e 21 tiras de 25 cm × 1 cm.

5. Una a ponta de 3 tiras finas (25 cm × 1 cm) e modele uma trança. Repita com todas as tiras finas — no total você vai precisar de 7 tranças.

6. Faça a treliça sobre a torta: disponha as 5 tiras largas na horizontal, uma ao lado da outra, deixando cerca de 0,5 cm entre cada uma até cobrir toda a torta; levante 3 tiras intercaladas até a metade da torta, e acrescente uma das tranças na vertical (as novas tiras devem ficar perpendiculares); abaixe as 3 tiras e comece a tecer.

7. Corte o excesso de massa — você pode aproveitar as aparas para preparar biscoitinhos. Pressione a ponta das tiras e tranças na massa da lateral e dobre para selar.

8. Numa tigela, misture o ovo com 1 colher (chá) de água e pincele toda a massa. Leve a torta ao forno para assar por 45 minutos, até ficar dourada. Retire do forno e deixe amornar antes de desenformar. Sirva a seguir.

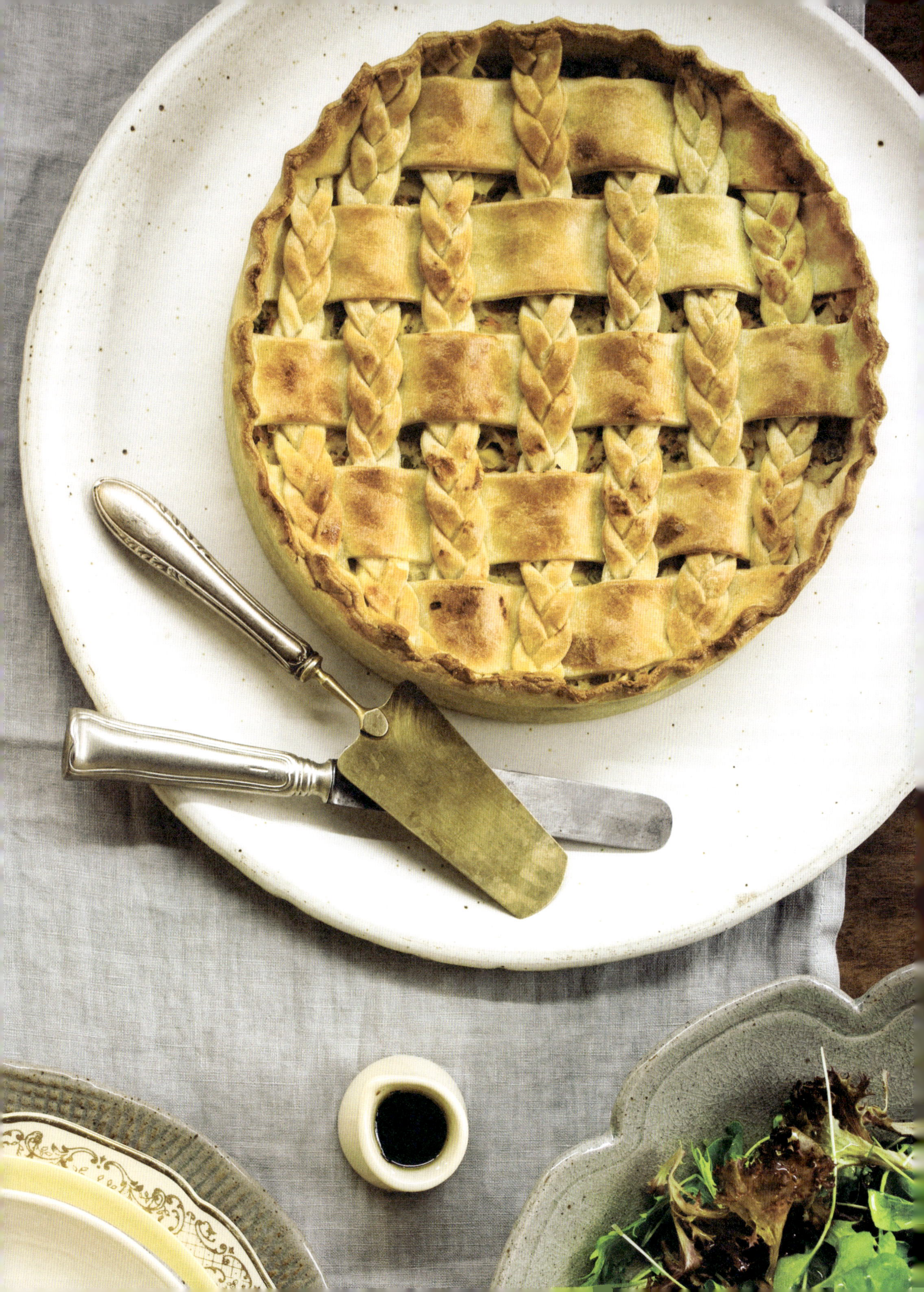

Calma, ele é mansinho...

cap. 25 **PIMENTÃO**

Não precisa ter medo de pimentão, não, viu? Ele não arde. Pelo contrário, chega a ser docinho. E ainda dá um colorido lindo às mais variadas preparações. Pimentão é assim: quanto mais vermelho, mais doce; quanto mais verde, mais fresco; e o amarelo está no meio do caminho. Seja qual for a cor, pimentão casa bem com ingredientes como especiarias, nozes e mel. Ovos e queijos leves também combinam. Quer ver mais umas ideias inusitadas? Vire a página!

RECEITAS
SOPA FRIA DE PIMENTÃO AMARELO
  COM IOGURTE
MOLHO LAMBÃO
SALADA DE PIMENTÃO GRELHADO
  COM GRÃO-DE-BICO E ERVA-DOCE
SHAKSHUKA
PIMENTÕES RECHEADOS
PASTA DE PIMENTÃO VERMELHO
TARTINE DE RICOTA COM PIMENTÃO E NOZES

MÉTODOS DE COZIMENTO
Primeiro preciso explicar: sou descendente de húngaros, e na Hungria as pessoas comem pimentão como se fosse maçã. Talvez por isso eu tenha paixão por esse legume. Mas sei que muita gente, só de olhar, já fica com indigestão. Dizem que o problema está na pele. Para tirar a pele do pimentão, precisa queimar. Pode ser na boca, na chama do fogão ou no forno. Depois tem que abafar e raspar a pele queimada com uma colher. Mas, claro, em casa não costumo fazer nada disso, salvo para receitas específicas, que precisam de sabor defumado. (E, confesso, também como pimentão como se fosse maçã!)

CRU, funciona bem como aperitivo em palitinhos, combina com guacamole, dá uma colorida nas saladas.
GRELHADO, perde a crocância e fica mais adocicado, ótimo para preparar saladas e aperitivos.
ASSADO, assume diferentes papéis: pode ser recheado ou cortado de formas diferentes.
CHAMUSCADO, fica macio, defumado e bem mais leve. Chamuscar significa cozinhar na panela, geralmente de ferro, sem gordura nenhuma. É uma ótima técnica de cozimento para o pimentão.
Para **QUEIMAR A PELE,** coloque diretamente na boca do fogão. Depois precisa abafar em um saco plástico por 15 minutos. Pelado e sem semente, fica muito mais leve!
REFOGADO, picadinho, fica perfeito para ser misturado em variadas preparações, do arroz do dia a dia a um ensopado especial.
COZIDO, adiciona potência a caldos, sopas e carnes de panela. Um chutney ou uma geleia também são boas opções para aproveitar o pimentão.
MARINADO, o pimentão vira picles ou conserva, dependendo dos outros ingredientes.

CORTES
PROCESSADO, vira pasta ou sopa; em **FATIAS** (ou rodelas) de diferente espessuras, vai em saladas, em ensopados — pense na moqueca, linda, finalizada com fatias de pimentão. Em **tiras** (ou palitos), vira crudités, picles ou acompanhamento (grelhado ou chamuscado). Em **CUBOS,** pode ser usado em refogados, seja para o arroz do dia a dia ou para um picadinho especial. Se **CORTADO NA METADE,** faz as vezes de barquete e recebe os mais variados recheios. O pimentão pode ainda ser **CORTADO EM QUARTOS.**

SOPA FRIA DE PIMENTÃO AMARELO COM IOGURTE

SERVE
2 pessoas como prato principal ou 4 pessoas como entrada

TEMPO DE PREPARO
10 minutos

SOPA FRIA FEITA A JATO, PERFEITA PARA UMA REFEIÇÃO LEVE, EM CLIMA DE DETOX. O PIMENTÃO AMARELO ENTRA NO LIQUIDIFICADOR COM IOGURTE SEM AÇÚCAR, NATURAL E INTEGRAL, SAL E UMA ESPECIARIA QUE VAI FAZER TODA A DIFERENÇA: O COMINHO. PARA DAR UM CROC-CROC, ACRESCENTE CROÛTONS E SEMENTES DE GIRASSOL.

3 pimentões amarelos
3 potes de iogurte integral sem açúcar (170 g cada pote)
½ colher (chá) de cominho em pó
sal a gosto

Lave, seque e corte os pimentões em cubos médios, descarte as sementes. Transfira para o liquidificador, junte o iogurte, o cominho e tempere com sal. Bata a mistura até que fique lisa. Sirva a seguir acompanhado de croûtons ou sementes de girassol torradas.

MOLHO LAMBÃO

SERVE
6 pessoas

TEMPO DE PREPARO
15 minutos

O PRÓPRIO NOME JÁ DIZ: UM MOLHO PARA SE LAMBUZAR. ESTE VINAGRETE CAPRICHADO, INSPIRADO NUMA RECEITA DE UMA AMIGA BAIANA, VAI SUPERBEM COM BAIÃO DE DOIS, COM GRELHADOS, COM O ARROZ E FEIJÃO DO DIA A DIA E, CLARO, COM O CHURRASCO DO FIM DE SEMANA. O PRATO ESTÁ SEM GRAÇA? LAMBÃO NELE!

2 tomates
1 cebola roxa
½ pimentão amarelo
2 pimentas-malaguetas
1 pimenta-de-cheiro
caldo de 1 limão
½ xícara (chá) de vinagre de vinho branco
¼ de xícara (chá) de água
¼ de xícara (chá) de azeite
¼ de xícara (chá) de folhas de coentro
sal a gosto

1. Faça o pré-preparo: lave os tomates, o pimentão, as pimentas e as folhas de coentro. Corte os tomates e o pimentão em cubinhos, descarte as sementes. Descasque e pique a cebola em cubinhos.

2. Transfira os tomates, o pimentão e a cebola picados para uma tigela. Regue com o caldo de limão e o azeite. Misture e reserve.

3. No liquidificador, coloque as pimentas, a água e o vinagre. Bata bem, até triturar. Junte aos outros ingredientes do molho e misture bem. Tempere com sal e sirva a seguir.

SALADA DE PIMENTÃO GRELHADO COM GRÃO-DE-BICO E ERVA-DOCE

SERVE
4 pessoas

TEMPO DE PREPARO
30 minutos

OS VEGETARIANOS ADORAM GRÃO-DE-BICO, QUE É RICO EM PROTEÍNAS. NA COZINHA, A GRANDE QUALIDADE DESSA LEGUMINOSA É A VERSATILIDADE. VIRA PATÊ, SOPA, ENSOPADO E, TAMBÉM, SALADA. O ÚNICO PROBLEMINHA DESSE GRÃO — COMO O DO FEIJÃO — É QUE DEMANDA UM POUCO DE PLANEJAMENTO: PRECISA DEIXAR DE MOLHO POR 12 HORAS E DEPOIS COZINHAR POR 45 MINUTOS NA PRESSÃO. NO ENTANTO, A VERSÃO ENLATADA É UM DAQUELES ÓTIMOS ATALHOS CULINÁRIOS — QUEM COZINHA NO DIA A DIA PRECISA DELES. CLARO QUE, SE VOCÊ É DO TIPO QUE SE PROGRAMA E TEM UM TEMPO EXTRA PARA COZINHAR, PODE E DEVE USAR O GRÃO-DE-BICO COZIDO EM CASA. NESTA SALADA, FAZ UM ÓTIMO BALANÇO COM O PIMENTÃO GRELHADO. SEMENTES DE ERVA-DOCE E UM MOLHINHO DE MEL COMPLETAM OS SABORES DO PRATO.

2 pimentões vermelhos
1 lata de grão-de-bico [cerca de 1 ½ xícara de (chá) dos grãos cozidos]
½ colher (chá) de semente de erva-doce
2 colheres (sopa) de vinagre de vinho branco
1 colher (sopa) de mel
sal e pimenta-do-reino moída na hora a gosto
azeite a gosto
folhas de minirrúcula para servir

1. Lave e corte os pimentões ao meio e descarte as sementes. Fatie cada metade em tiras de 2 cm.

2. Num pote de vidro com tampa, junte o mel, o vinagre e 3 colheres (sopa) de azeite. Tampe e chacoalhe bem até emulsionar o molho. Reserve.

3. Leve ao fogo médio uma bistequeira (ou frigideira grande, de preferência antiaderente). Quando aquecer, regue com um fio de azeite e grelhe os pimentões em etapas para que todos fiquem em contato com o fundo da bistequeira — quando amontoados, os legumes criam água e cozinham no próprio vapor em vez de grelhar. Vire com uma pinça para tostar todos os lados por igual. Tempere com sal e pimenta-do-reino moída na hora e transfira para uma tigela.

4. Escorra o grão-de-bico em uma peneira (se quiser, passe em água corrente e deixe escorrer bem). Transfira para a tigela com o pimentão, junte as folhas de rúcula e as sementes de erva-doce. Regue com o molho de mel e sirva a seguir.

SHAKSHUKA

SERVE
1 pessoa

TEMPO DE PREPARO
20 minutos

SHAKSHUKA É UM PRATO BEM TRADICIONAL EM ISRAEL. OPA!, MAS OVOS COZIDOS NO MOLHO DE TOMATE NA ITÁLIA SÃO *LE UOVA IN PURGATORIO* — OU OVOS NO PURGATÓRIO. CHAME O PRATO COMO QUISER! MAS NÃO DEIXE DE PROVAR. AS GEMAS MOLES, QUE EXPLODEM SOBRE O MOLHO DE TOMATE COM PIMENTÃO, SÃO UM PEDACINHO DO PARAÍSO.

2 ovos
1 lata de tomate pelado em cubos
¼ de pimentão vermelho
½ cebola
1 dente de alho
1 colher (sopa) de azeite
½ colher (chá) de orégano seco
1 pitada de pimenta calabresa seca
sal a gosto

1. Faça o pré-preparo: descasque e pique fino a cebola e o alho (se preferir, amasse o dente de alho no pilão). Lave, seque, corte o pimentão em cubos de 0,5 cm. Descarte as sementes.

2. Leve ao fogo médio uma frigideira antiaderente média. Quando aquecer, regue com o azeite, junte a cebola e o pimentão, tempere com uma pitada de sal e refogue por 4 minutos, até murchar. Junte o alho, tempere com a pimenta calabresa — cuidado para não exagerar, vá aos poucos! — e mexa por mais 1 minuto.

3. Abaixe o fogo, junte o tomate com o líquido e deixe cozinhar por 5 minutos, mexendo de vez em quando, até encorpar. Tempere com o orégano e sal e misture bem.

4. Com uma espátula, abra duas cavidades no molho — é nesse espaço que os ovos vão cozinhar. Quebre um ovo de cada vez numa tigela pequena e transfira com cuidado para a frigideira. Tempere cada ovo com uma pitada de sal e deixe cozinhar em fogo baixo por 5 minutos.

5. Tampe a frigideira e deixe cozinhar por mais 2 minutos, até que as claras fiquem cozidas e as gemas permaneçam moles (se preferir as gemas cozidas, leve a frigideira ao forno preaquecido a 180 °C para finalizar o cozimento). Sirva a seguir com pão italiano.

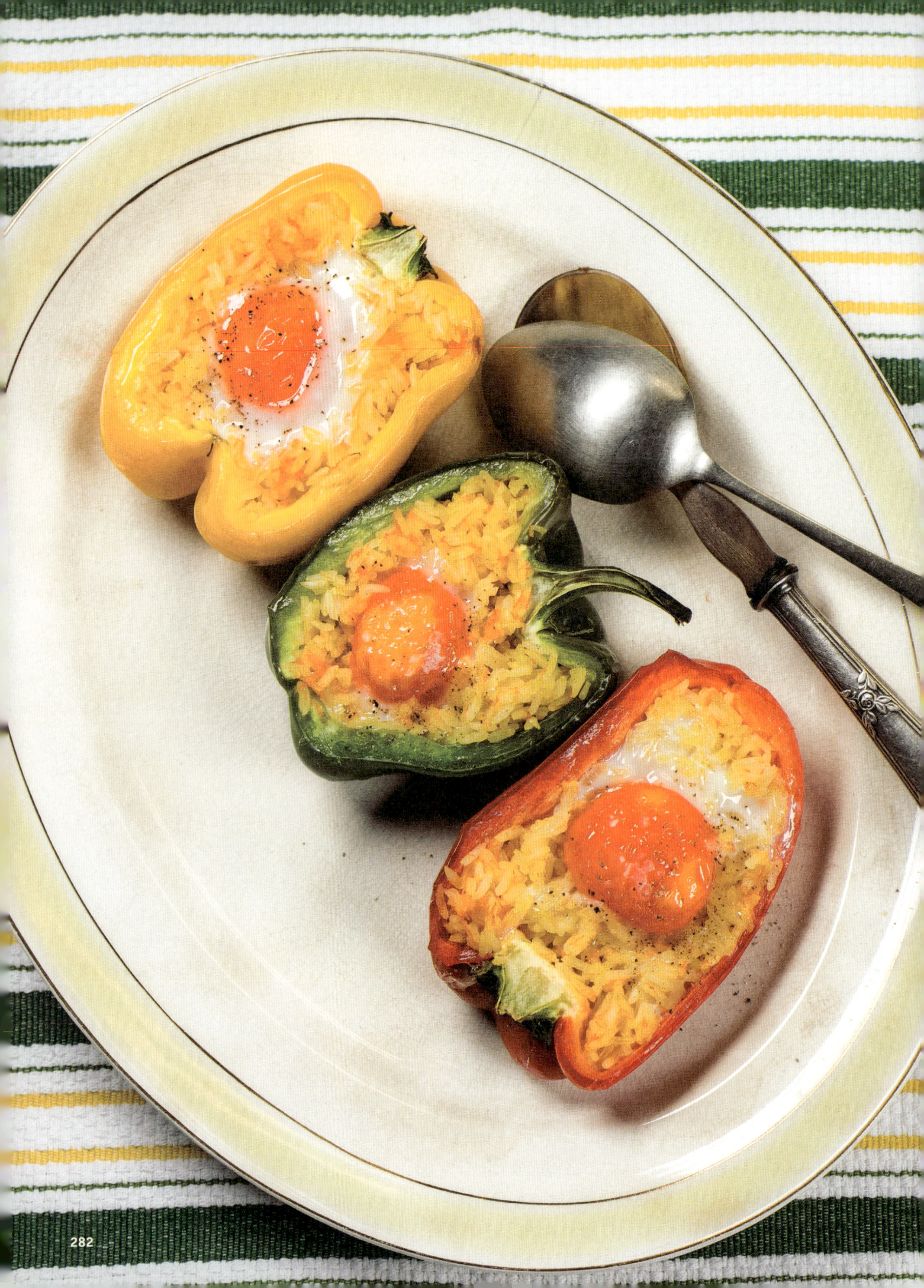

PIMENTÕES RECHEADOS

SERVE
6 pessoas

TEMPO DE PREPARO
50 minutos

TEM PIMENTÃO, OVO E UMA SOBRA DE ARROZ NA GELADEIRA? O JANTAR ESTÁ GARANTIDO. MAS SE O ARROZ NÃO ESTIVER PRONTO, VALE A PENA PREPARAR. ESTE PIMENTÃO RECHEADO É UM PRATO ÚNICO, COMPLETO, SABOROSO E NUTRITIVO. AH, E LINDO! UMA SALADA ACOMPANHA BEM.

1 pimentão amarelo grande
1 pimentão verde grande
1 pimentão vermelho grande
6 ovos
1 xícara (chá) de arroz agulhinha, tipo longo polido
1 cenoura
2 xícaras (chá) de água
1 colher (sopa) de azeite ou óleo
½ cebola
1 folha de louro
sal e pimenta-do-reino moída na hora a gosto

1. Preaqueça o forno a 200 °C (temperatura média).

2. Descasque e pique fino a cebola. Lave, descasque e corte a cenoura em cubinhos. Leve 2 xícaras (chá) de água ao fogo baixo.

3. Numa panela média, aqueça o azeite e refogue a cebola por 2 minutos em fogo baixo, até murchar. Tempere com uma pitada de sal e junte a cenoura e o louro. Misture bem.

4. Acrescente o arroz e misture bem para envolver todos os grãos com o azeite — isso ajuda a deixar o arroz soltinho depois de cozido. Regue o arroz com 2 xícaras (chá) de água fervente. Tempere com mais um pouco de sal, misture bem e aumente o fogo para médio. Não mexa mais. Enquanto isso, prepare o pimentão.

5. Lave os pimentões e corte ao meio no sentido do comprimento. Com uma faquinha de legumes, retire as sementes e a película branca, mas mantenha o cabinho — ele dá um charme à apresentação. Transfira para uma assadeira grande e tempere com sal e pimenta-do-reino moída na hora. Leve ao forno preaquecido para assar por 10 minutos, até amolecer. Retire do forno e reserve.

6. Assim que a água do arroz atingir o mesmo nível que os grãos, diminua o fogo e tampe parcialmente a panela. Deixe cozinhar, até que o arroz absorva toda a água — para verificar se a água secou, fure o arroz com um garfo e afaste delicadamente alguns grãos do fundo da panela; se ainda estiver molhado, deixe cozinhar mais um pouquinho.

7. Desligue o fogo e mantenha a panela tampada por 5 minutos antes de servir, para que os grãos terminem de cozinhar no próprio vapor. Em seguida, solte os grãos com um garfo.

8. Recheie os pimentões com o arroz e, com as costas de uma colher, faça uma cavidade central. Quebre um ovo em uma tigela e, delicadamente, coloque na cavidade do pimentão recheado. Tempere com sal e pimenta-do-reino moída na hora a gosto. Repita com os outros pimentões.

9. Leve ao forno novamente para assar por 15 minutos, até o pimentão ficar macio e os ovos cozinharem — se desejar os ovos com gema mole, deixe por 10 minutos.

PASTA DE PIMENTÃO VERMELHO

SERVE
6 pessoas

TEMPO DE PREPARO
20 minutos + 15 minutos para abafar

QUEM GOSTA DE SABORES DO ORIENTE MÉDIO VAI AMAR ESTE PATÊ. PRIMO MENOS FAMOSO DO TRIO HOMUS-BABAGANOUCH-COALHADA SECA, A MUHAMMARA, OU PASTA DE PIMENTÃO, LEVA TAMBÉM NOZES, COMINHO, AZEITE E ATÉ MOLHO DE ROMÃ. BOA DICA PARA TER NA GELADEIRA: É APERITIVO QUE IMPRESSIONA.

3 pimentões vermelhos
½ xícara (chá) de nozes
3 colheres (sopa) de farinha de rosca
1 dente de alho descascado
1 colher (sopa) de molho de romã
caldo de ½ limão
1 ½ colher (chá) de cominho em pó
2 colheres (sopa) de azeite
sal e pimenta-do-reino moída na hora a gosto

1. **Lave e seque os pimentões.** Com uma pinça, coloque um pimentão sobre a chama acesa da boca do fogão. Deixe a pele queimar, até ficar bem tostadinha. Vá virando para queimar por igual — isso serve para tirar a pele e deixar o pimentão com um sabor defumado delicioso. Transfira para uma tigela, tampe e repita com os outros.

2. **Deixe os pimentões abafados** por 15 minutos — assim, a pele se solta e fica mais fácil de descascar.

3. **Para descascar,** raspe a pele com uma colher e limpe o pimentão com papel toalha. Corte cada pimentão ao meio e descarte o cabo e as sementes.

4. **No liquidificador, coloque os pimentões,** as nozes, o alho, a farinha de rosca, o molho de romã, o caldo de limão, o cominho e o azeite. Tempere com sal e pimenta-do-reino e bata até formar uma pasta. Transfira para uma tigela e deixe esfriar antes de servir.

TARTINE DE RICOTA COM PIMENTÃO E NOZES

SERVE
4 tartines

TEMPO DE PREPARO
30 minutos

VAMOS COMBINAR: PARA COMER TARTINE TEM QUE FAZER BIQUINHO, *D'ACCORD*? ESSE SANDUÍCHE ABERTO É O PRIMO FRANCÊS DA ITALIANA BRUSCHETTA. SERVE DE APERITIVO, CORTADINHO, MAS PODE SER UM JANTAR RÁPIDO PARA UM DIA MAIS PREGUIÇOSO. PIMENTÃO FAZ PARCERIA PERFEITA COM RICOTA, ANCHOVA E NOZES. ALIÁS, A ESTA ALTURA DO CAMPEONATO, VOCÊ JÁ DEVE SABER QUE ESSA COMBINAÇÃO DE SABORES SERVE DE BASE PARA VÁRIAS PREPARAÇÕES DE SUCESSO. IMAGINE MACARRÃO EM VEZ DE PÃO. OU RISOTO. OU INCLUA MAIS ALGUM LEGUME, COMO ABOBRINHA, E PREPARE UMA BELÍSSIMA SALADA!

4 fatias de pão integral caseiro
4 fatias de ricota (de preferência caseira)
1 pimentão vermelho
4 filés de anchova
¼ de xícara (chá) de nozes
azeite a gosto
sal e pimenta-do-reino moída na hora a gosto

1. Lave e seque o pimentão. Com uma pinça, coloque sobre a chama acesa da boca do fogão. Deixe a pele queimar, até ficar bem tostadinha. Vá virando para queimar por igual — isso serve para tirar a pele e deixar o pimentão com um sabor defumado delicioso. Transfira para uma tigela, tampe e deixe abafar por 15 minutos. Enquanto isso, prepare os outros ingredientes.

2. Numa tábua, pique as nozes grosseiramente. Numa tigela, esfarele as fatias de ricota com um garfo (se preferir, esfarele com as mãos).

3. Raspe a pele com uma colher e limpe o pimentão com papel toalha. Corte ao meio e descarte o cabo e as sementes. Fatie cada metade em tiras finas.

4. Para montar as tartines: com um garfo, amasse e espalhe 1 filé de anchova em cada fatia de pão; cubra com ricota, disponha ¼ das tiras de pimentão e salpique com nozes. Regue com azeite e tempere com sal e pimenta-do-reino a gosto. Sirva a seguir.

É de babar de bom!

RECEITAS
QUIABO COZIDO NO MOLHO DE TOMATE
FAROFA DE QUIABO COM OVOS COZIDOS
SALADA DE FEIJÃO-FRADINHO COM QUIABO
QUIABO ASSADO CROCANTE
QUIABO GRELHADO COM MOLHO TERIAKI
FRANGO COM QUIABO

Tem gente que implica com quiabo por causa da baba. Eu prefiro dizer que quiabo é de babar de bom! Mas, olha, tem mais de um truque para driblar essa questão. Se depois de lavar você secar bem o quiabo, diminui a seiva. Marinar em limão ou vinagre com sal também funciona. Fritar, grelhar ou assar são os métodos de cozimento que botam a baba para correr. Mas nada como usar o legume bem fresco e inteiro. Convencido? Aqui você vai ver receitas que dão ao quiabo uma cara ora mineira, ora mediterrânea ou até asiática. É hoje que sai uma receita nova nessa cozinha!

MÉTODOS DE COZIMENTO

O quiabo pode ser grelhado, refogado, cozido, frito ou assado.

GRELHADO, cortado no sentido do comprimento, ganha um sabor de queimadinho, caramelado, e fica firme, quase crocante.

REFOGADO, quiabo pode ser servido como acompanhamento ou fazer a base para uma farofa, um caruru ou um arroz, por exemplo. A dica para evitar a baba é não mexer demais na panela: quanto mais você mistura, mais seiva ele libera.

GUISADO com outros legumes, como cebola, pimentão, milho e abóbora, ganha com a troca de sabores e fica bem macio cozinhando lentamente.

COZIDO no molho de tomate, ou numa galinhada, vai superbem! Para esse método de cozimento, o ideal é usar quiabos bem frescos, para evitar que fiquem fibrosos. A maneira de verificar é quebrando a pontinha do legume: se estalar com um sonoro "crec", está bom.

FRITO, fica uma loucura de bom! Você só precisa de uma frigideira e de uma quantidade de óleo maior do que se fosse refogar e menor do que a que usaria para uma fritura por imersão, como a da batata. E de papel toalha, claro. Com essa fórmula, você obtém rodelas de quiabo bem crocantes, perfeitas para acrescentar textura e sabor a pratos como a salada de feijão-fradinho.

ASSADO, o quiabo fica prático, saudável e saboroso. Olha a dica para ele ficar bem sequinho e crocante: polvilhe a assadeira com fubá e um tiquinho de farinha de trigo.

CORTES

Quiabo fica lindo **CORTADO AO MEIO,** no sentido do comprimento, para grelhar e para assar. Se a ideia é preparar uma galinhada, um arroz ou uma farofa, corte em **RODELAS** médias ou finas. **INTEIRO,** cozinha no molho e fica ótimo.

QUIABO COZIDO NO MOLHO DE TOMATE

SERVE
2 pessoas

TEMPO DE PREPARO
30 minutos

DEPOIS DE MARINAR NUMA MISTURA DE CALDO DE LIMÃO-SICILIANO COM SAL POR 20 MINUTOS, OS QUIABOS INTEIROS COZINHAM NO MOLHO DE TOMATE. A MARINADA AJUDA A SECAR A SEIVA E AINDA DÁ SABOR AO QUIABO. SIRVA COM CUSCUZ MARROQUINO, COM ARROZ OU ATÉ COM MACARRÃO.

300 g de quiabo
1 cebola
1 lata de tomate pelado em cubos (com o líquido)
caldo de 1 limão-siciliano
½ colher (chá) de açúcar
½ colher (chá) de pimenta calabresa seca
2 colheres (sopa) de azeite
sal a gosto

1. Lave e seque bem os quiabos com um pano de prato limpo. Corte e descarte a ponta do cabinho, com todo o cuidado para não abrir e expor as sementes. Transfira os quiabos para um recipiente retangular, regue com o caldo de limão e tempere com ½ colher (sopa) de sal. Misture bem e deixe marinar por 20 minutos.

2. Enquanto isso, prepare o molho: descasque e pique fino a cebola; leve uma panela média ao fogo médio e quando aquecer, regue com o azeite, junte a cebola e refogue por 3 minutos, até murchar. Acrescente o tomate pelado (com o líquido), o açúcar, a pimenta calabresa seca e misture bem; abaixe o fogo e deixe cozinhar por 15 minutos, mexendo de vez em quando.

3. Junte o quiabo com o caldo de limão, misture e deixe cozinhar por mais 10 minutos, até ficar macio, e sirva a seguir.

FAROFA DE QUIABO COM OVOS COZIDOS

SERVE
4 pessoas
TEMPO DE PREPARO
25 minutos

FAROFA É CONSIDERADA UM ACOMPANHAMENTO. ESTÁ CERTO. MAS EU PODERIA TRANQUILAMENTE COMER ESTA PREPARAÇÃO COMO PRATO PRINCIPAL. É TÃO COMPLETA!

300 g de quiabo
2 xícaras (chá) de farinha de milho flocada
1 cebola
2 ovos cozidos
100 g de manteiga
sal e pimenta-do-reino moída na hora a gosto

1. **Lave e seque bem os quiabos** com um pano de prato limpo. Descarte as pontas e corte cada um em fatias de cerca de 2 cm, na diagonal. Descasque e pique fino a cebola. Corte os ovos cozidos em cubos médios. (Para cozinhar os ovos, coloque em água fervente, conte 10 minutos, retire e passe por água corrente para cessar o cozimento.)

2. **Leve uma frigideira grande** com a manteiga ao fogo médio. Quando derreter, junte a cebola, tempere com uma pitada de sal e refogue por 3 minutos, até murchar. Junte o quiabo e refogue por 5 minutos, mexendo de vez em quando — não mexa muito para não soltar muita seiva e amolecer.

3. **Tempere com sal e pimenta-do-reino** a gosto e junte a farinha aos poucos, mexendo com a espátula para incorporar. Desligue o fogo, misture os ovos cozidos e sirva a seguir.

SALADA DE FEIJÃO-FRADINHO COM QUIABO

SERVE
4 pessoas
TEMPO DE PREPARO
35 minutos

DOIS INGREDIENTES TÍPICOS DA COZINHA NACIONAL, O QUIABO E O FEIJÃO-FRADINHO UNEM FORÇAS PARA FAZER DESTA SALADA UM PREPARO NADA CONVENCIONAL. O QUIABO VAI NUMA FRITURA RASA, SEM MUITO ÓLEO, PARA FICAR BEM CROCANTE E SABOROSO. O FEIJÃO COZINHA NA PRESSÃO RAPIDAMENTE PARA FICAR FIRME, AL DENTE. CEBOLA ROXA E FOLHAS DE COENTRO REFRESCAM A PREPARAÇÃO. QUE SALADA É ESTA, GENTE?

400 g de quiabo
1 xícara (chá) de feijão-fradinho
1 cebola roxa
2 tomates maduros
⅓ de xícara (chá) de óleo
2 colheres (sopa) de vinagre
¼ de xícara (chá) de azeite
folhas de coentro a gosto
sal e pimenta-do-reino moída na hora a gosto

1. Na panela de pressão, coloque o feijão-fradinho e cubra com água — não ultrapasse o volume máximo de ⅔ da panela. Tampe e leve ao fogo alto para cozinhar. Assim que começar a apitar, abaixe o fogo e deixe cozinhar por mais 10 minutos.

2. Desligue o fogo e, com um garfo, levante a válvula para tirar a pressão. Espere todo o vapor sair e a panela parar de apitar antes de abrir. Transfira o feijão para uma peneira, passe sob água fria para interromper o cozimento. Deixe escorrer bem a água.

3. Enquanto isso, faça o pré-preparo: lave, seque bem com um pano de prato limpo e corte o quiabo em fatias de 1 cm, descartando as pontas; lave, seque e corte os tomates em cubos pequenos; descasque e pique fino a cebola; lave e pique as folhas de coentro.

4. Forre uma travessa com papel toalha. Leve uma frigideira média com o óleo para aquecer em fogo médio. Adicione as fatias de quiabo em duas etapas e deixe fritar, mexendo de vez em quando, por 5 minutos, até ficarem crocantes. Com uma escumadeira transfira para a travessa forrada e repita com a outra metade.

5. Numa tigela grande, misture o feijão-fradinho cozido com os quiabos fritos e o restante dos ingredientes preparados. Tempere com o vinagre, o azeite, sal e pimenta-do-reino e misture o coentro. Sirva a seguir ou conserve na geladeira.

QUIABO ASSADO CROCANTE

SERVE
4 pessoas

TEMPO DE PREPARO
10 minutos + 25 minutos para assar

ASSADO, O QUIABO FICA ÓTIMO — DIGO Ó-TI-MO! NESTA PREPARAÇÃO, ELE GANHA MUITA PERSONALIDADE COM A COMBINAÇÃO DE SABORES DE ESPECIARIAS: PIMENTA-DE-CAIENA E COMINHO E ATÉ COENTRO EM PÓ. E TEM TAMBÉM O GENGIBRE FRESCO E O ALHO. A CROCÂNCIA EXTRA FICA POR CONTA DE UM TANTINHO DE FUBÁ E OUTRO DE FARINHA DE TRIGO.

400 g de quiabo
1 colher (chá) de gengibre ralado (um pedaço de cerca de 2 cm)
1 dente de alho ralado
2 colheres (chá) de fubá
½ colher (chá) de farinha de trigo
½ colher (chá) de cominho
1 colher (chá) de coentro em pó
½ colher (chá) de pimenta-de-caiena
2 colheres (sopa) de azeite
sal a gosto

1. Preaqueça o forno a 200 °C (temperatura média).

2. Lave e seque bem os quiabos com um pano de prato limpo. Corte cada um ao meio, no sentido do comprimento. Numa tigela grande, junte o quiabo com o azeite, o gengibre ralado, o alho, a farinha de trigo e o fubá. Tempere com o cominho, o coentro, a pimenta-de-caiena e uma pitada de sal. Misture bem com as mãos para envolver todas as metades com o tempero.

3. Numa assadeira grande, distribua os quiabos deixando espaço entre eles e leve para assar por 25 minutos. Sirva a seguir.

QUIABO GRELHADO COM MOLHO TERIAKI

SERVE
4 pessoas

TEMPO DE PREPARO
30 minutos

GRELHADO NA BISTEQUEIRA, OU NA FRIGIDEIRA, COM UM FIO DE AZEITE E DENTES DE ALHO, O QUIABO FICA SEQUINHO E CROCANTE. REGUE COM O MOLHO TERIAKI E PREPARE-SE PARA ESTE SUCESSO. SIRVA COMO ENTRADINHA OU ACOMPANHAMENTO, VOCÊ ESCOLHE.

PARA O MOLHO TERIAKI
⅔ de xícara (chá) de shoyu
3 colheres (sopa) de açúcar
½ xícara (chá) de saquê mirin
1 colher (sopa) de gengibre

Misture todos os ingredientes numa panela e leve ao fogo baixo. Mexa por 5 minutos até engrossar. Transfira para uma molheira e reserve.

PARA O QUIABO GRELHADO
300 g de quiabo
2 dentes de alho
1 colher (sopa) de azeite
1 pimenta dedo-de-moça (opcional)

1. Lave e seque bem os quiabos com um pano de prato limpo. Corte cada um ao meio no sentido do comprimento. Descasque os dentes de alho — eles vão inteiros para perfumar e dar sabor à receita.

2. Leve uma bistequeira (ou frigideira antiaderente) ao fogo médio. Quando aquecer, regue com um fio do azeite, acrescente os dentes de alho e doure os quiabos em etapas — não coloque todos de uma só vez, eles precisam estar em contato com o fundo da bistequeira. Deixe dourar por 3 minutos de cada lado, transfira para uma travessa e repita com o restante, regando a bistequeira com azeite a cada leva.

3. Sirva a seguir com o molho teriaki. Se quiser, acrescente pimenta dedo-de-moça fatiada fino.

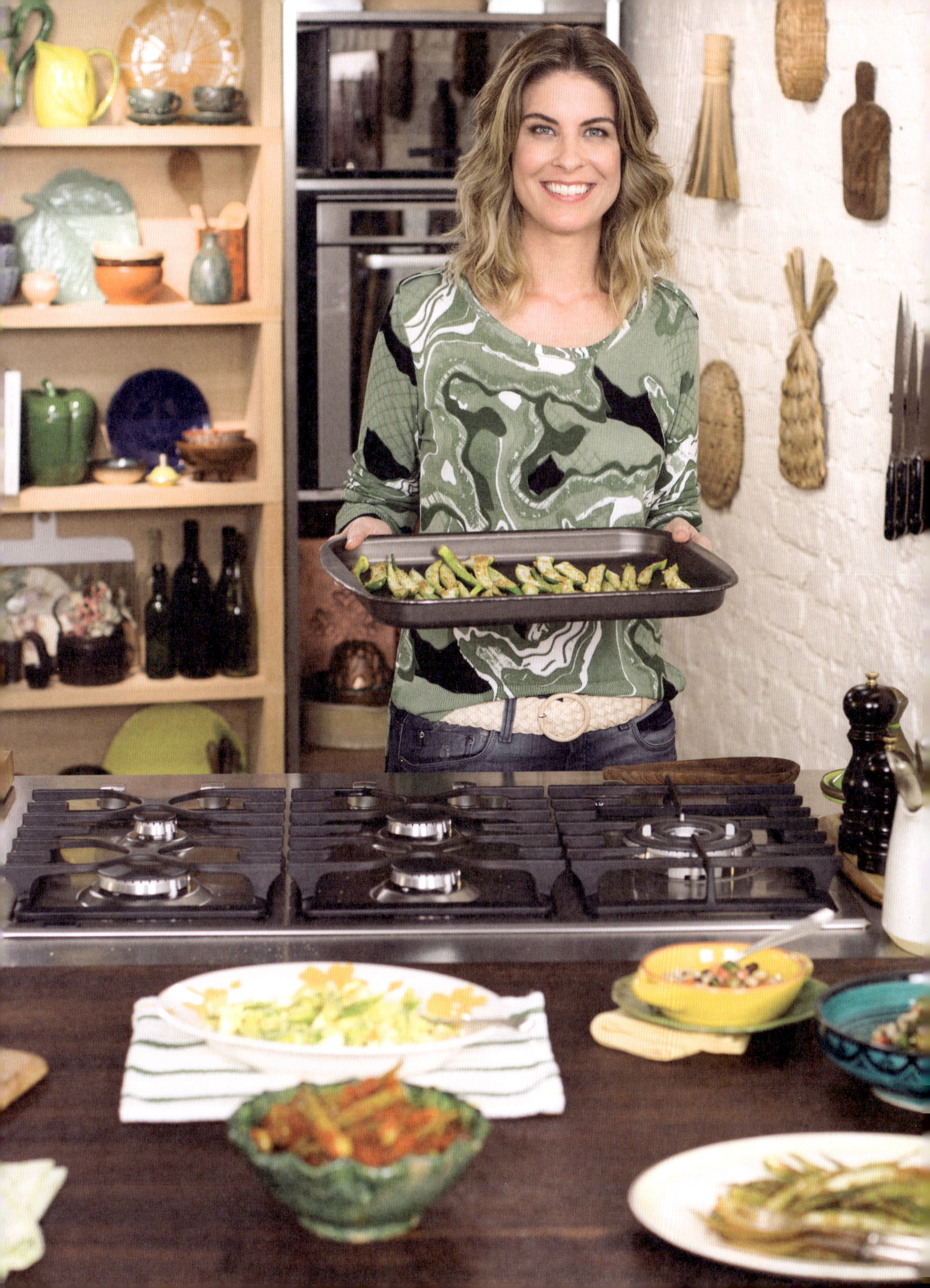

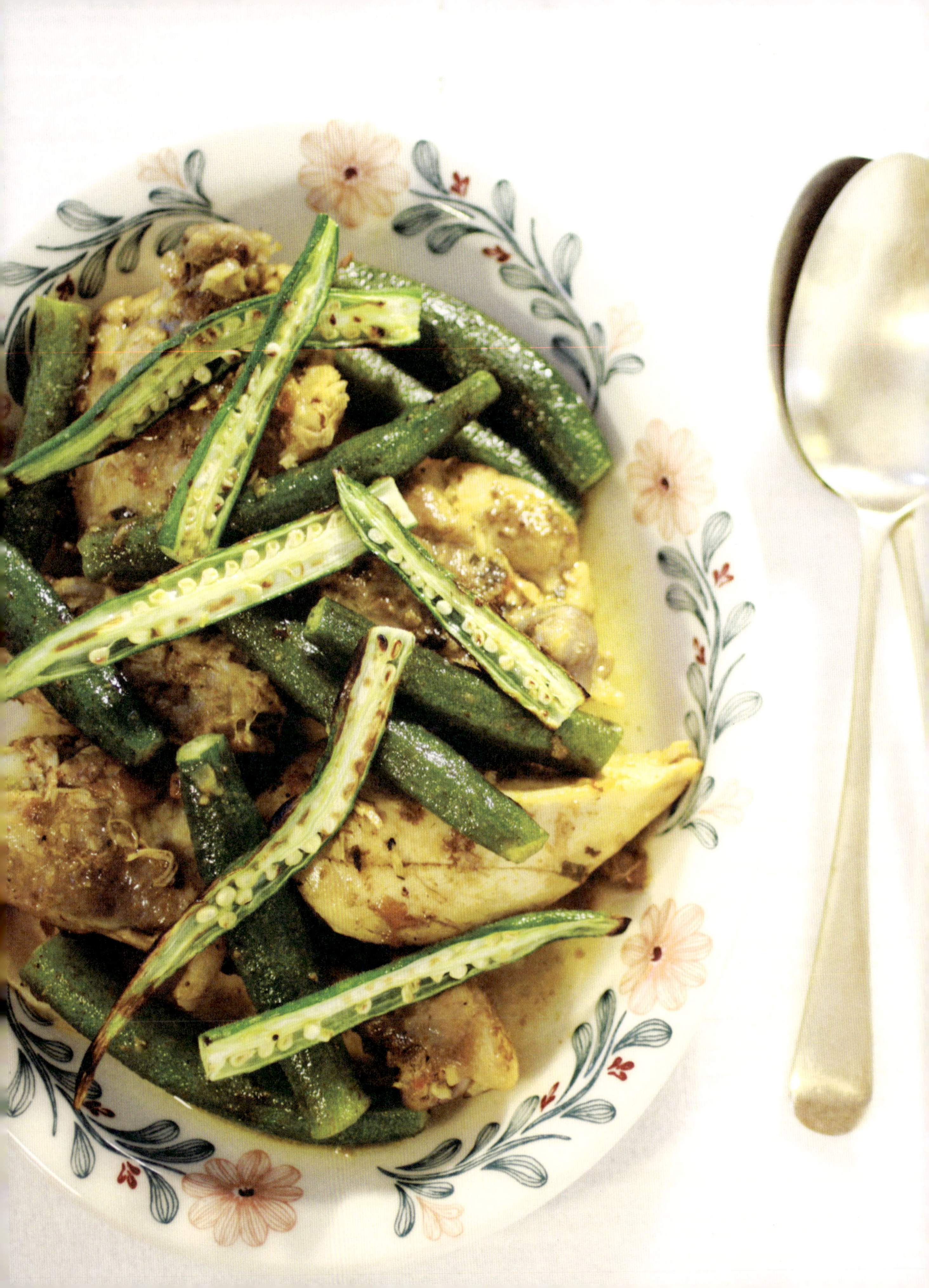

FRANGO COM QUIABO

SERVE
6 pessoas

TEMPO DE PREPARO
1 hora + 30 minutos para o frango marinar

FRANGO COM QUIABO É UMA INSTITUIÇÃO MINEIRA. PARA QUE MEXER NA RECEITA? MAS POR QUE NÃO MEXER? OH, DÚVIDA, OH, CÉUS. VARIAR SABORES DEIXA A MESA MAIS RICA — E DIVERTE O DIA A DIA. ESTA VERSÃO LEVA COMINHO E PIMENTÃO: TEXTURA E AROMA DIFERENTES DO ORIGINAL. *MAS, GENTE, FICA BOM DEMAIS DA CONTA.*

1 frango inteiro, de cerca de 1,5 kg
200 g de quiabo
2 limões
1 cebola
1 tomate
1 pimentão
1 dente de alho
¼ de xícara (chá) de azeite
1 colher (chá) de cominho em pó
sal e pimenta-do-reino moída na hora a gosto

1. Prepare o tempero para o frango: descasque e pique fino o alho e a cebola; lave, seque e corte o pimentão em cubinhos, descartando as sementes; lave, seque e corte os tomates em cubinhos; misture todos esses ingredientes numa tigela.

2. Lave o frango em água corrente, por dentro e por fora, e seque com um pano de prato limpo (coloque o pano para lavar separadamente logo em seguida). Numa tábua, destrinche o frango, cortando as coxas, sobrecoxas, peito (em quatro partes) e asinhas. Transfira os pedaços de frango para a tigela com os legumes. Tempere com sal, pimenta-do-reino e cominho. Regue com o caldo de 1 limão. Misture bem, cubra com filme e leve à geladeira por 30 minutos.

3. Lave bem os quiabos sob água corrente e transfira para uma tigela. Cubra com água, regue com o caldo de 1 limão e deixe de molho por 15 minutos.

4. Escorra a água, lave novamente os quiabos e seque com um pano de prato limpo. Corte as pontas e mantenha os quiabos inteiros. Corte apenas 3 quiabos ao meio, no sentido do comprimento.

5. Retire o frango da geladeira e raspe a superfície com uma colher para retirar o excesso do tempero — reserve o tempero, ele será usado no refogado. Leve uma panela ou chaleira com 1 litro de água para ferver.

6. Leve uma panela ao fogo médio. Quando aquecer, regue com 2 colheres (sopa) de azeite e doure os pedaços de frango em etapas: primeiro coloque as coxas e sobrecoxas e deixe dourar de todos os lados. Com uma pinça, transfira para um prato e repita o processo com os peitos e as asinhas, regando com o restante do azeite.

7. Mantenha a panela em fogo médio, acrescente o tempero do frango e refogue até murchar os legumes.

8. Volte o frango à panela e cubra até a metade dos pedaços com a água fervente. Com uma espátula, raspe o fundo da panela para dissolver os queimadinhos. Deixe cozinhar por 20 minutos — se necessário, regue com mais água fervente.

9. Junte os quiabos inteiros à panela, tempere com sal e deixe cozinhar por mais 20 minutos, com a tampa semiaberta. Enquanto isso, leve uma frigideira ao fogo alto. Quando aquecer, regue com um fio de azeite e doure as metades de quiabo reservadas por 3 minutos. Tempere com sal e pimenta-do-reino a gosto.

10. Assim que o caldo do frango engrossar, desligue o fogo, transfira para uma travessa e decore com os quiabos grelhados.

Pequeno notável

Você olha um rabanete, pequenininho, cor-de-rosa choque, inofensivo, não é? Que nada! Bem ardido, meio doce, meio amargo, não passa despercebido nunca. Cru, fica crocante e alcança o máximo grau de ardência. Para dar aquela sacudida nas saladas da casa, é ótima pedida! Assado ou cozido, o rabanete perde a picância e ganha mais doçura, uma textura macia e cor desbotada — que confere certa elegância a esta raiz. Neste capítulo, você vai aprender a preparar o rabanete de diversas maneiras. Não deixe de experimentar.

RECEITAS
SUNOMONO DE RABANETE
RABANETE ASSADO COM MOLHO DE MOSTARDA
SALADA DE RABANETE COM AVOCADO,
   ALFACE E MOLHO DE LIMÃO
RABANETE COZIDO COM BALSÂMICO E NOZES
CUSCUZ MARROQUINO COM RABANETE E HORTELÃ
ORECCHIETTE COM RABANETE, LIMÃO E PARMESÃO

MÉTODOS DE COZIMENTO
Leve o rabanete para a mesa: cru, marinado, assado, grelhado ou cozido.

CRU, fica com capacidade máxima de crocância e ardência. As duas características são boas para compor saladas e recheios de sanduíches. Ingredientes gordurosos, como abacate e queijo gorgonzola, combinam bem com o rabanete ao natural. Combinações com ingredientes frescos e ardidinhos, como folhas verde-escuras e cebola, também dão supercerto.
MARINADO, ele vira uma esponjinha que absorve todos os sabores dos temperos. A textura vai ficando mais macia, conforme o tempo que fica na conserva.
ASSADO, ele perde o ardido e fica bem macio e adocicado — fica surpreendente. Aproveite esse método para criar acompanhamentos compostos de diferentes ingredientes.
GRELHADO, o rabanete fica com aquele sabor chamuscado especial e ainda se mantém crocante. Essa técnica pode transformar o rabanete no astro principal de um cuscuz marroquino ou em um acompanhamento diferente para o dia a dia.
COZIDO, perde um pouco do ardido e, dependendo do tempo na panela, fica bem macio.

CORTES
Por causa da cor, a graça é manter a casca do rabanete. Para saladas, conservas e recheios de sanduíches, use o rabanete **RALADO,** em **MEIAS-LUAS** ou ainda em **RODELAS**. Em **METADES** ou **QUARTOS** fica melhor para assar, grelhar e cozinhar. Mas acredita que também dá para fazer **CUBINHOS** e **PALITINHOS**? Tudo depende da apresentação que você quer dar para a receita.

cap. 27 **RABANETE**

SUNOMONO DE RABANETE

SERVE
4 pessoas

TEMPO DE PREPARO
20 minutos + 1 hora para marinar na geladeira

SABE AQUELA CONSERVINHA AGRIDOCE QUE A GENTE COME DE ENTRADA NO RESTAURANTE JAPONÊS E DÁ VONTADE DE REPETIR? ESTA VERSÃO CASEIRA É A JATO!

1 maço de rabanete (cerca de 10 unidades)
¼ de xícara (chá) de vinagre de arroz
¼ de xícara (chá) de açúcar
1 ½ colher (sopa) de sal
gergelim preto torrado a gosto

1. Com uma escovinha para legumes, lave bem a casca dos rabanetes sob água corrente. Seque e corte os rabanetes em rodelas finas no mandolin. Misture com o sal e deixe escorrer numa peneira sobre uma tigela por 15 minutos.

2. Numa tigela misture o açúcar com o vinagre até dissolver. Com uma colher, aperte delicadamente os rabanetes para extrair o excesso de água. Transfira as rodelas para um pote de vidro e regue com o vinagre. Tampe e deixe marinar na geladeira por ao menos 1 hora.

3. Sirva polvilhado com gergelim preto torrado a gosto. O sunomono pode ser servido como entrada, acompanhamento ou até mesmo no lugar do picles no sanduíche.

DICA: Fiquei com medo de o rabanete ficar abalado por perder suas referências árabes e então preparei uma kafta para servir com a conservinha agridoce. Resultado: Japão e Líbano se entenderam às mil maravilhas, ufa! A receita da kafta está no capítulo da erva-doce página 191.

RABANETE ASSADO COM MOLHO DE MOSTARDA

SERVE
3 pessoas

TEMPO DE PREPARO
30 minutos

QUANDO A GENTE ENTENDE QUE LEGUMES ASSADOS SÃO MUITO PRÁTICOS E SABOROSOS, NÃO PARA MAIS DE TESTAR A TÉCNICA. O RABANETE NO FORNO É UMA FELIZ DESCOBERTA: FICA COM SABOR BEM SUAVE, TEXTURA MACIA E UM TOM DE ROSA ESMAECIDO ELEGANTE. O MOLHO DE MOSTARDA E CEBOLINHA ACENDE OS SABORES DO PREPARO, QUE TIRA QUALQUER FRANGO GRELHADO DA ROTINA.

1 maço de rabanete (cerca de 10 unidades)
1 colher (chá) de mostarda de Dijon
azeite a gosto
cebolinha fatiada a gosto
sal e pimenta-do-reino moída na hora a gosto

1. Preaqueça o forno a 240 °C (temperatura alta).

2. Com uma escovinha para legumes, lave bem a casca dos rabanetes sob água corrente. Seque e corte os rabanetes ao meio. Unte uma assadeira grande com azeite, disponha as metades de rabanete com a parte cortada para baixo, regue com mais azeite e tempere com sal e pimenta-do-reino moída na hora a gosto.

3. Leve ao forno para assar por 15 minutos. Vire os rabanetes e deixe assar por mais 5 minutos para dourarem por igual. Enquanto isso, misture a mostarda com ½ colher (chá) de azeite.

4. Transfira os rabanetes assados para uma tigela e misture ainda quentes com a mostarda. Decore com a cebolinha picada e sirva a seguir.

SALADA DE RABANETE COM AVOCADO, ALFACE E MOLHO DE LIMÃO

SERVE
4 pessoas
TEMPO DE PREPARO
25 minutos

A CREMOSIDADE NATURAL DO AVOCADO ACALMA O ARDOR DO RABANETE. ALFACE-AMERICANA RASGADA E MOLHINHO DE AZEITE E LIMÃO COMPLETAM ESTA SALADA, IDEAL PARA SERVIR EM UM DIA QUENTE. SEM CONTAR QUE A COMBINAÇÃO DE CORES FICA ÓTIMA!

5 rabanetes
1 maço de alface-americana
2 avocados
caldo de 1 limão
azeite a gosto
sal e pimenta-do-reino moída na hora a gosto

1. Lave bem as folhas de alface sob água corrente. Transfira para uma tigela com 1 litro de água e 1 colher (sopa) do bactericida de sua escolha. Deixe de molho por 15 minutos, enquanto prepara os outros ingredientes.

2. Com uma escovinha para legumes, lave bem a casca dos rabanetes sob água corrente. Seque e corte em metades e cada metade, em meias-luas finas de 0,5 cm. Corte os avocados ao meio, no sentido do comprimento. Descarte o caroço, descasque e corte cada metade em fatias no sentido do comprimento, sem chegar até o fim, formando um leque.

3. Retire as folhas da água, em vez de escorrer — assim as sujeirinhas ficam no fundo da tigela. Enxague as folhas e seque bem numa centrífuga de saladas. Rasgue as folhas de alface e misture aos rabanetes.

4. Para servir, divida a mistura de alface e rabanete nos pratos, disponha os leques de avocado sobre as folhas, regue com o caldo de limão e tempere com azeite, sal e pimenta-do-reino a gosto.

RABANETE COZIDO COM BALSÂMICO E NOZES

SERVE
2 pessoas
TEMPO DE PREPARO
35 minutos

AINDA NÃO SE DECIDIU? ENTÃO VÁ NESSA! QUANDO O RABANETE DOURA NA FRIGIDEIRA COM CEBOLA, FICA MACIO E ADOCICADO. NA SEQUÊNCIA, RECEBE TODA A VIBRAÇÃO DO VINAGRE BALSÂMICO E AINDA UM TOQUE CROCANTE DAS NOZES. FICA CHIQUE, VIU?

1 maço de rabanete (cerca de 10 unidades)
½ cebola
2 colheres (sopa) de vinagre balsâmico
1 colher (sopa) de azeite
½ xícara (chá) de água
⅓ de xícara (chá) de nozes picadas
salsinha picada a gosto
sal a gosto

1. Com uma escovinha para legumes, lave bem a casca dos rabanetes sob água corrente. Seque e corte cada um ao meio. Descasque e corte a cebola em meias-luas finas.

2. Leve uma frigideira com borda alta ao fogo médio. Quando aquecer, regue com o azeite e coloque os rabanetes com a parte cortada para baixo. Deixe por cerca de 3 minutos, até ficarem tostadinhos e vire com uma pinça para dourar todos os lados por igual. Junte a cebola, tempere com uma pitada de sal e refogue por cerca de 3 minutos, até murcharem.

3. Diminua o fogo e regue a frigideira com água, o suficiente para cobrir até a metade dos rabanetes. Junte o vinagre balsâmico, tampe e deixe cozinhar por 15 minutos ou até ficarem macios.

4. Abra a tampa e deixe o molho reduzir por 2 minutos. Misture a salsinha picada e acrescente as nozes.

CUSCUZ MARROQUINO COM RABANETE E HORTELÃ

SERVE
2 pessoas
TEMPO DE PREPARO
30 minutos

CUSCUZ MARROQUINO FICA PRONTO MAIS RÁPIDO DO QUE MACARRÃO INSTANTÂNEO — E É MUITO MAIS SABOROSO E SAUDÁVEL, CLARO. A GRAÇA É QUE DÁ PARA MISTURAR UMA VARIEDADE ENORME DE INGREDIENTES A ELE. E NÃO É QUE RABANETE GRELHADO VAI SUPERBEM? PARA DAR MAIS UMA CAMADA DE SABOR, O CUSCUZ É HIDRATADO COM UMA INFUSÃO DE HORTELÃ. É A FÓRMULA PERFEITA PARA UMA REFEIÇÃO SOFISTICADA, FRESCA, PERFUMADA E PRÁTICA.

5 rabanetes
1 xícara (chá) de cuscuz marroquino
1 xícara (chá) de água
4 ramos de hortelã + folhas de hortelã a gosto para servir
azeite a gosto
sal e pimenta-do-reino moída na hora a gosto

1. Com uma escovinha para legumes, lave bem a casca dos rabanetes sob água corrente. Seque e corte cada um em quartos.

2. Leve uma panelinha com a água ao fogo alto. Quando ferver, adicione 4 ramos de hortelã, desligue o fogo e tampe. Deixe em infusão por 5 minutos.

3. Numa tigela média, coloque o cuscuz e tempere com 1 colher (sopa) de azeite e ½ colher (chá) de sal. Regue o cuscuz com o chá de hortelã quente, misture e tampe com um prato para abafar. Deixe hidratar por 5 minutos.

4. Leve uma frigideira ao fogo médio. Quando aquecer, regue com um fio de azeite e doure os rabanetes por 4 minutos, mexendo de vez em quando. Tempere com sal e pimenta-do-reino a gosto.

5. Solte o cuscuz com um garfo, misture os rabanetes grelhados, acrescente folhas de hortelã e tempere com mais azeite a gosto. Sirva a seguir.

ORECCHIETTE COM RABANETE, LIMÃO E PARMESÃO

SERVE
2 pessoas
TEMPO DE PREPARO
20 minutos

APOSTO QUE VOCÊ NUNCA IMAGINOU SERVIR MACARRÃO COM RABANETE. ACERTEI? ESTA COMBINAÇÃO É IMPROVÁVEL E DELICIOSA, E POR ISSO MESMO SURPREENDE.
PS: UMA DAS IDEIAS DESTE LIVRO É PROVOCAR A SUA CRIATIVIDADE NA COZINHA. ESTA RECEITA É UM BOM EXEMPLO DE COMO A GENTE PODE EXERCITAR AS MISTURAS E COMBINAÇÕES (E NUNCA MAIS DEIXAR UM INGREDIENTE SOBRAR NA GELADEIRA.)

2 xícaras (chá) de orecchiette (ou outra massa curta de grano duro)
6 rabanetes
1 limão-siciliano
½ xícara (chá) de queijo parmesão ralado fino
⅓ de xícara (chá) de água
3 colheres (sopa) de manteiga
sal e pimenta-do-reino moída na hora a gosto
tomilho a gosto

1. Leve uma panela com água ao fogo alto. Enquanto isso, prepare os outros ingredientes.

2. Com uma escovinha para legumes, lave bem a casca dos rabanetes sob água corrente. Seque e corte cada um em quartos. Lave, seque, corte o limão-siciliano ao meio. Esprema o caldo de uma das metades e fatie a outra metade em meias-luas finas.

3. Assim que a água ferver, misture 1 colher (sopa) de sal e acrescente o macarrão. Deixe cozinhar pelo tempo indicado na embalagem, até ficar al dente.

4. Leve uma frigideira média com 1 colher (sopa) de manteiga ao fogo médio. Quando derreter, acrescente os rabanetes e doure por 6 minutos, mexendo de vez em quando. Regue com a água e deixe cozinhar até secar.

5. Acrescente mais 2 colheres (sopa) de manteiga e desligue o fogo. Tempere com sal e pimenta-do-reino a gosto, junte o parmesão ralado, 2 ramos de tomilho, o caldo de limão e misture bem.

6. Reserve ½ xícara (chá) da água do cozimento, escorra e transfira o macarrão para a frigideira com o molho. Misture aos poucos a água do cozimento para dar o ponto do molho. Sirva a seguir com as fatias de limão e ramos de tomilho a gosto.

MÉTODOS DE COZIMENTO

Repolho cru funciona bem como salada, mas essa folha brilha mesmo quando passa por algum tipo de cozimento — o sabor muda radicalmente. Talvez tenha a ver com memória afetiva — na casa da minha mãe sempre tinha repolho —, mas as versões em que ele passa por alguma técnica de cozimento são irresistíveis para mim.

REFOGADO, dá uma bela murchada, é verdade, mas fica com sabor deliciosamente adocicado — melhor ainda se ganhar a companhia de uma fruta na preparação, como a maçã, que ressalta a doçura.

COZIDO, fica tenro, perfeito para sopas, como a de músculo e arroz que você verá a seguir. Mas escorrido, temperado como salada, também fica ótimo. (E isso você não verá a seguir. A ideia aqui é libertar você um pouco das receitas!). Em vez de refogar com cebola, experimente **GRELHAR** o repolho em gomos. O sabor fica ligeiramente defumado e a apresentação, contemporânea.

ASSADO, não vou mentir, não rende muito. Mas fica fantástico e não dá trabalho algum. Perfeito com bacon.

BRANQUEADO faz a base para trouxinhas e charutinhos.

CRU, faz saladas refrescantes e recheios para sanduíches. E rende superbem.

CORTES

Em **TIRAS FINÍSSIMAS** fica delicioso para uma salada — e, nesse caso, o melhor é usar um mandolin (fatiador de legumes). Já **TIRAS FINAS,** de cerca de 1 cm, podem ser refogadas; as grossas, de 2 cm ou mais, podem ir ao forno. Em **"CUBOS"**, fica bom para sopas, mas, na realidade, a gente deveria chamar de quadrados, uma vez que o repolho é formado por folhas, certo? Em **GOMOS,** fica charmoso e pode ser servido de várias maneiras: grelhado, assado ou mesmo cru. A **FOLHA INTEIRA**, branqueada, serve para preparar trouxinhas e charutinhos, mas também pode ir ao forno (com manteiga fica imperdível — assim como a couve).

RECEITAS
SALADA DE REPOLHO ORIENTAL
REPOLHO ASSADO COM BACON
REPOLHO GRELHADO COM MOLHO PICANTE
REPOLHO ROXO COM MAÇÃ
LOMBO DE PORCO
SOPA DE REPOLHO COM MÚSCULO E ARROZ
SALADA PICADINHA
SALADA DE FRANGO COM REPOLHO E ABACAXI

Este bate um bolão!

Repolho parece uma bola, né? E faz cada gol... Vai bem em preparações agridoces — combinado com frutas, como maçã e abacaxi —, mas também fica fantástico com um toque bem salgadinho de shoyu ou de bacon. Pode ser assado, refogado, grelhado... É uma verdura versátil. E generosa, excelente para casa cheia — rende que é uma beleza! O curioso é que essa mesma qualidade pode ser vista como um problema para as famílias menores. Mas acredite: com um pouco de criatividade, o repolho não estraga nem em geladeira de solteiro! Além de ser adequado para todos os tipos de cozimento, é fácil na hora de combinar com outros alimentos. É por isso que dá para ser aproveitado em refeições seguidas, sem a gente enjoar do sabor. E digo mais: as receitas deste capítulo são prova incontestável disso. (E aí, fiz uma boa defesa do repolho?)

SALADA DE REPOLHO ORIENTAL

SERVE
8 pessoas

TEMPO DE PREPARO
15 minutos

NO CHURRASCO DO FIM DE SEMANA, ESTA SALADA NÃO PODE FALTAR. A JOGADA DE MESTRE É O TEMPERO ORIENTAL, FEITO COM SHOYU, ÓLEO DE MILHO E VINAGRE DE ARROZ. O GERGELIM PRETO DÁ SABOR E ASSUNTO PARA A MESA: TEM ALGUMA COISA NO MEU DENTE?

1 repolho verde
¼ de xícara (chá) de shoyu
¼ de xícara (chá) óleo de milho
2 ½ colheres (sopa) de vinagre de arroz
gergelim preto torrado a gosto

1. Corte o repolho ao meio e, com a faca, descarte o talo central. Apoie a parte plana na tábua e fatie em tiras bem finas (se preferir, utilize um fatiador de legumes). Transfira para uma tigela com 1 litro de água e um bactericida da sua escolha. Deixe de molho por 15 minutos. Enquanto isso, prepare o molho, separe a travessa em que vai servir etc.

2. Num pote de vidro com tampa, chacoalhe bem o shoyu, o óleo e o vinagre. Se preferir, misture numa tigela com um garfinho.

3. Retire o repolho da água (as eventuais sujeirinhas ficam no fundo da tigela) e seque bem numa centrífuga de saladas. Disponha numa travessa ou saladeira, regue com o molho e misture. Polvilhe com o gergelim e sirva a seguir.

REPOLHO ASSADO COM BACON

SERVE
4 pessoas

TEMPO DE PREPARO
10 minutos + 30 minutos no forno

REPOLHO ASSADO É SURPREENDENTE. SOZINHO, COM UNS CUBINHOS DE MANTEIGA, JÁ FICA UMA MARAVILHA. MAS, SE VOCÊ QUISER DAR AQUELA CAPRICHADA, BACON NELE! É DRIBLE CERTEIRO PARA ESCAPAR DA MONOTONIA. PARA FAZER A FOTO, USEI AINDA UNS RAMOS DE TOMILHO. ELE TAMBÉM PODE IR PARA O FORNO, DEBULHADO SOBRE O REPOLHO. QUANTO? UM OU DOIS RAMINHOS.

1 repolho verde
⅓ de xícara (chá) de bacon em cubos (cerca de 50 g)
1 colher (sopa) de azeite
ramos de tomilho fresco a gosto
sal e pimenta-do-reino moída na hora a gosto

1. Preaqueça o forno a 220 °C (temperatura alta).

2. Descarte as folhas externas, apoie o repolho na tábua e corte em fatias grossas, de aproximadamente 2,5 cm, no sentido da largura. Transfira para uma assadeira grande, sem sobrepor.

3. Espalhe os cubos de bacon e, se quiser, debulhe um ramo de tomilho sobre as fatias. Regue com o azeite, tempere com sal (pouco, o bacon já é salgado) e pimenta-do-reino moída na hora a gosto. Leve ao forno para assar por cerca de 30 minutos, até dourar e ficar macio. Sirva a seguir, como acompanhamento, e decore com mais ramos de tomilho fresco.

REPOLHO GRELHADO COM MOLHO PICANTE

SERVE
4 pessoas

TEMPO DE PREPARO
20 minutos

VARIAR OS ALIMENTOS É UM BOM TRUQUE PARA GARANTIR UMA ALIMENTAÇÃO SAUDÁVEL DE VERDADE. (NÃO VAMOS CONFUNDIR DIETA E REGIME COM ALIMENTAÇÃO SAUDÁVEL, CERTO?) O SER HUMANO É ONÍVORO, E ISSO SIGNIFICA QUE A GENTE NÃO SÓ PODE COMO DEVE COMER DE TUDO. ESSA VARIAÇÃO É FUNDAMENTAL PARA GARANTIR AO CORPO TODOS OS NUTRIENTES DE QUE ELE PRECISA. E TROCAR OS TEMPEROS DOS ALIMENTOS DE SEMPRE TAMBÉM AJUDA. AQUI, DEPOIS DE GANHAR UM BRONZE NA FRIGIDEIRA, O REPOLHO É SERVIDO COM CALDO E RASPAS DE LIMÃO, AZEITE E PIMENTA DEDO-DE-MOÇA. DELICIOSO!

1 repolho verde
raspas e caldo de 1 limão
1 pimenta dedo-de-moça
3 colheres (sopa) de azeite
sal a gosto

1. Descarte as primeiras folhas do repolho e corte em 8 gomos: corte primeiro ao meio, na vertical; apoie a parte plana na tábua e corte cada metade em quatro gomos — assim as folhas permanecem unidas pelo talo central.

2. Lave, seque e pique fino a pimenta dedo-de-moça. Transfira para uma tigela, junte 2 colheres (sopa) de azeite, o caldo e as raspas do limão e misture bem. Reserve numa molheira. LAVE AS MÃOS!

3. Leve uma frigideira grande ao fogo médio. Quando aquecer, regue com ½ colher (sopa) de azeite e acrescente 4 gomos de repolho de cada vez. Deixe dourar por cerca de 3 minutos de cada lado. Transfira para uma travessa e repita com o restante, regando a frigideira com mais azeite.

4. Tempere o repolho grelhado com sal a gosto e sirva a seguir com o molho picante.

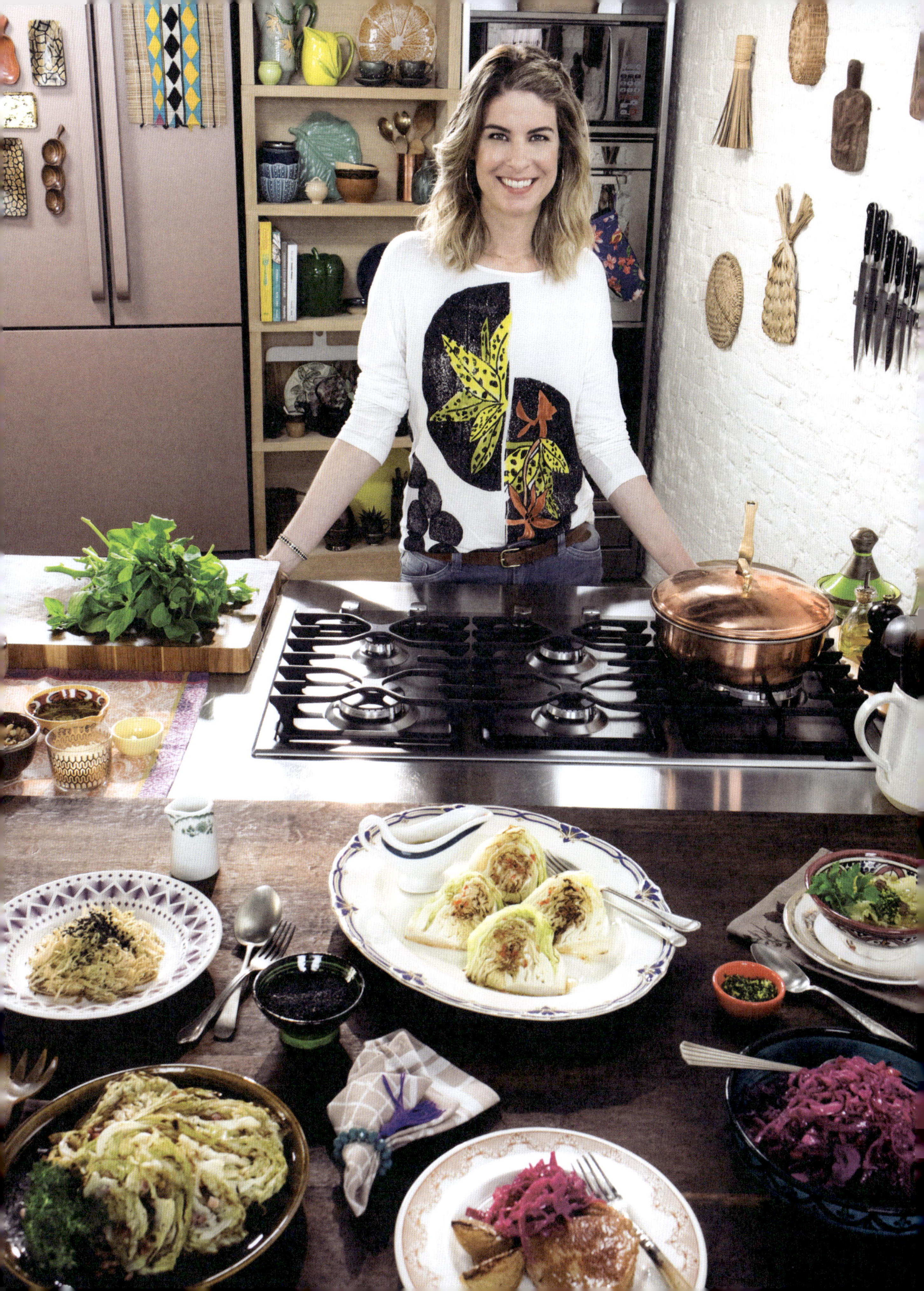

REPOLHO ROXO COM MAÇÃ

SERVE
4 pessoas

TEMPO DE PREPARO
25 minutos

O REPOLHO ROXO ENTRA EM CAMPO PARA DAR UM SHOW DE BOLA. OS COMPANHEIROS DE TIME SÃO MAÇÃ E VINAGRE DE VINHO BRANCO, QUE DEIXAM A PREPARAÇÃO COM SOTAQUE ALEMÃO. ESPETACULAR PARA SERVIR COM CARNE DE PORCO.

1 repolho roxo
1 maçã fuji
4 colheres (sopa) de manteiga
½ xícara (chá) de água
½ xícara (chá) de vinagre de vinho branco
caldo de 1 limão
3 colheres (sopa) de açúcar
5 cravos-da-índia
sal e pimenta-do-reino moída na hora a gosto

1. Corte o repolho ao meio, apoie a parte plana na tábua e fatie cada metade em tiras finas de cerca de 1 cm. Transfira para uma tigela, lave bem sob água corrente e deixe escorrer a água.

2. Lave, seque e corte a maçã ao meio (com a casca). Descarte as sementes, corte cada metade em fatias e as fatias em cubos pequenos. Transfira para uma tigela e regue com o caldo de limão — ele evita que a maçã escureça e dá sabor ao preparo.

3. Leve uma panela média com a manteiga ao fogo médio. Quando derreter, acrescente o repolho, tempere com uma pitada de sal e refogue por cerca de 3 minutos, até murchar.

4. Acrescente a água, o vinagre, o cravo, o açúcar e a maçã (com o caldo). Misture bem e deixe cozinhar por cerca de 10 minutos, mexendo de vez em quando, até o repolho ficar bem macio. Prove e tempere com sal e pimenta-do-reino moída na hora. Sirva a seguir.

LOMBO DE PORCO

RECEITA EXTRA

SERVE
4 pessoas
TEMPO DE PREPARO
30 minutos

4 medalhões de lombo de porco (cerca de 600 g)
2 cebolas pequenas
3 dentes de alho
1 folha de louro
½ xícara (chá) de vinho branco
1 xícara (chá) de água
1 colher (sopa) de azeite
sal e pimenta-do-reino moída na hora a gosto

1. Retire os medalhões da geladeira e deixe em temperatura ambiente enquanto prepara os outros ingredientes.

2. Com a lateral da lâmina da faca, amasse os dentes de alho e descarte as cascas — não precisa picar. Corte as cebolas em quartos, passando a faca pelo meio da raiz. Descasque e mantenha a raiz de cada gomo — assim, as pétalas ficam unidas.

3. Tempere os medalhões com sal e pimenta-do-reino moída na hora a gosto. Leve ao fogo médio uma frigideira grande com a lateral alta. Quando aquecer, regue com ½ colher (sopa) de azeite e doure os medalhões por 3 minutos, até soltar da frigideira. Vire com uma pinça e deixe dourar do outro lado.

4. Transfira os medalhões dourados para uma travessa e mantenha a frigideira em fogo médio. Regue com o restante do azeite e acrescente as cebolas, os dentes de alho e o louro. Tempere com sal e deixe cozinhar por cerca de 2 minutos, até as cebolas ficarem bem douradas — vire com uma pinça para dourar dos dois lados.

5. Regue com o vinho e misture, raspando bem o fundo da frigideira para dissolver todo o queimadinho — ele é essencial para dar sabor ao molho. Volte os medalhões para a frigideira, complete com água até cobrir a metade dos lombos e deixe cozinhar em fogo médio.

6. Assim que ferver, diminua o fogo e deixe cozinhar por mais 10 minutos. Desligue o fogo e sirva o lombo com as cebolas e o molho que se formou na frigideira.

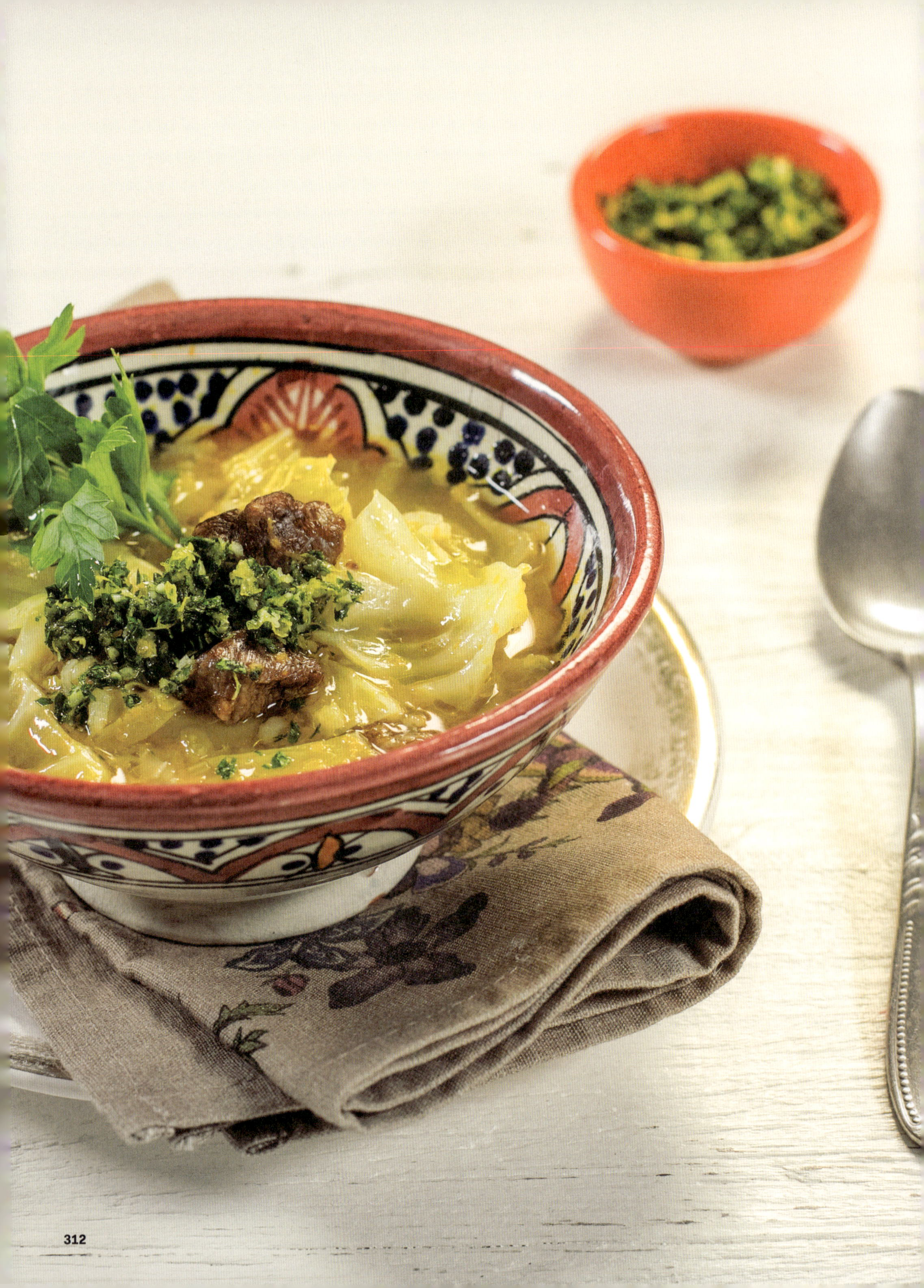

SOPA DE REPOLHO COM MÚSCULO E ARROZ

SERVE
6 pessoas

TEMPO DE PREPARO
1 hora

FIZ TUDO O QUE PUDE PARA DEIXAR ESTA SOPA COM UMA CARINHA BOA. TIGELA MARROQUINA (QUE TODO MUNDO PERGUNTA DE ONDE É NAS REDES SOCIAIS), FOLHAS DE SALSINHA (QUE DÃO FRESCOR E GLAMOUR A JATO PARA AS MAIS VARIADAS PREPARAÇÕES), GREMOLATA SERVIDA À PARTE, TALHER DE PRATA VINTAGE... SABE POR QUÊ? VERDADE SEJA DITA, ESTA NÃO É UMA SOPA LINDA, COMO A DE BETERRABA OU A DE CENOURA. E NÃO QUERIA QUE VOCÊ JULGASSE A PREPARAÇÃO PELA APARÊNCIA. USEI ESSAS ARTIMANHAS DE PRODUÇÃO PORQUE A RECEITA VALE A PENA. VIROU CAMPEÃ DE AUDIÊNCIA ENTRE A MINHA EQUIPE. E OLHA QUE A GENTE EXPERIMENTA RECEITAS NOVAS TODOS OS DIAS!

PARA A GREMOLATA
casca de 3 limões-sicilianos
3 dentes de alho
folhas de salsinha fresca
1 pitada de sal

1. Lave e seque os limões e as folhas de salsinha. Descasque os dentes de alho.

2. Com uma faca para legumes (ou descascador), retire a casca dos limões com cuidado para não extrair a parte branca — ela amarga a receita. Numa tábua, junte e pique fino todos os ingredientes. Sirva a seguir.

1 repolho verde
250 g de músculo
½ xícara (chá) de arroz
2 litros de água
1 cenoura
1 cebola
1 talo de salsão
2 colheres (sopa) de azeite
1 folha de louro
3 cravos-da-índia
sal e pimenta-do-reino moída na hora a gosto

1. Faça o pré-preparo: descasque e corte a cebola ao meio — numa das metades, prenda a folha de louro, espetando com os cravos, a outra metade, pique fino —; lave, descasque e passe a cenoura pela parte fina do ralador; descarte as folhas, lave e corte o talo de salsão em cubinhos; corte o músculo em cubos médios de cerca de 2 cm.

2. Leve uma panela de pressão ao fogo médio. Quando aquecer, regue com 1 colher (sopa) de azeite e adicione os cubos de carne. Tempere com sal e pimenta-do-reino a gosto e deixe dourar por cerca de 3 minutos, virando com uma pinça. Transfira para um prato e reserve.

3. Mantenha a panela em fogo médio e regue com o restante do azeite. Acrescente a cebola, tempere com uma pitada de sal e refogue por cerca de 2 minutos até murchar. Junte a cenoura, o salsão e refogue por mais 2 minutos.

4. Volte a carne para a panela, junte a cebola espetada com o louro, cubra com a água, tampe e aumente o fogo. Assim que a panela começar a apitar, diminua o fogo e deixe cozinhar por 15 minutos.

5. Enquanto isso, prepare o repolho: corte ao meio, apoie a parte plana na tábua e corte em cubos grandes; transfira para uma tigela e cubra com água. Chacoalhe bem as folhas e deixe repousar por uns minutos, até as sujeirinhas escorrerem para o fundo. Retire as folhas — em vez de escorrer a água.

6. Após os 15 minutos, desligue o fogo e deixe todo o vapor sair e a panela parar de apitar, antes de abrir a tampa. Misture o repolho fatiado e o arroz e tempere com sal. Volte a panela sem a tampa ao fogo baixo e deixe cozinhar por mais 20 minutos.

7. Desligue o fogo, prove e acerte o sal e a pimenta-do-reino. Sirva a seguir com a gremolata. Não precisa das folhas inteiras de salsinha, como na foto. Mas, se quiser, pode usar.

SALADA PICADINHA

SERVE
4 pessoas

TEMPO DE PREPARO
20 minutos

SOU UMA PESSOA DE SORTE: TENHO UMA SOGRA QUE ME AMA. VOU EXPLICAR MELHOR: TENHO UMA SOGRA JUDIA QUE ME AMA. BRINCADEIRAS À PARTE, NA CASA DELA SEMPRE TEM SALADA PICADINHA. "É MAIS FÁCIL PARA AS CRIANÇAS — NUMA GARFADA SÓ ELAS COMEM PEPINO, REPOLHO, ALFACE, CENOURA..." ÓBVIO! MAS EU NUNCA TINHA PENSADO NISSO, MESMO TENDO DOIS FILHOS. PRONTO, VIROU MANIA. E QUANDO TEM REPOLHO NA COMBINAÇÃO, NÃO PODE FALTAR O MOLHO AGRIDOCE DE SHOYU.

1 maço de alface-americana
½ repolho roxo
1 cenoura
1 pepino
½ colher (sopa) de açúcar mascavo
2 colheres (sopa) de shoyu
2 colheres (sopa) de vinagre de arroz
5 colheres (sopa) de óleo de milho
gergelim preto torrado a gosto para servir

1. Prepare as folhas: com a faca, corte o maço de alface-americana ao meio, apoie a parte plana na tábua e corte cada metade em tiras finas — descarte o talo; com um fatiador de legumes corte o repolho roxo em tiras bem finas — descarte o talo. Transfira as folhas para uma tigela com 1 litro de água e 1 colher (sopa) de um bactericida da sua escolha. Deixe de molho por 15 minutos. Enquanto isso prepare os outros ingredientes.

2. Lave e seque a cenoura e o pepino. Descasque e passe a cenoura pela parte grossa do ralador. Descarte as pontas e corte o pepino ao meio no sentido do comprimento; corte cada metade em 4 tiras e as tiras em cubinhos. Reserve.

3. Para fazer o molho: num pote de vidro com tampa, coloque o açúcar, o shoyu, o óleo e o vinagre; tampe e chacoalhe bem para misturar.

4. Em vez de escorrer, retire as folhas da água e transfira para uma centrífuga de saladas — assim as sujeirinhas ficam no fundo da tigela. Seque bem as folhas fatiadas e transfira para uma saladeira.

5. Junte às folhas a cenoura ralada e os cubos de pepino. Misture bem, acrescente o gergelim e sirva a seguir com o molho.

SALADA DE FRANGO COM REPOLHO E ABACAXI

SERVE
2 pessoas

TEMPO DE PREPARO
20 minutos

PARA TERMINAR O CAPÍTULO DO REPOLHO, VAMOS SAIR COM MARMITA PRONTA DEBAIXO DO BRAÇO! SABE QUANDO VOCÊ ACORDA NUMA SEGUNDONA CHEIA, SABENDO QUE TEM UM PEDAÇO DE FRANGO DO FIM DE SEMANA LÁ NA GELADEIRA? PRONTO: VAI VIRAR REFEIÇÃO NOVINHA EM FOLHA, DESFIADO NESTA SALADA QUE É REFRESCANTE E ÓTIMA PARA LEVAR PARA O TRABALHO. SE ESSE NÃO FOR O CASO, FAÇA ASSIM: COZINHE UM FILÉ DE PEITO DE FRANGO EM ÁGUA FERVENTE (BOLHAS PEQUENAS, FOGO BAIXO!) POR 20 MINUTOS E DESFIE. MAS O TRUQUE PARA A SALADA FICAR COM UMA TEXTURA DELICIOSA É LEVAR OS CROÛTONS À PARTE, PARA GARANTIR QUE FIQUEM CROCANTES NA HORA DE COMER. E ISSO TAMBÉM VALE PARA QUANDO FOR SERVIR A SALADA EM CASA. UÉ, NÃO SABE PREPARAR CROÛTONS, NÃO? É SÓ CORTAR O PÃO EM CUBOS E DOURAR NA FRIGIDEIRA COM UM POUCO DE AZEITE, BOBO. MAIS REAPROVEITAMENTO!

2 xícaras (chá) de repolho roxo fatiado fino
1 xícara (chá) de frango desfiado (pode ser cozido ou assado, qualquer parte)
3 fatias de abacaxi
1 pote de iogurte natural (170 g)
1 dente de alho
1 colher (sopa) de azeite
croûtons a gosto
folhas de coentro a gosto
sal e pimenta-do-reino moída na hora a gosto

1. Comece o preparo pelo molho: descasque e bata o dente de alho no pilão com uma pitada de sal até formar uma pastinha; misture o azeite, o iogurte e tempere com pimenta-do-reino moída na hora.

2. Lave o repolho fatiado numa peneira sob água corrente e deixe escorrer. Corte as fatias de abacaxi em tiras e as tiras, em cubos.

3. Numa tigela, misture o repolho com o abacaxi e o frango. Tempere com o molho de iogurte e folhas de coentro a gosto. Sirva a seguir com croûtons.

O rei da criação

RECEITAS
SALADA DE BATATA COM SALSÃO
SALSÃO ASSADO COM QUEIJO BRANCO
CRUDITÉS DE SALSÃO COM DIP
  DE GORGONZOLA
SOBRECOXA DE FRANGO COM MEL
SALSÃO REFOGADO COM PERA
CALDO DE CARNE A JATO
SOPA DE SALSÃO

cap. 29 **SALSÃO**

O salsão é um ingrediente absolutamente indispensável no preparo de caldos caseiros. Pode ser de carne, de peixe, de frango, de legumes... Sempre vai pelo menos um talo. E o caldo feito em casa é a opção mais inteligente para potencializar o sabor da papinha, do risoto, da sopa, do molho — sem recorrer ao cubinho industrializado, ícone da comida ultraprocessada, do qual a gente tem que fugir, como o diabo foge da cruz.

Na França, o salsão é parte integrante do refogado básico. Sim, sim. Para a panela, além da cebola, vão também o salsão e a cenoura. E essa misturinha tem nome: o mirepoix. Ela é a base para as mais variadas criações.

Agora, o salsão pode mais, viu? Cru, fresquinho, vira petisco sofisticado e saudável, que combina superbem com uma pastinha de queijo gorgonzola. Para cair nas graças do salsão, é preciso entender que esse vegetal tem um frescor próprio, quase adstringente, que vai bem com ingredientes mais gordurosos e com sabores potentes, como queijos, nozes e carnes. Mas, antes de chegarmos às combinações de sabor, técnicas de cozimento e receitas propriamente ditas, uma dica: tem salsão sobrando na geladeira? Congele! Lave e seque bem os talos, pique fininho, armazene em plásticos próprios para alimentos e deixe no congelador. Na hora de dar um sabor extra aos mais variados refogados, vai direto da geladeira para a panela — e nunca mais você vai ficar em dúvida sobre como salvar um maço de salsão!

MÉTODOS DE COZIMENTO

Salsão pode ser servido cru, cozido ou refogado... Além do aroma perfumado e ligeiramente adstringente, a característica marcante do salsão é a textura crocante — inclusive depois de passar por métodos de cozimento.
CRU, faz um aperitivo maravilhoso na companhia de uma pastinha, como a de gorgonzola.
COZIDO, é ótimo para sopas, e a de salsão deste capítulo pode ser servida quente ou fria.
REFOGADO junto com cebola e cenoura é mirepoix, a combinação-base para todos os caldos e outras receitas clássicas da culinária francesa. Mas você também vai ver que, refogado com uma pera, vira acompanhamento perfeito para carnes brancas e vermelhas.
ASSADO com azeite e queijo branco, vai da assadeira para a mesa como guarnição para pratos que precisam de uma boa crocância.
COZIDO vira sopa, mas também dá sabor a ensopados em geral.

CORTES

Em **PALITOS** ou **TIRAS** vira aperitivo — ou até mexedor do bloody mary! Em **PEDAÇOS** grandes, é usado em caldos caseiros para perfumar. Em **FATIAS FINAS**, reina nas saladas. Em **CUBOS** de variados tamanhos, pode ir ao forno (tem receita!) ou à panela, para incrementar o refogado. Cortado em **FATIAS NA DIAGONAL**, ganha um aspecto mais elaborado.

SALADA DE BATATA COM SALSÃO

SERVE
6 pessoas

TEMPO DE PREPARO
40 minutos

SALSÃO E BATATA. A COMBINAÇÃO NÃO PODERIA SER MAIS COMUM, CERTO? JUNTE LASCAS DE PARMESÃO, CALDO DE LIMÃO E PIMENTA-DO-REINO. PRONTO: A MAGIA ACONTECE. SALADA DIFERENTE PARA UM CHURRASCO, MAS TAMBÉM É PERFEITA PARA DAR UM CLIMA DESCONTRAÍDO NO JANTAR DO DIA A DIA. COM UMA LINGUICINHA, HEIN?

4 batatas
4 talos de salsão
caldo de ½ limão
¼ de xícara de azeite
½ xícara (chá) de queijo parmesão ralado fino
sal e pimenta-do-reino moída na hora a gosto
lascas de parmesão para decorar (opcional)

1. Descasque e corte as batatas em cubos médios de cerca de 2 cm. Transfira para uma panela, cubra com água e junte ½ colher (chá) de sal. Leve ao fogo médio e, quando começar a ferver, deixe cozinhar por cerca de 20 minutos — faça o teste com o garfo: elas devem estar cozidas, mas ainda firmes.

2. Enquanto as batatas cozinham, prepare o salsão: descarte as folhas e lave bem os talos sob água corrente; seque e corte cada talo na diagonal em fatias de cerca de 1 cm de espessura.

3. Assim que estiverem cozidas, escorra bem a água e deixe as batatas por alguns minutos no escorredor (ou peneira) para amornar. Transfira os cubos para uma tigela grande, junte o salsão fatiado, regue com o caldo de limão, o azeite e misture delicadamente — a batata morna absorve melhor os temperos.

4. Tempere com pimenta-do-reino a gosto e polvilhe com o queijo parmesão ralado. Misture e prove — alguns queijos são mais salgados que outros. Se necessário, adicione mais sal.

5. Transfira a salada para uma travessa e sirva a seguir. Para fazer as lascas de parmesão, corte o queijo com um descascador de legumes ou faquinha. Se preferir, leve para a geladeira, mas retire uns 20 minutos antes de servir.

SALSÃO ASSADO COM QUEIJO BRANCO

SERVE
2 pessoas como entrada ou 4 pessoas como acompanhamento

TEMPO DE PREPARO
10 minutos + 30 minutos para assar

VOU INSISTIR: EXPERIMENTE ESTA RECEITA. ESSA É DO TIPO QUE, PELA LISTA DE INGREDIENTES, VOCÊ NÃO VAI DAR NADA. MAS A COMBINAÇÃO DE SABORES É SURPREENDENTE. E O PREPARO NÃO PODERIA SER MAIS SIMPLES: CORTOU, TEMPEROU, ASSOU, SERVIU. AH, ESPERA! NÃO DEIXE DE COLOCAR RASPAS DE LIMÃO.

½ maço de salsão (uns 8 talos)
150 g de queijo minas
2 colheres (sopa) de azeite
raspas de 1 limão
sal e pimenta-do-reino moída na hora a gosto

1. **Preaqueça o forno a 200 ºC** (temperatura média).

2. **Corte o queijo em fatias de 1 cm;** as fatias, em tiras; e as tiras, em cubos. Isso deve medir cerca de 1 xícara (chá). Descarte as folhas, lave e seque os talos do salsão. Corte em fatias de cerca de 2 cm — ficam parecendo cubos — e transfira para uma assadeira média.

3. **Junte os cubos de queijo,** regue com o azeite e tempere com sal e pimenta-do-reino. Misture bem e espalhe na assadeira.

4. **Leve ao forno para assar por 30 minutos,** até que o salsão esteja macio e o queijo, dourado. Retire a assadeira do forno, misture as raspas de limão e sirva a seguir.

CRUDITÉS DE SALSÃO COM DIP DE GORGONZOLA

SERVE
6 pessoas

TEMPO DE PREPARO
20 minutos

COMEÇAR A REFEIÇÃO COM UM APERITIVO DÁ UMA LEVANTADA NO ASTRAL. FAÇA O TESTE: NUM DIA DE SEMANA QUALQUER, ANTES DO PRATO PRINCIPAL, DEIXE NA MESA UNS PALITOS DE SALSÃO COM UMA PASTINHA DE GORGONZOLA. AGORA, SE A IDEIA É RECEBER CONVIDADOS, DÁ PARA PREPARAR O PETISCO COM ANTECEDÊNCIA E TER MAIS TEMPO PARA CUIDAR DE OUTROS DETALHES ANTES DO JANTAR. O TRUQUE É O SEGUINTE: DEIXE O SALSÃO CORTADO NA GELADEIRA, DENTRO DE UMA TIGELA COM ÁGUA E GELO. NA HORA DE SERVIR, OS PALITOS PERMANECEM BEM FRESQUINHOS E CROCANTES — É SÓ ESCORRER A ÁGUA E SECAR O SALSÃO.

8 talos de salsão
1 pote de iogurte natural (170 g)
3 colheres (sopa) de queijo gorgonzola amassado (ou outro tipo de queijo azul)
sal e pimenta-do-reino moída na hora a gosto

1. Descarte as folhas, lave e seque bem os talos de salsão. Corte cada talo em 4 pedaços do mesmo tamanho. Corte cada pedaço no comprimento para formar tiras de 1,5 cm de espessura.

2. Numa tigelinha, coloque o gorgonzola, o iogurte natural e misture bem com um garfo, amassando bem o queijo; prove e tempere com sal e pimenta-do-reino a gosto.

3. Numa travessa grande, coloque a tigela com a pasta de gorgonzola e disponha as tiras de salsão ao redor. Sirva a seguir.

DICA: se quiser variar, acrescente à pastinha raspas de limão, alho picadinho, ervas ou até molho inglês.

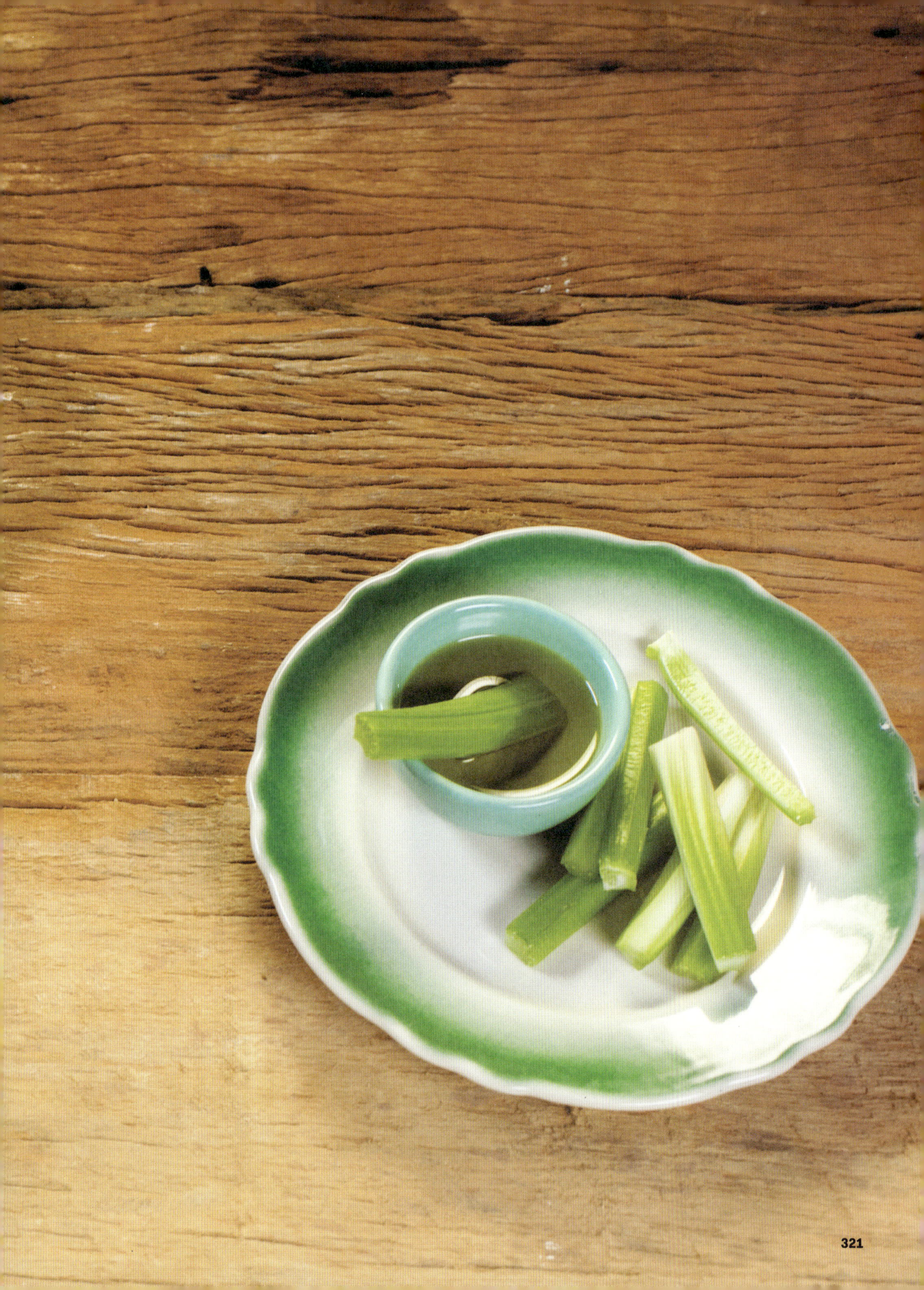

SOBRECOXA DE FRANGO COM MEL

RECEITA EXTRA

SERVE
2 pessoas

TEMPO DE PREPARO
20 minutos + 30 minutos para assar

A MARINADA DESTE FRANGO É BEM SIMPLES, SUAVE, IDEAL PARA COMBINAR COM AS RECEITAS DESTE LIVRO. O TOQUE DE LIMÃO COM UMA PITADA DE COMINHO, NO ENTANTO, DÁ UMA SOFISTICAÇÃO INSTANTÂNEA À PREPARAÇÃO.

4 sobrecoxas de frango com a pele (cerca de 600 g)
1 dente de alho
2 colheres (sopa) de mel
caldo de 1 limão
1 pitada de cominho em pó
1 colher (sopa) de azeite
sal a gosto

1. Preaqueça o forno a 200 ºC (temperatura média).

2. No pilão, bata o alho com ½ colher (chá) de sal e o cominho até formar uma pastinha; transfira para uma tigela grande e misture com o mel e o caldo de limão.

3. Junte as sobrecoxas e espalhe a marinada com as mãos. Cubra com filme e deixe em temperatura ambiente por 15 minutos.

4. Após o tempo da marinada, transfira as sobrecoxas para uma assadeira pequena, com a pele virada para cima, regue com o líquido da marinada e o azeite. Leve ao forno para assar por 30 minutos no total. Após 20 minutos, retire a assadeira do forno e regue as sobrecoxas com o líquido que se formou. Volte ao forno para assar por mais 10 minutos ou até dourar. Sirva a seguir.

SALSÃO REFOGADO COM PERA

SERVE
2 pessoas

TEMPO DE PREPARO
20 minutos

A PERA DOCE E SUCULENTA COMBINA BEM COM O REFOGADO PODEROSO PRODUZIDO PELO SALSÃO. O RESULTADO É UM ACOMPANHAMENTO TÃO DIVINO QUANTO INUSITADO QUE APROVEITA ATÉ AS FOLHAS DA PLANTA. É OU NÃO É A DESCULPA PERFEITA PARA DAR CABO DO ÚLTIMO MAÇO VERDE QUE VOCÊ TEM EM CASA ANTES DE SAIR PARA FAZER COMPRAS NOVAMENTE?

4 talos de salsão [cerca de 1 ¼ de xícara (chá) de salsão fatiado]
1 pera
½ colher (sopa) de azeite
sal e pimenta-do-reino moída na hora a gosto

1. Lave bem os talos de salsão sob água corrente. Reserve as folhas e corte os talos em fatias de 0,5 cm.

2. Lave, seque e corte a pera ao meio no sentido do comprimento. Descarte o miolo e as sementes; corte cada metade em fatias de 1 cm e as fatias, em cubos.

3. Leve uma frigideira ao fogo médio. Quando aquecer, regue com o azeite, junte o salsão picado e metade das folhas reservadas — o restante não será usado nesta receita. Tempere com uma pitada de sal e refogue por 5 minutos, até começar a ficar macio.

4. Acrescente os cubos de pera e refogue por mais 5 minutos, mexendo de vez em quando, delicadamente, para a fruta não desmanchar — ela deve estar cozida, mas ainda firme. Prove e, se necessário, tempere com mais sal e pimenta-do-reino a gosto. Sirva a seguir com assados ou grelhados.

CALDO DE CARNE A JATO

RENDE
cerca de 2 litros

TEMPO DE PREPARO
40 minutos

NUTRITIVO, SABOROSO, O CALDO DE CARNE É PERFEITO PARA INCREMENTAR OUTRAS PREPARAÇÕES — DO RISOTO AO MOLHO, DA SOPA AO ENSOPADO, TUDO FICA MELHOR COM CALDO USADO NO LUGAR DA ÁGUA. AH, SIM, VAMOS COMBINAR QUE CALDO INDUSTRIALIZADO É CARTA FORA DO BARALHO. ELE ESTRAGA QUALQUER RECEITA, NÃO SÓ POR SER CHEIO DE ADITIVOS QUÍMICOS. O SABOR TAMBÉM É TRISTE. NÃO DÁ PARA COMPARAR COM UM CALDO CASEIRO, MESMO QUE FEITO A JATO! NO CONGELADOR, DURA CERCA DE 3 MESES. APROVEITE A CARNE COZIDA PARA PREPARAR O *HUMMUS MA LAHMA* DA PÁGINA 126 OU A SALADA MEXICANA DA PÁGINA 264.

500 g de músculo, de preferência traseiro
2 litros de água
1 cenoura
1 cebola
1 talo de salsão com as folhas
1 folha de louro
3 cravos-da-índia
2 canelas em rama
5 grãos de pimenta-do-reino

1. Corte o músculo em cubos de cerca de 5 cm. Lave a cenoura e o salsão; descasque a cenoura e corte em 3 partes; descasque e corte a cebola ao meio e o salsão em 3 partes. Numa das metades, prenda o louro com os cravos-da-índia.

2. Junte todos os ingredientes na panela de pressão, cubra com a água, tampe e leve ao fogo alto. Assim que começar a apitar, abaixe o fogo e deixe cozinhar por 20 minutos.

3. Desligue o fogo e deixe todo o vapor sair antes de abrir a panela. Coe o caldo e utilize a seguir. Por ser um caldo de cozimento rápido, você pode reutilizar a carne e a cenoura em outras preparações.

SOPA DE SALSÃO

SERVE
4 pessoas

TEMPO DE PREPARO
10 minutos + 40 minutos para cozinhar

NÃO ESPERE O MAÇO DE SALSÃO FICAR COM AQUELE SORRISO AMARELO NA ÚLTIMA GAVETA DA GELADEIRA. ESTA SOPA É INSPIRADA NA CLÁSSICA VICHYSSOISE E PODE SER CONSUMIDA QUENTE OU FRIA. UM SUCESSO DE ECONOMIA DOMÉSTICA!

6 talos de salsão
2 batatas
1 cebola
1 dente de alho
1 filé de peito de frango
1 folha de louro
1,5 litro de água
2 colheres (sopa) de azeite
sal a gosto
creme de leite fresco gelado a gosto
cebolinha a gosto

1. Descasque e corte as batatas em cubos médios. Lave, descarte as folhas e corte o salsão em fatias de cerca de 2 cm. Descasque e corte a cebola em cubos grandes. Descasque o dente de alho.

2. Leve uma panela média ao fogo médio. Quando aquecer, regue com o azeite e junte a cebola, o alho (inteiro) e o salsão. Tempere com sal e refogue por 5 minutos, até a cebola murchar. Junte os cubos de batata, o filé de frango e a folha de louro.

3. Regue com a água e, assim que ferver, diminua o fogo e deixe cozinhar, com a tampa semiaberta, por 40 minutos.

4. Desligue o fogo e, com uma pinça, retire o filé de frango e a folha de louro — reserve o filé de frango na geladeira para outra receita. Transfira o caldo com os legumes para o liquidificador, tempere com sal e bata até ficar cremoso. Atenção: segure firme a tampa do liquidificador com um pano de prato para evitar que o vapor do caldo abra a tampa.

5. Sirva a seguir com creme de leite fresco gelado e cebolinha fatiada a gosto. Esta sopa também fica ótima servida fria.

RECEITAS
SALADA DE TOMATE COM CEBOLA ROXA
PAN COM TOMATE
GAZPACHO
MACARRÃO COM MOLHO RÚSTICO DE TOMATE PICADO
TOMATE RECHEADO COM FAROFA DE PARMESÃO
RODELA DE TOMATE ASSADA COM PARMESÃO E AZEITONA PRETA
PANZANELLA (SALADA DE PÃO)
MOLHO DE TOMATE RAPIDÃO
ARANCINI
GELEIA DE TOMATE COM PIMENTA

cap. 30 **TOMATE**

Muito além do molho

O que você faria com 1 kg de tomate? Débora ou italiano, tanto faz. Talvez, para muita gente, a primeira coisa que venha à cabeça seja: um bom molho. Ou saladas variadas. Mas que tal aproveitar o tomate para preparar uma geleia agridoce? Ela dá uma chacoalhada nos sabores do dia a dia — vira uma espécie de molho a jato para os grelhados. Existem muitas outras possibilidades. Quem gosta de receitas clássicas não pode deixar de experimentar o tomate recheado e assado, um acompanhamento chiquérrimo e fácil de preparar. Mas não posso ser injusta: um bom molho de tomate também é sempre uma ótima opção. Receitas a seguir!

MÉTODOS DE COZIMENTO

Com tomate **CRU** a gente prepara salada, petisco e até sopa! Mas ele também se dá bem com outros métodos.

REFOGADO, com alho e cebola, já rende um molho rústico para o macarrão. Com umas folhas de manjericão, hein?

ASSADO, ele pode ser recheado, como na clássica preparação francesa, em rodelas, com complementos, como azeitona, queijo, aliche...

GRELHADO, tem os sabores potencializados e ainda fica mais macio.

COZIDO, claro, vira molho tradicional, aquele de receita de avó. Mas você vai ver que também rende uma surpreendente geleia agridoce, que acompanha pratos salgados.

CORTES

Pelo formato, é ótimo para cortar em **RODELAS** ou **MEIAS-LUAS**, mas para salada fica ainda melhor em **GOMOS** — é questão de gosto, eu sei. **BATIDO** no liquidificador, é multiúso, vira sopa, suco e molho. **INTEIRO** (ou quase!) é perfeito para ser recheado. Em **METADES**, melhor se for o cereja ou sweet grape. **RALADO** também pode, e, em **CUBOS**, fica mais elegante. Um detalhe: para fazer molho ou salada chique-no-último, o negócio é tirar a pele — o tal do tomate pelado é isso aí.

SALADA DE TOMATE COM CEBOLA ROXA

SERVE
4 pessoas

TEMPO DE PREPARO
15 minutos
+ 30 minutos para drenar na geladeira

TODO FÃ DE TOMATE CONHECE BEM O DRAMA DO TOMATE AGUADO. PELA APARÊNCIA É DIFÍCIL ACERTAR SE ELE VAI ESTAR SABOROSO OU MEIO SEM GOSTO, SEM GRAÇA. NESTA PREPARAÇÃO ELES GANHAM TRATAMENTO VIP! É COMO SE PASSASSEM POR UMA DRENAGEM LINFÁTICA — SÓ QUE VOCÊ NEM VAI PRECISAR FICAR MASSAGEANDO CADA UM DELES. O SAL E UMA PENEIRA DÃO CONTA DE DRENAR A ÁGUA E DEIXAR O SABOR DOS FRUTOS CONCENTRADO E A TEXTURA MAIS CARNUDA.

3 tomates maduros
1 cebola roxa
1 colher (chá) de sal
azeite a gosto
pimenta-do-reino moída na hora a gosto

1. Lave, seque e corte cada tomate em 8 gomos: corte e descarte a tampa; apoie a parte cortada na tábua e corte o tomate em cruz, depois, em X, para formar 8 partes. Transfira os gomos para uma tigela.

2. Descasque, corte em metades (passando a faca pela raiz) e fatie a cebola em meias-luas finas. Junte ao tomate, tempere com o sal e misture bem. Transfira para uma peneira e coloque sobre a tigela. Leve para a geladeira e deixe drenar por 30 minutos — o sal vai desidratar a polpa e deixar o tomate mais carnudo, além de diminuir o ardido da cebola.

3. Depois de 30 minutos, transfira a salada de tomate com cebola para uma travessa. Tempere com azeite e pimenta-do-reino moída na hora a gosto e sirva a seguir.

PAN COM TOMATE

SERVE
4 pessoas

TEMPO DE PREPARO
15 minutos

NÃO É À TOA QUE ESTE PETISCO ESPANHOL, DA REGIÃO DA CATALUNHA, É MOTIVO DE ORGULHO NACIONAL. UMA COMBINAÇÃO DE SABORES SIMPLES E SURPREENDENTE AO MESMO TEMPO. E O MELHOR: O PREPARO EXIGE POUQUÍSSIMO ESFORÇO DO COZINHEIRO. É RALAR E TEMPERAR A POLPA E SERVIR COM UM PÃO TOSTADINHO, BEM SABOROSO. OLHA O HAPPY HOUR AÍ, GENTE!

1 baguete pequena ou o pão que preferir
2 tomates maduros
2 ramos de tomilho
azeite a gosto
sal e pimenta-do-reino moída na hora a gosto

1. Corte o pão em pedaços individuais. Leve uma frigideira ao fogo médio. Quando aquecer regue com um fio de azeite e coloque os pedaços de pão com o miolo para baixo. Deixe dourar por cerca de 2 minutos e transfira para um prato.

2. Lave e corte os tomates em quartos. Descarte as sementes e passe a polpa de cada quarto pela parte grossa do ralador — utilize a casca do tomate como proteção para a mão.

3. Transfira o tomate para uma tigela e regue com ½ colher (sopa) de azeite. Junte o tomilho debulhado e tempere com sal e a pimenta-do-reino moída na hora a gosto. Sirva com o pão.

GAZPACHO

SERVE
4 pessoas como entrada ou
2 pessoas como prato principal
TEMPO DE PREPARO
20 minutos

EM VEZ DE COMEÇAR O JANTAR COM UMA SALADA, SIRVA A MAIS FAMOSA DAS SOPAS FRIAS, O GAZPACHO. A PREPARAÇÃO TEM UM AR DE SOFISTICAÇÃO E UMA QUALIDADE POUCO DIFUNDIDA: AJUDA A CURAR A MAIS IMPLACÁVEL DAS RESSACAS.

5 tomates maduros
1 pepino japonês
¼ de pimentão vermelho
1 fatia de pão italiano amanhecido
1 dente de alho
2 colheres (sopa) de vinagre de vinho tinto
½ colher (sopa) de azeite
sal e pimenta-do-reino moída na hora a gosto
salsinha para decorar (opcional)

1. Lave e seque os tomates, o pimentão e o pepino. Corte os tomates ao meio, descarte as sementes e corte as metades em pedaços médios. Descarte as pontas e corte o pepino em pedaços médios. Corte aproximadamente ¼ do pimentão em duas fatias. Descasque o dente de alho.

2. No liquidificador, bata todos os ingredientes, até a mistura ficar lisa. Sirva a seguir com croûtons. (É só tostar cubinhos de pão na frigideira com azeite ou manteiga).

MACARRÃO COM MOLHO RÚSTICO DE TOMATE PICADO

SERVE
2 pessoas

TEMPO DE PREPARO
25 minutos

TRADIÇÃO É TRADIÇÃO, MAS A IDEIA AQUI É ABRIR A GELADEIRA E RESOLVER O JANTAR. POR ISSO, O MOLHO DE TOMATE GANHA UMA VERSÃO BEM RÁPIDA, RÚSTICA E DESPOJADA. NEM SEI SE DÁ PARA CHAMAR DE MOLHO, UMA VEZ QUE O TOMATE APARECE EM PEDAÇOS, MAS SEI QUE O PRATO FICA IRRESISTÍVEL. NA GRAVAÇÃO DA SÉRIE, FOI UMA DAS RECEITAS QUE GANHARAM O MAIOR NÚMERO DE "HUMMS" DA EQUIPE! EM CASA, VOCÊ VAI FICAR FELIZ DA VIDA EM TRANSFORMAR QUATRO TOMATES NUM JANTAR DELICIOSO, EM MENOS DE MEIA HORA.

150 g de espaguete
   (ou outra massa longa de grano duro)
4 tomates maduros
2 dentes de alho
2 colheres (sopa) de azeite
3 ramos de manjericão
sal e pimenta-do-reino moída na hora
   a gosto
parmesão ralado a gosto para servir

1. Leve uma panela média com aproximadamente 2,5 litros de água ao fogo alto.

2. Lave, seque, corte os tomates ao meio e descarte as sementes. Corte cada metade em 3 tiras e as tiras em cubos médios — se quiser, use uma faca de serra. Descasque e pique fino o alho. Lave, seque e retire as folhas dos ramos de manjericão.

3. Assim que a água ferver, misture 1 colher (sopa) de sal e coloque o macarrão para cozinhar (conforme instrução na embalagem), para ficar al dente.

4. Leve uma frigideira grande ao fogo médio. Quando aquecer, regue com o azeite, junte os tomates e deixe cozinhar por cerca de 3 minutos, mexendo de vez em quando. Junte o alho, as folhas de manjericão e refogue por apenas 1 minuto para perfumar. Tempere com pouco sal e pimenta-do-reino moída na hora a gosto.

5. Assim que der o tempo do macarrão, retire e reserve 1 xícara (chá) da água do cozimento.

6. Escorra a água e misture o macarrão ao tomate na frigideira. Se achar necessário, regue com a água do cozimento. Sirva a seguir com queijo parmesão ralado.

TOMATE RECHEADO COM FAROFA DE PARMESÃO

SERVE
4 pessoas

TEMPO DE PREPARO
20 minutos
+ 20 minutos para assar

TEM TOMATE QUE PENSA QUE É CUMBUCA. SORTE DELE! GANHA FAROFA CROCANTE DE PÃO, VAI AO FORNO E SAI DE LÁ COM A FAMA QUE MERECE: UMA ENTRADINHA ELEGANTE OU ACOMPANHAMENTO IRRESISTÍVEL. VAI BEM COM GRELHADOS, CLARO, MAS DÁ UMA TREMENDA DIGNIDADE ATÉ À MAIS SINGELA DAS OMELETES. NÃO DEIXE DE PROVAR ESTA RECEITA.

4 tomates firmes
¼ de xícara (chá) de queijo parmesão ralado fino
½ xícara (chá) de farinha de rosca
1 dente de alho
azeite a gosto
sal a gosto
tomilho para decorar

1. Preaqueça o forno a 180 °C (temperatura média).

2. Lave e seque os tomates. Corte uma fatia bem fina na base de cada tomate — assim eles ficam de pé na assadeira. Corte e descarte a tampa de cada tomate e, com uma colher ou com o dedo, retire e descarte as sementes.

3. Tempere a parte interna dos tomates com sal a gosto e deixe de ponta-cabeça num prato para drenar um pouco, enquanto prepara o recheio.

4. Descasque e pique fino o dente de alho. Transfira para uma tigela pequena e junte 3 colheres (sopa) de azeite, a farinha de rosca e o parmesão ralado. Misture até formar uma farofa úmida.

5. Unte uma assadeira pequena com azeite. Recheie cada tomate com a farofa e regue com um fio de azeite ao redor da borda.

6. Disponha os tomates de pé e leve para assar por cerca de 20 minutos, até dourar. Retire do forno e sirva a seguir. Se quiser, decore com um galhinho de tomilho.

RODELA DE TOMATE ASSADA COM PARMESÃO E AZEITONA PRETA

SERVE
4 pessoas

TEMPO DE PREPARO
10 minutos + 10 minutos para assar

PENSE NESTA COMBINAÇÃO DE SABORES: AZEITONA PRETA, TOMATE, MANJERICÃO E QUEIJO PARMESÃO. ELA FALA POR SI SÓ, NÃO? E FUNCIONA PARA UMA MASSA, UM RISOTO, UMA PIZZA, UMA SALADA. NESTA RECEITA, QUE PODE SER SERVIDA COMO ENTRADA OU ACOMPANHAMENTO, AS RODELAS DE TOMATE BEM TEMPERADAS VÃO AO FORNO. RESULTADO: SAEM DE LÁ MACIAS E SABOROSAS, DEPOIS DE APENAS 10 MINUTOS.

2 tomates
¼ de xícara (chá) de queijo parmesão ralado fino
¼ de xícara (chá) de azeitonas pretas sem caroço
1 ramo de manjericão
azeite a gosto

1. Preaqueça o forno a 240 °C (temperatura alta). Unte uma assadeira grande com azeite.

2. Corte o tomate em rodelas grossas de aproximadamente 1,5 cm e transfira para a assadeira. Cubra cada fatia com parmesão ralado e regue com um fio de azeite. Leve ao forno para assar por cerca de 10 minutos, até dourar o queijo.

3. Enquanto isso, lave e seque as folhas de manjericão. Pique fino metade das folhas com as azeitonas. Transfira para uma tigela e misture 2 colheres (sopa) de azeite.

4. Transfira as rodelas de tomate para uma travessa e coloque uma colherada da azeitona temperada em cada. Decore com o restante das folhas de manjericão. Sirva a seguir.

PANZANELLA (SALADA DE PÃO)

SERVE
1 pessoa

TEMPO DE PREPARO
20 minutos

SOBROU PÃO INTEGRAL? PANZANELLA! A CLÁSSICA SALADA ITALIANA É ÓTIMA PARA REAPROVEITAR SOBRAS, MAS É TÃO DELICIOSA QUE, MUITAS VEZES, PREPARO COM PÃO INTEGRAL NOVINHO EM FOLHA. ÓTIMA OPÇÃO DE MARMITA PARA O VERÃO. O PULO DO GATO É O MOLHO DE ANCHOVA, QUE PODE (E DEVE!) SER APROVEITADO PARA TEMPERAR OUTRAS SALADAS.

1 fatia grossa de pão integral amanhecido (de preferência caseiro)
1 tomate maduro
½ cebola roxa
½ pepino japonês
2 filés de anchova
1 colher (chá) de alcaparras
1 dente de alho
1 colher (sopa) de vinagre de vinho tinto
4 colheres (sopa) de azeite
folhas de manjericão a gosto

1. **Descasque, corte ao meio e fatie a cebola** em meias-luas finas. Transfira para uma tigela, cubra com água fria e deixe descansar por alguns minutos — isso tira o ardido da cebola crua. Enquanto isso, prepare os outros ingredientes.

2. **Lave e seque o tomate,** o pepino e as folhas de manjericão. Corte os tomates em cubos, descartando as sementes. Corte o pepino ao meio, no sentido do comprimento, e fatie em meias-luas de aproximadamente 0,5 cm de espessura. Transfira tudo para uma tigela.

3. **Descasque o dente de alho.** Corte a fatia de pão em cubos grandes. Leve ao fogo médio uma frigideira, de preferência antiaderente. Quando aquecer, regue com 1 colher (sopa) de azeite e junte o alho, apenas para perfumar. Acrescente os cubos de pão e deixe dourar por cerca de 2 minutos, virando com uma pinça. Descarte o alho.

4. **Prepare o molho:** num pilão, amasse os filés de anchova; junte o vinagre, o restante do azeite e misture bem. (Se preferir, pique fino.)

5. **Escorra a cebola fatiada** e junte à tigela com os legumes. Acrescente as alcaparras, as folhas de manjericão, o pão e regue com o molho. Misture bem. A salada fica ainda melhor se preparada com antecedência, para o pão absorver o molho.

MOLHO DE TOMATE RAPIDÃO

SERVE
2 pessoas

TEMPO DE PREPARO
30 minutos

NO INÍCIO DO CAPÍTULO, PERGUNTEI O QUE VOCÊ FARIA COM 1 KG DE TOMATES... E, ANTES DE CHEGAR AQUI, VOCÊ VIU VÁRIAS OPÇÕES. MAS AGORA É HORA DELE, DO MOLHO DE TOMATE. PRÁTICO E SABOROSO, ELE LEVA APENAS CINCO UNIDADES DO FRUTO (CERCA DE 600 G), UM DENTE DE ALHO E UMA PITADA DE ORÉGANO. POSSO DIZER? É DE COMER DE COLHER! LITERALMENTE — FOI EXATAMENTE ISSO QUE FIZ COM ESTE POTE DA FOTO. O SEGREDO É ESCOLHER TOMATES BEM MADUROS.

5 tomates maduros
1 dente de alho
1 colher (chá) de orégano seco
1 colher (sopa) de azeite
sal e pimenta-do-reino moída na hora a gosto

1. Leve uma panela média com água ao fogo alto. Enquanto isso, lave os tomates e, com uma faca, corte um X na base de cada um. Prepare uma tigela com água e gelo. Assim que a água começar a ferver, coloque os tomates e deixe cozinhar até a pele começar a soltar. Com uma escumadeira, transfira os tomates para a tigela com água e gelo — o choque térmico faz com que a pele se solte mais fácil. A partir do corte em X, puxe a pele dos tomates e descarte.

2. Corte os tomates ao meio e descarte as sementes. Transfira as metades para o liquidificador e bata até ficar homogêneo. Descasque e pique fino o alho.

3. Leve uma panela ao fogo médio. Quando aquecer, regue com o azeite e refogue o alho por cerca de 1 minuto, apenas para perfumar. Misture o tomate batido e o orégano. Tempere com sal e pimenta-do-reino moída na hora a gosto. Deixe cozinhar por cerca de 5 minutos, mexendo bem, até encorpar. Desligue o fogo e sirva a seguir.

ARANCINI
RECEITA EXTRA

RENDE
6 a 8 bolinhos
TEMPO DE PREPARO
20 minutos

AS SOBRAS DO RISOTO SE TRANSFORMAM NUM APERITIVO CHIQUE E DELICIOSO, O CLÁSSICO ARANCINI! VAI DAR ATÉ VONTADE DE COZINHAR RISOTO A MAIS, SÓ PARA PREPARAR ESSES BOLINHOS.

1 xícara (chá) de sobras de risoto, gelado
25 g de muçarela em peça (8 cubinhos)
10 folhas de manjericão
raspas de 1 limão taiti
1 ovo
½ xícara (chá) de farinha de rosca
2 xícaras (chá) de óleo para fritar

1. Lave e seque o limão e o manjericão. Rasgue grosseiramente as folhas de manjericão e, com um zester (ou ralador), raspe a casca do limão. Misture bem ao risoto frio.

2. Corte a muçarela em 8 cubinhos de aproximadamente 1,5 cm. Separe dois pratos fundos. Em um, quebre o ovo e bata com um garfo para misturar. No outro, coloque a farinha de rosca.

3. Para moldar os bolinhos: separe uma tigela com um pouco de água; umedeça as mãos e enrole uma porção de risoto do tamanho de uma bola de pingue-pongue — aperte bem para firmar e deixar o bolinho compacto. Com o dedo, faça um buraco no bolinho e recheie com um cubo de queijo. Aperte e enrole novamente para fechar. Transfira para uma assadeira e repita com o restante.

4. Para empanar: primeiro, passe o bolinho pelo ovo batido e deixe escorrer o excesso; em seguida, passe pela farinha de rosca, cobrindo toda a superfície, e volte para a assadeira. Repita com os outros.

5. Leve uma panela pequena com o óleo para aquecer em fogo médio — para saber se a temperatura está certa para fritar, coloque um palito de fósforo no óleo; quando acender, está no ponto. Forre uma travessa com papel toalha.

6. Assim que o óleo aquecer, diminua o fogo. Com uma escumadeira, mergulhe 3 bolinhos de cada vez. Deixe fritar por cerca de 3 minutos, até dourar — mexa delicadamente para que dourem por igual e não grudem no fundo. Com a escumadeira, retire e transfira para a travessa forrada com papel toalha. Frite os bolinhos restantes e sirva a seguir, ainda quentes.

GELEIA DE TOMATE COM PIMENTA

RENDE
1 pote de cerca de 300 g
TEMPO DE PREPARO
40 minutos + 1 hora para esfriar

AGRIDOCE E PICANTE, ESTA GELEIA DÁ UMA LEVANTADA NAS MAIS VARIADAS REFEIÇÕES. NO HAPPY HOUR, COMBINA COM QUEIJOS, BOLINHOS DE ARROZ E DE RISOTO E ATÉ PARA PASSAR NA TORRADA. UMA COLHERADA NO FILEZINHO DE FRANGO OU NO BIFE DO ALMOÇO E BYE BYE ROTINA!

4 tomates maduros
2 pimentas dedo-de-moça
1 dente de alho
½ xícara (chá) de açúcar
½ xícara (chá) de açúcar mascavo
½ xícara (chá) de vinagre de vinho tinto
1 colher (chá) de café em pó
caldo de 1 limão taiti
sal a gosto

1. Lave e seque as pimentas dedo-de-moça. Corte cada uma ao meio no sentido do comprimento, descarte as sementes e pique fino. LAVE BEM AS MÃOS! (É sério, pois se passar a mão nos olhos vai arder até a próxima encarnação.) Descasque e pique fino o dente de alho.

2. Para tirar a pele dos tomates: leve uma panela média com água ao fogo alto. Enquanto isso, lave e corte um X na base de cada tomate. Prepare uma tigela com água e gelo. Assim que a água ferver, coloque os tomates; quando a pele começar a soltar, retire com uma escumadeira e transfira os tomates para a tigela com água e gelo — o choque térmico faz com que a pele se desprenda. A partir do corte em X, puxe e descarte a pele dos tomates.

3. Numa tábua, corte os tomates ao meio e descarte as sementes. Pique as metades grosseiramente e transfira para uma panela média. Junte o restante dos ingredientes, tempere com uma pitada de sal e misture bem.

4. Leve ao fogo médio. Assim que ferver, abaixe o fogo e deixe cozinhar por aproximadamente 25 minutos, com a tampa semiaberta, mexendo de vez em quando para não grudar no fundo.

5. Desligue o fogo e bata com um mixer (ou no liquidificador), até a geleia ficar lisa. Transfira imediatamente para um pote de vidro. Quando esfriar, tampe e armazene na geladeira por até 15 dias. Essa geleia é ótima para comer com queijos, grelhados variados (frango, peixe e carne) e fica irresistível com bolinho de arroz, feito com as sobras de um risoto.

RITA LOBO é diretora do Panelinha, que começou em 2000 como site de receitas e hoje é também editora de livros, produtora de TV e canal no YouTube.

Como autora best-seller, publicou os livros *Panelinha, receitas que funcionam*, *Cozinha de estar*, *Pitadas da Rita* e *Cozinha prática* — este último, originado do programa *Cozinha prática com Rita Lobo*, criado, apresentado e produzido por Rita no canal a cabo GNT.

Como publisher da Editora Panelinha, Rita editou livros de autores brasileiros e estrangeiros, entre eles, *Pão Nosso*, de Luiz Américo Camargo.

No YouTube, Rita apresenta e produz webséries, entre elas *O que tem na geladeira?*, *Em uma panela só* e *Comida de verdade*, uma parceria do Panelinha com o Nupens/USP, Núcleo de Pesquisas Epidemiológicas em Nutrição e Saúde da Faculdade de Saúde Pública da Universidade de São Paulo, com o apoio da Sociedade Brasileira de Cardiologia.

Fotografe e compartilhe o livro nas redes sociais. Quer marcar a gente?

FACEBOOK Rita Lobo e Panelinha
INSTAGRAM @ritalobo, @editorapanelinha e @oqtemnageladeira
TWITTER @ritalobo e @panelinha
#ReceitasQueFuncionam #ReceitaPanelinha

AGRADECIMENTOS

Muita gente trabalhou — e muito! — para este livro estar agora nas suas mãos. Começo agradecendo à equipe que está na labuta comigo, de sol a sol, no Estúdio Panelinha: Amanda Fiorentino, Beatriz Malheiros, Carolina Stamillo, Gabriela Funatsu, Heloisa Lupinacci, Joyce Lopes, Laura Parreira Conte, Luana Cafarro Sutto, Milene Chaves (uma companheirona!), Priscila Mendes, Quitéria Alexandre Lopes e Victoria Bessell de Jorge. Obrigada por tudo.

Não posso deixar de agradecer também à turma que trabalha nas nossas séries do canal Panelinha no YouTube — inclusive a que originou este livro! Sheila Komura (Sheila!, Shei-lá!), Leandro Santello, Michelle Rocha, Marcelo Kron, Diego Karman, Igor Zuvela, Caio Prado, Girino, Marcos Felix, Chuck, Pai Véio, Fernanda Kenan, Paula Vida, Danilo Ortiz, Fernanda Gushiken, Gabi Borges e, também ao Omar. Muito obrigada a todos!

Agradeço ainda aos fotógrafos Gilberto Oliveira Jr., #VemGilberto!, Roberto Seba e Ricardo Toscani, o Tosca.

A Nina Loscalzo, o Raul Loureiro, a Andressa Veronesi, a Isabel Jorge Cury, a Carla Fortino, a Maria Claudia Carvalho Mattos, a Jussara Fino, o Jorge Bastos, o Theo Vieira, o Renato Malavazi e a Eliza Lana trabalharam diretamente na execução deste livro. Sem vocês, nada feito.

Jeane Passos de Souza, Márcia Cavalheiro Rodrigues de Almeida, Luís Américo Tousi Botelho, Antonio Carlos De Angelis (o Tuca!), Andreza Fernandes Passos de Paula, Paloma Marques Santos, Tania Mayumi Doyama Natal, Luciano Akirito Silva e toda a equipe da Editora Senac São Paulo, obrigada pela parceria. Marcos Telmo da Costa, agora é com você!

Aproveito para agradecer à equipe do NUPENS (Núcleo de Pesquisas Epidemiológicas em Nutrição e Saúde, da Faculdade de Saúde Pública da USP), que tem nos alimentado com conhecimento científico diariamente. Agradeço em especial ao prof. Carlos A. Monteiro, a Carla Martins, a Isabela Sattamini, a Maria Laura da Costa Louzada, a Patrícia Constante Jaime e também a Semíramis Martins Alvares Domene. Bia!, Beatriz Peres, responsável pelo blog Alimentação saudável (de verdade), do Panelinha, obrigada pela sua contribuição. O trabalho de todos vocês trouxe uma clareza incrível sobre alimentação — para além das receitas.

PRODUÇÃO

Além dos itens do acervo Panelinha, para as produções fotográficas deste livro também foram usados objetos emprestados pelas seguintes lojas e marcas: Cerâmicas da Cris, Così Home, Le Lis Blanc Casa, Oxford Porcelanas, Panelas Warwick, Roberto Simões, Rosa dos Ventos Cerâmicas e Porcelanas, Stella Ferraz Cerâmica, Tok&Stok, Utilplast e Vista Alegre. Agradeço às equipes pelo carinho conosco.

Nas fotos deste livro, feitas durante as gravações da série O que tem na geladeira?, no ar no canal Panelinha no YouTube, além dos meus trapinhos, usei peças lindas da Amaro, Juliana Manzini, Animale, Bob Store, Flavia Aranha, Shoulder, Lilla Ka e Marina Jordão. Obrigadasssss!!!

RECEITAS POR ORDEM ALFABÉTICA

Abóbora grelhada com castanha-de-caju e pimenta biquinho 24
Abobrinha assada com alecrim, cebola e pimenta dedo-de-moça 29
Abobrinha cozida no molho de tomate com tomilho 33
Abobrinha grelhada com alho e molho de azeitonas verdes 30
Abobrinha recheada com carne 34
Acaçá de arroz 151
Acelga gratinada com molho Caesar 46
Acelga marinada com shoyu e gengibre 41
Acelga refogada com laranja e castanha-de-caju 44
Almôndega ao molho de limão 52
Arancini 336
Arepas de mandioca com salada de avocado 238
Arroz de brócolis com alho dourado 115
Arroz de couve com linguiça 172

Babaganouch 93
Barquinha de alface romana com atum e molho de mostarda 198
Batata assada no micro-ondas recheada com cogumelo 62
Batata frita 67
Batata Hasselback 64
Batata rosti com salada de agrião 66
Batata-doce assada com alho e páprica 76
Batata-doce em calda com merengue 82
Batatas ao murro 69
Berinjela assada 88
Berinjela grelhada com molho mediterrâneo 94
Bife de couve-flor com vinagrete 176
Bife rolê recheado com ameixa 260
Bifes de contrafilé 135
Bisteca grelhada 166
Bolo de cenoura com cobertura de chocolate 138
Bolo de mandioca cremoso com coco 241
Bolo de pamonha 267
Brandade de sardinha 63
Brócolis assado com bacon e feijão-branco 116
Brócolis com pimenta e castanha-de-caju 110
Brócolis no vapor com molho de shoyu 114

Caldo de carne a jato 324
Carne-seca acebolada 229
Carpaccio de palmito com molho de coentro 270
Cebola assada com manteiga e alecrim 121
Cebola caramelizada sobre carne com homus (*hummus ma lahma*) 126
Cenoura assada com molho pesto 134
Charutinho de couve 171
Chips de beterraba 99
Chips de casca de batata-doce 77
Chips de couve assada 170
Chips de inhame 231
Chuchu assado com cominho 146
Chuchu refogado com orégano 145
Clafoutis de abobrinha com tomate e queijo minas 36
Cocotte de cogumelo 159
Cogumelo à provençal servido com quirera grelhada 154
Cogumelo assado com shoyu e gengibre 156
Costelinha de porco com molho mediterrâneo 122
Couve refogada com bacon e uva-passa 167
Couve-flor assada com páprica 182
Couve-flor gratinada 177
Coxas de frango assadas 178
Cozido de batata-doce com couve 80
Cozido de mandioca com bacon e tomate 239
Creme de cogumelo 157
Creme de espinafre com parmesão 219
Creme de mandioca 240
Creme de milho 262
Crudités de salsão com dip de gorgonzola 320
Curau 266
Curry de chuchu com maçã 147
Cuscuz de couve-flor 179
Cuscuz marroquino com castanha-de-caju e salsinha 32
Cuscuz marroquino com rabanete e hortelã 302

Dip de abóbora com tahine 22
Doce de abóbora em pasta 25

Enroladinho de peixe branco com molho de alho-poró e limão 56
Ensopadinho de camarão com chuchu 150
Ensopado vegetariano 183
Erva-doce assada com parmesão 188
Erva-doce grelhada com molho de iogurte 192
Erva-doce salteada com pimentão 190
Ervilha assada com especiarias 200
Escarola assada com queijo meia cura 207
Escarola escabeche com aliche 208
Escarola refogada com uva-passa, limão e pimenta síria 209
Escondidinho de costela 242
Espaguete de pupunha com tomate e nozes 272
Espiga de milho-verde cozida 256

Farofa de quiabo com ovos cozidos 289
Filé de peixe frito com saladinha de ervas frescas 197
Frango com quiabo 295
Frango oriental com acelga e broto de feijão 47
Fritata de batata com aspargos 71
Fritata de mandioquinha com cebola 250

Gazpacho 330
Geleia de tomate com pimenta 337
Gratinado de batata com frango 73

Hambúrguer e maionese caseira 78

Inhame ao murro 230
Inhame perfumado com azeite e pimenta 232

Kafta 191
Kulfi de cenoura 139

Lentilha com espinafre 220
Lombo com batata-doce e molho de laranja em uma panela só 84
Lombo de porco 311

Macarrão ao alho e brócolis 112
Macarrão com couve e pimenta dedo-de-moça 165
Macarrão com escarola 212
Macarrão com molho de cebola em uma panela só 129
Macarrão com molho rústico de tomate picado 331
Macarrão primavera em uma panela só 202
Mandioca cozida com manteiga de mel e castanha-de-caju 237
Mandioquinha assada com molho de melado 248
Mandioquinha sautée 249
Medalhão com molho picante de ervas 65
Milho refogado picante 263
Milho-verde grelhado com manteiga de ervas 257
Molho de tomate rapidão 335
Molho lambão 279

Nhoque de mandioquinha com molho de manteiga e sálvia 252

Orecchiette com rabanete, limão e parmesão 303
Ovo mexido com talos de espinafre 223

Paillard de frango 193
Palmito pupunha gratinado com parmesão 271
Pan com tomate 329
Panqueca de milho 265
Panquequinha de ervilha com ricota temperada 199
Panzanella (salada de pão) 334
Pão de inhame 233
Pasta de cebola caramelizada com cerveja 124
Pasta de ervilha com avocado 201
Pasta de pimentão vermelho 284
Pastel de escarola com uva-passa 210
Patê de beterraba com sardinha 102
Peito de frango grelhado 31
Peixe em roseta e folhas de coentro 221
Pescada-branca frita 143
Picadinho oriental 160
Picles de beterraba 98
Picles de chuchu 144
Pimentões recheados 283
Polenta clássica 137
Polenta mole com espinafre e gorgonzola 218
Purê crocante de inhame 228
Purê de batata e alho-poró 54
Purê de batata-doce 81
Purê de couve-flor 181
Purê de ervilha 196
Purê de mandioquinha com requeijão tipo catupiry 246
Purê rústico de abóbora 19

Quiabo assado crocante 291
Quiabo cozido no molho de tomate 288
Quiabo grelhado com molho teriaki 292

Rabanete assado com molho de mostarda 299
Rabanete cozido com balsâmico e nozes 301
Ragu de carne 20
Ragu de cenoura 136
Repolho assado com bacon 307
Repolho grelhado com molho picante 308
Repolho roxo com maçã 310
Risoto de beterraba com figo e presunto cru 100
Risoto de queijo com alho-poró grelhado 58
Rodela de tomate assada com parmesão e azeitona preta 333
Rolinho de acelga e carne com molho de amendoim 42
Rolinho de berinjela com recheio de ricota e molho de manjericão 90

Salada crua de alho-poró com pepino e tomate 51
Salada de abóbora assada com agrião e lascas de parmesão 23
Salada de abobrinha com salsinha e lascas de parmesão 28
Salada de batata assada com maionese caseira 68
Salada de batata com salsão 318
Salada de berinjela com castanha-do-pará, uva-passa e hortelã 89
Salada de berinjela frita com pimentão e cebola roxa 92
Salada de beterraba com laranja, alcaparras e hortelã 103
Salada de canjica com pesto de espinafre 216
Salada de cebola com pepino e molho de coentro 120
Salada de cebola e tomate grelhados 128
Salada de cenoura com vinagre balsâmico e castanha-de-caju 133
Salada de cogumelos frescos com erva-doce e parmesão 158
Salada de couve com frango e molho de amendoim 169
Salada de couve com vinagrete de laranja 164
Salada de erva-doce com laranja 189
Salada de escarola com pera e molho de queijo azul 206
Salada de feijão-fradinho com quiabo 290
Salada de frango com repolho e abacaxi 315
Salada de grãos com legumes assados e molho de tahine 117
Salada de mandioquinha com vagem grelhada e molho de alcaparras 247
Salada de pimentão grelhado com grão-de-bico e erva-doce 280
Salada de pupunha grelhado com molho pesto genovês 273
Salada de rabanete com avocado, alface e molho de limão 300
Salada de repolho oriental 306
Salada de tomate com cebola roxa 328
Salada mexicana com músculo 264
Salada morna de alho-poró 50
Salada morna de beterraba com pimentão e nozes 107
Salada picadinha 314
Salada picante de acelga 40
Salmão em crosta de ervas 45
Salsão assado com queijo branco 319
Salsão refogado com pera 323
Shakshuka 281
Sobrecoxa de frango com mel 322
Sopa de abóbora 18

Sopa de berinjela assada 91
Sopa de cebola 125
Sopa de cenoura com curry e leite de coco 132
Sopa de couve-flor com farofinha de pão 184
Sopa de feijão-branco com escarola 211
Sopa de repolho com músculo e arroz 313
Sopa de salsão 325
Sopa fria de pimentão amarelo com iogurte 278
Suflê de chuchu 149
Sunomono de rabanete 298

Tagine de peixe 180
Tarte tatin salgada de beterraba 104
Tartine de ricota com pimentão e nozes 285
Tomate recheado com farofa de parmesão 332
Torta de palmito 274
Torta integral de frango com espinafre 224

Vinagrete de chuchu 142
Viradinho de milho-verde 258

IDEIAS DE PETISCOS

Abobrinha grelhada com alho e molho de azeitonas verdes 30
Acelga marinada com shoyu e gengibre 41
Arancini 336

Babaganouch 93
Brandade de sardinha 63

Chips de beterraba 99
Chips de casca de batata-doce 77
Chips de couve assada 170
Chips de inhame 231
Cogumelo assado com shoyu e gengibre 156
Crudités de salsão com dip de gorgonzola 320

Dip de abóbora com tahine 22
Dip de gorgonzola 320

Ervilha assada com especiarias 200
Escarola escabeche com aliche 208

Geleia de tomate 337

Mandioquinha assada com molho de melado 248

Pan com tomate 329
Pão de inhame 233
Pasta de cebola caramelizada com cerveja 124
Pasta de ervilha com avocado 201
Pasta de pimentão vermelho 284
Pastel de escarola com uva-passa 210
Patê de beterraba com sardinha 102
Picles de beterraba 98
Picles de chuchu 144

Rabanete assado com molho de mostarda 299
Rabanete cozido com balsâmico e nozes 301
Rolinho de berinjela com recheio de ricota e molho de manjericão 90

Sunomono de rabanete 298

Tartine de ricota com pimentão e nozes 285

343

SOPAS, SALADAS E MOLHOS

Caldo de carne a jato 324
Creme de cogumelo 157

Gazpacho 330

Maionese caseira 68
Molho de alcaparras 247
Molho de amendoim 42
Molho de azeitonas verdes 30
Molho de queijo azul 206
Molho de tahine 117
Molho de tomate rapidão 335
Molho lambão 279
Molho mediterrâneo 94
Molho pesto genovês 273

Salada crua de alho-poró com pepino e tomate 51
Salada de abóbora assada com agrião e lascas de parmesão 23
Salada de abobrinha com salsinha e lascas de parmesão 28
Salada de avocado 238
Salada de batata assada com maionese caseira 68
Salada de batata com salsão 318
Salada de berinjela com castanha-do-pará, uva-passa e hortelã 89
Salada de berinjela frita com pimentão e cebola roxa 92
Salada de beterraba com laranja, alcaparras e hortelã 103
Salada de canjica com pesto de espinafre 216
Salada de cebola com pepino e molho de coentro 120
Salada de cebola e tomate grelhados 128
Salada de cenoura com vinagre balsâmico e castanha-de-caju 133
Salada de cogumelos frescos com erva-doce e parmesão 158
Salada de couve com frango e molho de amendoim 169
Salada de couve com vinagrete de laranja 164
Salada de erva-doce com laranja 189
Salada de escarola com pera e molho de queijo azul 206
Salada de feijão-fradinho com quiabo 290
Salada de frango com repolho e abacaxi 315
Salada de grãos com legumes assados com molho de tahine 117
Salada de mandioquinha com vagem grelhada e molho de alcaparras 247
Salada de pimentão grelhado com grão-de-bico e erva-doce 280

Salada de pupunha grelhado com molho pesto genovês 273
Salada de rabanete com avocado, alface e molho de limão 300
Salada de repolho oriental 306
Salada de tomate com cebola roxa 328
Salada mexicana com músculo 264
Salada morna de alho-poró 50
Salada morna de beterraba com pimentão e nozes 107
Salada picadinha 314
Salada picante de acelga 40
Sopa de abóbora 18
Sopa de berinjela assada 91
Sopa de cebola 125
Sopa de cenoura com curry e leite de coco 132
Sopa de couve-flor com farofinha de pão 184
Sopa de feijão-branco com escarola 211
Sopa de repolho com músculo e arroz 313
Sopa de salsão 325
Sopa fria de pimentão amarelo com iogurte 278

Vinagrete 176
Vinagrete de laranja 164

OUTROS ACOMPANHAMENTOS PARA COMPOR O MENU

Abóbora grelhada com castanha-de-caju e pimenta biquinho 24
Abobrinha assada com alecrim, cebola e pimenta dedo-de-moça 29
Abobrinha cozida no molho de tomate com tomilho 33
Abobrinha grelhada com alho e molho de azeitonas verdes 30
Acaçá de arroz 151
Acelga gratinada com molho Caesar 46
Acelga marinada com shoyu e gengibre 41
Acelga refogada com laranja e castanha-de-caju 44
Arroz de brócolis com alho dourado 115

Batata frita 67
Batata Hasselback 64
Batata rosti com salada de agrião 66
Batata-doce assada com alho e páprica 76
Batatas ao murro 69
Brócolis assado com bacon e feijão-branco 116
Brócolis com pimenta e castanha-de-caju 110
Brócolis no vapor com molho de shoyu 114

Carpaccio de palmito com molho de coentro 270
Cebola assada com manteiga e alecrim 121
Cenoura assada com molho pesto 134
Chuchu assado com cominho 146
Chuchu refogado com orégano 145
Cogumelo assado com shoyu e gengibre 156
Couve refogada com bacon e uva-passa 167
Couve-flor assada com páprica 182
Couve-flor gratinada 177
Cozido de mandioca com bacon e tomate 239
Creme de espinafre com parmesão 219
Creme de mandioca 240
Creme de milho 262
Cuscuz de couve-flor 179
Cuscuz marroquino com castanha-de-caju e salsinha 32
Cuscuz marroquino com rabanete e hortelã 302

Erva-doce assada com parmesão 188
Erva-doce grelhada com molho de iogurte 192
Erva-doce salteada com pimentão 190
Escarola assada com queijo meia cura 207
Escarola escabeche com aliche 208
Escarola refogada com uva-passa, limão e pimenta síria 209
Espiga de milho-verde cozida 256

Farofa de quiabo com ovos cozidos 289

Geleia de tomate com pimenta 337

Inhame ao murro 230
Inhame perfumado com azeite e pimenta 232

Lentilha com espinafre 220

Mandioca cozida com manteiga de mel e castanha-de-caju 237
Mandioquinha assada com molho de melado 248
Mandioquinha sautée 249
Milho refogado picante 263

Nhoque de mandioquinha com molho de manteiga e sálvia 252

Palmito pupunha gratinado com parmesão 271
Panqueca de milho 265
Panzanella (salada de pão) 334
Pastel de escarola com uva-passa 210
Picles de beterraba 98
Picles de chuchu 144
Polenta clássica 137
Polenta mole com espinafre e gorgonzola 218
Purê crocante de inhame 228
Purê de batata e alho-poró 54
Purê de batata-doce 81
Purê de couve-flor 181
Purê de ervilha 196
Purê de mandioquinha com requeijão tipo catupiry 246
Purê rústico de abóbora 19

Quiabo assado crocante 291
Quiabo grelhado com molho teriaki 292

Rabanete assado com molho de mostarda 299
Rabanete cozido com balsâmico e nozes 301
Repolho assado com bacon 307
Repolho grelhado com molho picante 308
Repolho roxo com maçã 310
Rodela de tomate assada com parmesão e azeitona preta 333

Salada crua de alho-poró com pepino e tomate 51
Salsão assado com queijo branco 319
Salsão refogado com pera 323
Suflê de chuchu 149
Sunomono de rabanete 298

Tarte tatin salgada de beterraba 104
Tomate recheado com farofa de parmesão 332

Vinagrete de chuchu 142
Viradinho de milho-verde 258

CARNES E OUTROS PRATOS PRINCIPAIS

Abobrinha cozida no molho de tomate com tomilho 33
Abobrinha recheada com carne 34
Almôndega ao molho de limão 52
Arepas de mandioca com salada de avocado 238
Arroz de couve com lingüiça 172

Batata assada no micro-ondas recheada com cogumelo 62
Batata rosti com salada de agrião 66
Berinjela assada 88
Berinjela grelhada com molho mediterrâneo 94
Bife de couve-flor com vinagrete 176
Bife rolê recheado com ameixa 260
Bifes de contrafilé 135
Bisteca grelhada 166

Carne-seca acebolada 229
Cebola caramelizada sobre carne com homus (*hummus ma lahma*) 126
Charutinho de couve 171
Clafoutis de abobrinha com tomate e queijo minas 36
Cocotte de cogumelos 159
Cogumelo à provençal servido com quirera grelhada 154
Costelinha de porco com molho mediterrâneo 122
Coxas de frango assadas 178
Cozido de batata-doce com couve 80
Cozido de mandioca com bacon e tomate 239
Curry de chuchu com maçã 147

Enroladinho de peixe branco com molho de alho-poró e limão 56
Ensopadinho de camarão com chuchu 150
Ensopado vegetariano 183
Escondidinho de costela 242
Espaguete de pupunha com tomate e nozes 272

Frango com quiabo 295
Frango oriental com acelga e broto de feijão 47
Fritata de batata com aspargos 71
Fritata de mandioquinha com cebola 250

Gratinado de batata com frango 73

Hambúrguer e maionese caseira 78

Kafta 191

Lombo com batata-doce e molho de laranja em uma panela só 84
Lombo de porco 311

Macarrão ao alho e brócolis 112
Macarrão com couve e pimenta-dedo-de-moça 165
Macarrão com escarola 212
Macarrão com molho de cebola em uma panela só 129
Macarrão com molho rústico de tomate picado 331
Macarrão primavera em uma panela só 202
Medalhão com molho picante de ervas 65

Nhoque de mandioquinha com molho de manteiga e sálvia 252

Orecchiette com rabanete, limão e parmesão 303
Ovo mexido com talos de espinafre 223

Paillard de frango 193
Panqueca de milho 265
Panzanella (salada de pão) 334
Peito de frango grelhado 31
Peixe em roseta e folhas de coentro 221
Pescada-branca frita 143
Picadinho oriental 160
Pimentões recheados 283
Polenta mole com espinafre e gorgonzola 218

Quiabo cozido no molho de tomate 288

Ragu de carne 20
Ragu de cenoura 136
Risoto de beterraba com figo e presunto cru 100
Risoto de queijo com alho-poró grelhado 58
Rolinho de acelga e carne com molho de amendoim 42

Salada de couve com frango e molho de amendoim 169
Salada de frango com repolho e abacaxi 315
Salada mexicana com músculo 264
Salmão em crosta de ervas 45
Shakshuka 281
Sobrecoxa de frango com laranja 322
Suflê de chuchu 149

Tagine de peixe 180
Torta de palmito 274
Torta integral de frango com espinafre 224

UNS DOCINHOS

Batata-doce em calda com merengue 82
Bolo de cenoura com cobertura de chocolate 138
Bolo de mandioca cremoso com coco 241
Bolo de pamonha 267

Curau 266
Doce de abóbora em pasta 25

Kulfi de cenoura 139

Mandioca cozida com manteiga de mel
 e castanha-de-caju 237

ÍNDICE REMISSIVO

abóbora japonesa, 13, 16, 17-19, 21-24, 117, 183, 287: Abóbora grelhada com castanha-de-caju e pimenta biquinho, 24; cortes, 17; cozimento, 17; assada, 17; Dip de abóbora com tahine, 22; harmonização, 16; purê com ragu de carne, 21; Purê rústico de abóbora, 19; Salada de abóbora assada com agrião e lascas de parmesão, 23; Sopa de abóbora, 18
abóbora-de-pescoço, 16, 25: Doce de abóbora em pasta, 25
abobrinha, 7, 8, 26-30, 33-37, 202, 285: Abobrinha assada com alecrim, cebola e pimenta-dedo-de-moça, 29; Abobrinha cozida no molho de tomate com tomilho, 33; Abobrinha grelhada com alho e molho de azeitonas verdes, 30; Abobrinha recheada com carne, 34; Clafoutis de abobrinha com tomate e queijo minas, 36-37; cortes, 27; cozimento, 27; Salada de abobrinha com salsinha e lascas de parmesão, 28
Acaçá de arroz (extra), 151
acelga, 38-47: Acelga gratinada com molho caesar, 46; Acelga marinada com shoyu e gengibre, 41; Acelga refogada com laranja e castanha-de-caju, 44; cortes, 38; cozimento, 38; Frango oriental com acelga e broto de feijão, 47; Rolinho de acelga e carne com molhho de amendoim, 42-43; Salada picante de acelga, 40
açúcar, 12
alcaparras, 96, 103, 179, 244, 247, 334
alho-poró, 10, 48-51, 54-56, 58, 263: cortes, 49; cozimento, 49; Enroladinho de peixe branco com molho de alho-poró e limão, 54-55; Purê de batata e alho-poró, 54-55; Risoto de queijo com alho-poró grelhado, 56-57; Salada crua de alho-poró com pepino e tomate, 51; Salada morna de alho-poró, 50
aliche, 6, 48, 204, 208, 212, 327
alimentos in natura, 6
alimentos processados, 6
alimentos ultraprocessados, 6
Almôndega ao molho de limão (extra), 52-53
anchova, 46, 285, 334
Arancini (extra), 336
Arepas de mandioca com salada de avocado, 238
Arroz de brócolis com alho dourado, 115
Arroz de couve com linguiça, 172
Arroz sete grãos com damasco, 88
avocado, 194, 201, 238, 300
azeitonas, molho de, 36

Babaganouch, 93
Barquinha de alface romana com atum e molho de mostarda, 198
batata, 60-73: Batata assada no micro-ondas recheada com cogumelo, 62; Batata frita, 67; Batata Hasselback, 64-65; Batata rosti com salada de agrião, 66; Batatas ao murro, 69; Brandade de sardinha, 63; cortes, 61; cozimento, 61; Fritata de batatas com aspargos, 70-71; Gratinado de batata com frango, 72-73; Medalhão com molho picante de ervas (extra), 65; Salada de batata assada com maionese caseira, 68
batata-doce, 74-77, 80-82, 84-85, 117, 183: Batata-doce assada com alho e páprica, 76; Batata-doce em calda com merengue, 82; Chips de casca de batata-doce, 77; corte, 75; Cozido de batata-doce com couve, 80; cozimento, 75; Hamburguer e maionese caseira, 78-79; Lombo com batata-doce e molho de laranja em uma panela só, 84-85; Purê de batata-doce, 81
bechamel, 271
berinjela, 7, 86-95: Babaganouch, 93; Berinjela assada, 88; Berinjela grelhada com molho mediterrâneo, 94-95; cortes, 87; cozimento, 87; Rolinho de berinjela com recheio de ricota e molho de manjericão, 90; Salada de berinjela com castanha-do-pará, uva passa e hortelã, 89; Salada de berinjela frita com pimentão e cebola roxa, 92; Sopa de berinjela assada, 91
beterraba, 96-104, 107, 313: cortes, 97; cozimento, 97; Chips de beterraba, 99; Patê de beterraba com sardinha, 102; Picles de beterraba, 98; Risoto de beterraba com figo e presunto cru, 100-101; Salada de beterraba com laranja, alcaparras e hortelã, 103; Salada morna de beterraba com pimentão e nozes, 107; Tarte tatin salgada de beterraba, 104-105
Bife de couve-flor com vinagrete, 176
Bife-rolê recheado com ameixa (extra), 260
Bifes de contrafilé (extra), 135
Bisteca grelhada (extra), 166
Bolo de cenoura com cobertura de chocolate, 138
Bolo de mandioca cremoso com coco, 241
Bolo de pamonha, 267
brócolis, 108-110, 112, 114-117: Arroz de brócolis com alho dourado, 115; Brócolis assados com bacon e feijão-branco, 116; Brócolis com pimenta e castanha-de-caju, 110; brócolis ninja, 114, 117; Brócolis no vapor com molho de shoyu, 114; cortes, 109; cozimento, 109; Macarrão ao alho e brócolis, 112-113; Salada de grãos com legumes assados +tahine, 117
broto de feijão (moyashi), 47

cação, 180
Caldo de carne a jato, 324
Carne-seca acebolada (extra), 229
Carpaccio de palmito com molho de coentro, 270
castanha-de-caju, 24, 32, 44, 45, 90, 110, 133, 134, 228, 237
cebola, 118-121, 124-127: Cebola caramelizada, sobre carne com homus (hummus ma lahma), 126-127; Cebolas assadas com manteiga e alecrim, 121; cortes, 119; cozimento, 119; Macarrão com molho de cebola em uma panela só, 127; Pasta de cebola caramelizada com cerveja, 124; Salada de cebola com pepino e molho de coentro, 120; Salada de cebola e tomate grelhados, 126; Sopa de cebola, 125

cenoura, 130-139: Bifes de contrafilé (extra), 135; Bolo de cenoura com cobertura de chocolate, 138; Cenoura assada com molho pesto, 134; cortes, 131; cozimento, 131; Kulfi de cenoura, 139; Polenta clássica (extra), 137; Ragu de cenoura, 136; Salada de cenoura com vinagre balsâmico e castanha-de-caju, 133; Sopa de cenoura com curry e leite de coco, 132
Charutinho de couve, 171
Chips de beterraba, 99
Chips de cascas de batata-doce, 77
Chips de couve assada, 170
Chips de inhame, 231
chuchu, 140-151: Acaçá de arroz (extra), 151; Chuchu assado com cominho, 146; Chuchu refogado com orégano, 145; cortes, 141; cozimento, 141; Curry de chuchu com maçã, 147; Ensopadinho de camarão com chuchu, 150; Pescada-branca frita (extra), 143; Picles de chuchu, 144; Suflê de chuchu, 148-149; Vinagrete de chuchu, 142
Cocotte de cogumelos, 159
cogumelo, 152-161: Cocotte de cogumelos, 159; Cogumelo à provençal servido com quirera grelhada, 154-155; Cogumelo assado com shoyu e gengibre, 156; cortes, 153; cozimento, 153; Creme de cogumelo, 157; Picadinho oriental, 160-161; Salada de cogumelos frescos com erva-doce e parmesão, 158
combinações de sabores, 8-11; *ver também* o Manual de instruções
contrafilé, 160
Costelinha de porco com molho mediterrâneo (extra), 122
couve, 162-173, 304: Arroz de couve com linguiça, 172-173; Bisteca grelhada (extra), 166; Charutinho de couve, 171; Chips de couve assada, 170; cortes, 163; Couve refogada com bacon e uva-passa, 167; cozimento, 163; Macarrão com couve e pimenta dedo-de-moça, 165; Salada de couve com frango e molho de amendoim, 168-169; Salada de couve com vinagrete de laranja, 164
couve-flor, 174-185: Bife de couve-flor com vinagrete, 176; cortes, 175; Couve-flor assada com páprica, 182; Couve-flor gratinada, 177; Coxas de frango assadas (extra), 178; cozimento, 175; Cuscuz de couve-flor, 179; Ensopado vegetariano, 183; Purê de couve-flor, 181; Sopa de couve-flor com farofinha de pão, 184-185; Tagine de peixe, 180
coxão mole, 260
Coxas de frango assadas (extra), 178
Cozido de batata-doce com couve, 80
Cozido de mandioca com bacon e tomate, 239
Creme de cogumelo, 157
Creme de espinafre com parmesão, 219
Creme de mandioca, 240
Creme de milho, 262
crudités, 93, 201, 269, 277
Crudités de salsão com dip de gorgonzola, 320
Curau, 266
Curry de chuchu com maçã, 147
Cuscuz de couve-flor, 179
Cuscuz marroquino com castanha-de-caju e salsinha (extra), 32
Cuscuz marroquino com laranja, 56
Cuscuz marroquino com rabanete e hortelã, 302

Dip de abóbora com tahine, 22
Doce de abóbora em pasta, 25

Enroladinho de peixe branco com molho de alho-poró e limão, 56
Ensopadinho de camarão com chuchu, 150
Ensopado vegetariano, 183
erva-doce, 186-193, 277: cortes, 186; cozimento, 186; Erva-doce assada com parmesão, 188; Erva-doce salteada com pimentão, 190; Erva-doce grelhada com molho de iogurte, 192; Kafta (extra),191 ; Paillard de frango (extra), 193; Salada de erva-doce com laranja, 189
ervas frescas, instruções para o uso, 12
ervilha, 194-202: Barquinha de alface romana com atum e molho de mostarda, 198; cortes, 195; cozimento, 195; Ervilha assada com especiarias, 200; Macarrão primavera em uma panela só, 202; Panquequinha de ervilha com ricota temperada, 199; Pasta de ervilha com avocado, 201; Purê de ervilha, 196; Filé de peixe frito com saladinha de ervas frescas (extra), 197
escarola, 204-212: cortes, 205; cozimento, 205; Escarola assada com queijo meia cura, 207; Escarola escabeche com aliche, 208; Escarola refogada com uva-passa, limão e pimenta síria, 209; Macarrão com escarola, 212; Pastel de escarola com uva-passa, 210; Salada de escarola com pera e molho de queijo azul, 206; Sopa de feijão branco com escarola, 211
Escondidinho de costela, 242
Espaguete de pupunha com tomate e nozes, 272
Espiga de milho-verde cozida, 256
espinafre, 214-225: cortes, 215; cozimento, 215; Creme de espinafre com parmesão, 219; Lentilha com espinafre, 220; Peixe em roseta e folhas de coentro (extra), 221; Ovo mexido com talos de espinafre, 223; Polenta mole com espinafre e gorgonzola, 218; Salada de canjica com pesto de espinafre, 216-217; Torta integral de frango com espinafre, 224-225

Farofa de pão e parmesão, 112
Farofa de quiabo com ovos cozidos, 289
farofinha de pão, 184
feijão-branco cozido, 116
Filé de peixe frito com saladinha de ervas frescas (extra), 197
filé mignon, 65
forno, instruções para o uso, 12
fraldinha, 78
frango, 26, 31, 47, 73, 169, 186, 193, 224, 264, 295, 299, 315, 322, 325, 337
Frango com quiabo, 295
Frango oriental com acelga e broto de feijão, 47
Fritata, 10, 60-61, 71, 244-245, 250: Fritata de batata com aspargos, 71; Fritata de mandioquinha com cebola, 250

Gazpacho, 330
Geleia de tomate com pimenta, 337
grão-de-bico, 10, 126, 180, 183, 277, 280
Gratinado de batata com frango, 73
gremolata, 313
Guia Alimentar para a População Brasileira, Ministério da Saúde, Monteiro, Carlos A., 6, 214

Hambúrguer e maionese caseira (extra), 78
homus, 126
hortaliças, instruções para o uso, 12
Huevos rancheiros, 281

ingredientes culinários, 6
inhame, 226-232: Carne-seca acebolada (extra), 229; Chips de inhame, 231; cortes, 227; cozimento, 227; Inhame ao murro, 230; Inhame perfumado com azeite e pimenta, 232; Pão de inhame, 233; Purê crocante de inhame, 228

Kafta (extra), 191, 298
Kulfi de cenoura, 139

Le uova in purgatorio, 281
Lentilha com espinafre, 220
linguiça calabresa, 172
Lombo com batata-doce e molho de laranja em uma panela só, 84
Lombo de porco (extra), 311

maçã, 304, 310
Macarrão ao alho e brócolis, 112
Macarrão com couve e pimenta-dedo-de-moça, 165
Macarrão com escarola, 212
Macarrão com molho de cebola em uma panela só, 129
Macarrão com molho rústico de tomate picado, 331
Macarrão primavera em uma panela só, 202
maionese caseira, 68, 78
mandioca, 234-243: Arepas de mandioca com salada de avocado, 238; Bolo de mandioca cremoso com coco, 241; cortes, 235; Cozido de mandioca com bacon e tomate, 239; cozimento, 235; cozimento, 235; Creme de mandioca, 240; Escondidinho de costela, 242-243; Mandioca cozida com manteiga de mel e castanha-de-caju, 236-237
mandioquinha (batata-baroa), 244-253: cortes, 245; cozimento, 245; Fritata de mandioquinha com cebola, 250-251; Mandioquinha assada com molho de melado, 248; Mandioquinha sautée, 249; Purê de mandioquinha com requeijão tipo Catupiry, 246; Salada de mandioquinha com vagem grelhada e molho de alcaparras, 247; Salada de pimentão marinado, 250-251; Nhoque de mandioquinha com molho de manteiga e sálvia, 252-253
Manual de instruções, 12-13
massa para torta integral, 224
Medalhão com molho picante de ervas (extra), 65
medidas-padrão, 13
merengue, 82
milho, 254-267: Bife-rolê recheado com ameixa (extra), 260-261; Bolo de pamonha, 267; cortes, 255; cozimento, 255; Creme de milho, 262; Curau, 266; Espiga de milho-verde cozida, 256; cozimento, 255; Milho refogado picante, 263; Milho-verde grelhado com manteiga de ervas, 257; Panqueca de milho, 265; Salada mexicana com músculo, 264; Viradinho de milho-verde, 258
miolo de alcatra, 42
molhos: caesar, 46; de amendoim, 42; de anchova, 334; de azeitonas, 30; de coentro, 270; pesto, 134, 216, 273; teriaki, 292; vinagrete, 176
Molho de tomate rapidão, 335
Molho lambão, 279
muçarela, 336
músculo, 126, 264, 313, 324

Nhoque de mandioquinha com molho de manteiga e sálvia, 252
nozes, 8, 284, 285, 301

Orecchiette com rabanete, limão e parmesão, 303
Ovo mexido com talos de espinafre, 223

Paillard de frango (extra), 193
palmito pupunha, 268-275: Carpaccio de palmito com molho de coentro, 270; cortes, 269; cozimento, 269; Espaguete de pupunha com tomate e nozes, 272; Palmito pupunha gratinado com parmesão, 271; Salada de pupunha grelhado com molho pesto, 273; Torta de palmito, 274-275
Pan com tomate, 329
panelas, 12
Panqueca de milho, 265
Panquequinha de ervilha com ricota temperada, 199
Panzanella (salada de pão), 334
Pão de inhame, 233
Pasta de cebola caramelizada com cerveja, 124
Pasta de ervilha com avocado, 201
Pasta de pimentão vermelho, 284
Pastel de escarola com uva-passa, 210
Patê de beterraba com sardinha, 102
patinho, 34, 52, 171, 191
Peito de frango grelhado (extra), 31
Peixe em roseta e folhas de coentro (extra), 221
pernil suíno, 52
Pescada-branca frita (extra), 143
Picadinho oriental, 160
Picles de beterraba, 98
Picles de chuchu, 144
pimentão, 92, 239, 264, 276-285, 287, 295, 330: cortes, 277; cozimento, 277; Molho lambão, 279; Pasta de pimentão vermelho, 284; Pimentões recheados, 282-283; Salada de pimentão grelhado com grão-de-bico e erva-doce, 280; Shakshuka, 281; Sopa fria de pimentão amarelo com iogurte, 278; Tartine de ricota com pimentão e nozes, 285
Polenta clássica (extra), 137
Polenta mole com espinafre e gorgonzola, 218
Purê crocante de inhame, 228
Purê de batata e alho-poró, 54
Purê de batata-doce, 81
Purê de couve-flor, 181
Purê de ervilha, 196
Purê de mandioca, 242
Purê de mandioquinha com requeijão tipo Catupiry, 246
Purê rústico de abóbora, 19

queijos: azul, 30, 206, 320; brie, 265; gorgonzola, 54, 218, 297, 316, 320; minas, 36, 233, 319; muçarela, 336; ricota, 8, 27, 90, 199, 285
quiabo, 286-292, 294-295: cortes, 287; cozimento, 287; Farofa de quiabo com ovos cozidos, 292; Frango com quiabo, 294-295; Quiabo assado crocante, 291; Quiabo cozido no molho de tomate, 288; Quiabo grelhado com molho teriaki, 292; Salada de feijão-fradinho com quiabo, 290

rabanete, 296-303: cortes, 297; cozimento, 297; Cuscuz marroquino com rabanete e hortelã, 302; Orecchiette com rabanete, limão e parmesão, 303; Rabanete assado com molho de mostarda, 299; Rabanete cozido com balsâmico e nozes, 301; Salada de rabanete com avocado, alface e molho de limão, 300; Sunomono de rabanete, 298
Ragu de carne (extra), 21

Ragu de cenoura, 136
receitas extras: Acaçá de arroz, 151; Almôndega ao molho de limão, 52-53; Arancini, 336; Bife rolê recheado com ameixa, 260-261; Bifes de contrafilé, 135; Bisteca grelhada, 166; Carne-seca acebolada, 229; Costelinha de porco com molho mediterrâneo, 122-123; Coxas de frango assadas, 178; Cuscuz marroquino com castanha-de-caju e salsinha, 32; Filé de peixe frito com saladinha de ervas frescas, 197; Hambúrguer e maionese caseira, 78-79; Kafta, 191; Lombo de porco, 311; Medalhão com molho picante de ervas, 65; Paillard de frango, 193; Peito de frango grelhado, 31; Peixe em roseta e folhas de coentro, 221; Pescada-branca frita, 143; Polenta clássica,
137; Ragu de carne, 20-21; Salmão em crosta de ervas, 45; Sobrecoxa de frango com laranja; 322
repolho, 304-308, 310-315: cortes, 304; cozimento, 304; Lombo de porco (extra), 311; Repolho assado com bacon, 307; Repolho grelhado com molho picante, 308; Repolho roxo com maçã, 310; Salada de repolho oriental, 306; Salada picadinha, 314; Salada de frango com repolho e abacaxi, 315; Sopa de repolho com músculo e arroz, 312-313
ricota, 8, 27, 90, 199, 285
risoto, 8, 17, 48, 58, 100-101, 137, 154, 165, 218, 263, 273, 285, 316, 324, 333, 336-337
Risoto de beterraba com figo e presunto cru, 100
Risoto de queijo com alho-poró grelhado, 58
Rodela de tomate assada com parmesão e azeitona preta, 333
Rolinho de acelga e carne com molho de amendoim, 42
Rolinho de berinjela com recheio de ricota e molho de manjericão, 90
roux, 13, 177

Sal, instruções para o uso, 12
Salada crua de alho-poró com pepino e tomate, 51
Salada de abóbora assada com agrião e lascas de parmesão, 23
Salada de abobrinha com salsinha e lascas de parmesão, 28
Salada de batata assada com maionese caseira, 68
Salada de batata com salsão, 318
Salada de berinjela com castanha-do-pará, uva-passa e hortelã, 89
Salada de berinjela frita com pimentão e cebola roxa, 92
Salada de beterraba com laranja, alcaparras e hortelã, 103
Salada de canjica com pesto de espinafre, 216
Salada de cebola com pepino e molho de coentro, 120
Salada de cebola e tomate grelhados, 128
Salada de cenoura com vinagre balsâmico e castanha-de-caju, 133
Salada de cogumelos frescos com erva-doce e parmesão, 158
Salada de couve com frango e molho de amendoim, 169
Salada de couve com vinagrete de laranja, 164
Salada de erva-doce com laranja, 189
Salada de escarola com pera e molho de queijo azul, 206
Salada de feijão-fradinho com quiabo, 290
Salada de frango com repolho e abacaxi, 315
Salada de grãos com legumes assados + tahine, 117
Salada de mandioquinha com vagem grelhada e molho de alcaparras, 247
Salada de pimentão grelhado com grão-de-bico e erva-doce, 280
Salada de pimentão marinado, 250
Salada de pupunha grelhado com molho pesto, 273
Salada de rabanete com avocado, alface e molho de limão, 300
Salada de repolho oriental, 306
Salada mexicana com músculo, 264

Salada morna de alho-poró, 50
Salada morna de beterraba com pimentão e nozes, 107
Salada picadinha, 314
Salada picante de acelga, 40
Salmão em crosta de ervas (extra), 45
salsão, 13, 316-325: Caldo de carne a jato, 324; cortes, 317; cozimento, 317; Crudités de salsão com dip de gorgonzola, 320-321; Salada de batata com salsão, 318; Salsão assado com queijo branco, 319; Salsão refogado com pera, 323; Sobrecoxa de frango com laranja (extra), 322; Sopa de salsão, 325
sardinha, 6, 63, 96, 102
Shakshuka, 277, 281
Sobrecoxa de frango com laranja (extra), 322
Sopa de abóbora, 18
Sopa de berinjela assada, 91
Sopa de cebola, 125
Sopa de cenoura com curry e leite de coco, 132
Sopa de couve-flor com farofinha de pão, 184
Sopa de feijão-branco com escarola, 211
Sopa de repolho com músculo e arroz, 313
Sopa de salsão, 325
Sopa fria de pimentão amarelo com iogurte, 278
Suflê de chuchu, 149
Sunomono de rabanete, 298

Tagine de peixe, 180
Tarte tatin salgada de beterraba, 104
Tartine de ricota com pimentão e nozes, 285
tomate, 274, 281, 326-337: Arancini (extra), 336; cortes, 327; cozimento, 327; Gazpacho, 330; Geleia de tomate com pimenta, 337; Macarrão com molho rústico de tomate picado, 331; Molho de tomate rapidão, 335; Pan com tomate, 329; Panzanella (Salada de pão), 334; Rodela de tomate assada com parmesão e azeitona preta, 333; Salada de tomate com cebola roxa, 328; Tomate recheado com farofa de parmesão, 332
Torta de palmito, 274
Torta integral de frango com espinafre, 224

vagem holandesa, 247
Vinagrete de chuchu, 142
Viradinho de milho-verde, 258

Dados Internacionais de Catalogação na Publicação (CIP)
(Jeane Passos de Souza – CRB 8ª/6189)

Lobo, Rita
O que tem na geladeira? / Rita Lobo. – 2. ed. — São Paulo:
Editora Senac São Paulo; Editora Panelinha, 2020.

ISBN 978-65-5536-106-3 (impresso/2020)
e-ISBN 978-65-5536-107-0 (ePub/2020)
e-ISBN 978-65-5536-108-7 (PDF/2020)

1. Culinária 2. Culinária prática (receitas e preparo)
3. Culinária : Aproveitamento de alimentos I. Título.

CDD – 641.5
641.55

20-1123t   BISAC CKB101000

Índice para catálogo sistemático:
1. Culinária prática (receitas e preparo) 641.5
2. Culinária : Aproveitamento de alimentos 641.55

VISITE O SITE PANELINHA

ASSISTA À SÉRIE *O QUE TEM NA GELADEIRA?* NO CANAL PANELINHA NO YOUTUBE

CONHEÇA OUTROS LIVROS DE GASTRONOMIA DA EDITORA SENAC